Die gesellschaftsrechtliche Außenhaftung für die Verbindlichkeiten von Decentralized Autonomous Organizations

SCHRIFTENREIHE ZUM IT- UND INFORMATIONSRECHT

Herausgegeben von Thomas Hoeren und Nikolaus Forgó

BAND 5

Johannes Baur

Die gesellschaftsrechtliche Außenhaftung für die Verbindlichkeiten von Decentralized Autonomous Organizations

PETER LANG

Bibliografische Information der Deutschen Nationalbibliothek
Die Deutsche Nationalbibliothek verzeichnet diese Publikation in der Deutschen Nationalbibliografie; detaillierte bibliografische Daten sind im Internet über http://dnb.d-nb.de abrufbar.

Zugl.: Münster (Westfalen), Univ., Diss., 2020

D 6
ISSN 2567-658X
ISBN 978-3-631-84419-9 (Print)
E-ISBN 978-3-631-85017-6 (E-PDF)
E-ISBN 978-3-631-85018-3 (EPUB)
E-ISBN 978-3-631-85019-0 (MOBI)
DOI 10.3726/b18177

Peter Lang – Berlin · Bern · Bruxelles · New York · Oxford · Warszawa · Wien

Diese Publikation wurde begutachtet.

www.peterlang.com

Vorwort

Wenn von den Herausforderungen einer Dissertation die Rede ist, wird häufig das Bild vom Marathonlauf bemüht. Nicht zu vorschnell solle man starten, seine Kräfte wohl dosiert einteilen und das Ziel nie aus den Augen verlieren. Das Überschreiten der Ziellinie meines persönlichen Marathonlaufs verdanke ich, neben der Beachtung dieser Grundregeln und meinem mir meist beschiedenen Glück, einer Reihe von Streckenbegleitern. Zuvorderst gilt mein Dank meinem Trainer Prof. Dr. Nikolas Guggenberger, der bereits in der frühen Phase half, die richtige Route zu planen und während des Laufs – selbst aus der Ferne – zuverlässiger Ansprechpartner war, um unvorhersehbare Hindernisse zu erkennen und zu überwinden. Auch wäre der Lauf ohne Organisator und Management nicht möglich gewesen. Daher gilt ein weiterer herzlicher Dank Prof. Dr. Thomas Hoeren, der uns alle mit dem nötigen Knowhow und Equipment ausstattete. Erfreulich schnell gelang es ihm, die Laufergebnisse im Nachgang einer zweiten Prüfung zu unterziehen.

Der Marathonläufer geht einen einsamen Weg, ist er doch auf seine eigene Zeit fixiert. Angenehm war für mich die Erfahrung, auf meiner Strecke Läufer*innen zu treffen, die sich gegenseitig bestärkten, auch einer Laufpause zum Durchatmen nicht abgeneigt waren und so zu Freunden wurden. Auch wenn viele unter ihnen eine Erwähnung verdient hätten, möchte ich besonders meinen Teamkollegen Marten hervorheben, mit dem nicht nur stundenlanges Fachsimpeln über die Details der Streckenführung möglich war, sondern stets auch eine wichtige persönliche Stütze bereitstand.

Selbst wenn der gut vorbereitete Läufer sie selten nötig hat, so sollen auch die Verpflegungsstationen erwähnt werden. Besonderen Dank gilt hier der unermüdlichen Lola, die uns beständig mit offenen Armen in ihrer WG empfing, unsere Flüssigkeitsspeicher auffüllte und uns neue Kraft tanken ließ. Der Marathonläufer ist trotz bester Vorbereitung aufgeschmissen, wenn ihm nicht fleißige Helfer(innen) vom Streckenrand Wasser und Bananen reichen. An dieser Stelle sei daher auch Hetti und Jana gedankt, die auf den letzten Metern durch wertvolle Hinweise die Ergebnisse des Laufs zu schönen wussten.

Schließlich gilt mein Dank meinen Jugendtrainern und Sponsoren, die das Spektakel aus weiter Ferne, teils ungeduldig, teils erwartungsvoll beobachtet haben. Das oben erwähnte Glück, das mir auf dem Weg zum und während des Laufs beschieden war, ist nicht ganz unerheblich ihnen, meinen Eltern, zu verdanken.

Hamburg, 09.12.2020

Inhaltsverzeichnis

Abbildungsverzeichnis

Abkürzungsverzeichnis

AcP	Archiv für die civilistische Praxis
AnwBl	Anwaltsblatt
BB	Betriebs-Berater
BKR	Zeitschrift für Bank- und Kapitalmarktrecht
BMF	Bundesministerium für Finanzen
BMJV	Bundesministerium für Justiz und Verbraucherschutz
BMWi	Bundesministerium für Wirtschaft und Energie
BSC	Budget Smart Contract
CR	Computer und Recht
DAC	Decentralized Autonomous Corporation
DAO	Decentralized Autonomous Organisation
DGB	Decentralized Governance by Blockchain
DLT	Distributed Ledger Technologie
DNotZ	Deutsche Notar-Zeitschrift
DO	Decentralized Organization
GWR	Gesellschafts- und Wirtschaftsrecht
GS	Goltdammer's Archiv für Strafrecht
ICO	Initial Coin Offering
InTeR	Zeitschrift für Innovations- und Technikrecht
JAIS	Journal of the Association for Information Systems
JEMT	Journal of Economics, Management and Trade
JuS	Juristische Schulung
JZ	JuristenZeitung
MMR	MultiMedia und Recht
NJW	Neue Juristische Wochenschrift
NZG	Neue Zeitschrift für Gesellschaftsrecht
RGZ	Entscheidungen des Reichsgerichts in Zivilsachen
RPfleger	Der deutsche Rechtspfleger
SSRN	Journal SSRN Electronic Journal
WM	Zeitschrift für Wirtschafts- und Bankenrecht
ZBB	Zeitschrift für Bankrecht und Bankwirtschaft
ZfBR	Zeitschrift für deutsches und internationales Bau- und Vergaberecht
ZfgK	Zeitschrift für das gesamte Kreditwesen
ZGB	Zeitschrift für Unternehmens- und Gesellschaftsrecht
ZGR	Zeitschrift für Unternehmens- und Gesellschaftsrecht

ZIP	Zeitschrift für Wirtschaftsrecht
ZRP	Zeitschrift für Rechtspolitik
ZUM	Zeitschrift für Urheber- und Medienrecht

Für weitere Abkürzungen wird verwiesen auf *Kirchner*, Abkürzungsverzeichnis der Rechtssprache.

A. Einführung

Seit der Veröffentlichung des Bitcoin-Protokolls im Jahr 2008[1] hat sich die sogenannte Distributed Ledger Technologie (kurz: DLT) rasant verbreitet, wobei in der öffentlichen Diskussion dabei meist ihr prominentester Vertreter, die „Blockchain", stand. Bislang wurde die wirtschaftliche Bedeutung von DLT insbesondere durch die Markkapitalisierung[2] von sogenannten Kryptowährungen (auch: Kryptocoins) deutlich, deren dezentraler Austausch durch den Einsatz der Technik ermöglicht wird. Neben Kryptocoins können auf einer DLT-Plattform auch andere Werte dezentral ausgetauscht werden, ohne dass hierfür ein Intermediär verwaltend tätig werden muss.[3]

Im Schatten der öffentlichen Aufmerksamkeit, die sich meist auf das Spekulationsobjekt „Bitcoin" oder vergleichbare Kryptowährungen konzentrierte, haben sich Anwendungsfelder der DLT entwickelt, die über den bloßen Einsatz als Zahlungsmittel hinausgehen.[4] Eines dieser Anwendungsfelder ist der Einsatz der Technologie zur dezentralen Steuerung von Unternehmen, welche als „Decentralized Autonomous Organizations" (kurz: DAOs) bezeichnet werden.[5] Bekanntestes Beispiel ist das vom deutschen Unternehmen slock.it UG (haftungsbeschränkt) am 30. April 2016[6] gestartete Projekt „TheDAO"[7], welches innerhalb von vier Wochen

---

1 Die Kryptowährung Bitcoin geht auf die Veröffentlichung durch eine Person oder Personengruppe unter dem Pseudonym „Satoshi Nakamoto" zurück, *Nakamoto*, Bitcoin. Die Identität des Erfinders ist bis heute ungeklärt, *Wenz*, Satoshi Nakamoto – auf der Jagd nach dem Bitcoin Erfinder.

2 So erreichte die Marktkapitalisierung aller Kryptowährungen am 07.01.2019 ihren Höchststand von ungefähr 835 Milliarden US-Dollar. Nach einer Krise im Jahr 2018 liegt der Wert Ende November 2019 immerhin noch bei ungefähr 200 Milliarden US-Dollar, Quelle: https://coinmarketcap.com/charts/ (zuletzt abgerufen am 02.05.2020).

3 Zu technischen Erklärung der Funktionsweise von DLT sogleich näher unter B.I.1.

4 Siehe zum Beispiel für den Einsatz der DLT im Finanzsektor, *BaFin*, Distributed Ledger: Die Technologie hinter den virtuellen Währungen am Beispiel der Blockchain, 2016, abrufbar unter https://www.bafin.de/dok/7845804 (zuletzt abgerufen am 02.05.2020); im Gesundheitswesen, *Soppa*, Distributed-Ledger-Technologie; oder in Mobilität und Logistik, *Fridgen et al*, Chancen und Herausforderungen von DLT (Blockchain) in Mobilität und Logistik.

5 Zur Begriffsdefinition siehe sogleich näher unter B.I.2.

6 *Dingle*, The company of the future.

7 Die eigene Schreibweise „The DAO" wird hier durch die Schreibweise „TheDAO" ersetzt, um deutlich zu machen, dass es sich hierbei um das spezifische DAO-Projekt von slock.it handelt.

Einzahlungen von Kryptocoins im Wert von damals ungefähr 150 Millionen US-Dollar generieren konnte.[8] „TheDAO" sollte es seinen Teilnehmern ermöglichen, dieses Kapital in Projekte Dritter zu investieren und von den vereinbarten Rückzahlungen zu profitieren.[9] Kurze Zeit nach seiner Gründung scheiterte das Projekt aber aufgrund eines Hacker-Angriffs am 17. Juni 2016, der eine Schwachstelle im Softwarecode, welcher der DAO zugrunde lag, ausnutzte. Auf diese Weise wurden Kryptocoins im Wert von ungefähr 50 Millionen US-Dollar entzogen.[10] Trotz oder gerade wegen dieses Vorfalls, erhielt das Konzept einer DAO in der Folge vermehrt Aufmerksamkeit.[11]

Auch wenn das Projekt „TheDAO", aufgrund des Programmierfehlers, nicht von Erfolg gekrönt wurde, lebt die Idee einer dezentralen Organisation auf einer DLT-Plattform weiter.[12] In der Zwischenzeit wurden zahlreiche weitere Projekte entwickelt, die sich an einer Umsetzung des Konzepts versuchen, wobei diese dabei nicht zwingend dieselben Zwecke wie die des gescheiterten Projekts „TheDAO" verfolgen.[13] Die Gründung neuer DAOs ist mit zahlreichen Hoffnungen verbunden. So sollen die Projekte die Unzulänglichkeiten herkömmlicher Unternehmen beseitigen und die Potenziale von Crowdsourcing und Crowdworking voll ausschöpfen.[14] Teilweise werden unendlich skalierbare Unternehmen,[15] die Schaffung von mehr Transparenz oder die Bekämpfung von Ineffizienz,[16] Korruption und Machtmissbrauch prognostiziert.[17]

Bei aller Euphorie um die möglichen Potenziale der DAO stellt sich die Frage der rechtlichen Einordnung dieser Zusammenschlüsse. Während von Entwicklerseite oftmals die These vertreten wird, es handele sich bei einer

8 *Jentzsch*, The History of the DAO and Lessons Learned.

9 *Jentzsch*, Decentralized Autonomous Organization to automate governance.

10 *Kühl*, Und plötzlich fehlen 50 Millionen Dollar.

11 *DuPont*, in: Campbell-Verduyn, S. 157; *Grassegger*, Die erste Firma ohne Menschen; *Hinkes*, The Law of The DAO; *Macheel*, The DAO Might Be Groundbreaking, But Is It Legal?.

12 Siehe nur *Tillmann*, DAO: Wie Unternehmen dank Blockchain ohne CEO auskommen.

13 Einen der vielversprechenderen Ansätze in jüngerer Zeit liefert die *DAOstack*, https://daostack.io/ (zuletzt abgerufen am 02.05.2020). Siehe ansonsten zu den weiteren Projekten später ausführlicher unter B.III.1.a)bb).

14 *Benkler*, Networks, S. 24; *Filippi/Wright*, S. 136.

15 So ausdrücklich die Vision von *DAOstack*, DAOstack: An Operating System for Collective Intelligence, S. 4.

16 *Filippi/Wright*, S. 146 ff.

17 *Jentzsch*, Decentralized Autonomous Organization to automate governance, S. 1; *Wright/Filippi*, Decentralized Blockchain Technology and the Rise of Lex Cryptographia, S. 16.

DAO lediglich um einen „Organismus“[18], nicht jedoch um ein rechtliches Unternehmen,[19] verbirgt sich dahinter wohl meist der Wunsch, keine Haftung für das Projekt übernehmen zu müssen. Aus juristischer Perspektive wird man diese Einschätzung nicht ohne weiteres akzeptieren können. Auch die deutsche Bundesregierung macht in ihrem Strategiepapier zur DLT deutlich, dass für einen sicheren Betrieb solcher Organisationen eine rechtliche Einordnung der DAO erforderlich ist.[20]

Der bisherige Befund der rechtswissenschaftlichen Literatur zeigt, dass die Frage nach der Rechtsform der DAO bislang nicht abschließend beantwortet wurde. So finden sich in der deutschsprachigen Literatur bislang kaum Stellungnahmen.[21] Insbesondere im US-amerikanischen Recht häufen sich Stimmen, die eine Einordnung als General Partnership vorschlagen.[22] Abgesehen von der Tatsache, dass hierbei keine Anwendung des deutschen Gesellschaftsrechts geprüft wird, leiden die bisherigen Aufsätze unter der Schwäche, dass sie nicht hinreichend zwischen den verschiedenen Erscheinungsformen einer DAO differenzieren. Die vorliegende Arbeit beschäftigt sich daher als erste ausführlich mit der Einordnung der derzeit zu beobachtenden Erscheinungsformen der DAO ins deutsche Gesellschaftsrecht. Im Folgenden wird zunächst erläutert, worin die Ziele der Untersuchung liegen (I), welche Themen dabei einbezogen werden (II) und wie der Gang der Untersuchung verläuft (III).

I. Ziele der Untersuchung

Eine Teilnahme an DAO-Projekten ist nur dann attraktiv, wenn ihr Nutzen gegenüber den Risiken überwiegt. Sind die mit der Teilnahme verbundenen

---

18 *DAOstack*, DAOstack: An Operating System for Collective Intelligence, S. 6.

19 *DigixGlobal*, DigixDAO (DGD) Information; *Jentzsch*, Decentralized Autonomous Organization to automate governance, S. 1.

20 *BMWi und BMF*, Blockchain-Strategie der Bundesregierung, S. 14.

21 Ausnahmen bilden *Mann*, NZG 2017, 1014–1020, der jedoch zunächst nur oberflächlich prüft und nicht zwischen verschiedenen DAO-Projekten differenziert; und *Weishaupt*, der sich der Frage im Rahmen einer veröffentlichten Seminararbeit nähert; aufgeworfen, doch nicht beantwortet, wird die Frage von *Simmchen*, MMR 2017, 162–165; *Schwintowski/Klausmann/Kadgien*, NJOZ 2018, 1401–1406, beschäftigen sich mit der Anwendung des Gesellschaftsrechts auf DLT-Plattformen allgemein, ohne jedoch auf DAOs im Speziellen einzugehen.

22 *Hinkes*, The Law of The DAO; *Metjahic*, Cardozo Law Review 2018, 1533 (1554 ff.); *Oren*, Columbia Business Law Review 2018, 617 (651 ff.); kritisch dazu *Reyes*, George Washington Law Review 2019, 373 (391 ff.); insoweit offenlassend *Rodrigues*, Iowa Law Review 2019, 679 (706 ff.).

Risiken zu hoch, so werden Teilnehmer nicht bereit sein, in das Projekt zu investieren. Auch der künftige Erfolg von DAO-Projekten hängt daher von diesen Risiken ab. Für die Entscheidung zur Teilnahme sind die Risiken im Vorfeld zu evaluieren. Diese können neben wirtschaftlicher auch rechtlicher Art sein. Zu letzteren gehört insbesondere das Risiko einer Haftung für durch das Projekt entstandene Verbindlichkeiten. Solche können dadurch entstehen, dass durch das Projekt ein rechtlicher Verband gegründet wird, welcher vertragliche Rechtsbeziehungen mit Dritten eingeht oder gesetzliche Verbindlichkeiten gegenüber Dritten zu erfüllen hat.

Untersuchungsgegenstand dieser Arbeit ist daher die Frage, unter welchen Voraussetzungen durch die Gründung eines DAO-Projekts ein rechtlicher Verband entsteht und die Teilnehmer des Projekts für die Verbindlichkeiten des Verbandes persönlich einzustehen haben. Für diese Untersuchung ist zunächst erforderlich, den Begriff der „DAO" für die Zwecke dieser Arbeit zu definieren. Die Arbeit wird dann, soweit wie möglich, allgemeingültige Ergebnisse für alle DAO-Projekte festhalten, die dieser Definition entsprechen. Im Laufe der Prüfung wird sich jedoch zeigen, dass eine Klassifikation verschiedener DAO-Projekte erforderlich ist. Die Prüfung kommt dann für die einzelnen DAO-Klassen zu unterschiedlichen Endergebnissen.

Zukünftiges Ziel für die Gestaltung von DAO-Projekten sollte eine wirtschaftlich effiziente und rechtssichere Lösung sein, die Anreize für Investitionen schafft.[23] Daher werden neben den Rechtsfolgen bisheriger Gestaltungen auch deren ökonomische Potenziale untersucht. Dies geschieht im Rahmen der Diskussion um eine institutionelle Haftungsbeschränkung. Hieraus lassen sich Anforderungen für künftige Gestaltungen von DAOs ableiten.

II. Thematische Eingrenzung

Bisherige DAO-Projekte verfolgen heterogene Ziele. Je nach Geschäftsmodell des DAO-Projekts können daher unterschiedliche rechtliche Vorgaben relevant werden. Das Phänomen der Unternehmensorganisation durch eine DAO ist indes so neu, dass es bislang bereits an der Beantwortung grundlegender Fragen mangelt.[24] Diese Arbeit nimmt daher keine vertiefte Analyse

---

23 So im Ergebnis auch *Reyes*, George Washington Law Review 2019, 373 (398 ff.).

24 Diese zum Teil aufgeworfen u.a. von *Mann*, NZG 2017, 1014–1020; *Oren*, Columbia Business Law Review 2018, 617 (651 ff.); *Reyes*, George Washington Law Review 2019, 373–429.

einzelner DAO-Projekte vor, sondern verfolgt das Ziel, das „Organisationskonstrukt DAO“ in das geltende Gesellschaftsrecht einzuordnen. Dabei wird größtenteils mit gesellschaftsrechtlichen Grundsätzen gearbeitet. Weitere Rechtsgebiete werden dabei teilweise berührt, soweit dies für die Einordnung erforderlich ist. Andere Rechtsfragen werden hingegen bewusst aus der Betrachtung ausgenommen.

1. IPR

Eine in der Praxis nicht zu unterschätzende Vorfrage ist die Bestimmung des für DAO-Projekte anzuwendenden Rechts. Aufgrund des oftmals grenzüberschreitenden Charakters von DAOs wird sich diese Frage in den meisten Einzelfällen stellen.

Mangels eines internationalen Gesellschaftsrechts können DAO-Projekte nur nach nationalem Recht begutachtet werden. Dabei weist das internationale Privatrecht jedem Verband eine geltende Rechtsordnung zu, nach der die Rechtsbeziehungen zwischen den Beteiligten zu bewerten sind. Diese Frage soll in dieser Arbeit jedoch nicht beantwortet werden.[25] Stattdessen geht die Arbeit von der Prämisse aus, dass das deutsche Gesellschaftsrecht auf die untersuchten DAO-Projekte Anwendung findet. Die so gefundenen Ergebnisse lassen sich teilweise auf andere Rechtsordnungen übertragen.

2. Gesellschaftsrecht

Wie bereits erwähnt, liegt der Schwerpunkt der Untersuchung auf der Einordnung von DAO-Projekten in das deutsche Gesellschaftsrecht. Dabei wird die grundlegende Frage nach den Voraussetzungen zur Gründung eines rechtlichen Verbandes sowie sich daraus ergebender Haftungsfolgen erörtert.

Prüfungsgegenstand sind damit in erster Linie die Vorschriften zur BGB-Gesellschaft. Für die Frage der Rechtsform wird weiter auf die AG, die GmbH und das Vereinsrecht eingegangen. Dabei bleibt der Prüfungsumfang auf die Voraussetzungen zur Gründung des jeweiligen Verbandes beschränkt. Weitere gesellschaftsrechtliche Fragen sind nicht Teil der Betrachtung. Insbesondere wird nicht auf Detailfragen unterschiedlicher Gesellschaftsformen eingegangen, soweit nicht deren Beantwortung in Anbetracht des obenstehenden Prüfungsumfangs erforderlich ist.

---

25 *Mann*, NZG 2017, 1014 (1018 f.), schlägt im Zweifel die Anwendung des lex fori vor.

Auch die Rechtsverhältnisse zwischen einem möglicherweise gegründeten Verband und Dritten sind nicht Teil dieser Arbeit. Eine Ausnahme besteht für die Unterscheidung, ob es sich bei einzelnen Akteuren um Mitglieder des Verbandes oder externe Dritte handelt. Ebenso können die Rechtsverhältnisse zwischen Dritten und dem Verband relevant werden, soweit die Begründung von Verbindlichkeiten des Verbandes infrage steht, für welche die Mitglieder möglicherweise einzustehen haben.

3. Finanz- und Kapitalmarktrecht

Gesellschaftsrechtliche Fragen weisen oftmals Schnittpunkte zum Finanz- und Kapitalmarktrecht auf.[26] Diese werden auch für die vorliegende Betrachtung relevant, soweit es um die Frage nach der Wahl der geltenden Rechtsform geht. So könnten Mitgliedschaftsrechte an einem gegründeten Verband als Wertpapiere eingeordnet werden.

Auch wenn das Finanz- und Kapitalmarktrecht in der bisherigen Literatur[27] und ersten Regulierungsbemühungen[28] bezüglich des Einsatzes von DLT einen hohen Stellenwert einnimmt, wird es in dieser Arbeit nur insoweit betrachtet, wie es für die Beantwortung der Frage nach der Wahl der Rechtsform erforderlich ist.

4. Steuer- und Arbeitsrecht

Kommt man zum Ergebnis der Gründung eines rechtlichen Verbandes, so stellen sich steuerrechtliche und u.U. arbeitsrechtliche Folgefragen. Diese werden im Rahmen der Arbeit jedoch nicht weiter untersucht.

5. Neue Institutionenökonomik

Im Rahmen der Frage nach den Möglichkeiten einer Haftungsbeschränkung wird vom Verfasser eine institutionelle Haftungsbeschränkung erwogen. Eine solche könnte sich unter anderem dann rechtfertigen lassen, wenn die Folgen

26 Siehe hierzu *Oren*, Columbia Business Law Review 2018, 617 (620 ff.).

27 Beispielhaft *Blockchain Bundesverband*, Regulierung von Token; *Hacker/Thomale*, Crypto-Securities Regulation: ICOs, Token Sales and Cryptocurrencies under EU Financial Law; *Klöhn/Parhofer/Resas*, ZBB 2018, 89–106.

28 *BMF und BMJV*, Eckpunkte für die regulatorische Behandlung von elektronischen Wertpapieren und Krypto-Token; *BMWi und BMF*, Blockchain-Strategie der Bundesregierung.

einer Haftungsbeschränkung für die beteiligten Parteien ökonomische Vorteile bieten. Dabei sollen insbesondere die ökonomischen Potenziale bestehender DAO-Projekte anhand der Prinzipien der Neuen Institutionenökonomik, namentlich der Transaktionskostenlehre und des Prinzipal-Agent-Problems, untersucht werden. Hierbei erfolgen keine vertieften ökonomischen Berechnungen, sondern Überlegungen zu Effizienzvorteilen anhand der Anwendung von Grundsätzen.

III. Gang der Untersuchung

Die Prüfung widmet sich zunächst den Voraussetzungen zur Gründung eines rechtlichen Verbandes durch die Teilnehmer (B). Als Teilnehmer werden dabei zunächst diejenigen in den Fokus genommen, die ein Zertifikat erwerben, das zur Interaktion mit dem DAO-Projekt berechtigt. Um die Schlüsselrolle dieser Zertifikatsinhaber zu verstehen, wird zunächst eine für diese Arbeit gültige Definition der DAO gefunden und die Aufgabe der Zertifikatsinhaber eingeordnet (B.I). Weiter wird geklärt, dass diese bei der Teilnahme am DAO-Projekt im Bewusstsein handeln, etwas rechtlich Erhebliches zu erklären (B.II).

Die anschließende Prüfung der Voraussetzungen des Geschäftswillens zur Gründung eines rechtlichen Verbandes lässt die Frage nach der Einordnung des Verbandes als Personengesellschaft oder Körperschaft zunächst offen, wobei das Recht der BGB-Gesellschaft, als einfachste Form des Verbandes, als Orientierungshilfe dient (B.III).

Soweit die Gründung eines rechtlichen Verbandes bejaht werden kann, wird weiter untersucht, inwieweit sich daraus Haftungsfolgen für die Zertifikatsinhaber ergeben (C). Dabei wird zunächst die Wahl der Rechtsform durch die Zertifikatsinhaber (C.I) und die sich daraus ergebenden gesetzlichen Haftungsfolgen erörtert (C.II). Schließlich wird untersucht, inwieweit diese Haftung durch institutionelle oder vertragliche Beschränkung beeinflusst werden kann (C.III). In einem Schlussteil werden schließlich die sich daraus ergebenden Folgen für die Gestaltung von DAO-Projekten aufgezeigt (D).

B. Die Gruppe der Zertifikatsinhaber als rechtlicher Verband

Um die Frage zu beantworten, ob mit der Teilnahme an einem DAO-Projekt das Risiko einer Außenhaftung für die Verbindlichkeiten eines etwaig gegründeten rechtlichen Verbandes besteht, muss zunächst bejaht werden, dass ein solcher Verband gegründet werden soll. Dieser Abschnitt geht daher der Frage nach, ob die Teilnehmer an den DAO-Projekten durch ihre Tätigkeit eine Willenserklärung abgeben, die auf die Gründung eines rechtlichen Verbandes gerichtet ist. Als mögliche Mitglieder dieses Verbandes und gegenseitige Vertragspartner kommen in erster Linie diejenigen in Betracht, die Einheiten einer kryptographischen Währung an die Adresse des DAO-Projektes senden und im Gegenzug eine Berechtigung zur Teilnahme am Projekt erhalten (Zertifikatsinhaber).[29] Um die Rolle der Zertifikatsinhaber einordnen zu können, soll zunächst der Begriff der DAO und ihr Verhältnis zu den Zertifikatsinhabern erläutert werden (I.).

Der Abschluss eines Vertrages zur Gründung eines rechtlichen Verbandes erfordert die Abgabe einer entsprechenden Willenserklärung durch die Mitglieder.[30] Dabei kann es sich sowohl um die Willenserklärung zur Bildung oder dem Beitritt zu einer Personengesellschaft als auch um die Erklärung des Willens des Beitritts in eine Körperschaft handeln. Ohne zunächst auf diese Unterscheidung näher einzugehen,[31] wird in der Folge gezeigt, dass die Zertifikatsinhaber eine Willenserklärung abgeben (II.) und dass diese Willenserklärung auch auf die Gründung eines rechtlichen Verbandes gerichtet ist (III.).

An DAO-Projekten nehmen neben den Zertifikatsinhabern regelmäßig auch andere Akteure teil.[32] Auch diese könnten Mitglieder eines etwaig gegründeten Verbandes sein und folglich ebenfalls mit den Folgen einer Außenhaftung für die Verbindlichkeiten dieses Verbandes belastet werden. Es wird indes gezeigt, dass diese lediglich in einem Austauschverhältnis mit der Gruppe der Zertifikatsinhaber stehen und nicht selbst Teil des gegründeten Verbandes werden (IV.).

---

29 Zum Begriff der Zertifikatsinhaber und ihrer Rolle in der DAO, siehe sogleich unter B.I.2.

30 Allgemein dazu Henssler/Strohn/*Servatius*, § 705 BGB, Rn. 18, m.w.N.

31 Die Unterscheidung erfolgt im späteren Verlauf der Prüfung, wenn es um die Haftungsfolgen für die Zertifikatsinhaber geht. Siehe hierzu unter C.I.

32 Siehe hierzu beispielhaft die Beteiligten am Projekt „The DAO", *Bannon*, The Tao of "The DAO" or How the autonomous corporation is already here.

I. Die Schlüsselrolle der Zertifikatsinhaber in der DAO

Um die Rolle der Zertifikatsinhaber zu verstehen, muss der Begriff der DAO erläutert werden. Um wiederum den Begriff der DAO (2.) zu verstehen, müssen zunächst einige technische Grundbegriffe erklärt werden (1.).

1. Technische Begriffserklärungen

Der Begriff der DAO ist ohne einige grundlegende technische Begriffe nicht verständlich. Die Betrachtung verbleibt an dieser Stelle bewusst oberflächlich und beschränkt sich auf diejenigen Ausführungen, die für die rechtliche Betrachtung der Beziehung zwischen den Beteiligten erforderlich ist. Zentrale Schlüsselbegriffe sind die „Distributed Ledger Technologie (DLT)“ (b)), darauf aufbauende „Smart Contracts“ (c)) und die Möglichkeit der Ausgabe von „Token“ (d)). Um diese Begriffe zu verstehen, muss jedoch zunächst der Begriff des „Peer-to-Peer-Netzwerks“ (a)) erläutert werden.

a) Peer-to-Peer-Netzwerk

Grundlage der Distributed Ledger Technologie ist ein sog. „Peer-to-Peer-Netzwerk“. Ein Peer-to-Peer-Netzwerk oder auch Rechner-zu-Rechner-Verbindung ist die Vernetzung zwischen grundsätzlich gleichberechtigten Rechnern. In einem reinen Peer-to-Peer-Netzwerk können alle Rechner untereinander direkt kommunizieren, ohne dass bestimmten Rechnern besondere Rollen zugewiesen sind. Der Gegensatz hierzu ist das Client-Server-Modell, bei welchem ein (untergeordneter) Client den Dienst eines Servers nutzt. Ein Peer-to-Peer-Netzwerk erlaubt die Kommunikation zwischen den Teilnehmern des Netzwerks, ohne dass eine zentrale Stelle die alleinige Kontrolle über diese Kommunikation ausüben kann.[33]

b) Distributed Ledger Technologie (DLT)

Die Distributed Ledger Technologie (kurz: DLT) ermöglicht auf technische Weise die Schaffung eines Konsenses über einen Status Quo zwischen den verschiedenen Teilnehmern eines Peer-to-Peer-Netzwerks ohne die Notwendigkeit einer kontrollierenden und vertrauensbedürftigen Zentralinstanz. Die Teilnehmer des Peer-to-Peer-Netzwerkes bilden dabei Knotenpunkte (Nodes).[34] Als „Urform“

33 *Bauwens/Kostakis/Pazaitis*, S. 2 f.; *Steinmetz/Wehrle*, S. 12 ff. mit einem ausführlichen Überblick über Peer-to-Peer Netzwerke.

34 *Ploom*, in: Burgwinkel, S. 123 (125).

der DLT gilt die Blockchain-Technologie, welche erstmals in Form des Bitcoin-Protokolls im Jahr 2008 vorgestellt wurde.[35] Die Blockchain ist ein über eine grundsätzlich unbegrenzte Anzahl von Nodes verteiltes, nachträglich unveränderbares Register, welches aus einzelnen Textblöcken (Blocks) besteht, die durch mathematische Einwegefunktionen (Hash-Funktionen)[36] zu einer Kette (Chain) verbunden sind. Die Teilnehmer des Peer-to-Peer-Netzwerks kommunizieren mittels einer Software, welche die Inhalte der Textblöcke nach festgelegten Regeln interpretiert.[37] Jeder Teilnehmer gibt sich dabei unter einem öffentlichen Schlüssel (Wallet-Adresse) zu erkennen. Diesem öffentlichen Schlüssel ist ein privater Schlüssel zugeordnet, welcher nur dem jeweiligen Teilnehmer bekannt ist. Jeder Teilnehmer des Netzwerks hat die Möglichkeit, neue Informationen in das dezentrale Register einzupflegen und damit eine Statusänderung herbeizuführen. Statusänderungen werden – mit dem öffentlichen Schlüssel verknüpft – an die anderen Teilnehmer des Netzwerks übermittelt, wobei die Nachricht jeweils mit dem privaten Schlüssel signiert wird.[38]

Die übermittelten Statusänderungen werden von allen Nodes auf ihre Plausibilität hin überprüft und von freiwilligen Nodes (Miner[39]), von welchen jeweils einer durch ein Konsens-Verfahren[40] aus einer Gruppe miteinander konkurrierender Miner ausgewählt wird, in regelmäßigen Zeitabständen in Textblöcke gefasst und an eine Kette mit bereits bestehenden Textblöcken angefügt. Dabei wird vom vorhergehenden Block eine Prüfsumme (Hash-Wert) gebildet und diese in den anzuhängenden Block aufgenommen. Veränderungen des älteren Blocks gehen dann auch mit einer Veränderung seiner Prüfsumme einher. Nachträgliche Veränderungen sind daher nur möglich, wenn auch alle Folgeblöcke manipuliert werden. Diese Manipulation der Kette bedarf jedoch einer so großen Rechenleistung, dass von einer Unveränderbarkeit der eingespeicherten Informationen ausgegangen werden kann.[41]

---

35 *Nakamoto*, Bitcoin.

36 Zu Hashfunktionen näher *Beutelspacher/Schwenk/Wolfenstetter*, S. 17; *Ertel*, S. 98 ff.; *Küsters/Wilke*, S. 193 ff.

37 *Burgwinkel*, in: Burgwinkel, S. 3 (23).

38 Siehe zur digitalen Signatur *Beutelspacher/Schwenk/Wolfenstetter*, S. 21 ff.; *Schwenk*, S. 17; *Swoboda/Spitz/Pramateftakis*, S. 153 ff.

39 Der Begriff „Miner" wird zumindest dann verwendet, wenn durch das Erstellen neuer Blöcke, neue Kryptocoins generiert werden.

40 Ein bislang verbreitetes Konsensverfahren ist das „Proof-of-Work-Verfahren", welches auch bei Bitcoin zum Einsatz kommt, *Nakamoto*, Bitcoin, S. 3.

41 *Asharaf/Adarsh*, S. 11 f.; *Burgwinkel*, in: Burgwinkel, S. 3 (6 ff.); *Tapscott/Tapscott*, S. 7.

Neben der Blockchain haben sich verwandte Technologien entwickelt, die zwar nicht mit Blöcken arbeiten, ein dezentrales unveränderbares Register aber auf andere Weise ermöglichen.[42] Es wird daher oftmals der Oberbegriff „Distributed Ledger Technologie" verwendet.[43]

DLT-Plattformen arbeiten meist mit einer internen Währung (Kryptowährung) in Form von Kryptocoins.[44] Diese sind zwischen den Wallet-Adressen frei übertragbar und können an Online-Tauschbörsen gehandelt werden. Die Software stellt sicher, dass neue Kryptocoins nur in vorher festgelegter Menge erstellt werden können. Da die Anzahl der im Umlauf befindlichen Kryptocoins auf diese Weise beschränkt ist, besteht nur ein begrenztes Angebot. Je nach aktueller Nachfrage nach der Kryptowährung kann ein aktueller Marktpreis ermittelt werden.[45] Um einen Anreiz für die Miner zu schaffen, das Register fortzuführen, wird ihnen für eine erfolgreiche Erweiterung der Datenbank eine Belohnung in Form von Kryptocoins ausgezahlt.

Je nach DLT-Plattform werden unterschiedliche Konsens-Verfahren eingesetzt, um denjenigen Miner zu bestimmen, welcher den nächsten Datensatz anfügen darf. Verbreitet ist beispielsweise die künstliche Erschwerung der Hash-Wert-Ermittlung durch besondere Vorgaben der Software, welche nur bestimmte Hash-Werte zulassen, deren Erzeugung einen erhöhten Rechenaufwand der Miner erfordert (Proof-of-Work-Verfahren).[46] In offenen DLT-Plattformen sind alle Einträge des Registers und damit auch alle Statusänderungen öffentlich einsehbar. Auch Beobachter, die selbst keine Wallet-Adresse haben, können so die aktuellen Kontostände aller Wallet-Adressen ermitteln.

---

42 Ein Beispiel ist der „Tangle", der von der DLT-Plattform IOTA genutzt wird, *Popov*, The Tangle.

43 Beispielhaft, *Davidson/Filippi/Potts*, Disrupting Governance: The New Institutional Economics of Distributed Ledger Technology, S. 2; *Kakavand/Kost De Sevres/Chilton*, The Blockchain Revolution: An Analysis of Regulation and Technology Related to Distributed Ledger Technologies, S. 4.

44 Bekanntestes Beispiel ist der „Bitcoin", *Nakamoto*, Bitcoin.

45 Eine Übersicht über die aktuellen Marktpreise von Kryptowährungen findet sich auf https://coinmarketcap.com/ (zuletzt abgerufen am 02.05.2020).

46 *Nakamoto*, Bitcoin, S. 3; *Franco*, S. 101 ff.; *Zepf*, S. 10 ff., mit Erläuterungen zu weiteren Konsensverfahren.

c) *Smart Contracts*

Die Möglichkeiten einer DLT-Plattform sind nicht allein auf die Speicherung von Statusänderungen oder die Übermittlung von Kryptocoins beschränkt. Wenn die Architektur es erlaubt, kann von den Teilnehmern des Netzwerkes auch Softwarecode in das dezentrale Register eingepflegt werden. Die erste DLT-Plattform, welche eine solche Implementierung erlaubte, war „Ethereum".[47] Seither hat sich als Bezeichnung für Software-Applikationen, die in das dezentrale Register eingespeichert werden können, der Begriff „Smart Contract" etabliert.[48] Ein solcher Smart Contract kann Bedingungen enthalten, für deren Erfüllung der Softwarecode eine bestimmte Folge vorsieht. Der Softwarecode wird auf den Rechnern der Miner ausgeführt, wobei die Ergebnisse der Operationen ihrerseits in das Register unveränderbar eingespeichert werden. Durch Smart Contracts lässt sich beispielsweise die Auszahlung eines Betrages an Kryptocoins von Bedingungen, wie etwa der Zustimmung einer bestimmten Anzahl an Wallet-Adress-Inhabern, abhängig machen. Smart Contracts verfügen ihrerseits über eine Wallet-Adresse, welche die Übersendung von Kryptocoins an diese ermöglichen.[49]

Der Begriff Smart Contract gilt aus juristischer Sicht als irreführend, da es sich bei ihm selbst regelmäßig nicht um einen rechtlichen Vertrag, sondern zunächst lediglich um Softwarecode handelt, welcher den Inhalt eines etwaig daneben geschlossenen Vertrages ausführen kann.[50] Im Folgenden wird daher der Begriff Smart Contract weitgehend gemieden und stattdessen der juristisch wertungsfreie Begriff „steuernder Softwarecode" verwendet.

d) *Token*

Wie bereits gezeigt, verfügen DLT-Plattformen in aller Regel über eine originäre Kryptowährung,[51] die u.a. als Teil des Anreizmechanismus für die Fortführung des dezentralen Registers dient. Durch den Einsatz von steuernder Software, wie Smart Contracts, auf der DLT-Plattform ist es dem Ersteller der Software

---

47 *Buterin*, A Next-Generation Smart Contract and Decentralized Application Platform.

48 Der Begriff wurde jedoch bereits früher verwendet, *Szabo*, The God Protocols.

49 *Diedrich*, S. 166 ff.; *Blocher*, AnwBl 2016, 612 (617 f.); *Bourque/Fung Ling Tsui*, Scientia Nobilitat 2014, 4–23; *Morrison*, Blockchain and smart contract automation.

50 Stellvertretend für viele, *Heckelmann*, NJW 2018, 504 (505 f.); *Kaulartz/Heckmann*, CR 2016, 618 (621); *Kõlvart/Poola/Rull*, in: Kerikmäe/Rull, S. 133 (135 f.).

51 Hierzu bereits unter B.I.1.b).

möglich, neben der originären Kryptowährung der DLT-Plattform beliebige weitere digitale Abzeichen (Token) zu generieren.[52] Diese Token können nach ihrer Erstellung einer beliebigen Wallet-Adresse zugewiesen werden. So ist es möglich, dass steuernde Software vorsieht, derjenigen Wallet-Adresse, die einen vorher definierten Betrag an die Adresse des Codes übermittelt, im Gegenzug die Verfügungsmacht über einen bestimmten Token zuzuweisen. Dieser Token kann, je nach Regelung im Softwarecode, mit verschiedenen Berechtigungen versehen sein.[53] Die Token sind grundsätzlich frei zwischen Wallet-Adressen übertragbar und können ebenso wie Kryptowährungen an Online-Tauschbörsen gehandelt werden.[54]

e) *Zusammenfassung*

Durch dezentral, von einem Netz unabhängiger Rechner, ausgeführte steuernde Software (auf der Ethereum DLT-Plattform auch „Smart Contracts“ genannt) kann die Verwaltung von digital abgebildeten Werten unabhängig von einer Zentralinstanz organisiert werden. Alle Teilnehmer des Netzwerks agieren mithilfe von Wallet-Adressen, denen zuvor generierte, frei übertragbare und in ihrer Anzahl begrenzte Kryptocoins als Zahlungsmittel zugewiesen werden können. Durch die dezentral ausgeführte Software lassen sich, je nach Belieben des Programmierers, Token generieren und ebenfalls den Wallet-Adressen zuweisen. Diese Token können mit vom Programmierer festgelegten Berechtigungen versehen sein. Auf Grundlage dieser grundlegenden Erläuterungen lässt sich der Begriff der DAO erklären.

2. Der Begriff der DAO

Eine Erläuterung des Begriffs der DAO wird dadurch erschwert, dass bislang keine allgemeingültige Definition der DAO existiert. Im Folgenden wird daher zumindest eine für diese Arbeit gültige Definition des Begriffs der DAO gefunden. Dabei werden zunächst die bisherigen Definitionsversuche dargestellt (a)). Weiter werden die obligatorischen Elemente identifiziert, die allen hier

---

52 Näher zu den unterschiedlichen Funktionen von Token, *Srinivasan*, Thoughts on Tokens.

53 Näher zu den unterschiedlichen Arten von Token, *Euler*, The Token Classification Framework.

54 Das gilt für Token auf der DLT-Plattform Ethereum zumindest dann, wenn sie dem ERC20 Token Standard entsprechen, https://www.btc-echo.de/academy/bibliothek/was-ist-ein-erc-20-token/ (zuletzt abgerufen am 02.05.2020).

untersuchten DAO-Projekten gemeinsam sind (b)). Auf dieser Basis kann dann eine für diese Arbeit gültige Definition der DAO gefunden werden (c)).

a) Bisherige Definitionsversuche

In der bislang veröffentlichten Literatur wird der Begriff der „Decentralized Autonomous Organization“ unterschiedlich definiert. Dabei werden die Begriffe „Decentralized (teils auch Distributed) Autonomous Organization“ (DAO) und „Decentralized Autonomous Corporation“ (DAC) teilweise synonym verwandt,[55] wobei je nach Quelle ein sehr weiter oder eher enger Begriff dessen zugrunde gelegt wird, was unter diese Oberbegriffe zu subsumieren ist. Der weite (aa)) und enge (bb)) Begriff der DAO wird in der Folge zunächst kritisch untersucht. Schließlich soll ebenfalls kritisch beleuchtet werden, inwieweit ein „autonomes“ Handeln der steuernden Software erforderlich ist (cc)).

aa) Der weite DAO-Begriff

Nach einer weiten Definition der DAO existiert eine solche bereits dann, wenn Softwarecode dezentral ausgeführt wird und hierdurch Werte verschoben werden können.[56] Demnach stellt bereits jede Softwareapplikation, die auf einer DLT-Plattform abgelegt und dezentral ausgeführt wird, eine DAO dar, soweit diese auch die Transaktion von Token ermöglicht. Jede DLT-Plattform, wie Bitcoin oder Ethereum, kann nur deshalb funktionieren, weil durch die Nodes eine Software ausgeführt wird, die denselben Regeln folgt. Es muss daher angenommen werden, dass nach dieser weiten Definition jede DLT-Plattform eine DAO darstellt[57] und die Grenze zwischen den beiden Begriffen verschwimmt.

Legt man einen so weiten Begriff zugrunde, ufert eine Untersuchung der Rechtsbeziehungen der Beteiligten aus. Die Interessen der Nutzer einer DLT-Plattform können höchst unterschiedlich sein. Für die Zwecke dieser Untersuchung soll daher eine engere Definition des Begriffs der DAO gefunden werden.

bb) Der enge DAO-Begriff

Der enge DAO-Begriff knüpft an den weiten Begriff der DAO an, nennt jedoch zusätzliche Voraussetzungen. Bereits im Whitepaper zur DLT-Plattform „Ethereum“, die durch die Einführung von Smart Contracts als eine der ersten die

55 *Buterin*, DAOs, DACs, DAs and More.
56 *Diedrich*, S. 181.
57 *Diedrich*, S. 183; *Merkle*, Cryonics Magazine 07 (2016), 28 (32).

Erstellung und das Abspielen dezentraler Software ermöglichte,[58] wird der Begriff der DAO definiert. Dort heißt es: „The general concept of a „decentralized autonomous organization" is that of a virtual entity that has a certain set of members or shareholders which [...] have the right to spend the entity's funds and modify its code."[59]

In einer der ersten deutschsprachigen Veröffentlichungen zur gesellschaftsrechtlichen Einordnung der Rechtsbeziehungen der Mitglieder einer DAO heißt es: „Die DAO ist eine auf Dauer angelegte Organisation, die aus einem Programmcode besteht, der dezentralisiert in der digitalen Welt verwahrt und ausgeführt wird; ihr wird eigenes Kapital überwiesen, das die Gesamtheit der Kapitalgeber gemäß den selbstausführenden Regeln des Programmcodes unmittelbar verwaltet."[60]

Diese Definitionen einer DAO gehen einen bedeutsamen Schritt weiter. Die DAO hat demnach Anteilseigner, die Kapital zur Verfügung stellen und nach Abstimmung über die Verwendung dieses Kapitals entscheiden. Der Definition ist zunächst zugutezuhalten, dass sie eine bessere Abgrenzung zwischen der DAO und der ihr zugrundeliegenden DLT-Plattform schafft. Die Anteilseigner sind nicht nur bloße Nutzer, sondern interagieren mit der Software und können Entscheidungen treffen, welche Auswirkungen auf die Führung der Organisation haben.[61] Die Nutzer eine DLT-Plattform haben diese Einflussmöglichkeiten regelmäßig nicht.[62]

Weiter setzt die Definition das Vorhandensein von Kapital voraus. Die Untersuchung wird jedoch zeigen, dass auch dezentrale Projekte bestehen, die eine Mitbestimmung der Teilnehmer ermöglichen, ohne dass hierfür Kapital aufgewendet wird.[63] Für die Untersuchung in dieser Arbeit soll daher das Vorhandensein von Kapital nicht zwingend vorausgesetzt werden.

---

58 Siehe hierzu bereits unter B.I.1.c).

59 *Buterin*, A Next-Generation Smart Contract and Decentralized Application Platform; Vergleichbare Definitionen finden sich auch bei *Caisley/Lucking/Zdrowski/O'Hanlon*, Decentralized Autonomous Organization, S. 2; *Hayes*, Decentralized Autonomous Organizations; *Chohan*, The Decentralized Autonomous Organization and Governance Issues, S. 1.

60 *Mann*, NZG 2017, 1014 (1016).

61 Siehe zu den mitwirkenden Tätigkeiten der Nutzer später unter B.III.1.a)cc).

62 Das Protokoll wird vom ursprünglichen Entwickler der DLT-Plattform vorgegeben. Bei künftigen Änderungen sind die Nutzer faktisch gezwungen diese, der Mehrheit folgend, zu akzeptieren. Siehe hierzu grundlegend *Burgwinkel*, in: Burgwinkel, S. 3 (10 f.).

63 Siehe hierzu später unter B.III.2.a)cc).

cc) Die Autonomität der Software

Der Titel „Decentralized Autonomous Organization" deutet bereits daraufhin, dass es sich um eine autonome Organisation handelt. Richtigerweise wird daher oftmals darauf hingewiesen, dass eine DAO den Titel nur dann verdient, wenn sie weder von einer Person geführt noch kontrolliert, sondern allein durch eine Software gesteuert wird.[64] Eine DAO ist demnach nicht ohne autonome Agenten denkbar und ist ein Konzept, das auf dem Gedanken künstlicher Intelligenz aufbaut. Ein dezentrales Netzwerk autonom agierender Software erfüllt eigenständig Aufgaben nach einem vorgegebenen Regelwerk.[65]

Der Befund zeigt, dass eine derartige Organisation bislang nicht existiert. Ohne die Mitwirkung menschlicher Akteure können derzeitige Projekte, die sich selbst als „DAO" betiteln, nicht funktionieren. Auch der Gründer der DLT-Plattform Ethereum räumt ein: „The ideal of a decentralized autonomous organization is easy to describe: it is an entity that lives on the internet and exists autonomously, but also heavily relies on hiring individuals to perform certain tasks that the automation itself cannot do."[66]

Die „DAO" im Sinne einer autonomen Organisation ist daher eine Zukunftsvision. Folgerichtig müssten derzeitige Projekte als „Decentralized Organizations" (DO) bezeichnet werden.[67] Nicht zuletzt aufgrund des bekannten Projekts „TheDAO", welches nach dieser Definition ebenfalls lediglich eine DO darstellt, hat sich jedoch auch für Organisationen, die nicht durch autonome Software gesteuert werden, der Begriff „DAO" durchgesetzt.[68] Es sei daher auf diese Unschärfe des Begriffs hingewiesen. Für die Zwecke dieser Arbeit soll aber weiterhin der Begriff „DAO" verwendet werden, auch wenn es sich nicht um eine autonome Organisation im engeren Sinne handelt.

---

64 *Filippi/Wright*, S. 148; *Caisley/Lucking/Zdrowski/O'Hanlon*, Decentralized Autonomous Organization, S. 2.

65 *Swan*, S. 24; zu autonomen Organisationen auch, *Bayern*, Northwestern University Law Review 2019, 23–47; *Bayern/Burri/Grant et al*, Hastings Science and Technology Law Journal 2017, 135 (139 ff.).

66 *Buterin*, DAOs, DACs, DAs and More.

67 *Filippi/Wright*, S. 136 ff.

68 Teilweise wird dies auch damit gerechtfertigt, dass „autonom" im Sinne von "unabhängig von einer Zentralinstanz" verstanden werden kann, *Verhoelen*, Decentralized Autonomous Organization – Organisationen auf der Blockchain.

dd) Zwischenergebnis

Die Untersuchung zeigt, dass bisherige Definitionsversuche zum Begriff der DAO nicht vollständig überzeugen können. Fasst man den Begriff zu weit, so verschwimmt die Grenze zwischen DAO und DLT-Plattform. Fordert man das Vorhandensein eigenen Kapitals der DAO, so schließt man dezentrale Softwareprojekte aus, die zwar eine Mitbestimmung der Teilnehmer vorsehen, dabei aber nicht über die Verwendung von Mitteln der Organisation entschieden wird. Schließlich zeigt sich, dass der Begriff „autonomous“ irreführend ist, da derzeitige Projekte keine autonomen Entscheidungen treffen können. Um eine für diese Arbeit gültige Definition der DAO zu finden, wird in der Folge untersucht, welche Elemente bei allen für die Erstellung dieser Arbeit untersuchten DAO-Projekten aufzufinden waren.

b) Obligatorische Elemente derzeit existierender DAOs

Die hier untersuchten DAO-Projekte weisen hinsichtlich ihres Aufbaus teilweise erhebliche Unterschiede auf.[69] Diese Unterschiede werden im Laufe der Untersuchung an den Stellen aufgezeigt, an welchen sie für die rechtliche Beurteilung Relevanz gewinnen. An dieser Stelle sollen hingegen nur die Elemente genannt werden, die in allen untersuchten DAO-Projekten anzutreffen sind. Hierauf aufbauend lässt sich dann eine Definition des Begriffs der DAO für diese Arbeit formulieren. Gemeinsame Elemente jedes DAO-Projekts sind das Vorhandensein von steuerndem Softwarecode auf einer DLT-Plattform (aa)), ein Governance-Certificate (bb)) und eine Voting-Applikation (cc)).

aa) Eine steuernde Software auf einer DLT-Plattform

Jedes DAO-Projekt verfolgt seinen Zweck durch ein Netzwerk miteinander kommunizierender Software (meist Smart Contracts)[70] auf einer DLT-Plattform. Die Initiatoren des Projekts erstellen einen Softwarecode, unter dessen Steuerung ein bestimmtes Vorhaben umgesetzt werden soll.[71] Der Programmcode wird auf der DLT-Plattform (regelmäßig öffentlich sichtbar) eingepflegt. Da einmal eingepflegte Informationen auf einer DLT-Plattform nachträglich grundsätzlich nicht geändert werden können, ist der steuernde Programmcode bereits

---

69 Siehe zu den unterschiedlichen DAO-Projekten später detailliert unter C.III.1.a)bb).

70 Siehe hierzu bereits unter B.I.1.c).

71 Siehe hierzu beispielhaft die detaillierte Dokumentation von *Jentzsch*, Decentralized Autonomous Organization to automate governance.

mit Veröffentlichung unveränderbar festgelegt.[72] Eine Ausnahme stellt die Möglichkeit der Beteiligten dar, sich im Nachhinein auf eine Ersetzung durch einen neuen Code zu einigen.[73] Alle Teilnehmer des Netzwerks haben die Möglichkeit, im Rahmen der von der Software gesetzten Bedingungen unter Verwendung ihrer Wallet-Adresse mit der Software zu interagieren.

bb) Governance-Certificates

Kernelement jeder DAO ist ein Berechtigungszertifikat (Governance-Certificate), das es demjenigen, der die Verfügungsgewalt über die das Zertifikat haltende Wallet-Adresse hat (Zertifikatsinhaber), ermöglicht, am jeweiligen Projekt zu partizipieren. Dies geschieht regelmäßig durch Abstimmungsprozesse zu deren Teilnahme das Zertifikat berechtigt.[74] Governance-Certificates werden entweder in Form eines „Governance-Token"[75] ((1)) oder von Reputation ((2)) erworben.

(1) Governance-Token

In den meisten Fällen werden in der Initiierungsphase (Initial Creation Phase) des Projekts, durch einen „Minter-Smart-Contract", Token erstellt und im Rahmen eines Initial Coin Offerings (ICO) an Investoren ausgegeben.[76] Die Länge der Initial Creation Phase ist im Smart Contract festgelegt. In diesem Zeitraum haben Interessierte die Möglichkeit, Kryptocoins an die Wallet-Adresse des Smart

---

72 Siehe zur Unveränderlichkeit des Softwarecodes bereits oben unter B.I.1.b).

73 Ein Beispiel ist die Möglichkeit der Vornahme von Updates im Projekt „*TheDAO*", *Jentzsch*, Decentralized Autonomous Organization to automate governance, S. 10.

74 So im Fall des Projekts "TheDAO" von slock.it, *Jentzsch*, Decentralized Autonomous Organization to automate governance, S. 2; im Fall der Siemens-Hutten-DDO, *Kux/Burkhardt/Tual*, Siemens AG Hutten-DDO: The first Fortune 500 company using the DAO Framework; im Fall der DigixDAO, *DigixGlobal*, DigixDAO (DGD) Information; im Fall des Alice DAF, *Mazet/Wojciechowski*, Alice Whitepaper, S. 56; und im Fall der Maker DAO, *Maker Team*, The Dai Stablecoin System, S. 10 f. Im Fall des Dash Governance and Budget Systems wird der Status durch Hinterlegung einer Kaution erworben, *Duffield/Diaz*, Dash.

75 Siehe zum Begriff des Token bereits unter B.I.1.d).

76 *DigixGlobal*, DigixDAO (DGD) Information; *Jentzsch*, Decentralized Autonomous Organization to automate governance, S. 2; *Kux/Burkhardt/Tual*, Siemens AG Hutten-DDO: The first Fortune 500 company using the DAO Framework; *Mazet/Wojciechowski*, Alice Whitepaper, S. 56. Bei der MakerDAO wurden die Token dagegen außerhalb eines ICO durch die Initiatoren direkt veräußert, https://www.reddit.com/r/MakerDAO/comments/5oyr28/maker_ico_and_polychain/ (zuletzt abgerufen am 02.05.2020).

Contracts zu senden. Daraufhin erstellt der Smart Contract einen oder mehrere Token und weist diese der privaten Wallet-Adresse des Senders zu. Der Inhaber der entsprechenden Wallet-Adresse wird dadurch zum Zertifikatsinhaber.[77]

Der Sender erhält grundsätzlich umso mehr Token, je mehr Kryptocoins er einzahlt. Der Smart Contract kann ein Finanzierungsziel für das DAO-Projekt festlegen.[78] Wird dieses innerhalb der Initial Creation Phase nicht erreicht, werden alle eingezahlten Kryptocoins an die Senderadressen rückübermittelt.[79] Wird das Ziel dagegen erreicht, so sind die Token nach dem Ende der Initial Creation Phase frei übertragbar und können an andere Wallet-Adressen gesendet werden.[80] Dabei sind sie in ihrem Wert nicht stabil, sondern unterliegen bedingt durch Angebot und Nachfrage teils großen Kursschwankungen.[81]

(2) Berechtigung durch Reputationserwerb

Nicht bei jedem DAO-Projekt werden Governance-Certificates in Form von Token ausgegeben. So knüpfen beispielsweise DAO-Projekte, die auf dem Governance-Framework von DAOstack aufbauen, die Berechtigung zur Teilnahme nicht an den Erwerb eines Tokens, sondern bieten Möglichkeiten „Reputation" zu erwerben.[82] Dies geschieht regelmäßig durch Hinterlegung einer Kaution in Form von Kryptocoins.[83] Auf diese Weise soll sichergestellt werden, dass die Zertifikatsinhaber, in das Projekt investiert sind. Anders als ein Token, ist die Reputation an die erwerbende Wallet-Adresse geknüpft und kann nicht übertragen werden.

Ein weiteres Beispiel für ein reputationsbasiertes Governance-System ist die ältere „Decentralized Governance by Blockchain" (DGB) der Kryptowährung Dash.[84] Hier werden diejenigen Nodes berechtigt, die eine Kaution in Höhe von 1000 DASH auf eine Kautionsadresse hinterlegen. Die Nodes werden auf diese

---

77 Beispielhaft für diesen Vorgang die Erklärung von *Jentzsch*, Decentralized Autonomous Organization to automate governance, S. 2.

78 Dies ist nicht bei allen DAO-Projekten der Fall. Ein Beispiel, wo dies nicht so ist, findet sich bei *DigixGlobal*, DigixDAO (DGD) Information.

79 *Jentzsch*, Decentralized Autonomous Organization to automate governance, S. 2.

80 *Jentzsch*, Decentralized Autonomous Organization to automate governance, S. 2.

81 So hat sich beispielsweise der Wert des *DGD Tokens* im Jahr 2017 fast verzwanzigfacht, https://coinmarketcap.com/currencies/digixdao/ (zuletzt abgerufen am 02.05.2020).

82 *DAOstack*, DAOstack: An Operating System for Collective Intelligence, S. 14.

83 Beispiel ist die dxDAO, die die Software von DAOstack nutzt, *Gnosis Ltd*, dxDAO: Toward super-scalable organizations, S. 5.

84 *Galt*, DASH – The First Decentralized Autonomous Organization?.

Weise zu „Masternodes“ und erhalten einen zweiten Schlüssel für die Signierung von Interaktionen.[85]

Zwar könnte der Schlüssel für die Ausübung der Berechtigung weitergegeben werden, eine Übertragung der Masternode-Position ist, anders als bei der Ausgabe von Governance-Token und ebenso wie beim Reputationssystem von DAOstack, systemintern aber nicht vorgesehen.[86]

cc) Eine Voting-Applikation

Für die Erreichung der Ziele des Projekts bedient sich die DAO der Entscheidungen der Zertifikatsinhaber. Herzstück jeder DAO ist daher ein durch Software gesteuerter Abstimmungsmechanismus.[87] Dieser räumt einer Personengruppe (Proposer) die Möglichkeit ein, den Zertifikatsinhabern Angebote zur Abstimmung zu unterbreiten.[88] Die Angebote werden regelmäßig mit einer Beschreibung des Vorhabens versehen, welche außerhalb der DLT-Plattform (off-chain[89]) durch eine oftmals von den Initiatoren des Projekts bereitgestellte Plattform veröffentlicht wird. Auf dieser Plattform können die Zertifikatsinhaber über das Vorhaben diskutieren.[90]

Die Abstimmung wird über steuernde Software direkt auf der DLT-Plattform durchgeführt, wobei der Abstimmungsprozess transparent erfolgt und das Ergebnis transparent festgehalten wird.[91] Durch die Gestaltung der Software wird sichergestellt, dass nur diejenigen eine Stimme abgeben können, die über den privaten Schlüssel zu einer Wallet-Adresse verfügen, welchen ein Governance-Certificate zugeordnet ist, die also Zertifikatsinhaber sind.[92] Das Stimmgewicht

---

85 *Duffield/Diaz*, Dash; *Galt*, DASH – The First Decentralized Autonomous Organization?.

86 Vielmehr handelt es sich bei den „Masternodes“ um gewöhnliche Nodes, die lediglich zusätzliche Aufgaben übernehmen, *Duffield/Diaz*, Dash.

87 Siehe zu den Abstimmungsmöglichkeiten näher unter C.III.1.cc)(2).

88 *Jentzsch*, Decentralized Autonomous Organization to automate governance, S. 2.

89 Der Begriff „off-chain“ wird als Gegenbegriff zu „on-chain“ für Informationen verwendet, die außerhalb einer Blockchain gespeichert werden. Er kann jedoch auch auf andere DLT übertragen werden.

90 Beispiele hierfür sind DASH Central für das Governance and Budget System, https://www.dashcentral.org/ (zuletzt abgerufen am 02.05.2020), die Reddit Page der MakerDAO, https://www.reddit.com/r/MakerDAO/ (zuletzt abgerufen am 02.05.2020) oder die DigixDAO Governance Plattform, https://community.digix.global/#/ (zuletzt abgerufen am 02.05.2020).

91 *Jentzsch*, Decentralized Autonomous Organization to automate governance, S. 2.

92 Siehe zu diesem Prinzip bereits oben unter B.I.2.b)bb).

der Abstimmenden ist dabei stets proportional zur Anzahl der gehaltenen Governance-Certificates.[93] Eine Pflicht zur Abstimmung besteht nicht.[94]

Teilweise wird für die Abgabe eines Angebots ein vorher festgesetzter Betrag in Form von Kryptocoins gefordert, um ein Angebots-Spamming zu verhindern.[95] Für die Abstimmung können die Software oder der Proposer eine Frist[96] und/oder ein Quorum[97] vorsehen. In jedem Fall wird geregelt, welche Mehrheit für eine erfolgreiche Abstimmung benötigt wird.[98]

c) *Definition für diese Arbeit*

Aus den aufgefundenen Elementen der DAO lässt sich eine Definition der DAO für die Zwecke dieser Arbeit ableiten: Eine DAO ist demnach eine Abstimmungssoftware auf einer DLT-Plattform, die der Förderung eines bestimmten Projekts dient und hierfür Zertifikate ausgibt, die zur Teilnahme an den Abstimmungen berechtigen.

Die Definition ist insoweit enger als der oben aufgezeigte weite Begriff der DAO, da ein Abstimmungsrecht der Zertifikatsinhaber gefordert wird. Sie ist jedoch auch offener als der enge DAO-Begriff, welcher zwingend eigenes Kapital der Organisation vorsieht.

---

93 Beispielhaft *Jentzsch*, Decentralized Autonomous Organization to automate governance, S. 2.

94 *DigixGlobal*, DigixDAO (DGD) Information.

95 Im Projekt „The DAO" war eine Kaution zu zahlen, die bei erfolgreicher Abstimmung zurückbezahlt, bei gescheiterter Abstimmung im BSC einbehalten wurde, *Jentzsch*, Decentralized Autonomous Organization to automate governance, S. 2. Im „Dash Governance and Budget System" wird der Betrag dagegen zerstört, https://docs.dash.org/en/stable/governance/understanding.html (zuletzt abgerufen am 02.05.2020).

96 *Jentzsch*, Decentralized Autonomous Organization to automate governance, S. 2. Beim Dash Governance and Budget System findet eine Stimmauszählung alle 16616 Blöcke statt, was ungefähr 30,29 Tagen entspricht, *Wiecko*, Understanding the Governance and Budget System.

97 *Jentzsch*, Decentralized Autonomous Organization to automate governance, S. 2; *Wiecko*, Understanding the Governance and Budget System.

98 In aller Regel wird die absolute Mehrheit der Abstimmenden gefordert, *DigixGlobal*, DigixDAO (DGD) Information; *Jentzsch*, Decentralized Autonomous Organization to automate governance, S. 2. Neuere Konzepte sehen nur noch relative Mehrheiten vor, siehe *DAOstack*, DAOstack: An Operating System for Collective Intelligence, S. 21 ff.

3. Zwischenergebnis

Die so gefundene Definition der DAO für die Zwecke dieser Arbeit macht die besondere Bedeutung der Rolle der Zertifikatsinhaber deutlich. Nur durch Erwerb des Governance-Certificates ist eine Teilnahme am Projekt möglich. Es ist daher naheliegend, als Mitglieder eines möglichen Verbandes zunächst die Zertifikatsinhaber in den Fokus zu nehmen.

II. Die Abgabe einer Willenserklärung durch die Zertifikatsinhaber

Für die Gründung eines rechtlichen Verbandes ist der Abschluss eines Vertrages zwischen den Erwerbern des Governance-Certificates Voraussetzung.[99] Dies erfordert die Äußerung einer entsprechenden Willenserklärung durch die Erwerber. Eine Willenserklärung besteht subjektiv aus dem Handlungsbewusstsein, dem Erklärungsbewusstsein und dem Geschäftswillen. Diese Elemente müssen zudem objektiv nach außen erkennbar werden.[100]

Für eine Handlung genügt ein „vom Willen des Handelnden beherrschtes eigenes Tun oder Unterlassen“[101]. Dabei kann die Erklärung auch durch einen Computer übermittelt werden, soweit die Abgabe durch einen Menschen initiiert und damit von ihm gesteuert und beherrscht wurde.[102] Für den Erwerb des Governance-Certificates senden die künftigen Zertifikatsinhaber eine Transaktion an eine vorher bekannte Wallet-Adresse.[103] Die steuernde Software erstellt daraufhin ein Governance-Certificate und ordnet dieses der Wallet-Adresse des Absenders zu.[104] Die Absendung der Kryptocoins an die Wallet-Adresse der steuernden Software stellt ein vom Willen des Erwerbs beherrschtes aktives Tun dar. Die Transaktion wird auf der verteilten Datenbank sichtbar und damit auch nach außen erkenntlich.

---

99 Grundlegend *BGH*, NZG 2009 (21) = JR 2010, 33–34; Henssler/Strohn/*Servatius*, § 705 BGB, Rn. 17.

100 BeckOK BGB/*Wendtland*, § 133, Rn. 4; Jauernig/*Mansel*, Vor § 116, Rn. 4–6; *Brox/Walker*, S. 44 ff.

101 BeckOK BGB/*Wendtland*, § 133, Rn. 5; Jauernig/*Mansel*, Vor § 116, Rn. 4.

102 *BGHZ* 149, 129 (133) = WM 2002, 48–51; Spindler/Schuster/*Spindler*, Vor § 116, Rn. 6; *Clemens*, NJW 1985, 1998 (2001); *Heun*, CR 1994 (595).

103 Stellvertretend *Jentzsch*, Decentralized Autonomous Organization to automate governance, S. 2.

104 Stellvertretend *Jentzsch*, Decentralized Autonomous Organization to automate governance, S. 1.

Fraglich bleibt jedoch, ob die Erwerber hierbei auch mit Erklärungsbewusstsein handeln. Dies wird in der Folge näher untersucht (1.). Weiter wird geklärt, inwieweit die Pseudonymität der DLT-Plattform für den Abschluss eines Vertrages zwischen den Erwerbern ein Hinderungsgrund sein kann (2.). Schließlich wird der Frage nachgegangen, welche Tatsachen zur Ermittlung des Inhalts der etwaigen Willenserklärung der Erwerber herangezogen werden können (3.).

1. Handlung mit Erklärungsbewusstsein

Ein Erklärungsbewusstsein setzt das Bewusstsein des Handelnden voraus, irgendeine rechtserhebliche Erklärung abzugeben.[105] Das Erklärungsbewusstsein ist nicht zwingende Voraussetzung für das Bestehen einer Willenserklärung. Sie liegt auch dann vor, wenn der Erklärende unter Berücksichtigung der Grundsätze von Treu und Glauben hätte erkennen können, dass seine Erklärung als Willenserklärung aufgefasst werden würde.[106] Vor dem Hintergrund der §§ 133, 157 BGB ist daher nach dem objektiven Empfängerhorizont zu fragen, ob die Übermittlung der Kryptocoins an die Adresse der steuernden Software durch die Erwerber des Governance-Certificates als eine Tätigkeit anzusehen ist, der der Wille zur Abgabe einer rechtserheblichen Erklärung zu entnehmen ist.[107]

Es erscheint zunächst nicht ausgeschlossen, dass der Erwerb eines Governance-Certificates nicht mit dem Willen zu einer rechtlichen Bindung einhergeht. Hierfür sprechen die teilweise aufgenommenen Disclaimer, die mit der Dokumentation der DAO-Projekte einhergehen. So heißt es in einem „Readme" zum Projekt „TheDAO"[108]: „Your use of the Software does not, in and of itself, create a legally binding contract in any jurisdiction and does not establish a lawyer-client relationship."[109]

Demzufolge könnte die Interaktion der Teilnehmer auf der DLT-Plattform vergleichbar sein mit der Eingehung gegenseitiger Gefälligkeitsverhältnisse. Die Teilnehmer einigen sich darauf, keinerlei rechtliche Verbindlichkeiten

---

105 MüKo-BGB/*Armbrüster*, Vor § 116, Rn. 23; *Brox/Walker*, S. 44.

106 *BGHZ* 109, 171 (177) = NJW 1990, 454–456; *BGHZ* 91, 324 (329) = NJW 1984, 2279–2281; BeckOK BGB/*Wendtland*, § 133, Rn. 6.

107 Schulze/*Dörner*, § 133, Rn. 8, m.w.N.

108 Zum Projekt „TheDAO" später ausführlicher unter B.III.1.a)bb)(1)(b).

109 Readme „Decentralized Autonomous Organization Framework", abrufbar unter https://github.com/slockit/DAO/blob/develop/README.md (zuletzt abgerufen am 02.05.2020)

einzugehen und stattdessen ihr Zusammenwirken alleine durch die Software steuern zu lassen.[110] Sollte diese nicht die erwarteten Resultate liefern, so bestünden keine Ansprüche der Beteiligten gegeneinander. Die Teilnahme am Projekt erfolgt dann allein im Vertrauen auf die Funktionsfähigkeit der Software und auf eigenes Risiko der Teilnehmer.

Ein solches Verständnis wird den Erwartungen der Parteien bei der Teilnahme an DAO-Projekten jedoch nicht gerecht. Zwar vertrauen die Teilnehmer auf die Funktionsfähigkeit der Software, ihre Teilnahme ist jedoch meist mit wirtschaftlichen Erwartungen verbunden.[111] Wie die Beispiele der Projekte „TheDAO"[112] oder „DigixDAO"[113] zeigen, werden von den Zertifikatsinhabern beachtliche Summen eingezahlt. In Anbetracht der Tatsache, dass die Projekte meist mit Gewinnerwartungen für die Zertifikatsinhaber beworben werden,[114] wird man nicht davon ausgehen können, dass die Teilnehmer eines solchen Projekts auf jedwede Ansprüche verzichten wollen. Vielmehr ist nach dem Gesagten davon auszugehen, dass sie auf ein Gelingen des Projekts vertrauen und nur deshalb zur Investition bereit sind.

Die Notwendigkeit einer rechtlichen Bindung wird auch durch die Ereignisse nach dem Hack des Projekts „TheDAO" deutlich.[115] Nach einer Abstimmung zwischen den Initiatoren des DAO-Projekts und den Entwicklern hinter der dem Projekt als Basis dienenden DLT-Plattform, wurde beschlossen, in die Architektur der zugrundeliegenden DLT-Plattform einzugreifen, um die Folgen des Hacks ungeschehen zu machen und den Zertifikatsinhabern ihre eingezahlten Beiträge zurückzuerstatten.[116] Dieses Vorgehen unterstreicht das Interesse der Beteiligten an einer rechtlich bindenden Regelung zwischen den

---

110 Krit., *Kolber*, Stanford Technology Law Review 2018, 198 (222).

111 Die zu den Projekten veröffentlichten Whitepaper behandeln meist ausführlich die Verteilung der Gewinne unter den Zertifikatsinhabern, *DigixGlobal*, DigixDAO (DGD) Information; *Duffield/Diaz*, Dash; *Jentzsch*, Decentralized Autonomous Organization to automate governance.

112 So wurden von der Kryptowährung Ether Summen im Gegenwert von über 168 Millionen US-Dollar eingezahlt, *Metz*, The Biggest Crowdfunding Project Ever—the DAO—Is Kind of a Mess.

113 *Quentson*, Gold Backed Digix Raises Millions in Hours on Ethereum Blockchain Crowdsale.

114 Siehe dazu bereits soeben unter Fn. 111.

115 *Jentzsch*, The History of the DAO and Lessons Learned.

116 https://www.heise.de/newsticker/meldung/Nach-dem-DAO-Hack-Ethereum-glueckt-der-harte-Fork-3273618.html (zuletzt abgerufen am 02.05.2020).

Teilnehmern.[117] Hieran vermögen auch Disclaimer in den Dokumentationen zu den Projekten nichts zu ändern. Diese stammen regelmäßig von den Initiatoren der Projekte und nicht von den Erwerbern der Governance-Certificates. Deren Interesse an einer rechtlichen Bindung besteht nach objektivem Empfängerhorizont trotz Vorhandensein solcher Hinweise.

Im Ergebnis lässt sich daher festhalten, dass durch die Handlung des Übersendens von Kryptocoins zum Erwerb des Governance-Certificates grundsätzlich ein Erklärungsbewusstsein der Erwerber erkennbar ist. Zu klären bleibt jedoch, inwieweit sich die Pseudonymität der DLT-Plattform als Hinderungsgrund für den Abschluss eines Vertrages zwischen den Zertifikatsinhabern erweist.

2. Pseudonymität der DLT-Plattform als Hinderungsgrund

Soll durch übereinstimmende Willenserklärungen zwischen den Parteien ein rechtlich bindender Vertrag geschlossen werden, so müssen die Erklärungen die essentialia negotii des Vertrages beinhalten.[118] Zu den essenziellen Bestandteilen eines Vertrages gehören regelmäßig auch die Vertragsparteien.[119] Insbesondere in der Personengesellschaft soll der Vertrag ausdrücklich mit bestimmten Personen geschlossen werden, denn die Vertragsparteien haben aufgrund der engeren persönlichen Verbundenheit regelmäßig ein Interesse daran, den Vertrag gerade mit den ausgewählten Personen zu schließen.[120]

Dem Abschluss eines Vertrages zur Gründung einer solchen Gesellschaft könnte es dann entgegenstehen, wenn sich die Vertragsparteien untereinander nicht persönlich kennen. Wie bereits gezeigt, treten die Zertifikatsinhaber auf der DLT-Plattform nur mit Wallet-Adressen in Erscheinung.[121] Für die anderen Zertifikatsinhaber sind zwar die öffentlichen Schlüssel dieser Adressen einsehbar, nicht aber, welche Personen sich dahinter verbergen.[122] Möglich erscheint auch, dass einzelne Personen über mehrere Adressen verfügen. Nimmt man an, dass zwischen den Zertifikatsinhabern ein Vertrag geschlossen werden soll, so

---

117 Vgl., *Kolber*, Stanford Technology Law Review 2018, 198 (217).

118 MüKo-BGB/*Busche*, § 145, Rn. 6, m.w.N.

119 Jauernig/*Mansel*, § 145, Rn. 2; MüKo-BGB/*Busche*, § 145, Rn. 6.

120 BeckOGK/*Geibel*, § 705 BGB, Rn. 13.

121 Siehe zum Begriff der Wallet-Adresse bereits unter B.I.1.b).

122 Zwar lassen sich Personen hinter den Wallet-Adressen in Einzelfällen durch Datenanalyse identifizieren, regelmäßig wird man aber davon ausgehen müssen, dass die Zertifikatsinhaber eine solche Analyse nicht vornehmen. Zur Datenanalyse näher *Reid/Harrigan*, An Analysis of Anonymity in the Bitcoin System.

kann der einzelne Zertifikatsinhaber u.U. nicht erkennen, mit wie vielen Parteien er kontrahiert und wer diese Personen sind. Dieser Umstand könnte zu dem Schluss führen, dass ein Vertragsschluss zwischen den Zertifikatsinhabern, der sich auf die Gründung eines rechtlichen Verbandes richtet, zumindest dann nicht in Betracht kommt, wenn es sich bei dem zu gründenden Verband um eine Personengesellschaft handeln soll.

Der Abschluss eines Vertrages erfordert jedoch nicht immer zwingend Kenntnis von der Identität der Vertragspartner.[123] Zwar besteht in Personengesellschaften ein besonderes Interesse an dieser Identität, auch hier sind jedoch Ausnahmen für Publikumspersonengesellschaften anerkannt. Besteht die Personengesellschaft aus einer Vielzahl von Gesellschaftern, so ist nicht erforderlich, dass sich diese untereinander kennen. Auch die Identität der einzelnen Gesellschafter muss für Vertragsparteien nicht ersichtlich sein, solange ihnen zumindest „Ankergesellschafter"[124] bekannt sind.[125] Als solche kommen hier beispielsweise die Initiatoren der DAO-Projekte in Betracht. Regelmäßig sind diese den übrigen Zertifikatsinhabern bekannt.[126]

Aufgrund der Transparenz der DLT-Plattform wird die Anzahl der teilnehmenden Wallet-Adressen sichtbar.[127] Auch wenn daraus nicht zwingend auf die genaue Anzahl der teilnehmenden Zertifikatsinhaber geschlossen werden kann, wird für den einzelnen Zertifikatsinhaber dennoch ersichtlich, dass zumindest eine weitere Person am Projekt teilnehmen möchte. Diese könnte bereits für den Abschluss eines Gesellschaftsvertrages genügen. Da es sich bei den möglichen Verbänden der DAO-Projekte nur um Publikumsgesellschaften handeln kann, ist davon auszugehen, dass die Kenntnis der teilnehmenden Wallet-Adressen für den Abschluss eines Gesellschaftsvertrages grundsätzlich genügt, soweit die sonstigen Voraussetzungen vorliegen. Ein Interesse an der Identität jedes einzelnen Teilnehmers ist nicht ersichtlich.

---

123 Beispielsweise ist bei der Stellvertretung grundsätzlich auch das „Geschäft für den, den es angeht" anerkannt, Jauernig/*Mansel*, § 164, Rn. 4. Auch bei automatisierten Vertragsschlüssen kennt zumindest ein Vertragspartner sein gegenüber regelmäßig nicht, BeckOGK/*Möslein*, § 145 BGB, Rn. 71.

124 BeckOGK/*Geibel*, § 705 BGB, Rn. 13.

125 MüKoBGB/*Schäfer*, § 705, Rn. 175.

126 Diese Information ergibt sich zumindest aus dem Whitepaper oder anderen Dokumentationen des Projekts. *DigixGlobal*, DigixDAO (DGD) Information; *Duffield/Diaz*, Dash; *Jentzsch*, Decentralized Autonomous Organization to automate governance; *Mazet/Wojciechowski*, Alice Whitepaper.

127 Siehe hierzu bereits oben unter B.I.1.b).

Es lässt sich mithin festhalten, dass die Pseudonymität der DLT-Plattform dem Abschluss eines Vertrages zur Gründung eines rechtlichen Verbandes grundsätzlich nicht im Wege steht. Klärungsbedürftig bleibt aber, welcher Sachverhalt zur Ermittlung des Inhalts der von den Zertifikatsinhabern abgegebenen Erklärungen herangezogen werden kann.

3. Beachtlicher Sachverhalt zur Ermittlung des Erklärungsinhalts

Um zu beantworten, ob den Erklärungen der Zertifikatsinhaber der Wille zur Gründung eines rechtlichen Verbandes zu entnehmen ist, muss im Vorfeld geklärt werden, welche Umstände zur Ermittlung des Erklärungsinhalts Beachtung finden müssen. Hier ließe sich zunächst vertreten, dass der Inhalt der Erklärung der Zertifikatsinhaber sich alleine aus dem Softwarecode der das Projekt steuernden Software ergibt.[128] Die Software der DAO-Projekte erhebt den Anspruch, die Organisation des Projekts abschließend zu regeln.[129] Inhalt des Vertrages könnte in diesem Fall allein das sein, was durch die steuernde Software festgelegt wird. Hierfür spricht, dass der Softwarecode nicht nur den Inhalt des Vertrages abschließend festhalten könnte, sondern durch seine Ausführung auch die Einhaltung des Vertrages sicherstellen würde. Handlungen der Parteien, die dem Softwarecode zuwiderlaufen, werden damit ausgeschlossen und sind nach dem erkennbaren Willen der Parteien auch nicht erwünscht.[130] Nimmt man an, dass sich die Parteien für ihre Zusammenarbeit allein den Regeln der Software unterwerfen wollen, so lässt dies den Schluss zu, dass für die Auslegung des zwischen den Beteiligten geschlossenen Vertrages auch allein der Inhalt des Softwarecodes herangezogen werden darf.

Die Annahme, dass sich die Vertragsparteien unter allen Umständen allein den Regeln der Software unterwerfen wollen, überzeugt jedoch nicht. Ein einleuchtendes Beispiel hierfür ist die Möglichkeit, dass im Vorfeld unvorhergesehene Lücken in der Software auftreten.[131] Zeigt sich im Laufe des Projekts, dass

---

128 Im Ergebnis ablehnend *Kaulartz/Heckmann*, CR 2016, 618 (623).

129 So lässt sich die Aussage von *Jentzsch* deuten, der von der DAO sagt, *„governance rules are formalized, automated and enforced using software“*, *Jentzsch*, Decentralized Autonomous Organization to automate governance, S. 1.

130 *Jentzsch* bewirbt das Projekt „The DAO“ auch damit, dass durch den Softwarecode die Teilnehmer zur Einhaltung der Regeln gezwungen werden, *Jentzsch*, Decentralized Autonomous Organization to automate governance, S. 1.

131 Darauf hinweisend auch *Kaulartz/Heckmann*, CR 2016, 618 (623).

die Software nicht immer so funktioniert, wie dies zu Beginn von den Vertragsparteien erwartet wurde, so ist nicht anzunehmen, dass die Vereinbarung der Parteien auch mögliche Fehlfunktionen der Software umfasst. Abermals zeigt hier das Beispiel des Angriffs auf das Projekt „TheDAO", dass der Wille der Parteien vom Inhalt des Softwarecodes abweichen kann. Im Falle des Hacks hatte der Angreifer nicht gegen die Regeln der Software verstoßen, sondern lediglich eine unvorhergesehene Lücke genutzt, um Kryptocoins auf seine private Adresse zu übermitteln.[132] Nähme man an, dass der Vertragsinhalt alleine durch die Regelungen der Software bestimmt wird, so wäre dieses Verhalten nicht absprachewidrig gewesen. Der anschließend stattfindende Hard Fork zeigt jedoch auch hier, dass die Interessen der Parteien vom bloßen Inhalt des Softwarecodes abweichen können.[133]

Weiter muss Beachtung finden, dass der reine Softwarecode nicht zwingend nur von Zertifikatsinhabern gelesen werden kann. Auch wenn sich, insbesondere in der Anfangszeit der DLT, hauptsächlich technisch versierte Nutzer mit den DAO-Projekten befassten, welche den Inhalt des Softwarecodes verstehen konnten,[134] so ist nicht anzunehmen, dass dies bei einer weiteren Verbreitung der Technologie so bleibt. Stattdessen werden zunehmend Nutzer mit DAO-Projekten in Berührung kommen, die den reinen Softwarecode nicht lesen können.[135] Diese sind dann auf die Dokumentationen angewiesen, die zum Projekt veröffentlicht werden. Die Zertifikatsinhaber vertrauen darauf, dass die Software so arbeitet, wie dies in den Dokumentationen festgehalten ist. Die Software ist dann vergleichbar mit der Technik eines Warenautomaten.[136] Auch hier ist den Anwendern die genaue technische Funktionsweise meist nicht bekannt. Sie vertrauen jedoch darauf, dass dieser wie dokumentiert funktioniert. Der Inhalt des Vertrages ergibt sich dabei in erster Linie aus der Dokumentation der Technik. Funktioniert diese nicht wie dokumentiert, so behält die Vertragspartei einen Erfüllungsanspruch. Die Software dient also in erster Linie der Umsetzung

---

132 *Jentzsch*, The History of the DAO and Lessons Learned.

133 *Heckelmann*, NJW 2018, 504 (509).

134 Als Beispiel sei das Whitepaper im Projekt „The DAO" genannt, welches seitenweise nur aus Softwarecode besteht, *Jentzsch*, Decentralized Autonomous Organization to automate governance, S. 5 ff.

135 Zu diesem Problem auch *Kaulartz*, InTeR 2016, 201 (204 f.).

136 *Jünemann/Kast*, ZfgK 2017, 531 (532); *Kaulartz/Heckmann*, CR 2016, 618 (621).

der Vereinbarung zwischen den Zertifikatsinhabern, ist aber nicht mit dieser gleichzusetzen.[137]

Im Ergebnis lässt sich folglich festhalten, dass für die Auslegung des Willens der Zertifikatsinhaber nicht alleine auf den Code der das DAO-Projekt steuernden Software abgestellt werden kann. Für die Auslegung des Geschäftswillens der Zertifikatsinhaber sind dagegen alle Umstände des Einzelfalls zu berücksichtigen, insbesondere die mit dem Projekt veröffentlichten Dokumentationen der Software.

4. Zwischenergebnis

Die Untersuchung zeigt, dass bei den Zertifikatsinhabern bei Erwerb des Governance-Certificates ein Handlungs- und Erklärungsbewusstsein vorliegt. Die Pseudonymität der DLT-Plattform steht dem Abschluss eines Vertrages zwischen den Zertifikatsinhabern ebenfalls nicht entgegen.

Für die Auslegung des Geschäftswillens ist nicht allein auf den Code der steuernden Software abzustellen, sondern alle Umstände des Vertragsschlusses, also insbesondere die mit dem Projekt veröffentlichten Dokumentationen, mit einzubeziehen. Diese Auslegung wird im weiteren Verlauf der Prüfung vorgenommen.

III. Der Geschäftswille der Zertifikatsinhaber zur Gründung eines rechtlichen Verbandes

Dem Handeln der Zertifikatsinhaber könnte der Geschäftswille zur Gründung eines rechtlichen Verbandes zu entnehmen sein. Als rechtlicher Verband kommen zunächst alle Personengesellschaften und Körperschaften in Betracht. Auch wenn an deren Entstehung im Einzelnen unterschiedliche Bedingungen geknüpft sind, so ist gemeinsame Voraussetzung für die Entstehung einer Gesellschaft der Abschluss eines Gesellschaftsvertrages mit dem Inhalt der gegenseitigen Verpflichtung zur Förderung eines gemeinsamen Zwecks.[138] Hierdurch entsteht zunächst nur ein Schuldverhältnis zwischen den Gesellschaftern (reine Innengesellschaft). Für die Entstehung eines Verbandes muss die Gesellschaft darüber hinaus nach außen auftreten (Außengesellschaft) und eine Verbandsstruktur aufweisen.[139]

---

137 *Heckmann/Schmid*, Blockchain und Smart Contracts – Recht und Technik im Überblick, S. 22 f.

138 Siehe zur GbR als Urform der Gesellschaft, MüKoBGB/*Schäfer*, Vor § 705, Rn. 5–7, m.w.N.

139 *Schmidt*, S. 1692.

Der Gesellschaftsvertrag ist das konstituierende Element des Verbandes. Bei Personengesellschaften bildet der Vertrag die Grundlage für den Verband und wirkt auch nach der Entstehung des Verbandes weiter fort. Bei Körperschaften besteht der Gesellschaftsvertrag nach der Gründung als Satzung weiter.[140]

Der Inhalt einer Satzung wird nach allgemeiner Ansicht regelmäßig objektiv bestimmt,[141] während die empfangsbedürftigen Willenserklärungen zum Abschluss des Gesellschaftsvertrages nach dem objektiven Empfängerhorizont auszulegen sind.[142] Für Gesellschaftsverträge ist hierbei grundsätzlich auf die Sicht eines objektiven Empfängers in der Position der Mitgesellschafter abzustellen.[143] Die Zahl der beteiligten Zertifikatsinhaber und damit der etwaigen Mitgesellschafter ist vergleichsweise groß. So nahmen beispielsweise am Projekt „TheDAO" mehr als 18.000 Zertifikatsinhaber teil.[144] Zwischen diesen Teilnehmern besteht keine persönliche Verbundenheit. Schließen diese untereinander einen Gesellschaftsvertrag, so spricht man auch von einer Massen- oder Publikumsgesellschaft. Zwar begegnet dieser Begriff meist im Zusammenhang mit Kommanditgesellschaften, ist jedoch nicht auf diese beschränkt.[145] Bei Publikumsgesellschaften kann die Position der einzelnen Mitgesellschafter sehr unterschiedlich sein. Eine Bestimmung des Erklärungsinhalts nach dem objektiven Empfängerhorizont gestaltet sich daher schwierig. Nach ständiger Rechtsprechung des BGH sind solche Gesellschaftsverträge, ähnlich den Satzungen von GmbH und AG, objektiv auszulegen.[146] Eine objektive Auslegung des etwaigen Gesellschaftsvertrages ist daher unabhängig davon vorzunehmen, ob den Handlungen der Zertifikatsinhaber der Geschäftswille zur Gründung einer Personengesellschaft oder einer Körperschaft zu entnehmen ist. Es muss daher gefragt werden, ob ein objektiver Außenstehender der Handlung der Zertifikatsinhaber den Willen entnehmen kann, mit den anderen Zertifikatsinhabern eine Gesellschaft zu gründen. Dabei müssen neben der Handlung auch die begleitenden Umstände Beachtung finden.

---

140 *Flume*, S. 95.

141 *BGHZ* 207, 144 (150) = WM 2015, 2107–2112; MüKo-BGB/*Leuschner*, § 25, Rn. 38, m.w.N.

142 *BGHZ* 47, 75 (78) = NJW 1967, 673–675; *BGHZ* 36, 30 (33) = NJW 1961, 2251–2253.

143 *BGH*, NJW 1995, 3313 (3314); Henssler/Strohn/*Servatius*, § 705 BGB, Rn. 29.

144 *Simonite*, The "Autonomous Corporation" Called the DAO Is Not a Good Way to Spend $130 Million.

145 MüKoBGB/*Schäfer*, Vor § 705, Rn. 3a.

146 *BGH*, BeckRS 2014, 22860; *BGH*, NJW 2011, 1666–1667; *BGH*, WM 2007, 835–837.

In diesem Abschnitt wird geklärt, ob, nach der Gesamtschau der Umstände, den Handlungen der Zertifikatsinhaber der Geschäftswille zum gegenseitigen Abschluss eines Gesellschaftsvertrages zu entnehmen ist. Dabei soll zunächst geprüft werden, ob sich aufgrund der das DAO-Projekt steuernden Software und der dazugehörigen Dokumentationen auf eine Übernahme einer Verpflichtung zur dauerhaften Förderung eines gemeinsamen Zwecks durch die Zertifikatsinhaber schließen lässt (1.). Weiter wird untersucht, inwieweit die objektiv erkennbare Vermögensordnung der DAO-Projekte der eines rechtlichen Verbandes entspricht (2.) und inwiefern von der Vereinbarung einer gegenseitigen Treubindung der Zertifikatsinhaber auszugehen ist (3.). Schließlich wird die Frage geklärt, ob und inwieweit der gemeinsame Zweck der Gruppe der Zertifikatsinhaber auch die Trägerschaft des mit der DAO verbundenen Gesamtprojekts umfasst (4.).

1. Die dauerhafte Förderung eines gemeinsamen Zwecks

Der objektiv erkennbare Wille der Zertifikatsinhaber müsste auf die dauerhafte Förderung eines gemeinsamen Zwecks gerichtet sein.[147] Es werden daher mögliche gemeinsame Zwecke der Gruppe der Zertifikatsinhaber identifiziert (a)), untersucht, inwieweit die Zertifikatsinhaber den Willen äußern in eine rechtliche Dauerbeziehung eintreten zu wollen (b)) und ein Verbandswille durch die Zertifikatsinhaber gebildet wird (c)).

a) Identifizierung eines gemeinsamen Zwecks der Gruppe der Zertifikatsinhaber

Inhalt des Gesellschaftsvertrages ist die gegenseitige Verpflichtung der Gesellschafter zur Förderung eines gemeinsamen Zwecks. Es werden zunächst der Begriff des gemeinsamen Zwecks erläutert (aa)) und sodann etwaige gemeinsame Zwecke, deren Förderung durch die Zertifikatsinhaber möglich erscheint, identifiziert (bb)). Schließlich werden die von der Software vorgesehenen Tätigkeiten der Zertifikatsinhaber daraufhin untersucht, ob in ihnen eine Förderung dieser gemeinsamen Zwecke zu erkennen ist (cc)).

aa) Der Begriff des gemeinsamen Zwecks

Da es hinsichtlich des Zwecks einer Gesellschaft durch das Gesetz keinerlei Vorgaben gibt, kommt grundsätzlich jeder erlaubte Zweck infrage.[148] Dieser kann

147 Henssler/Strohn/*Servatius*, § 705 BGB, Rn. 2.

148 Einhellige Auffassung, NK-BGB/*Heidel*, § 705, Rn. 155, m.w.N.

wirtschaftlicher oder rein ideeller Natur sein. Es macht dabei keinen Unterschied, ob ein materieller körperlicher Erfolg erreicht werden soll oder lediglich ein immaterieller Erfolg angestrebt wird.[149] Auch die persönlichen Motive der Gesellschafter spielen keine Rolle.[150]

Der Zweck der Gesellschaft muss ein „gemeinsamer" sein. Legt man ein rein schuldvertragliches Verständnis des Gesellschaftsvertrages zugrunde, so ließe sich annehmen, dass der Zweck dann ein gemeinsamer ist, wenn jeder Partner ihn sowohl als den eigenen als auch als den Zweck des anderen zu fördern verspricht.[151] Für das Entstehen einer reinen Innengesellschaft mag die schuldrechtliche Komponente des Gesellschaftsvertrages genügen. Die Gruppe der Zertifikatsinhaber interagiert jedoch auch mit Dritten.[152] Geht man davon aus, dass diese eine Gesellschaft gründen, so handelt es sich um eine Außengesellschaft. Eine solche besitzt neben der schuldrechtlichen auch eine personenrechtliche Komponente. Für diese ist der gemeinsame Zweck kein individueller der Gesellschafter, sondern ein überindividueller Verbandszweck der „Gruppe"[153].[154] Der Bestand des so entstehenden Verbandes wird vom Schicksal des gemeinsamen Zwecks abhängig gemacht.[155] Um die Frage nach dem Vorhandensein eines gemeinsamen Zwecks zu beantworten, darf daher nicht nach den verfolgten Zwecken der einzelnen Zertifikatsinhaber gefragt werden. Vielmehr ist zu fragen, ob die Gruppe der Zertifikatsinhaber in ihrer Gesamtheit einen überindividuellen Zweck verfolgt.

bb) Mögliche gemeinsame Zwecke der Gruppe der Zertifikatsinhaber

Bei der Frage, welche Zwecke bei objektiver Betrachtung von der Gruppe der Zertifikatsinhaber verfolgt werden, muss auf die das DAO-Projekt steuernde Software und die mit dem DAO-Projekt veröffentlichten Dokumentationen zurückgegriffen werden. Optimistische Visionäre prophezeien DAO-Projekten die Möglichkeit, physische Gegenstände, wie Coworking-Spaces, zu führen

---

149 Henssler/Strohn/*Servatius*, § 705 BGB, Rn. 4; MüKoBGB/*Schäfer*, § 705, Rn. 144; *Schmidt*, S. 1733 f.

150 MüKoBGB/*Schäfer*, § 705, Rn. 147.

151 *Ballerstedt*, JuS 1963, 253 (255).

152 Siehe dazu anschaulich *Bannon*, The Tao of "The DAO" or How the autonomous corporation is already here.

153 Der Begriff der „Gruppe" stammt in diesem Zusammenhang von *Flume*, S. 54 ff.

154 *Flume*, S. 39; *Schmidt*, S. 60.

155 MüKoBGB/*Schäfer*, § 705, Rn. 148.

oder an großen Gesellschaftsaufgaben, wie dem Umweltschutz, mitzuwirken.[156] Dabei fehlen jedoch bislang konkrete Konzepte zur Umsetzung dieser Vision. Stattdessen zeigt sich, dass die bisher umgesetzten DAO-Projekte hinsichtlich ihrer Funktion in zwei Kategorien eingeteilt werden können. Es kann danach unterschieden werden, ob diese Mittel investieren (Finanzierungs-DAO)[157] oder durch Abstimmungen die das Gesamtprojekt steuernde Software anpassen (Steuerungs-DAO)[158].

(1) Finanzierungs-DAO

In der überwiegenden Mehrzahl der untersuchten DAO-Projekte wird auf einer Wallet-Adresse (Budget-Wallet) Kapital in Form von Kryptocoins hinterlegt, über deren Verwendung die Zertifikatsinhaber abstimmen können.[159] Bei DAO-Projekten, die auf der Ethereum-DLT-Plattform implementiert sind, werden die Kryptocoins auf einem Budget Smart Contract (BSC) abgelegt. Wird die DAO auf einer eigenen DLT-Plattform betrieben, so werden die Kryptocoins auf einer mit den Smart Contracts von Ethereum vergleichbaren Wallet-Adresse hinterlegt.[160] Aufgrund der Transparenz der DLT-Plattform ist der Betrag des hinterlegten Kapitals stets öffentlich einsehbar. Das auf der Budget-Adresse hinterlegte Kapital stammt dabei entweder von den Zertifikatsinhabern oder wird durch Abspaltungen von den Transaktionsgebühren eines mit der DAO verbundenen Gesamtprojekts gespeist.[161]

In der Finanzierungs-DAO stimmen die Zertifikatsinhaber über die Verwendung von Mitteln in der Budget-Wallet ab. Nach erfolgter Abstimmung werden die Mittel durch Software automatisiert an eine vorher festgelegte Wallet-Adresse ausgezahlt und stehen dann für den jeweiligen Zweck zur Verfügung. Hinsichtlich eines möglichen gemeinsamen Zwecks der Gruppe der Zertifikatsinhaber

---

156 Siehe hierzu die von *DAOstack* vorgeschlagenen Use Cases, welche als „Physical DAO" oder „Alliance DAO" bezeichnet werden, https://daostack.io/ (zuletzt abgerufen am 02.05.2020).

157 Diese könnte man den von *DAOstack* ebenfalls vorgeschlagenen Use Case der „Grants DAO" zuordnen, https://daostack.io/ (zuletzt abgerufen am 02.05.2020).

158 *DAOstack* bezeichnet diesen Use Case als „DAO controlling an application", https://daostack.io/ (zuletzt abgerufen am 02.05.2020).

159 Siehe nur *Jentzsch*, Decentralized Autonomous Organization to automate governance, S. 2; *Eufemio/Chng/Djie*, Digix's Whitepaper, S. 7.

160 Ein Beispiel hierfür ist DASH, *Galt*, DASH – The First Decentralized Autonomous Organization?.

161 Siehe hierzu gleich näher unter B.III.1.a)bb)(1)(a).

in der Finanzierungs-DAO kann danach unterschieden werden, welche Zwecke durch die Auszahlung der Mittel gefördert werden sollen. Möglich ist eine Finanzierung des mit der DAO verbundenen Gesamtprojekts ((a)), eine Finanzierung von Drittprojekten ((b)) oder das Spenden der Mittel ((c)).

(a) Finanzierung des Gesamtprojekts (Management-DAO)

Die Finanzierungs-DAO kann Bestandteil eines mit der DAO verbundenen Gesamtprojekts sein. Die Mittel aus der Budget-Wallet sollen, nach Abstimmung durch die Zertifikatsinhaber, für die Weiterentwicklung und Verbesserung dieses Gesamtprojekts eingesetzt werden. Die Mittel stammen dabei entweder von den Zertifikatsinhabern[162] oder werden von den Nutzern des Gesamtprojekts als Teil der fälligen Transaktionsgebühren für die Nutzung der Produkte oder Dienstleistungen des Gesamtprojekts abgeführt.[163]

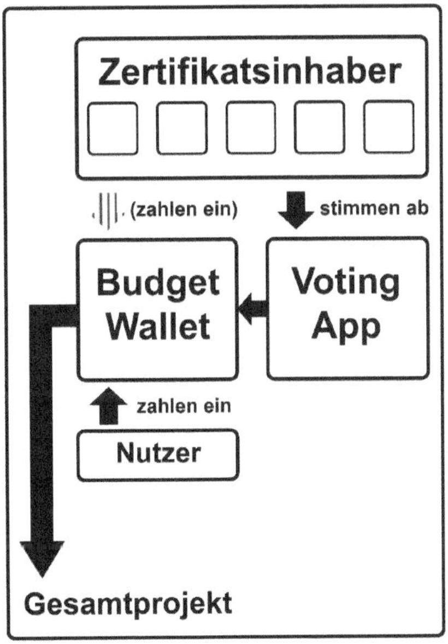

Abbildung 1: Die Management-DAO

162 Beispiel hierfür ist die DigixDAO, *DigixGlobal*, DigixDAO (DGD) Information.
163 So bei DASH, *Duffield/Diaz*, Dash.

Eine sehr frühe Form der Management-DAO stellt das „Dash Governance and Budget-System" dar. Dash (englisch für „Digital Cash") ist wie Bitcoin eine Open-Source-Peer-to-peer-Kryptowährung, die von der US-amerikanischen „Dash Foundation Inc." betrieben wird. Sie wurde Anfang 2014 von *Evan Duffield* unter dem Namen „XCoin" (später auch „Darkcoin") veröffentlicht.[164] Die Grundfunktion von Dash ist mit Bitcoin vergleichbar, wobei statt dem Bitcoin die Kryptowährung „DASH" verwendet wird.[165] Transferiert ein Nutzer die Kryptowährung DASH, so werden Transaktionsgebühren fällig, von denen ein Teil im „Dash Governance und Budget System" hinterlegt wird.[166] Eine wichtige Rolle in der Dash-DLT-Plattform nehmen sogenannte „Masternodes" ein, die im Rahmen des „Dash Governance and Budget Systems" über die zukünftige Entwicklung der Dash-DLT-Plattform und die Verwendung der hierfür erforderlichen Mittel aus dem Budget-System abstimmen können.[167] Sieht man das Dash Governance and Budget System als Management-DAO, so sind die Masternodes deren Zertifikatsinhaber. Die Dash-DLT-Plattform stellt dann das mit der DAO verbundene Gesamtprojekt dar.

Ein weiteres Beispiel für eine Management-DAO war die „Digix DAO". Die „DigixGlobal Private Limited" aus Singapur bietet die Möglichkeit, physische Wertgegenstände auf der Ethereum-Plattform zu registrieren und diese dort zu handeln.[168] Dabei hat sich das Unternehmen zunächst auf die Registrierung von Gold spezialisiert.[169] DigixGlobal verfolgt darüber hinaus das Ziel, den Handel von physischen Wertgegenständen via Token auf DLT-Plattformen voranzutreiben. Zur Finanzierung und Weiterentwicklung dieses Gesamtprojekts hat sich das Unternehmen zur Gründung einer „Distributed Autonomous Organization", genannt „Digix DAO", entschlossen. Im Whitepaper wird sie auch als „Decentralized Autonomous Organization" bezeichnet.[170] Im März 2016 ermöglichte DigixGlobal dafür den Erwerb von „Digix DAO Tokens" (DGD), welcher das Governance-Certificate der Digix DAO darstellt. Innerhalb von nur 12 Stunden wurden Kryptocoins im Wert von damals ungefähr 5,5 Millionen US-Dollar

164 https://www.dash.org/forum/threads/the-birth-of-darkcoin.162/ (zuletzt abgerufen am 02.05.2020).
165 *Galt*, DASH – The First Decentralized Autonomous Organization?.
166 *Wiecko*, Understanding the Governance and Budget System.
167 *Duffield/Diaz*, Dash.
168 *Aitken*, Digital Gold 'Done Right' With DigixDAO Crypto-Trading On OpenLedger.
169 *Eufemio/Chng/Djie*, Digix's Whitepaper.
170 *DigixGlobal*, DigixDAO (DGD) Information.

gepoolt.[171] Dieses Kapital sollte zur Weiterentwicklung des Projekts nach dem Willen der Zertifikatsinhaber verwendet werden.[172] Im Januar 2020 wurde die Auflösung der DigixDAO bekanntgegeben.[173]

Bei der Suche nach einem gemeinsamen Zweck der Zertifikatsinhaber in der Management-DAO sind zwei Szenarien denkbar. Es ist zunächst möglich, dass die Förderung des Gesamtprojekts durch die Gruppe der Zertifikatsinhaber eine Leistung an die Betreiber oder Nutzer des Gesamtprojekts darstellt. Durch ihre Förderung ermöglichen sie den Betrieb und die Weiterentwicklung des Projekts. Von dieser Leistung profitieren diejenigen, welche das Gesamtprojekt selbst betreiben oder von ihm in anderer Weise profitieren. Der gemeinsame Zweck der Gruppe der Zertifikatsinhaber bestünde hier in der Erbringung dieser Leistung an diese Personen.

Vom Betrieb und der Weiterentwicklung des Gesamtprojekts profitiert zumindest auch die Gruppe der Zertifikatsinhaber. Den Handlungen der Zertifikatsinhaber könnte daher über die Förderung des Gesamtprojekts hinaus der Wille zur Führung des Gesamtprojekts entnommen werden. Der gemeinsame Zweck der Gruppe der Zertifikatsinhaber könnte dann so weit reichen, dass das Gesamtprojekt nicht nur gefördert werden soll, sondern die Gruppe der Zertifikatsinhaber Träger des Unternehmens des Gesamtprojekts wird.

Zunächst kann daher festgehalten werden, dass für die Gruppe der Zertifikatsinhaber in der Management-DAO ein möglicher gemeinsamer Zweck entweder in der Erbringung von Leistungen an die Betreiber oder Nutzer des Gesamtprojekts sein kann oder der gemeinsame Zweck der Gruppe den Betrieb des Gesamtprojekts umfasst. Ob und inwieweit dies der Fall ist, wird im weiteren Verlauf der Prüfung untersucht.[174]

(b) Finanzierung von Drittprojekten (Investment-DAO)

Die Mittel aus der Budget-Wallet der Finanzierungs-DAO können, statt in ein mit der DAO verbundenes Gesamtprojekt, in Drittprojekte investiert werden.

---

171 *Quentson*, Gold Backed Digix Raises Millions in Hours on Ethereum Blockchain Crowdsale.

172 https://coincierge.de/dgd-digixdao/ (zuletzt abgerufen am 02.05.2020).

173 https://medium.com/digix/digixdaos-dissolution-655be3110196 (zuletzt abgerufen am 02.05.2020).

174 Siehe hierzu später näher unter B.III.4.

Regelmäßig wird dabei mit den Empfängern der Mittel eine Gegenleistung vereinbart, die den Zertifikatsinhabern zugutekommen soll.[175]

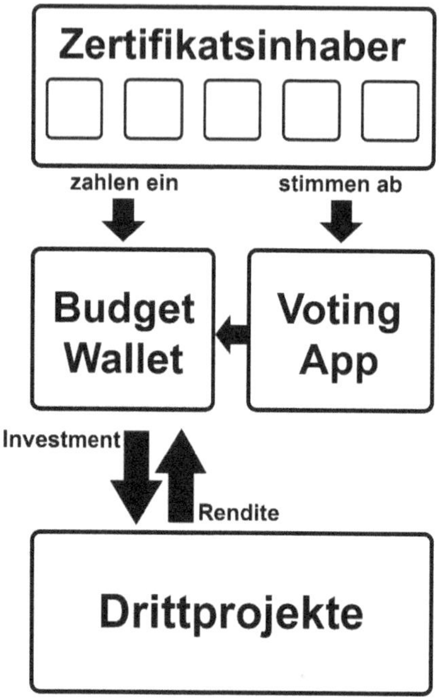

Abbildung 2: Die Investment-DAO

Bekanntestes Beispiel einer Investment-DAO ist das bereits in der Einführung erwähnte Projekt „TheDAO"[176] des deutschen Unternehmens „slock.it UG (haftungsbeschränkt)", welches am 30. April 2016 startete.[177] „TheDAO" sollte es seinen Zertifikatsinhabern ermöglichen, dieses Kapital in Projekte Dritter zu investieren und von den vereinbarten Rückzahlungen zu profitieren. Die Dritten konnten dabei entweder selbst aus der Gruppe derjenigen stammen, die Governance-Certificates halten, oder es konnte sich um Personen handeln,

175 Siehe zum Reward-Modell näher bei *Jentzsch*, Decentralized Autonomous Organization to automate governance, S. 9 f.

176 Siehe hierzu bereits unter B.

177 *Dingle*, The company of the future.

die selbst keine Beziehung zur DAO haben.[178] Die Angebote, über die abgestimmt wurde, enthielten eine Beschreibung des zu fördernden Projekts sowie die geforderte Summe. Beispiel für ein solches Angebot war die Erstellung eines „Universal Sharing Networks" durch die Initiatoren von „TheDAO". Bei diesem Projekt sollten intelligente Schlösser („Smart Locks"), die mithilfe eines Smart Contracts auf der Ethereum-DLT-Plattform kommunizierten, an Endkunden verkauft werden, die damit Gegenstände oder Räumlichkeiten für die Vermietung verschließen konnten. Für die Nutzung der Gegenstände konnte mit Kryptocoins bezahlt werden, woraufhin die Schlösser für die vereinbarte Zeit Zugang gewährten. Für die Nutzung des Netzwerkes wurde eine Gebühr fällig. Diese Gebühren sollten an die DAO zurückfließen.[179]

In der Regel wird also eine Gegenleistung für die Förderung vereinbart, die an eine (gesonderte) Wallet-Adresse zurückfliest. Im Projekt „TheDAO" wurde die Zuordnung der so generierten Gewinne durch „Reward-Tokens" organisiert, welche im Zeitpunkt der Förderung des Drittprojekts für jeden zu diesem Zeitpunkt beteiligten Zertifikatsinhaber ausgegeben wurden. Die Reward-Tokens ermöglichten ihren Inhabern über die weitere Verwendung ihres Anteils am Gewinn zu entscheiden. Neben einer Auszahlung der Gewinne war auch eine Reinvestition möglich.[180]

Wie bereits in der Einführung erwähnt,[181] scheiterte das Projekt kurz nach der Gründung aufgrund eines Hacker-Angriffs, der eine Schwachstelle im Code des der DAO zugrundeliegenden Smart Contracts ausnutzte. Nach einer heftig geführten Debatte entschloss sich die Ethereum-Community zu einer rückwirkenden Manipulation der zugrundeliegenden DLT-Plattform[182] im Zuge derer die entzogenen Kryptocoins einem „Withdraw Smart Contract" zugeordnet wurden und die Teilnehmer des DAO-Projekts ihre Einlagen zurückerhielten. Diese

178 Im Projekt „TheDAO" konnten Angebote zwar nur von Zertifikatsinhaber eingebracht werden, Vertragspartner konnten jedoch auch Personen werden, die selbst keine Governance-Certificates hielten.

179 *Bannon*, The Tao of "The DAO" or How the autonomous corporation is already here.

180 *Jentzsch*, Decentralized Autonomous Organization to automate governance, S. 10.

181 Siehe hierzu bereits unter B.

182 Nachträgliche Manipulationen einer DLT-Plattform sind eigentlich nicht möglich. Eine Ausnahme stellt ein sog. „Hard Fork" dar, bei dem sich alle Teilnehmer des Netzwerks außerplanmäßig darauf einigen, entgegen der ursprünglichen Regelungen der Software, andere Informationen als gemeingültige Inhalte des verteilten Registers zu akzeptieren, *Heckmann*, CR 2016, R99–R100.

Anpassung löste gleichzeitig auch die DAO auf.[183] Trotz oder gerade wegen des Scheiterns des Projekts ist die DAO von slock.it die meist diskutierteste und am besten dokumentierte ihrer Art.[184]

In der Investment-DAO besteht das Ziel der Gruppe der Zertifikatsinhaber in der Erwirtschaftung von Gewinnen aus den getätigten Investments. Hierin könnte der gemeinsame Zweck der Gruppe der Zertifikatsinhaber liegen.

(c) Spenden (Spenden-DAO)

Die Mittel aus der Budget-Wallet können von der Gruppe der Zertifikatsinhaber in der Finanzierungs-DAO auch ohne Vereinbarung einer Gegenleistung ausgezahlt werden. Regelmäßig sollen die Mittel dann für Drittprojekte gespendet werdet. Hinsichtlich der Einzahlung der zu spendenden Mittel kann weiter danach differenziert werden, ob diese von der Gruppe der Zertifikatsinhaber selbst eingezahlt oder aus den Transaktionsgebühren eines mit der DAO verbundenen Gesamtprojekts stammen.

(aa) Mittel von den Zertifikatsinhabern

Die Mittel der Spenden-DAO können zunächst von den Zertifikatsinhabern selbst stammen.

183 *Jentzsch*, The History of the DAO and Lessons Learned; *DuPont*, in: Campbell-Verduyn, S. 157 (158).

184 Siehe nur *DuPont*, in: Campbell-Verduyn, S. 157; *Hinkes*, The Law of The DAO; *Macheel*, The DAO Might Be Groundbreaking, But Is It Legal?.

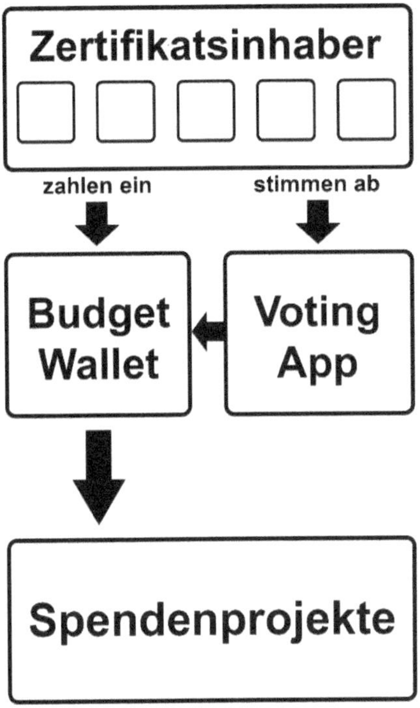

Abbildung 3: Spenden-Stand-Alone-DAO

Ein Beispiel hierfür stellt das Projekt der „Siemens AG Hutten-DDO“ dar. Im Mai 2017 startete die Siemens AG dieses unternehmensinterne DAO-Projekt. „Hutten“ steht dabei für die Huttenstraße in Berlin, wo eine Siemens Gasturbinenfabrik steht, „DDO“ steht als Abkürzung für „Decentralized Digital Organization“. Die Siemens-DDO ermöglicht es Siemens-Mitarbeitern, soziale Projekte zu unterstützen, wie hier das „SOS Kinderdorf“ in Berlin-Moabit. Bei der Entwicklung der DDO wurde die Siemens AG von slock.it beraten. Die Hutten-DDO baut auf dem DAO-Framework von slock.it auf. Die Siemens Mitarbeiter hatten die Möglichkeit im Austausch gegen Euro „Hutten-Coins“ zu erwerben. Diese sind nicht veräußerbar und im Wert stabil. Die „Hutten-Coins“ konnten im Anschluss gegen „Hutten-Shares“ als Anteile an der Hutten-DDO eingetauscht werden. Jeder Hutten-Share-Holder kann Vorschläge für zu unterstützende Projekte abgeben, worüber die anderen Shareholder anschließend abstimmen können. Das Stimmgewicht ist proportional zu den gehaltenen Hutten-Shares.

Bisher wurden Projekte wie ein Ausflug der Kinder in den Berliner Zoo oder die Anschaffung von Musikinstrumenten gefördert.[185]

Bei der Siemens-Hutten-DDO handelt es sich um ein unternehmensinternes Projekt. Dies soll bei der folgenden Betrachtung jedoch außer Acht gelassen werden. Denkbar ist die Umsetzung einer vergleichbaren Spenden-DAO auch außerhalb eines Unternehmens. So kündigten die Gründer des Projekts „The-DAO" nach dessen Scheitern ein „Charity DAO"-Projekt[186] an.[187]

Stammen die Mittel wie in diesen Projekten von den Zertifikatsinhabern, so kann der mögliche gemeinsame Zweck in der Spende eigener Mittel liegen.

(bb) Mittel aus Transaktionsgebühren des Gesamtprojekts

Die Spenden-DAO kann auch so konzeptioniert sein, dass nicht eigene Mittel der Zertifikatsinhaber, sondern Mittel aus den Transaktionsgebühren des mit der Spenden-DAO verbundenen Gesamtprojekts investiert werden. Im Unterschied zur Management-DAO dienen die Abstimmungen der Zertifikatsinhaber aber nicht der Weiterentwicklung des Gesamtprojekts, sondern der Förderung von (sozialen) Drittprojekten.

185 *Kux/Burkhardt/Tual*, Siemens AG Hutten-DDO: The first Fortune 500 company using the DAO Framework.

186 *Redman*, Charity DAO Gives the Original DAO a Second Chance.

187 Es ist jedoch unklar, ob dieses Projekt jemals umgesetzt wird.

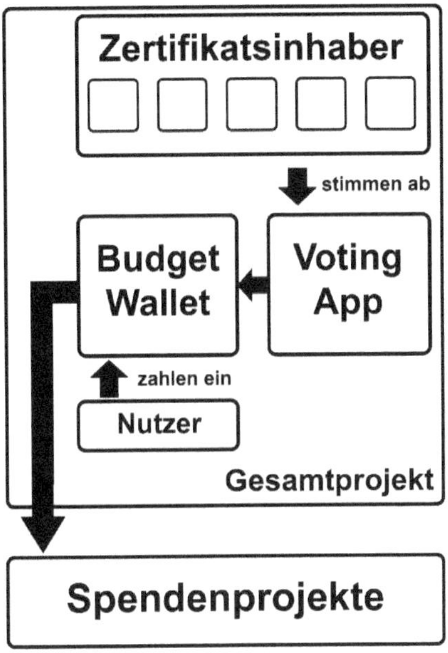

Abbildung 4: Spenden-Annex-DAO

Ein Beispiel liefert der „Decentralized Autonomous Fund" (DAF) der Alice-DLT-Plattform. Die „Alice SI Limited" ist ein 2016 in Großbritannien gegründetes Unternehmen,[188] welches eine dezentrale Spendenorganisation auf der Ethereum-DLT-Plattform umsetzen will. Das Netzwerk ermöglicht sowohl eine Kreditvergabe mit Renditechancen für soziale Projekte als auch die Möglichkeit, für diese unter Aufstellung von Bedingungen zu spenden.[189] Als Token im Ökosystem von Alice dient der „Alice-Token".[190] Für Transaktionen des Alice-Token wird ein Bruchteil in den DAF geleitet.[191] Wer den Token hält, ist zugleich zur Abstimmung über die Mittel im DAF berechtigt und damit Zertifikatsinhaber. Der DAF soll auch kleineren sozialen Organisationen den Zugang zu

188 https://beta.companieshouse.gov.uk/company/10139889 (zuletzt abgerufen am 02.05.2020).

189 Nähere Informationen hierzu finden sich auf der Alice-Webseite, https://alice.si/ (zuletzt abgerufen am 02.05.2020).

190 *Mazet/Wojciechowski*, Alice Whitepaper, S. 56.

191 *Mazet/Wojciechowski*, Alice Whitepaper, S. 57.

Fördermitteln eröffnen. Das Whitepaper[192] zum Projekt erläutert die Funktion von Investment- und Spendenprotokoll ausführlich, wohingegen der DAF nur sehr knapp dokumentiert wird. Interessierte Organisationen können über einen Smart Contract ein Angebot für ein zu förderndes Projekt abgeben. Alle Alice-Token-Holder haben dann die Möglichkeit, über die Angebote abzustimmen. Bei erfolgreicher Abstimmung werden die Mittel an die sozialen Projekte ausgezahlt.[193] Die Zertifikatsinhaber stimmen daher nicht über die Spende eigener Mittel ab, sondern über die Verwendung eines Teils der Transaktionsgebühren des mit der DAO verbundenen Gesamtsystems. Der gemeinsame Zweck der Gruppe der Zertifikatsinhaber könnte dann in der Entscheidung über die Spende fremder Mittel liegen.

(2) Steuerungs-DAO

Nicht bei jedem DAO-Projekt steht den Zertifikatsinhabern ein Kapital zur Verfügung. In der Steuerungs-DAO stimmen die Zertifikatsinhaber nicht über die Verwendung der Mittel aus der Budget-Wallet, sondern über die Anpassung der Parameter der Software des Gesamtprojekts ab. Die Gruppe der Zertifikatsinhaber verfügt dabei über keine Budget-Wallet. Durch ihre Abstimmungen halten die Zertifikatsinhaber das Projekt im Gange und passen es an Veränderungen an.

---

192 *Mazet/Wojciechowski*, Alice Whitepaper.
193 *Mazet/Wojciechowski*, Alice Whitepaper, S. 58.

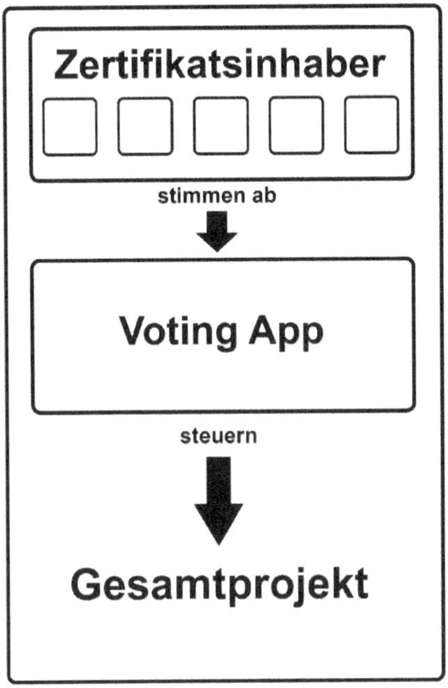

Abbildung 5: Steuerungs-DAO

Beispiel für eine Steuerungs-DAO ist die „MakerDAO". Die „MakerDAO" ist nach den Angaben ihrer Entwickler eine Decentralized Autonomous Organization zur Stabilisierung des „Dai-Tokens".[194] „Dai Stablecoin" ist eine Kryptowährung, die auf der Ethereum-DLT-Plattform aufbaut. Der Wert des Coins soll relativ zum Wert des US-Dollars stabil gehalten werden. Hierdurch soll mit Stablecoin ein verlässliches Zahlungsmittel geschaffen werden, das keiner extremen Volatilität ausgesetzt ist, wie dies bei den meisten übrigen Kryptowährungen der Fall ist.[195]

Im Unterschied zu anderen, stabilen Kryptowährungen findet bei Dai keine Hinterlegung realer Werte (wie zum Beispiel Gold bei Digix) statt. Hierdurch soll das Vertrauen in zentrale Stellen weitgehend überflüssig gemacht werden.[196]

---

194 Nähere Informationen finden sich unter https://vote.makerdao.com/ (zuletzt abgerufen am 02.05.2020).

195 *Maker Team*, The Dai Stablecoin System, S. 3.

196 *Maker Team*, The Dai Stablecoin System, S. 3.

Stattdessen wird die Kontrolle des Systems auf die Erwerber eines weiteren Tokens (MKR-Token), die Zertifikatsinhaber der Maker DAO, übertragen.[197] Diese steuern durch ihre Abstimmungen die Parameter zur Sicherung der Preisstabilität. Hierfür können von jedermann Vorschläge für eine Anpassung der Parameter der das Projekt steuernden Software eingebracht werden, über die dann durch die Zertifikatsinhaber abgestimmt wird. Die Anzahl der im Umlauf befindlichen Governance-Token wird durch die getroffenen Entscheidungen beeinflusst, wobei „positive" Entscheidungen zu einer Verknappung, „negative" zu einer Vermehrung der Governance-Token führen. Die Zertifikatsinhaber haben daher einen Anreiz, Entscheidungen zu treffen, die für das Projekt förderlich sind, da hierdurch die von ihnen gehaltenen Governance-Token seltener und folglich wertvoller werden.[198]

Ähnlich wie bei der Management-DAO, gibt es für einen gemeinsamen Zweck der Zertifikatsinhaber in der Steuerungs-DAO zwei Möglichkeiten. Die Anpassung der Software könnte zum einen eine Leistung der Gruppe der Zertifikatsinhaber an Dritte, zum Beispiel die Initiatoren des Gesamtprojekts, darstellen. Hierin könnte dann der gemeinsame Zweck der Gruppe der Zertifikatsinhaber liegen. Grundsätzlich ist alternativ denkbar, dass die Gruppe der Zertifikatsinhaber durch die Steuerung des Gesamtprojekts auch Träger des Unternehmens des Gesamtprojekts wird. Der gemeinsame Zweck würde sich dann auf den Betrieb des Gesamtprojekts erstrecken.

Wie bei der Management-DAO, soll die Frage, ob ein möglicher gemeinsamer Zweck in der Steuerungs-DAO auch die Trägerschaft des mit der Steuerungs-DAO verbundenen Gesamtprojekts umfasst, im späteren Verlauf festgestellt werden.[199] Zunächst ist aber festzuhalten, dass mit der Abstimmung durch die Zertifikatsinhaber entweder die Erbringung einer Leistung an Dritte oder die Trägerschaft des Gesamtprojekts als möglicher gemeinsamer Zweck verbunden sein kann.

(3) Zwischenergebnis

Die Untersuchung zeigt, dass in allen untersuchten DAO-Projekten ein möglicher gemeinsamer Zweck der Gruppe der Zertifikatsinhaber identifiziert werden kann. In der Steuerungs-DAO, welche durch Abstimmungen für eine Anpassung der Parameter der Software des mit der DAO verbundenen Gesamtprojekts

197 *Maker Team*, The Dai Stablecoin System, S. 10.
198 *DiPrisco*, Maker for Dummies; *Maker Team*, The Dai Stablecoin System, S. 10 f.
199 Siehe hierzu später unter B.III.4.

sorgt, kann ein möglicher gemeinsamer Zweck der Gruppe der Zertifikatsinhaber in der Erbringung einer Dienstleistung an Dritte oder der Trägerschaft des gesteuerten Gesamtprojekts liegen.

In der Finanzierungs-DAO, welche Mittel aus einer Budget-Wallet investiert, bedarf es einer weiteren Differenzierung. Dient das Investment der Mittel aus der Budget-Wallet der Weiterentwicklung eines mit der DAO verbundenen Gesamtprojekts (Management-DAO), so kann der mögliche gemeinsame Zweck, ähnlich wie in der Steuerungs-DAO, in der Leistung an Dritte oder der Trägerschaft des mit der DAO verbundenen Gesamtprojekts liegen. Dient das Investment der Mittel aus der Budget-Wallet der Finanzierung von Drittprojekten mit der Erwartung von Renditen (Investment-DAO), so kann der mögliche gemeinsame Zweck der Zertifikatsinhaber im gewinnbringenden Investment der eigenen Mittel liegen. Sollen die Mittel in der Finanzierungs-DAO dagegen gespendet werden (Spenden-DAO), so kann der gemeinsame Zweck der Zertifikatsinhaber, je nach Ausgestaltung, in der Spende eigener Mittel oder der Spende fremder Mittel liegen.

Die bisherige Untersuchung zeigt lediglich auf, welche gemeinsamen Zwecke für die Gruppe der Zertifikatsinhaber in Betracht kommen. Es ist jedoch weiter zu prüfen, ob aus einer objektiven Betrachtung der Handlungen der Zertifikatsinhaber auch darauf geschlossen werden kann, dass diese Zwecke durch die Gruppe der Zertifikatsinhaber gefördert werden sollen.

cc) Die Förderungstätigkeiten der Zertifikatsinhaber

Die Zertifikatsinhaber müssten bei Vertragsschluss den Willen äußern, sich zur Förderung des gemeinsamen Zwecks der Gruppe zu verpflichten. Wie bereits gezeigt, kann auf diesen Willen durch Untersuchung der objektiv erkennbaren Gestaltung von Software und Dokumentation der Projekte geschlossen werden.[200] In der Folge wird daher untersucht, inwieweit die von der Software und der Dokumentationen vorgesehenen Tätigkeiten der Zertifikatsinhaber als eine Förderung der soeben identifizierten gemeinsamen Zwecke angesehen werden können. Es wird geprüft, inwieweit die Zertifikatsinhaber Beiträge zur Förderung des gemeinsamen Zwecks übernehmen. Die Beiträge können dabei sowohl in Form von Kapitalaufbringung ((1)) als auch durch Teilnahmen an Abstimmungen ((2)) erbracht werden.

200 Siehe hierzu bereits unter B.II.3 und B.III.

(1) Die Förderung durch Bereitstellung von Kapital

Die Förderung des gemeinsamen Zwecks kann durch gegenständliche Beiträge erfolgen.[201] Für die BGB-Gesellschaft ergibt sich dieser Grundsatz aus § 706 BGB. Zu den gegenständlichen Beiträgen zählt insbesondere die Bereitstellung von Kapital für die Verwirklichung des gemeinsamen Zwecks.[202]

Die Zertifikatsinhaber erwerben initial das Governance-Certificate durch Einzahlung eines bestimmten Betrages an Kryptocoins.[203] In dieser Einzahlung könnte ein Beitrag zur Förderung des gemeinsamen Zwecks gesehen werden. Ob durch die Zahlung tatsächlich der gemeinsame Zweck gefördert werden kann, hängt vom Zahlungsempfänger ab. In der Folge wird daher unterschieden, ob die Kryptocoins für den Erwerb des Governance-Certificates in die Budget-Wallet eingezahlt ((a)), an die Initiatoren des DAO-Projekts überwiesen ((b)) oder als Kaution hinterlegt werden ((c)).

(a) Einzahlung in die Budget-Wallet

Zunächst ist möglich, dass die Mittel, welche zum Erwerb des Governance-Certificates eingezahlt werden, in die Budget-Wallet des DAO-Projekts fließen.[204] Beim Großteil der DAO-Projekte stammt das Kapital in der Budget-Adresse von den Einzahlungen der Zertifikatsinhaber im Zuge der Initial Creation Phase.[205] Nach der Einzahlung können die einzelnen Zertifikatsinhaber über ihren Anteil am eingezahlten Kapitel zunächst nicht mehr alleine frei verfügen. Die so hinterlegten Mittel werden stattdessen in das Gesamtprojekt (Management-DAO) oder in Drittprojekte (Investment- und Spenden-DAO) investiert. Geht man davon aus, dass in diesen Finanzierungen auch die gemeinsamen Zwecke der jeweiligen Gruppe der Zertifikatsinhaber liegen, so dienen die eingezahlten Mittel der Förderung dieser Zwecke. Es kann dann gefolgert werden, dass die Zertifikatsinhaber den gemeinsamen Zweck durch die Bereitstellung von Kapital fördern.

---

201 Jauernig/*Stürner*, § 706, Rn. 6.

202 BeckOK BGB/*Schöne*, § 705, Rn. 65; Henssler/Strohn/*Servatius*, § 706 BGB, Rn. 1; MüKoBGB/*Schäfer*, § 706, Rn. 3.

203 Dies ist, wie oben dargestellt, nicht in allen DAO-Projekten der Fall. Zum Erwerb des Governance-Certificates, siehe bereits unter B.I.2.b)bb).

204 So wie in den Projekten der Finanzierungs-DAO der Fall, B.III.1.a)bb)(1).

205 Siehe zur Initial Creation Phase bereits unter B.I.2.b)bb)(1).

(b) Zahlung an die Initiatoren

Nicht in allen DAO-Projekten werden die Mittel der Zertifikatsinhaber zum Erwerb des Governance-Certificates in einer Budget-Wallet hinterlegt. Die Budget-Wallet kann entweder allein durch eine Abspaltung von Transaktionsgebühren des mit der DAO verbundenen Gesamtprojekts gespeist werden,[206] oder, wie im Falle der Steuerungs-DAO, gar nicht vorhanden sein[207].

Auf die weitere Verwendung des an die Initiatoren gezahlten Kapitals können die Zertifikatsinhaber keinen Einfluss nehmen. Die Initiatoren könnten das Kapital für die Zwecke des Gesamtprojekts einsetzen. Dies wird jedoch nicht durch die Software vorgegeben. Versprechen die Initiatoren keine Verwendung des Kapitals für das Gesamtprojekt,[208] so kann bei der Bereitstellung des Kapitals nicht von einer Förderung des gemeinsamen Zwecks der Gruppe der Zertifikatsinhaber ausgegangen werden. Wird dagegen ein Einsatz des Kapitals für das Gesamtprojekt versprochen, so bleibt eine Förderungstätigkeit der Zertifikatsinhaber durch Kapital möglich.

(c) Hinterlegung als Kaution

Weiter kann die Software der DAO-Projekte vorsehen, dass die Governance-Certificates durch Hinterlegung einer Kaution erworben werden.[209] Das Kapital wird in diesem Fall auf eine gesonderte Wallet-Adresse abgelegt, auf der es gesperrt bleibt, solange der Zertifikatsinhaber das Governance-Certificate hält. Der Zertifikatsinhaber kann jederzeit die Kaution gegen Rückgabe des Governance-Certificates auslösen.[210] Das so hinterlegte Kapital kann nicht für die Förderung des Gesamtprojekts eingesetzt werden. Mithin kann durch die Hinterlegung einer Kaution keine Förderung des gemeinsamen Zwecks der Gruppe der Zertifikatsinhaber stattfinden.

---

206 Beispiel hierfür ist die das Governance and Budget System der DLT-Plattform DASH, *Wiecko*, Understanding the Governance and Budget System.

207 Siehe hierzu bereits oben unter B.III.1.a)bb)(2).

208 In den Dokumentationen zur MakerDAO findet sich eine solche Vereinbarung beispielsweise nicht, *Maker Team*, The Dai Stablecoin System.

209 So beim Governance and Budget-System der DLT-Plattform DASH, *Wiecko*, Understanding the Governance and Budget System; *Galt*, DASH – The First Decentralized Autonomous Organization?; ein weiteres Beispiel ist die dxDAO, *Gnosis Ltd*, dxDAO: Toward super-scalable organizations.

210 Teilweise muss die Kaution auch für eine bestimmte Zeit hinterlegt bleiben. Siehe hierzu bereits oben unter B.I.2.b)bb)(2).

(d) Zwischenergebnis

In der Finanzierungs-DAO werden die Mittel zum Erwerb des Governance-Certificates regelmäßig in die Budget-Wallet des Projekts eingezahlt und in der Folge für die Verfolgung der im Vorfeld identifizierten möglichen gemeinsamen Zwecke investiert. Hier kann davon ausgegangen werden, dass eine Förderung des gemeinsamen Zwecks durch die Bereitstellung von Kapital durch die Zertifikatsinhaber möglich ist.

Eine Ausnahme bilden die Fälle, in denen die Mittel für den Erwerb des Governance-Certificates nicht in die Budget-Wallet eingezahlt, sondern als Kaution hinterlegt werden. Hier kann nicht davon ausgegangen werden, dass durch dieses Kapital der gemeinsame Zweck gefördert werden soll. Werden die Mittel an die Initiatoren gezahlt, so kommt eine Förderung des gemeinsamen Zwecks hierdurch nur in Betracht, wenn diese die Mittel auch für die Weiterentwicklung des Projekts einsetzen.

(2) Die Förderung durch Abstimmungen

Der Beitrag eines Gesellschafters kann auch in der Leistung von Diensten bestehen, was sich für die BGB-Gesellschaft aus § 706 Abs. 3 BGB ergibt.[211] Zu diesen Diensten gehören insbesondere Beiträge zur Geschäftsführung.[212]

Über die Voting-Applikation[213] nehmen die Zertifikatsinhaber an Abstimmungen teil, wobei sich der Abstimmungsgegenstand, je nach Gestaltung des Projekts, unterscheiden kann. In der Folge wird untersucht, inwieweit Abstimmungen, die das Außenverhältnis ((a)) oder das Innenverhältnis ((b)) der Gruppe der Zertifikatsinhaber betreffen, als fördernde Beiträge eines Gesellschafters zu werten sein könnten. Dabei soll auch dem Umstand Rechnung getragen werden, dass die Zertifikatsinhaber von der Möglichkeit zur Vornahme von Abstimmungen keine Kenntnis haben könnten ((c)).

(a) Das Außenverhältnis betreffende Abstimmungen

In allen DAO-Projekten können die Zertifikatsinhaber an Abstimmungen teilnehmen, die das Verhältnis der Gruppe der Zertifikatsinhaber zu Dritten regeln. In der Finanzierungs-DAO betrifft dies die Auszahlungen aus der Budget-Wallet

---

211 Jauernig/*Stürner*, § 706, Rn. 8.

212 *BGH*, NJW 1987, 3124 (3125) = BB 1987, 1276–1277; *Ballerstedt*, JuS 1963, 253 (256).

213 Siehe hierzu bereits unter B.I.2.b)cc).

an Dritte[214] oder die Bereitstellung der Mittel für das Gesamtprojekt, an dem Dritte beteiligt sind[215]. In der Steuerungs-DAO betreffen die Abstimmungen die Anpassung des Gesamtprojekts, an dem Dritte beteiligt sind.[216]

Über die Verwendung des Inhalts der Budget-Wallet in er Finanzierungs-DAO stimmen die Zertifikatsinhaber ab.[217] Dabei spielt es keine Rolle, ob das Kapital in Drittprojekte investiert,[218] zur Förderung des eigenen Projekts verwendet[219] oder für gemeinnützige Zwecke gespendet[220] werden soll. Die Entscheidung darüber, ob und wieviel Kapital in welche Projekte investiert werden soll, stellt einen wesentlichen Beitrag zur Führung der Geschäfte der Gruppe dar. Daher findet durch die Teilnahme der Zertifikatsinhaber an den Abstimmungen auch eine Förderung statt.

In der Steuerungs-DAO erfolgt die Anpassung der Parameter der Software zur Steuerung des Gesamtprojekts durch die von den Zertifikatsinhabern vorgenommenen Abstimmungen. Auch hier fördern die Zertifikatsinhaber durch ihre Teilnahme an den Abstimmungen also den gemeinsamen Zweck der Gruppe.[221]

Die Möglichkeit zur Abstimmung muss von den Zertifikatsinhabern in keiner DAO wahrgenommen werden.[222] Für Zertifikatsinhaber, die ihr Stimmrecht nicht wahrnehmen, könnte daher angenommen werden, dass sie den gemeinsamen Zweck nicht durch Abstimmungen fördern. Zwar besteht die Pflicht der

---

214 Dies ist für die Investment- und Spenden-DAO anzunehmen. Siehe bereits unter B.III.1.a)bb)(1)(b) und B.III.1.a)bb)(1)(c).

215 Dies ist der Regelfall in der Management-DAO. Siehe bereits unter B.III.1.a)bb)(1)(a).

216 Siehe hierzu bereits unter B.III.1.a)bb)(2).

217 *Jentzsch*, Decentralized Autonomous Organization to automate governance, S. 2; *Kux/Burkhardt/Tual*, Siemens AG Hutten-DDO: The first Fortune 500 company using the DAO Framework; *DigixGlobal*, DigixDAO (DGD) Information; *Mazet/Wojciechowski*, Alice Whitepaper, S. 52; *Wiecko*, Understanding the Governance and Budget System.

218 So in der Investment-DAO; *Jentzsch*, Decentralized Autonomous Organization to automate governance.

219 So in der Management-DAO; Beispiele sind die „DigixDAO", *DigixGlobal*, DigixDAO (DGD) Information; und das "Dash Governance and Budget System", *Wiecko*, Understanding the Governance and Budget System.

220 So in der Spenden-DAO; Beispiele sind die Siemens-DDO, *Kux/Burkhardt/Tual*, Siemens AG Hutten-DDO: The first Fortune 500 company using the DAO Framework; und der Alice Decentralized Autonomous Fund, *Mazet/Wojciechowski*, Alice Whitepaper, S. 52.

221 Siehe zur Funktionsweise der Steuerungs-DAO bereits unter B.III.1.bb)(2).

222 Siehe hierzu bereits die Ausführungen zur Voting-Applikation unter B.I.2.b)cc).

Gesellschafter, einen Gesellschaftsbeschluss nicht durch Untätigkeit zu blockieren,[223] ist jedoch keine Einstimmigkeit der Beschlüsse vorgesehen, so spricht grundsätzlich nichts gegen eine Enthaltung bei einzelnen Gesellschaftsbeschlüssen. Auch durch Enthaltung bei der Abstimmung nimmt der Zertifikatsinhaber Einfluss auf ihren Ausgang, da die Nichtteilnahme an der Abstimmung regelmäßig als Ablehnung oder zumindest als neutrale Haltung gegenüber dem Antrag verstanden werden kann. Folglich kann bereits im Halten des Governance-Certificates, welches zur Abstimmung berechtigt, eine Förderung des gemeinsamen Zwecks der Gruppe der Zertifikatsinhaber gesehen werden.

Es lässt sich daher festhalten, dass in allen DAO-Projekten in den das Außenverhältnis betreffenden Abstimmungen der Zertifikatsinhaber eine Förderung des gemeinsamen Zwecks der Gruppe gesehen werden kann.

(b) Das Innenverhältnis betreffende Abstimmungen

Nicht alle Abstimmungen, die die Zertifikatsinhaber vornehmen, betreffen das Verhältnis der Gruppe zu Dritten. Auch interne Angelegenheiten können durch die Abstimmungs-Applikation geregelt werden. Die Software des DAO-Projekts kann beispielsweise vorsehen, dass die Zertifikatsinhaber über Softwareupdates[224] oder die Besetzung von Posten abstimmen können.[225] Diese Abstimmungen dienen nicht unmittelbar dem gemeinsamen Zweck der Gruppe. Durch Updates der Software soll jedoch in der Regel sichergestellt werden, dass die Erreichung des Zwecks auch in Zukunft möglich bleibt. Die Posten sollen durch Personen besetzt werden, denen die Zertifikatsinhaber die bestmögliche Förderung des gemeinsamen Zwecks zutrauen.[226] Folglich dienen die das Innenverhältnis betreffenden Abstimmungen ebenfalls mittelbar dem möglichen gemeinsamen Zweck der Gruppe. Auch diese könnten daher als Förderungstätigkeit für den gemeinsamen Zweck angesehen werden.

(c) Fehlende Kenntnis von der Abstimmungsmöglichkeit

Liegt das Governance-Certificate in Form eines Tokens vor, so besteht die Möglichkeit, dass der Zertifikatsinhaber dieses allein mit der Absicht erwirbt,

---

223 *BGH*, NJW 1972, 862 (863 f.) = WM 1972, 489–490.

224 Siehe zu Updatemöglichkeiten beispielhaft, *Jentzsch*, Decentralized Autonomous Organization to automate governance, S. 10.

225 Beispiel ist die Wahl der Prüfer (Curator) im Projekt "TheDAO", *Jentzsch*, Decentralized Autonomous Organization to automate governance, S. 2 f.

226 *Quentson*, Are The DAO Curators Masters or Janitors?.

von künftigen Wertsteigerungen des Tokens zu profitieren.[227] Es ist dann nicht ausgeschlossen, dass er sich über die Berechtigungen, die mit dem Halten des Tokens einhergehen, nicht informiert. Er hält dann das Governance-Certificate ohne das Bewusstsein der Möglichkeit zur Teilnahme an Abstimmungen. Der Wille des Zertifikatsinhabers durch Abstimmungen einen gemeinsamen Zweck der Gruppe zu fördern, wird in einem solchen Fall nicht ersichtlich. Es wäre dann ausnahmsweise nicht von einer Förderung des gemeinsamen Zwecks durch Abstimmungen auszugehen.

Diese Möglichkeit ist jedoch zu vernachlässigen. Regelmäßig ist die Funktionsfähigkeit des Governance-Certificates so gut dokumentiert, dass von einer Kenntnis der Zertifikatsinhaber auszugehen ist.[228] Es kann auch grundsätzlich davon ausgegangen werden, dass sich die Erwerber von Token über deren Funktion im Vorfeld informieren.[229] Auch wenn dabei keine vollumfängliche Kenntnis aller Funktionen des Tokens erlangt wird, so ist doch anzunehmen, dass die Möglichkeit der Teilnahme an Abstimmungen erkannt wird. Für die weitere Betrachtung soll daher davon ausgegangen werden, dass die Zertifikatsinhaber Kenntnis von der Möglichkeit zur Abstimmung haben.

dd) Zwischenergebnis

In den DAO-Projekten ist die Förderung eines gemeinsamen Zwecks zu beobachten. Dieser gemeinsame Zweck liegt entweder im gewinnbringenden Investment in Drittprojekte (Investment-DAO), in der Trägerschaft eines mit der DAO verbundenen Gesamtprojekts oder der Erbringung von Diensten an Dritte (Management-DAO und Steuerungs-DAO) oder der Vergabe von Spenden (Spenden-DAO).

In den untersuchten DAO-Projekten sind Tätigkeiten der Zertifikatsinhaber erkennbar, die auf eine Verpflichtung zur Förderung dieser gemeinsamen Zwecke hindeuten. Zu diesen Tätigkeiten gehört die Bereitstellung von Kapital durch die Zertifikatsinhaber, soweit die Mittel zum Erwerb des Governance-Certificates

---

227 Siehe zur Wertsteigerung von Token bereits unter B.I.1.b) und B.I.1.d); *Klöhn/Parhofer/Resas*, ZBB 2018, 89 (90).

228 Den Governance-Certificates wird in den Whitepapern stets ein eigenes Kapital eingeräumt, *DigixGlobal*, DigixDAO (DGD) Information; *Duffield/Diaz*, Dash; *Jentzsch*, Decentralized Autonomous Organization to automate governance, S. 3 ff.; *Maker Team*, The Dai Stablecoin System, S. 10; *Mazet/Wojciechowski*, Alice Whitepaper, S. 56.

229 Zumindest die initiale Ausgabe der Token wird durch die Entwickler bekanntgegeben. Im Rahmen dieser Bekanntgabe wird auch auf das zugehörige Whitepaper verwiesen. Nur so können die Anreize zum Erwerb der Token geschaffen werden.

in die Budget-Wallet fließen oder an die Initiatoren gehen, die die Mittel in der Folge zur Weiterentwicklung des Projekts einsetzen. Eine Förderung ist weiter durch Abstimmungen möglich, die sowohl das Außenverhältnis als auch das Innenverhältnis betreffen können. In beiden Fällen findet hierdurch eine Förderung des gemeinsamen Zwecks statt. Eine bloße Enthaltung bei den Abstimmungen steht einer Förderung nicht entgegen, da auch durch eine Enthaltung das Ergebnis der Abstimmung beeinflusst wird.

Die Identifizierung eines gemeinsamen Zwecks und die Feststellung von Förderungstätigkeiten der Zertifikatsinhaber genügt noch nicht, um vom Geschäftswillen zur Gründung eines rechtlichen Verbandes auszugehen. In der Folge wird daher weiter überprüft, inwieweit eine Dauerbeziehung und die Bildung eines Verbandswillens von den Zertifikatsinhabern gewollt sind.

b) Dauerbeziehung

Der rechtliche Verband ist grundsätzlich auf Dauer angelegt.[230] Im Recht der Körperschaften hat der Gesellschaftsvertrag seine Aufgabe mit der Gründung der Körperschaft zunächst erfüllt und existiert als Satzung fort.[231] Der Verband existiert hier grundsätzlich auf Dauer. Im Personengesellschaftsrecht können zwar Gelegenheitsgesellschaften gegründet werden, bei denen sich das Zusammenwirken der Gesellschafter auf einen Sachverhalt beschränken kann.[232] Die hier untersuchten Gruppen der Zertifikatsinhaber in den DAO-Projekten verfolgen ihren Zweck jedoch regelmäßig dauerhaft.[233] Im Personengesellschaftsrecht ist der Gesellschaftsvertrag dann von einer wechselseitigen dauernden Pflichtenanspannung der Gesellschafter gekennzeichnet.[234] Die Gesellschafter schulden sich keine einmaligen Leistungen, sondern eine dauerhafte fortwährende Förderung.[235]

Wenn es sich bei der Gruppe der Zertifikatsinhaber in den DAO-Projekten um einen rechtlichen Verband handeln soll, so ist daher zu fordern, dass dem Handeln der Zertifikatsinhaber nach objektiver Betrachtung der Wille zu

230 NK-BGB/*Heidel*, § 705, Rn. 155.

231 *BGHZ* 47, 172 (179) = WM 1967, 606–609; *Schmidt*, S. 76.

232 Henssler/Strohn/*Servatius*, § 705 BGB, Rn. 10; NK-BGB/*Heidel*, § 705, Rn. 58; *Ballerstedt*, JuS 1963, 253 (254); *Böhmer*, JZ 1994, 982–990 (983).

233 Dies ergibt sich mit Blick auf die möglichen gemeinsamen Zwecke bereits unter B.III.1.a)bb).

234 MüKoBGB/*Schäfer*, Vor § 705, Rn. 5.

235 BeckOK BGB/*Schöne*, § 705, Rn. 8.

entnehmen ist, mit den anderen Zertifikatsinhabern eine dauerhafte Bindung einzugehen. Die von ihnen übernommenen Beiträge zur Förderung des gemeinsamen Zwecks müssen grundsätzlich dauerhaft erbracht werden.

Gegen die Verpflichtung zu einer dauerhaften Bindung können mehrere Gründe sprechen. Zunächst sieht die Software der DAO-Projekte nicht zwingend die dauerhafte Teilnahme der Zertifikatsinhaber vor. Durch Hinterlegung einer Kaution oder Einzahlung von Kryptocoins erwerben die Zertifikatsinhaber das Governance-Certificate. Die Zertifikatsinhaber sind dabei aber nicht daran gehindert, durch Rückgabe des Zertifikats die bezahlte Kaution wieder auszulösen[236] oder für den Fall, dass das Governance-Certificate in Form eines Tokens vorliegt, dieses frei zu übertragen.[237] Die Software verpflichtet die Zertifikatsinhaber auch nicht zur Abgabe von Angeboten oder der Teilnahme an den vorgesehenen Abstimmungen.[238] Dies könnte zunächst dafür sprechen, dass eine dauerhafte wechselseitige Pflichtenanspannung von den Zertifikatsinhabern mit Erwerb des Tokens nicht gewollt ist.

Bezieht man allerdings für die Auslegung des Geschäftswillens der Zertifikatsinhaber, wie gefordert,[239] alle Umstände des Einzelfalls mit ein, so lässt sich feststellen, dass den Zertifikatsinhabern beim Erwerb, zumindest aus den Dokumentationen des Projekts, bekannt sein müsste, dass durch das Projekt einer der oben genannten Zwecke gefördert werden soll.[240] Ebenfalls ist bekannt, dass dieser Zweck nur erreicht werden kann, wenn ein fortwährendes Zusammenwirken der Zertifikatsinhaber und eine Teilnahme bei den Abstimmungen stattfindet. Zwar ist nicht bei jeder Abstimmung die Teilnahme jedes einzelnen Zertifikatsinhabers erforderlich, zumindest ein gewisser Anteil der Zertifikatsinhaber muss sich jedoch dauerhaft an diesen beteiligen. Durch den Erwerb des Governance-Certificates bringen die Zertifikatsinhaber zum Ausdruck, dass sie diesen gemeinsamen Zweck dauerhaft mitfördern möchten.

Es ist anzunehmen, dass nicht alle Zertifikatsinhaber beim Erwerb des Governance-Certificates die Absicht haben, an den Abstimmungen teilzunehmen. Teilweise wird das Governance-Certificate nur deshalb erworben, um von

236 Diese Möglichkeit besteht beim Erwerb des Governance-Certificates des Dash Governance and Budget Systems, *Duffield/Diaz*, Dash.

237 Siehe zur Übertragbarkeit von Token bereits unter B.I.1.d).

238 Siehe zur Voting-Applikation bereits unter B.I.2.b)cc).

239 Siehe hierzu bereits die Ausführungen zum ausschlaggebenden Sachverhalt für die Ermittlung des Inhalts der Willenserklärungen, B.II.3.

240 Siehe hierzu bereits unter Fn. 225.

einer Wertsteigerung zu profitieren.[241] Die Absicht, von der Wertsteigerung von Anteilen an einem Verband zu profitieren, steht dem Abschluss eines Gesellschaftsvertrages jedoch grundsätzlich nicht entgegen, was bereits das Beispiel der AG eindrücklich zeigt.[242] Erwerben die Zertifikatsinhaber das Governance-Certificate in Form eines Tokens, dessen Preis durch Angebot und Nachfrage am Markt bestimmt wird, so wird von ihnen dennoch ein Beitrag in Form der Bereitstellung von Kapital erbracht.[243] Dieser wirkt auch dann zur Förderung des gemeinsamen Zwecks fort, wenn sich die Zertifikatsinhaber in der Folge nicht an den Abstimmungen beteiligen.[244]

Die Tatsache, dass die Zertifikatsinhaber die Gruppe jederzeit durch Übertragung des Tokens oder Auslösen der Kaution verlassen können, stellt ebenfalls keinen Ausschlussgrund für das Bestehen einer Gesellschaft dar. Der Charakter des Dauerschuldverhältnisses steht einer jederzeitigen Kündigungsmöglichkeit durch die Gesellschafter nicht entgegen, was § 723 Abs. 1 S. 1 BGB zeigt.[245] Lösen die Zertifikatsinhaber, welche eine Kaution hinterlegt haben, diese aus und geben das Governance-Certificate damit ab, sieht die Software vor, dass die Gruppe der Zertifikatsinhaber ihrer Tätigkeit mit den verbleibenden Zertifikatsinhabern weiter nachgeht.[246] Es ist daher davon auszugehen, dass der Gesellschaftsvertrag die Fortführung der Gesellschaft auch nach Austritt eines Gesellschafters vorsieht.

Durch Übertragung des Governance-Certificates in Form eines Tokens auf eine andere Person bleibt die Gruppe ebenfalls bestehen. Anstelle des alten Gruppenmitglieds tritt ein neues ein. Auch diese Übertragungsmöglichkeit spricht daher nicht gegen den Dauerschuldverhältnischarakter der gegenseitigen Förderungsverpflichtung.

Die Untersuchung zeigt, dass die gegenseitige Pflichtenanspannung der Zertifikatsinhaber nach objektiver Betrachtung grundsätzlich auf Dauer angelegt ist. Es ist folglich davon auszugehen, dass der Wille der Zertifikatsinhaber

---

241 *Klöhn/Parhofer/Resas*, ZBB 2018, 89 (90), sprechen in diesem Zusammenhang auch von "Zockern".

242 Siehe zu den Beweggründen des Aktionärs bereits *Zahn*, ZGR 1981, 101 (103 f.).

243 Siehe hierzu bereits oben unter B.III.1.a)cc)(1).

244 Wie bereits gezeigt, trägt auch eine Enthaltung bei den Abstimmungen zum Abstimmungsergebnis bei, B.III.1.a)cc)(2)(a).

245 Eine Ausnahme stellt eine Kündigung zur Unzeit dar (§ 723 Abs. 2), welche an dieser Stelle aber außer Acht bleiben soll.

246 Stellvertretend *Jentzsch*, Decentralized Autonomous Organization to automate governance, S. 10.

regelmäßig auf die Eingehung einer dauerhaften Förderungsverpflichtung gerichtet ist. In der Folge wird weiter untersucht, inwieweit für die dauerhafte Förderung des gemeinsamen Zwecks die Bildung eines Verbandswillens durch die Zertifikatsinhaber in den DAO-Projekten erkennbar ist.

c) Bildung eines Verbandswillens durch die Zertifikatsinhaber

Im rechtlichen Verband erfolgt die Förderung des gemeinsamen Zwecks durch eine Teilhabe der Mitglieder am Verband.[247] Jedem Mitglied kommen dabei gewisse Einwirkungs- und Kontrollmöglichkeiten zu.[248] Die Teilhabe am Verband äußert sich für die Mitglieder unter anderem durch eine Beteiligung an der Geschäftsführung des Verbandes. Dafür bilden die Mitglieder durch Beschlüsse einen Verbandswillen.[249] Es sind dabei grundsätzlich alle Mitglieder berufen, an diesem Willensbildungsprozess teilzunehmen.[250] Es ist trotz dieses Grundsatzes zwar auch eine stimmrechtslose Mitgliedschaft im Verband möglich,[251] nach dem gesetzlichen Regelfall für Personengesellschaften steht gem. § 709 Abs. 1 BGB die Geschäftsführung aber den Gesellschaftern gemeinschaftlich zu. Zumindest bei Personengesellschaften gilt grundsätzlich das Prinzip der Selbstorganschaft. Demnach können nur die Gesellschafter selbst die Aufgabe der Geschäftsführung wahrnehmen.[252] Auch in den Körperschaften ist aber von einem grundsätzlichen Mitbestimmungsrecht auszugehen.[253] Aus den objektiven Umständen müsste daher auf die Teilhabe an der Bildung eines Verbandswillens durch die Zertifikatsinhaber und damit auf den Willen der Zertifikatsinhaber zur gemeinsamen Bildung eines solchen Willens geschlossen werden.

Die Software der DAO-Projekte sieht vor, dass die Entscheidung über in der Software vordefinierte Fragen durch Beschluss der Zertifikatsinhaber

---

247 Henssler/Strohn/*Servatius*, § 705 BGB, Rn. 44; MüKoBGB/*Schäfer*, § 705, Rn. 188; NK-BGB/*Heidel*, § 705, Rn. 183.

248 *BGH*, NJW 1951 (308).

249 *Schmidt*, S. 434.

250 Henssler/Strohn/*Servatius*, § 709 BGB, Rn. 6; MüKoBGB/*Schäfer*, § 709, Rn. 13; *Schmidt*, S. 604.

251 BeckOGK/*Geibel*, § 705 BGB, Rn. 156; *Schmidt*, S. 605.

252 Henssler/Strohn/*Servatius*, § 709 BGB, Rn. 13; MüKoBGB/*Schäfer*, § 709, Rn. 5; NK-BGB/*Heidel*, § 709, Rn. 3.

253 So entscheidet im Verein gem. § 32 BGB grundsätzlich die Mitgliederversammlung über alle Angelegenheiten des Vereins, in der GmbH nehmen die Gesellschafter gem. § 48 GmbHG über die Gesellschafterversammlung, in der AG die Aktionäre gem. §§ 118 ff. BGB über die Hauptversammlung Einfluss.

getroffen wird.[254] Jeder Zertifikatsinhaber ist dabei stimmberechtigt. In einem Verband entspricht jede Mitgliedschaft (Anteil) einer Stimme. Die Software der DAO-Projekte sieht stets eine Stimmverteilung je nach Anzahl der gehaltenen Governance-Certificates vor.[255] Dies kann so verstanden werden, dass jeder Zertifikatsinhaber eine Stimme erhält.[256] Die Regelungen die eine Relation zwischen gehaltenen Governance-Certificates und dem Gewicht der Stimme vorsehen, beeinflussen dann die Stimmkraft der jeweiligen Stimme.[257] Die einzelne Stimme eines Zertifikatsinhabers kann je nach Anzahl der von ihm gehaltenen Zertifikaten und der Anzahl der insgesamt vorhandenen Zertifikate zwar verhältnismäßig wenig wiegen, eine Beteiligung an der Beschlussfassung ist aber dennoch gegeben.

Durch ihre Abstimmung über die Verwendung von Mitteln aus der Budget-Wallet,[258] die Anpassung von Parametern der das Gesamtprojekt steuernden Software[259] oder die Besetzung von Posten und Updates der Software[260], bringen die Zertifikatsinhaber einen gemeinsamen Willen der Gruppe der Zertifikatsinhaber zum Ausdruck. Sie nehmen damit an einer möglichen Geschäftsführung der Gruppe Teil.

In einem Teil der untersuchten DAO-Projekte ist eine Vorprüfung der abgegebenen Angebote vorgesehen.[261] Eine Gruppe von Personen entscheidet durch eine Vorabstimmung, ob ein Angebot zur Endabstimmung durch die Zertifikatsinhaber freigegeben wird (Prüfer). Erst wenn diese über die Zulässigkeit eines Angebots abgestimmt haben, wird das Angebot an alle Zertifikatsinhaber freigegeben. Neuere Entwicklungen gehen soweit, die Entscheidung der

254 Siehe zur Funktionsweise der sogenannten „Contracts“, *Jentzsch*, Decentralized Autonomous Organization to automate governance, S. 3 f.

255 Siehe zur Funktionsweise der Voting-Applikation bereits unter B.I.2.b)cc).

256 *BGHZ* 179, 13 (19 f.) = NJW 2009, 669–673.

257 So zu vergleichbaren Regelungen, *Schmidt*, S. 605.

258 Siehe hierzu bereits oben unter B.III.1.a)bb)(1).

259 Siehe hierzu bereits oben unter B.III.1.a)bb)(2).

260 Siehe zu den möglichen Gegenständen der Abstimmungen bereits unter B.III.1.a)cc)(2)(b).

261 So bei den Projekten „TheDAO“, *Jentzsch*, Decentralized Autonomous Organization to automate governance, S. 2; “Alice DAF”, *Mazet/Wojciechowski*, Alice Whitepaper, S. 52; und der “DigixDAO”, für den Fall, dass die Angebote von den “Badge-Holdern” kommen, *DigixGlobal*, DigixDAO (DGD) Information; sowie bei den Projekten, die auf der Software von DAOstack aufbauen, *DAOstack*, DAOstack: An Operating System for Collective Intelligence, S. 21 ff.

Prüfer nicht durch eine einfache Vorabstimmung, sondern durch einen „Prognosemarkt“ treffen zu lassen. In diesem Fall wird auf die erfolgreiche spätere Abstimmung der Angebote durch die Zertifikatsinhaber durch eine Gruppe von Marktteilnehmern gewettet.[262] Ein solcher Prognosemarkt könnte der Gruppe der Zertifikatsinhaber bessere Ergebnisse bezüglich der Qualität der eingehenden Angebote liefern, ohne dabei zu viel Entscheidungsmacht in die Hände einzelner Prüfer zu legen. Als Prüfer können aber auch in diesem Fall die jeweiligen Teilnehmer des Prognosemarktes angesehen werden.

Die Prüfer müssen nicht zwingend auch Zertifikatsinhaber sein.[263] Durch die Vorprüfung soll eine Überforderung der Zertifikatsinhaber verhindert und die Funktionsfähigkeit der DAO gesichert werden.[264] Die Vorprüfung beeinflusst den Umfang der Entscheidungsmacht der Zertifikatsinhaber. Eine endgültige Entscheidung ist aber auch in diesem Fall nur nach der Abstimmung durch die Zertifikatsinhaber möglich. Diese nehmen daher in jedem Fall an der Geschäftsführung teil.

Im Ergebnis lässt sich festhalten, dass nach objektiver Betrachtung die Bildung eines Verbandswillens durch die Gruppe der Zertifikatsinhaber erkennbar ist. Die Tatsache, dass in manchen DAO-Projekten von „Prüfern“ eine Vorprüfung der Angebote vorgenommen wird, steht dem nicht entgegen, da für die endgültige Abstimmung stets alle Zertifikatsinhaber stimmberechtigt sind.

d) Zwischenergebnis

Die bisherige Untersuchung hat gezeigt, dass die Gruppe der Zertifikatsinhaber in den DAO-Projekten die gegenseitige Verpflichtung zur Förderung eines gemeinsamen Zwecks der Gruppe grundsätzlich erkennen lässt, soweit man davon ausgeht, dass die Zertifikatsinhaber beim Erwerb des Governance-Certificates von der Möglichkeit zur Teilnahme an den Abstimmungen über die Voting-Applikation Kenntnis haben.

Der gemeinsame Zweck der Gruppe liegt entweder im gewinnbringenden Investment in Drittprojekte (Investment-DAO), in der Trägerschaft eines mit der DAO verbundenen Gesamtprojekts oder der Erbringung von Diensten an

---

262 DAOstack bezeichnet diese Vorprüfung als „Holographic Consensus“, *DAOstack*, DAOstack: An Operating System for Collective Intelligence, S. 21 ff.

263 Anders bei er DigixDAO, bei der die Badge-Holder sogar besonders viele Governance-Certificates benötigten, *DigixGlobal*, DigixDAO (DGD) Information.

264 Hierzu auch *Tual*, On DAO Contractors and Curators; *Wood*, Why I've Resigned as a Curator of the DAO.

Dritte (Management-DAO und Steuerungs-DAO) oder der Vergabe von Spenden (Spenden-DAO). Gefördert werden diese Zwecke durch die Bereitstellung von Kapital und/oder durch die Teilnahme an Abstimmungen über eine Voting-Applikation. Die objektiv zu beobachtenden Umstände lassen darauf schließen, dass die Zertifikatsinhaber eine dauerhafte Verpflichtung zur Förderung dieser Zwecke eingehen und hierfür, durch die gemeinsamen Abstimmungen, einen Verbandswillen bilden.

Der erkennbare Wille der Zertifikatsinhaber zur dauerhaften Förderung eines gemeinsamen Zwecks ist ein erster Schritt zur Feststellung des Geschäftswillens zur Gründung eines rechtlichen Verbandes. Um diesen Willen zu möglichen anderen Rechtsgeschäften abzugrenzen, ist jedoch weiter eine Untersuchung daraufhin notwendig, inwieweit die Vermögensordnung der DAO-Projekte der eines rechtlichen Verbandes entspricht (2.) und die Eingehung einer Treubindung zwischen den Zertifikatsinhabern erkennbar ist (3.).

2. Die Vermögensordnung der DAO-Projekte

Bislang wurde festgestellt, dass im Handeln der Zertifikatsinhaber in den DAO-Projekten der Wille zur dauerhaften Förderung eines gemeinsamen Zwecks erkennbar ist. Für die Feststellung, ob damit auch vom Willen zur Gründung eines rechtlichen Verbandes ausgegangen werden kann, wird in der Folge die Vermögensordnung der DAO-Projekte näher untersucht.

Charakteristisch für die Außengesellschaft ist das Vorhandensein eines Gesellschaftsvermögens.[265] Kann in den DAO-Projekten ein Vermögen identifiziert werden, das die Voraussetzungen eines Gesellschaftsvermögens erfüllt, so ist dies ein Indiz dafür, dass von den Zertifikatsinhabern die Gründung eines rechtlichen Verbandes gewollt ist. Zunächst wird daher geprüft, inwieweit aus den objektiven Umständen auf die Bildung eines Gesellschaftsvermögens durch die Gruppe der Zertifikatsinhaber geschlossen werden kann (a)).

Ein weiteres Charakteristikum des rechtlichen Verbandes ist, dass seine Mitglieder an den Gewinnen und Verlusten des Verbandes beteiligt sind.[266] Im Anschluss wird daher untersucht, inwieweit eine Beteiligung der Zertifikatsinhaber an Gewinnen und Verlusten der DAO-Projekte zu beobachten ist (b)).

Schließlich dient eine Untersuchung der Vermögensordnung der DAO-Projekte auch dazu, den Willen der Zertifikatsinhaber zur Gründung eines

---

265 Henssler/Strohn/*Kilian*, § 718 BGB, Rn. 1; MüKoBGB/*Schäfer*, Vor § 705, Rn. 8; MüKoBGB/*Schäfer*, § 718, Rn. 1.

266 Siehe dazu später die Nachweise unter Fn. 294.

rechtlichen Verbandes vom Willen zur Eingehung anderer Rechtsgeschäfte abzugrenzen. In Betracht kommt hier ein partiarischer Darlehensvertrag. Die Untersuchung wird jedoch zeigen, dass ein solcher von den Zertifikatsinhabern nicht gewollt ist (c)).

a) Die Bildung eines Gesellschaftsvermögens

Eine Körperschaft ist ohne Gesellschaftsvermögen gar nicht vorstellbar. Als Rechtsträger nimmt die Körperschaft selbst am Rechtsverkehr teil und muss über eigene Mittel zur Befriedigung der Gläubiger verfügen.[267]

Bei einer Personen-Außengesellschaft ist die Bildung eines Gesellschaftsvermögens nach den §§ 708 ff. BGB zumindest der Regelfall. In der BGB-Gesellschaft, als Grundform der Personengesellschaft, werden nach § 718 BGB die Beiträge der Gesellschafter und die durch die Geschäftsführung für die Gesellschaft erworbenen Gegenstände gemeinschaftliches Vermögen der Gesellschafter. Das Gesetz geht damit vom Grundsatz der Bildung eines Gesellschaftsvermögens für Personen-Außengesellschaften aus.

Die Vermögensordnung des § 718 BGB ist zwar nicht zwingend.[268] Stattdessen ist es durchaus möglich, dass Außengesellschaften existieren, ohne ein Gesellschaftsvermögen zu bilden.[269] Dies bedeutet aber zunächst nur, dass die Gruppe der Zertifikatsinhaber auch dann eine Personen-Außengesellschaft gründen kann, wenn sie über kein Gesellschaftsvermögen verfügt. Lässt sich hingegen ein Vermögen identifizieren, welches die Charakteristika eines Gesellschaftsvermögens der Gruppe der Zertifikatsinhaber aufweist, so dient dies jedenfalls als Indiz dafür, dass diese eine Außengesellschaft gründen wollen.

In der Folge wird zunächst der Begriff des Gesellschaftsvermögens erläutert (aa)). Anschließend wird untersucht, inwieweit aufgrund der objektiven Gegebenheiten auf die Bildung eines solchen Gesellschaftsvermögens durch die Gruppe der Zertifikatsinhaber in den DAO-Projekten geschlossen werden kann, wobei zunächst die Finanzierungs-DAO mit Budget-Wallet (bb)) und im Anschluss die Steuerungs-DAO ohne Budget-Wallet begutachtet wird (cc)).

---

267 So ist für die GmbH nach § 5 Abs. 1 GmbHG ein Stammkapital von 25.000 Euro, für die AG nach §§ 6, 7 AktG ein Grundkapital von 50.000 Euro festgesetzt. Auch § 45 BGB geht vom Vorhandensein eines Vereinsvermögens aus.

268 MüKoBGB/*Schäfer*, Vor § 705, Rn. 8.

269 Henssler/Strohn/*Servatius*, § 705 BGB, Rn. 8; MüKoBGB/*Schäfer*, § 718, Rn. 10; NK-BGB/*Hanke*, § 718, Rn. 4; Palandt/*Sprau*, § 718, Rn. 1.

Schließlich wird dargestellt, welche Konsequenzen das Fehlen eines Gesellschaftsvermögens für die weitere Prüfung hat (dd)).

aa) Der Begriff des Gesellschaftsvermögens

Bilden die Gesellschafter ein Gesellschaftsvermögen, so ist dieses im Falle einer Personengesellschaft Gesamthandsvermögen. Zwar ist dabei strittig, ob Träger des Gesamthandsvermögens die Gesellschafter in ihrer gesamthänderischen Verbundenheit[270] oder die Gesamthand selbst ist[271]. Dieser Streit spielt aber nur für die Trägerschaft, nicht für die Beantwortung der Frage eine Rolle, ob eine Gesamthand und ein ihr zugeordnetes Gesamthandsvermögen als solches besteht. Eine Gesamthand liegt dann vor, wenn in Bezug auf die Zuständigkeit für mehrere Gegenstände eine gleichförmige Mitzuständigkeit mehrerer Parteien besteht und die Gegenstände einem gemeinsamen Zweck der Gruppe der Parteien gewidmet sind.[272] In einer Gesellschaft ist dies der Gesellschaftszweck. Das dem Gesellschaftszweck auf diese Weise gewidmete Vermögen stellt ein dingliches Sondervermögen dar.[273]

Bei der Körperschaft ist das Verbandsvermögen eigenes Vermögen der Körperschaft.[274] Insofern ergibt sich kein Unterschied zur Gesamthand, soweit man davon ausgeht, dass diese ebenfalls selbst Träger des Vermögens ist. Auch das Körperschaftsvermögen ist dem gemeinsamen Zweck des Verbandes verhaftet. Unabhängig davon, ob der Geschäftswille der Zertifikatsinhaber sich auf die Gründung einer Körperschaft richtet, ist zunächst zu klären, ob die Gruppe der Zertifikatsinhaber zumindest die Charakteristika einer Gesamthand, der ein Gesellschaftsvermögen zugeordnet ist, aufweist. Dabei muss zwischen der Finanzierungs-DAO (bb)) und der Steuerungs-DAO (cc)) unterschieden werden.

bb) Die Finanzierungs-DAO mit Budget-Wallet

Als möglicher Verwahrungsort des Gesellschaftsvermögens der Gruppe der Zertifikatsinhaber kommt die Budget-Wallet in Betracht.[275] Das Vorhandensein

---

270 So die früher h.M., *Schulze-Osterloh*, S. 8 ff.

271 So die heute h.M., NK-BGB/*Hanke*, § 718, Rn. 3; *Flume*, S. 54 ff.; *Schmidt*, S. 206.

272 *Schulze-Osterloh*, S. 173 f.

273 BeckOK BGB/*Schöne*, § 718, Rn. 1; Henssler/Strohn/*Kilian*, § 718 BGB, Rn. 1; NK-BGB/*Hanke*, § 718, Rn. 3.

274 Dies ist Folge ihrer Rechtssubjektivität als juristische Person, MüKo-BGB/*Leuschner*, Vor § 21, Rn. 24.

275 Eine solche ist in der Finanzierungs-DAO stets vorhanden, B.III.1.a)bb)(1).

einer Budget-Wallet allein genügt jedoch nicht, um auf die Existenz eines Gesellschaftsvermögens zu schließen. Vielmehr muss untersucht werden, ob das Verhältnis der Gruppe der Zertifikatsinhaber zum Vermögen in der Budget-Wallet mit dem der Gesamthand zum Gesamthandsvermögen vergleichbar ist. Nach der oben gefundenen Definition des Gesamthandsvermögens ist dies dann der Fall, wenn die Gruppe der Zertifikatsinhaber als Organisationseinheit zur Verwaltung dieses Vermögens auftritt ((1)), das Vermögen dem gemeinsamen Zweck der Gruppe verhaftet ist ((2)) und die Gruppe der Zertifikatsinhaber als Träger dieses Vermögens verstanden werden kann ((3)). Schließlich dürften die Regelungen zum Wechsel im Mitgliederbestand der Einordnung des Vermögens als Gesellschaftsvermögen nicht entgegenstehen ((4)). Diese Punkte werden im Folgenden näher untersucht.

(1) Die Gruppe der Zertifikatsinhaber als Organisationseinheit

In einer Personengesellschaft begründet nach *Flume* nicht das Gesamthandsvermögen die Gesamthand, sondern umgekehrt.[276] Eine Außengesellschaft liegt demnach vor, wenn die Gesellschaft als Gesamthand Träger von Rechtsbeziehungen ist. Dabei nimmt sie „als Organisationseinheit der in der Gesamthand verbundenen Personen am Rechtsleben teil"[277]. Unabhängig von der Frage, ob der Verband der Zertifikatsinhaber auch Körperschaft sein kann, ist diese Organisationseinheit der Zertifikatsinhaber eine Mindestvoraussetzung für die Trägerschaft eines Gesellschaftsvermögens.

Die Interaktion zwischen der Gruppe der Zertifikatsinhaber in den Finanzierungs-DAO-Projekten und Dritten erfolgt gesteuert über die dem Projekt zugrundeliegende Software.[278] Zwar können auch abseits der durch die Software gesteuerten Vorgänge Absprachen zwischen den beteiligten Personen stattfinden.[279] Eine verbindliche Interaktion, die die Mittel in der Budget-Wallet betrifft, kommt aber nur zustande, wenn die Gruppe der Zertifikatsinhaber mit den durch die Software festgelegten Quoren und Stimmenmehrheiten erfolgreich über die Durchführung der Interaktion abgestimmt hat. Ein einzelner Zertifikatsinhaber kann eine solche Interaktion nicht selbstständig bewirken. Nur in der Gesamtheit können Entschlüsse getroffen werden, die von der Software mit

276 *Flume*, S. 68.
277 *Flume*, S. 56.
278 Siehe hierzu bereits näher oben unter B.I.2.b)aa).
279 Siehe hierzu als Beispiel die Plattform zum Austausch der Zertifikatsinhaber in der MakerDAO, https://vote.makerdao.com/ (zuletzt abgerufen am 02.05.2020).

Außenwirkung umgesetzt werden. Es kann daher davon ausgegangen werden, dass die Gruppe der Zertifikatsinhaber als Organisationseinheit am Rechtsverkehr teilnimmt.

(2) Vermögen zum Einsatz für den gemeinsamen Zweck statt Bruchteilsgemeinschaft

Das Vermögen der Gesellschaft muss zum Einsatz für den gemeinsamen Zweck zur Verfügung stehen.[280] Diese Eigenschaft unterscheidet die Gesamthandsgesellschaft von der Gemeinschaft nach Bruchteilen.[281] Eine Gesamthand verwaltet ein Sondervermögen.[282] Die Verfügungsverbote des § 719 BGB bewirken, dass das Gesellschaftsvermögen als Sondervermögen vom Privatvermögen der Gesellschafter getrennt bleibt. Der einzelne Gesellschafter kann über seinen „Anteil" nicht eigenmächtig verfügen.[283] Auch wenn § 719 Abs. 1 BGB vom „Anteil der Gesellschafter" spricht, gibt es einen solchen aber eigentlich nicht. Das Gesellschaftsvermögen gehört stets der Gesamthand.[284]

In der Finanzierungs-DAO liegen die Kryptocoins in der Budget-Wallet von den übrigen Kryptocoins der Zertifikatsinhaber getrennt.[285] Keine Einzelpersonen, auch nicht die Initiatoren des Projekts, haben alleinigen Zugriff auf diese. Eine Auszahlung kann nur nach den vorher definierten Regeln des Softwarecodes erfolgen, wozu ein Mehrheitsbeschluss erforderlich ist.[286] Der Zugriff auf das Vermögen in der Budget-Wallet steht folglich nur der Gruppe der Zertifikatsinhaber gemeinschaftlich zu. Es handelt sich mithin um ein getrennt verwaltetes, gemeinschaftliches Sondervermögen.

Die Gesamthandsgesellschaft unterscheidet sich von der Bruchteilsgemeinschaft nach §§ 741 ff. BGB weiter dadurch, dass die Gesellschaft eine Zweckgemeinschaft darstellt, die Bruchteilsgemeinschaft eine Gegenstandsgemeinschaft.[287] Die Gesellschaft wird durch den gemeinsamen Zweck zusammengehalten, die Gemeinschaft durch den Gegenstand.[288] Zwar ist es möglich, dass Gesellschafter ein Bruchteilsvermögen halten und die Verwaltung dieses Vermögens durch

---

280 BeckOK BGB/*Schöne*, § 718, Rn. 1; Henssler/Strohn/*Kilian*, § 718 BGB, Rn. 1.

281 MüKoBGB/*Schäfer*, Vor § 705, Rn. 125.

282 BeckOK BGB/*Schöne*, § 718, Rn. 1; Henssler/Strohn/*Kilian*, § 718 BGB, Rn. 1.

283 Jauernig/*Stürner*, § 719, Rn. 4.

284 Henssler/Strohn/*Kilian*, § 718 BGB, Rn. 3; Palandt/*Sprau*, § 719, Rn. 1; *Flume*, S. 73.

285 Siehe zur Funktionsweise der Budget-Wallet bereits unter B.III.1.a)bb)(1).

286 Siehe zur Voting-Applikation bereits oben unter B.I.2.b)cc).

287 MüKoBGB/*Schmidt*, § 741, Rn. 4.

288 *Flume*, S. 119.

eine Innengesellschaft vorgenommen wird.[289] Das Gesellschaftsvermögen selbst kann jedoch kein Bruchteilsvermögen sein. Die „Gesamthandszuständigkeit" ist ungeteilt, die Bruchteilszuständigkeit ist dagegen subjektiv geteilt.[290] Um Gesellschaftsvermögen zu sein, müsste das Sondervermögen in der Budget-Wallet also zum Einsatz für den gemeinsamen Zweck der Gruppe der Zertifikatsinhaber zur Verfügung stehen.

In der Management-DAO soll das Gesamtprojekt gefördert, in der Investment-DAO gewinnorientiert und in der Spenden-DAO unentgeltlich in Drittprojekte investiert werden.[291] Hierin liegt jeweils auch der mögliche gemeinsame Zweck der Gruppe der Zertifikatsinhaber. Folglich kann festgehalten werden, dass das Sondervermögen für den gemeinsamen Zweck der Gruppe der Zertifikatsinhaber zur Verfügung steht.

Die Gruppe der Zertifikatsinhaber kooperiert nur deshalb, weil durch die Zusammenlegung der Kryptocoins in der Budget-Wallet die Erreichung des gemeinsamen Zwecks verfolgt werden kann. Als Individuen könnten die Zertifikatsinhaber diesen nicht in gleicher Weise verfolgen. Sie arbeiten nicht zur Verwaltung des gemeinsamen Vermögens zusammen, sondern zur Erreichung des gemeinsamen Zwecks. Folglich ist es der gemeinsame Zweck, der die Gruppe zusammenhält, und nicht das Vermögen in der Budget-Wallet.

Bruchteilsteilhaber sind nach § 743 Abs. 2 BGB zum Gebrauch des gemeinschaftlichen Gegenstands befugt, soweit hierdurch nicht die Rechte der Mitbeteiligten beeinträchtigt werden. Das Vermögen der Gesamthandsgesellschaft ist dagegen dem gemeinsamen Zweck verhaftet.

Die Software kann zwar die Auszahlung der Anteile an einzelne Zertifikatsinhaber vorsehen, der einzelne Zertifikatsinhaber kann aber nicht über das Vermögen in der Budget-Wallet als solches verfügen. Die Kryptocoins sollen zur Erreichung des Zwecks des DAO-Projekts eingesetzt werden. Diese bleiben dem gemeinsamen Zweck verhaftet. Die Zertifikatsinhaber sind grundsätzlich nicht zum alleinigen Gebrauch dieses Gegenstands befugt.

Die Untersuchung zeigt, dass das Vermögen in der Budget-Wallet der Finanzierungs-DAO zur Verfolgung des gemeinsamen Zwecks der Gruppe der Zertifikatsinhaber zur Verfügung steht und diesem grundsätzlich verhaftet bleibt. Die Gruppe der Zertifikatsinhaber wird durch den gemeinsamen Zweck des Finanzierungs-DAO-Projekts zusammengehalten und nicht durch den

289 Palandt/*Sprau*, § 705, Rn. 3; *Flume*, S. 10.
290 MüKoBGB/*Schmidt*, § 741, Rn. 6.
291 Siehe hierzu bereits oben unter B.III.1.a)bb)(1).

gemeinsamen Gegenstand des Vermögens in der Budget-Wallet. Es handelt sich folglich nicht um eine Bruchteilsgemeinschaft. Die Gruppe der Zertifikatsinhaber müsste weiter Träger des Vermögens in der Budget-Wallet sein.

(3) Die Gruppe der Zertifikatsinhaber als Vermögensträger

Das Kapital in der Budget-Wallet steht für die Erreichung des gemeinsamen Zwecks der Gruppe der Zertifikatsinhaber zur Verfügung. Um Gesellschaftsvermögen zu sein, müsste diese Gruppe jedoch auch Träger dieses Vermögens sein. Die Frage, ob die Zertifikatsinhaber in gesamthänderischer Verbundenheit, die Gruppe der Zertifikatsinhaber als Gesamthand oder eine etwaige durch die Zertifikatsinhaber gegründete Körperschaft Träger des Vermögens ist, soll an dieser Stelle dahinstehen. Es wird stattdessen untersucht, ob bei denjenigen, die die Mittel in der Budget-Wallet einzahlen, der Wille erkennbar wird, die Mittel an die Gruppe der Zertifikatsinhaber zu übertragen. Ist dies der Fall, so kann angenommen werden, dass die Gruppe der Zertifikatsinhaber Träger des in der Budget-Wallet hinterlegten Vermögens ist. Für diese Untersuchung muss unterschieden werden, ob die Budget-Wallet durch Mittel der Zertifikatsinhaber ((a)) oder aus den Transaktionsgebühren des Gesamtsystems ((b)) gespeist wird.

(a) Die Budget-Wallet aus Mitteln der Zertifikatsinhaber

Die Software der Finanzierungs-DAO kann vorsehen, dass die Kryptocoins von den Zertifikatsinhabern in die Budget-Wallet eingezahlt werden. Hier ist bei einer Auflösung des DAO-Projekts regelmäßig vorgesehen, dass die eingezahlten Mittel an die Zertifikatsinhaber ausgezahlt werden sollen.[292] Es ist dann davon auszugehen, dass die einzelnen Zertifikatsinhaber das Vermögen an die Gruppe der Zertifikatsinhaber zur Erreichung des gemeinsamen Zwecks übertragen wollen. Die Gruppe der Zertifikatsinhaber kann daher als Träger dieses gemeinschaftlichen Vermögens angesehen werden.

---

292 So zum Beispiel ausdrücklich für die DigixDAO, *DigixGlobal*, DigixDAO (DGD) Information. Hier wurde die Auflösung schließlich auch durchgeführt, https://medium.com/digix/digixdaos-dissolution-655be3110196 (zuletzt abgerufen am 02.05.2020). Der Fall der Auflösung ist nicht in allen Projekten ausdrücklich geregelt. Es kann jedoch davon ausgegangen werden, dass durch Einbringung eines entsprechenden Angebots über eine Auflösung und die Auszahlung der Mittel abgestimmt werden kann.

(b) Die Budget-Wallet aus Transaktionsgebühren

Nicht in jeder Finanzierungs-DAO stammen die Mittel aus der Budget-Wallet von den Zertifikatsinhabern. In der Management-DAO und Spenden-DAO ist es stattdessen auch möglich, dass die Software vorsieht, dass ein Teil der Transaktionsgebühren des Gesamtprojekts in der Budget-Wallet hinterlegt werden.[293] Die Transaktionsgebühren fallen für die Nutzer des Gesamtprojekts, also diejenigen, die die Dienstleistung oder das Produkt des Gesamtprojekts in Anspruch nehmen, an. Dabei kann es sich beispielsweise um einen Token handeln, der eine bestimmte Funktion erfüllt. So wird im Projekt „Digix" ein „Gold-Token" angeboten, der real hinterlegtes Gold auf einer DLT-Plattform abbildet und frei übertragen werden kann. Für die Übertragung werden Transaktionsgebühren fällig, die in die Budget-Wallet zurückfließen.[294]

Die Verteilung der Transaktionsgebühren ist für die Nutzer des Gesamtprojekts transparent.[295] Derjenige, der die Dienstleistung des Projekts in Anspruch nimmt, kennt die Regeln der Software und weiß, dass ein Teil der anfallenden Transaktionsgebühren in die Budget-Wallet abfließt. Durch die Inanspruchnahme der Dienstleistung und die Bezahlung der Transaktionsgebühren stimmen die Nutzer dieser Übermittlung der Mittel in die Budget-Wallet zu. Es ist zu fragen, ob aus der Perspektive eines objektiven Erklärungsempfängers diese Zahlung eines Anteils der Transaktionsgebühren in die Budget-Wallet als eine Übermittlung des entsprechenden Betrages an die Gruppe der Zertifikatsinhaber zu werten ist. Für diese Betrachtung müssen alle Umstände miteinbezogen werden.

In jeder Management- und Spenden-DAO stehen die Mittel der Gruppe der Zertifikatsinhaber zur freien Verfügung. Durch Abstimmungen können sie grundsätzlich frei darüber entscheiden, an wen die Mittel ausgezahlt werden sollen. Anders als in der Finanzierungs-DAO, deren Budget-Wallet durch die Zertifikatsinhaber selbst gespeist wird, unterscheiden sich die Projekte der

---

293 Ein Beispiel für eine Management-DAO, die so gestaltet ist, war die „DigixDAO", *DigixGlobal*, DigixDAO (DGD) Information; ein Beispiel für eine Spenden-DAO ist der AliceDAF, *Mazet/Wojciechowski*, Alice Whitepaper.

294 *Eufemio/Chng/Djie*, Digix's Whitepaper; *Quentson*, Gold Backed Digix Raises Millions in Hours on Ethereum Blockchain Crowdsale. Siehe zum Projekt der DigixDAO auch bereits oben unter B.III.1.a)bb)(1)(a).

295 Auch für die Nutzer sind die Dokumentationen zum Projekt einsehbar. Im Rahmen des Internetauftritts werden den Nutzern die Transaktionsgebühren offengelegt, wie zum Beispiel auf der Webseite zur Kryptowährung „Dash", https://www.dash.org/de/ (zuletzt abgerufen am 02.05.2020).

Management- und Spenden-DAO hinsichtlich der Möglichkeit, im Falle einer Auflösung die Mittel auch an die Zertifikatsinhaber auszuzahlen. Im Folgenden wird daher unterschieden, ob eine solche Auszahlungsmöglichkeit für die Zertifikatsinhaber besteht ((aa)) oder nicht ((bb)).

(aa) Die Budget-Wallet mit Auszahlungsmöglichkeit

Die Software der Management- und Spenden-DAO kann nicht nur vorsehen, dass die Zertifikatsinhaber frei über die Verwendung der Mittel entscheiden können, sondern auch, dass die Zertifikatsinhaber sich dazu entscheiden können, das DAO-Projekt aufzulösen und die Mittel in der Budget-Wallet an die Zertifikatsinhaber auszuzahlen.[296] Die Möglichkeit, dass das in die Budget-Wallet eingezahlte Vermögen auch an die Zertifikatsinhaber ausgezahlt werden kann, ist den Nutzern des Gesamtprojekts bekannt.[297] In diesem Fall ist nach dem objektiven Empfängerhorizont davon auszugehen, dass der Anteil der Transaktionsgebühren der Gruppe der Zertifikatsinhaber zufließen soll. Daraus lässt sich schließen, dass die Gruppe der Zertifikatsinhaber auch Träger des Vermögens in der Budget-Wallet werden soll.

(bb) Die Budget-Wallet ohne Auszahlungsmöglichkeit

Nicht in jeder Management- und Spenden-DAO ist diese Auszahlungsmöglichkeit der Mittel an die Zertifikatsinhaber vorgesehen.[298] Sieht die Software diese Möglichkeit nicht vor, so stehen die Mittel in der Budget-Wallet den Zertifikatsinhabern zwar ebenso zur Verwaltung zur Verfügung, sie sollen jedoch allein für die vorher festgelegten Zwecke verwendet werden und nicht den Zertifikatsinhabern zugutekommen. Die Zwecke, für die die Mittel in der Budget-Wallet nach Abstimmung durch die Zertifikatsinhaber verwendet werden sollen, sind den Nutzern des Gesamtprojekts bekannt.[299] Es ist davon auszugehen, dass die Nutzer durch die Übermittlung eines Anteils der Transaktionsgebühren in die Budget-Wallet zustimmen, dass die Zertifikatsinhaber über die konkrete Verwendung der Mittel für die vorher definierten Zwecke entscheiden können. Sie

---

296 Dies war beispielsweise bei der DigixDAO, *DigixGlobal*, DigixDAO (DGD) Information; oder ist beim Alice DAF, *Mazet/Wojciechowski*, Alice Whitepaper, der Fall.

297 Siehe dazu soeben unter Fn. 289.

298 Dies ist beispielsweise beim DASH Governance and Budget System der Fall, *Wiecko*, Understanding the Governance and Budget System.

299 So sind auch die Verwendungszwecke meist öffentlich einsehbar, https://app.dashnexus.org/proposals/leaderboard (zuletzt abgerufen am 02.05.2020).

stimmen jedoch nicht zu, dass die Zertifikatsinhaber die DAO auflösen und die Mittel ihnen dann persönlich zufließen.[300] Sieht die Budget-Wallet also keine Auszahlungsmöglichkeit vor, so ist davon auszugehen, dass das Vermögen in der Budget-Wallet zwar von der Gruppe der Zertifikatsinhaber verwaltet werden, die Gruppe der Zertifikatsinhaber jedoch nicht Träger dieses Vermögens werden soll. Vielmehr handelt es sich um ein von der Gruppe der Zertifikatsinhaber treuhänderisch verwaltetes Sondervermögen im Auftrag der Nutzer des Gesamtprojekts. In diesem Fall verfügt die Gruppe der Zertifikatsinhaber in der Management- oder Spenden-DAO nicht über ein eigenes Gesellschaftsvermögen.

(c) Zwischenergebnis

Die Untersuchung zeigt, dass die Gruppe der Zertifikatsinhaber in der Finanzierungs-DAO zwar meist, nicht aber in jedem Fall als Träger des Vermögens in der Budget-Wallet angesehen werden kann.

Zahlen die Zertifikatsinhaber selbst in die Budget-Wallet ein, so ist davon auszugehen, dass sie als Gruppe Träger des eingezahlten Vermögens sind. Dies betrifft alle Projekte der Investment- und teilweise die Projekte der Management- und Spenden-DAO.

In den Management- und Spenden-DAO-Projekten ist jedoch auch möglich, dass die Budget-Wallet aus Transaktionsgebühren des mit der DAO verbundenen Gesamtprojekts gespeist wird. Ist dies der Fall, so muss differenziert werden. Besteht für die Zertifikatsinhaber eine Auszahlungsmöglichkeit, so kann davon ausgegangen werden, dass die Gruppe der Zertifikatsinhaber Träger des in der Budget-Wallet hinterlegten Vermögens sein soll. Besteht diese Auszahlungsmöglichkeit nicht, so wird die Gruppe der Zertifikatsinhaber nur als treuhänderischer Verwalter eines Sondervermögens für den vorher definierten Zweck tätig. Sie ist dann nicht Träger des Vermögens in der Budget-Wallet.

Soweit davon auszugehen ist, dass die Gruppe der Zertifikatsinhaber Träger des in der Budget-Wallet hinterlegten Vermögens ist, muss weiter untersucht werden, inwieweit Regelungen zum Wechsel im Mitgliederbestand der Einordnung des Vermögens in der Budget-Wallet als Gesellschaftsvermögen entgegenstehen könnten.

300 So heißt es beispielweise den FAQ zur Kryptowährung DASH, dass die Masternodes „Richtungsentscheidungen" treffen. Dies deutet auf eine Verwendung der Mittel zur Förderung des Projekts und nicht zur eigenen Bereicherung hin, https://www.dash.org/de/faq/ (zuletzt abgerufen am 02.05.2020).

(4) An- und Abwachsung bei Gesellschafterwechseln

Aus § 719 Abs. 1 BGB folgt für die Gesamthandsgesellschaft, dass die Mitglieder der Gesamthand ihren Anteil am Gesamthandsvermögen der Gruppe grundsätzlich nicht eigenmächtig entziehen können.[301] Die Software der DAO-Projekte sieht aber meist die Möglichkeit vor, dass einzelne Zertifikatsinhaber ihr Governance-Certificate und damit eine mögliche Auszahlungsmöglichkeit aus der Budget-Wallet an Dritte übertragen.[302] Von dieser Möglichkeit können die Zertifikatsinhaber jederzeit Gebrauch machen. Durch die Übertragung des Tokens gibt der veräußernde Zertifikatsinhaber auch alle Möglichkeiten zur Mitwirkung an der Verfügung über das Vermögen in der Budget-Wallet an den Erwerber des Tokens ab. Dies könnte man als eine direkte Übertragung der „Rechte" am gemeinsamen Vermögen werten.

Diese Möglichkeit steht indes dem Gesamthandsprinzip nicht entgegen. Der Anteil der Gesellschafter am Gesellschaftsvermögen erschöpft sich in einem „Wertrecht", welches den Wert der Mitgliedschaft bestimmt, aber keine unmittelbaren Ansprüche auf das Gesellschaftsvermögen begründet.[303] Charakteristikum der Gesamthand ist das Prinzip der Anwachsung nach § 738 BGB. Scheidet ein Gesellschafter aus der Gesellschaft aus, so wächst sein Anteil den übrigen Gesellschaftern zu. Spiegelbildlich gilt dies auch beim Eintritt eines Gesellschafters. Dem Vermögen der übrigen Gesellschafter wächst ein Anteil ab. Träger des Vermögens bleibt jedoch stets die Gesellschaft als Gesamthand.[304]

Auch im Zuge der Übertragung eines Governance-Certificates haben weder der Veräußerer noch der Erwerber Zugriff auf den Anteil der Kryptocoins in der Budget-Wallet. Das Vermögen in der Budget-Wallet bleibt unverändert dem gemeinsamen Zweck des Verbandes verhaftet. Mit dem Austritt des alten Zertifikatsinhabers wächst sein Wertrecht dem Verband für eine juristische Sekunde an. Durch den zeitgleich stattfindenden Eintritt des neuen Zertifikatsinhabers wächst dieses Wertrecht dem Verband direkt wieder ab und dem neuen Zertifikatsinhaber an. Dieser Gesellschafterwechsel steht folglich im Einklang mit dem Prinzip von An- und Abwachsung und dem Gesamthandsprinzip daher nicht entgegen.

---

301 Henssler/Strohn/*Kilian*, § 719 BGB, Rn. 1; MüKoBGB/*Schäfer*, § 719, Rn. 2; NK-BGB/*Hanke*, § 719, Rn. 1.

302 Liegt das Governance-Certificate in Gestalt eines Tokens vor, so ist dieser frei übertragbar, B.I.2.b)bb)(1).

303 *Schmidt*, S. 208.

304 MüKoBGB/*Schäfer*, § 718, Rn. 4 f.; NK-BGB/*Hanke*, § 719, Rn. 1; *Schmidt*, S. 208.

(5) Zwischenergebnis

Die Finanzierungs-DAO verfügt stets über eine Budget-Wallet, deren Inhalt meist die Voraussetzungen eines Gesellschaftsvermögens erfüllt. Die Gruppe der Zertifikatsinhaber tritt in allen Projekten der Finanzierungs-DAO als Organisationseinheit auf und das Vermögen in der Budget-Wallet ist dem gemeinsamen Zweck verhaftet. Ein Gesellschafterwechsel steht der Einordnung des Vermögens als mögliches Gesamthandsvermögen der Gruppe der Zertifikatsinhaber nicht entgegen. Jedoch kann die Gruppe der Zertifikatsinhaber nicht als Träger dieses Vermögens angesehen werden, wenn die Mittel aus einem Teil der Transaktionsgebühren des mit der DAO verbundenen Gesamtprojekts stammen und keine Auszahlungsmöglichkeit für die Zertifikatsinhaber besteht.

Mithin kann festgehalten werden, dass der Inhalt der Budget-Wallet die Voraussetzungen eines Gesellschaftsvermögens der Gruppe der Zertifikatsinhaber erfüllt, soweit diese entweder selbst die Mittel in die Budget-Wallet einzahlen oder die Mittel aus den Transaktionsgebühren des mit der DAO verbundenen Gesamtprojekts stammen und eine Auszahlungsmöglichkeit für die Zertifikatsinhaber besteht.

cc) Die Steuerungs-DAO ohne Budget-Wallet

Anders als in der Finanzierungs-DAO, ist in der Steuerungs-DAO keine Budget-Wallet vorhanden, über deren Mittel die Gruppe der Zertifikatsinhaber verfügen kann.[305] Auch sonst ist kein gemeinschaftliches Vermögen der Gruppe erkennbar, welches die Voraussetzungen eines Gesellschaftsvermögens erfüllen könnte. Für die Gruppe der Zertifikatsinhaber in der Steuerungs-DAO kann daher festgehalten werden, dass der mögliche rechtliche Verband über kein Gesellschaftsvermögen verfügt.

dd) Die Konsequenzen des fehlenden Gesellschaftsvermögens für die weitere Prüfung

Die bisherige Untersuchung hat gezeigt, dass sowohl in der Steuerungs-DAO als auch in denjenigen Management- und Spenden-DAO-Projekten, in denen die Mittel in der Budget-Wallet aus Teilen der Transaktionsgebühren des mit der DAO verbundenen Gesamtprojekts stammen und keine Auszahlungsmöglichkeit für die Zertifikatsinhaber besteht, ein Gesellschaftsvermögen der Gruppe der Zertifikatsinhaber nicht identifiziert werden kann.

---

305 Siehe zur Steuerungs-DAO bereits unter B.III.1.a)bb)(2).

Wie eingangs bereits erwähnt, ist die Gründung einer Körperschaft ohne Gesellschaftsvermögen unmöglich.[306] Für die Personengesellschaft ist die Vermögensordnung des § 718 BGB hingegen nicht zwingend. Diese muss nicht unbedingt ein Gesellschaftsvermögen bilden. Nach h.M. ist selbst eine Außengesellschaft auch ohne die Bildung eines Gesellschaftsvermögens denkbar.[307] Der Außengesellschaft ohne Gesellschaftsvermögen wird jedoch die Rechtsträgereigenschaft verweigert.[308] Für die Gruppe der Zertifikatsinhaber ohne Gesellschaftsvermögen bedeutet dies, dass diese zwar weder Körperschaft noch rechtsfähige Personengesellschaft, wohl aber Personen-Außengesellschaft ohne Rechtsträgereigenschaft sein kann.

ee) Zwischenergebnis

Selbst wenn die Gruppe der Zertifikatsinhaber im DAO-Projekt den Willen zur dauerhaften Förderung eines gemeinsamen Zwecks erkennen lässt, hängen die möglichen Ausgestaltungen eines hierdurch gegründeten Verbandes vom Vorhandensein eines Vermögens ab, das die Voraussetzungen eines Gesellschaftsvermögens der Gruppe erfüllt.

Lässt sich ein solches Vermögen der Gruppe der Zertifikatsinhaber nicht identifizieren, so kommt zwar die Gründung einer (Außen-)Personengesellschaft in Betracht. Der Verband kann dann aber keine Rechtsfähigkeit besitzen. Dies ist für die Gruppe der Zertifikatsinhaber in der Steuerungs-DAO der Fall, da es hier an einer Budget-Wallet fehlt. Auch in der Management- und Spenden-DAO erfüllen die Mittel in der Budget-Wallet die Voraussetzungen eines Gesellschaftsvermögens nicht, soweit diese von den Transaktionsgebühren des mit der DAO verbundenen Gesamtprojekts stammen und keine Auszahlungsmöglichkeit für die Zertifikatsinhaber besteht.

In den sonstigen Finanzierungs-DAO-Projekten erfüllen die Mittel in der Budget-Wallet hingegen die Voraussetzungen eines Gesellschaftsvermögens. Dies ist Indiz dafür, dass von den Zertifikatsinhabern die Gründung eines rechtlichen Verbandes tatsächlich gewollt ist. Grundsätzlich bleibt für diese Fälle sowohl die Gründung einer Körperschaft als auch einer Personengesellschaft denkbar.

---

306 Siehe hierzu bereits die Ausführungen unter B.III.2.a).

307 *RGZ* 80, 268 (271); Henssler/Strohn/*Servatius*, § 705 BGB, Rn. 8; MüKoBGB/*Schäfer*, § 705, Rn. 266, m.w.N; NK-BGB/*Hanke*, § 718, Rn. 4.

308 BeckOK BGB/*Schöne*, § 705, Rn. 12; *Schmidt*, S. 1697.

Ein weiteres Indiz für den Willen der Zertifikatsinhaber zur Gründung eines rechtlichen Verbandes ist eine Beteiligung an Gewinnen und Verlusten des DAO-Projekts. Diese wird in der Folge näher untersucht.

b) Gewinn- und Verlustbeteiligung

Eine Beteiligung der Gesellschafter an Gewinn und Verlust ist nicht zwingende Voraussetzung einer Gesellschaft.[309] Nach § 722 BGB entspricht sie jedoch dem gesetzlichen Leitbild für Personengesellschaften.[310] In den Motiven zum Bürgerlichen Gesetzbuch heißt es dazu: „Ein Vertrag, durch welchen ein Gesellschafter von der Beitragspflicht befreit, aber zur Teilnahme am gemeinsamen Zwecke, also insbesondere am Gewinne, berechtigt oder zwar am Verluste, nicht aber am Gewinne beteiligt sein soll, ist hiernach kein Gesellschaftsvertrag."[311] Zumindest die reine Verlustbeteiligung ist demnach ein Ausschlussgrund für das Bestehen eines Gesellschaftsvertrages. Die Feststellung einer Gewinn- und Verlustbeteiligung kann daher, ähnlich wie die Identifizierung eines Gesellschaftsvermögens, Indiz für den Willen zur Gründung eines rechtlichen Verbandes sein. Fehlt es dagegen an einer Beteiligung an Gewinn und Verlust, so kann dies bestimmte Gestaltungen eines Verbandes ausschließen.

Für die Untersuchung, ob die Zertifikatsinhaber an gemeinsamen Gewinnen und Verlusten beteiligt sind, soll an die aus dem vorherigen Abschnitt gefundenen Ergebnisse angeknüpft und folglich danach unterschieden werden, ob für die Gruppe der Zertifikatsinhaber ein Vermögen existiert, dass die Voraussetzungen eines Gesellschaftsvermögen erfüllt (bb)), oder nicht (aa)).

aa) Die Gruppe der Zertifikatsinhaber ohne potenzielles Gesellschaftsvermögen

Wie bereits gezeigt, verfügt die Gruppe der Zertifikatsinhaber weder in der Steuerungs-DAO noch in der Management- und Spenden-DAO, deren Budget-Wallet aus den Transaktionsgebühren des mit der DAO verbundenen Gesamtprojekts gespeist wird und bei denen keine Auszahlungsmöglichkeit für die Zertifikatsinhaber besteht, über ein Vermögen, dass die Voraussetzungen eines

309 Dies ergibt sich daraus, dass auch das Vorhandensein eines Gesellschaftsvermögens, nicht zwingend vorausgesetzt ist, MüKoBGB/*Schäfer*, Vor § 705, Rn. 8.

310 So auch *Flume*, S. 44. Vgl. auch BeckOK BGB/*Schöne*, § 705, Rn. 34; Jauernig/*Stürner*, § 705, Rn. 10.

311 *Mugdan*, Motive S. 332.

Gesellschaftsvermögens erfüllt.[312] Ohne potenzielles Gesellschaftsvermögen ist folglich auch eine Gewinn- und Verlustbeteiligung nicht erkennbar. Wie bereits gezeigt ist dies aber grundsätzlich noch kein Ausschlussgrund für das Bestehen einer Außen-Personengesellschaft.[313]

bb) Die Gruppe der Zertifikatsinhaber mit potenziellem Gesellschaftsvermögen

Verfügt die Finanzierungs-DAO über ein Vermögen, das die Voraussetzungen eines Gesellschaftsvermögens erfüllt, so besteht, wie bereits festgestellt, stets eine Auszahlungsmöglichkeit bezüglich der Mittel aus der Budget-Wallet an die Zertifikatsinhaber.[314] Die Zertifikatsinhaber haben ein Wertrecht an den Mitteln in der Budget-Wallet. Fließt der Budget-Wallet Kapital zu, so sind die Zertifikatsinhaber an diesen Zuflüssen durch einen Wertzuwachs ihres Wertrechts beteiligt. Fließen der Budget-Wallet Mittel ab, so verliert dieses Recht an Wert. In einzelnen Finanzierungs-DAO-Projekten, insbesondere in der Spenden-DAO, kann es vorkommen, dass keine Rückflüsse des einmal abgeflossenen Kapitals vorgesehen sind. Hier werden keine Gewinne erwirtschaftet. Da die Gesellschaft aber nicht zwingend auf Gewinnerzielung ausgerichtet sein muss, stellt dies kein Argument gegen das Bestehen einer Gesellschaft dar.

cc) Zwischenergebnis

Die Untersuchung zeigt, dass für den Fall, dass die Gruppe der Zertifikatsinhaber über ein Vermögen verfügt, das die Voraussetzungen eines Gesellschaftsvermögens erfüllt, stets auch von einer Beteiligung der Zertifikatsinhaber an den gemeinsamen Gewinnen und Verlusten ausgegangen werden kann. Dies stellt ein weiteres Indiz dafür dar, dass von den Zertifikatsinhabern in diesem Fall auch die Gründung eines rechtlichen Verbandes gewollt ist.

Besteht kein potenzielles Gesellschaftsvermögen, so ist auch eine Gewinn- und Verlustbeteiligung nicht erkennbar. Ebenso wie der Mangel eines Vermögens, der die Voraussetzungen eines Gesellschaftsvermögens erfüllt, stellt dies jedoch keinen Ausschlussgrund für den Willen zur Gründung einer Personen-Außengesellschaft dar.

Die Feststellung der Bildung eines potenziellen Gesellschaftsvermögens und einer Gewinn- und Verlustbeteiligung der Zertifikatsinhaber spricht zudem

312 Siehe hierzu bereits die Ergebnisse unter B.III.2.a)ee).

313 Siehe hierzu bereits unter B.III.2.a)dd).

314 Siehe hierzu die Ausführungen unter B.III.2.a)bb)(3).

gegen einen Willen der Zertifikatsinhaber zum Abschluss eines partiarischen Darlehensvertrages sein. Dies wird im Folgenden näher untersucht.

c) Kein partiarischer Darlehensvertrag

Der Geschäftswille der Zertifikatsinhaber zur Gründung eines rechtlichen Verbandes muss zu einem möglichen Geschäftswillen zum Abschluss eines Austauschvertrages mit den Initiatoren abgegrenzt werden. Typischerweise kommen hier sogenannte partiarische Rechtsverhältnisse in Betracht. Bei einem partiarischen Rechtsverhältnis ist der Austauschvertrag dergestalt modifiziert, dass die Vergütung für die erbrachte Leistung nicht in einem festen Betrag bemessen wird, sondern erfolgsbezogen als Gewinnbeteiligung ausgezahlt wird.[315] Bei einem solchen Austauschvertrag verfolgen die Beteiligten keinen gemeinsamen, sondern jeweils unterschiedliche eigene Zwecke.[316] Zwar wurde bereits dargestellt, dass ein gemeinsamer Zweck der Gruppe der Zertifikatsinhaber sowie mögliche Förderungstätigkeiten identifizierbar sind.[317] Dies erweckt auch zunächst den Anschein, als sei von den Zertifikatsinhabern die Förderung eines gemeinsamen Zwecks gewollt. Es ist aber nicht ausgeschlossen, dass sich abweichend davon, aus einer Gesamtschau der Umstände, ergibt, dass von der Zertifikatsinhabern stattdessen die Erbringung einer Leistung an die Initiatoren des Projekts gewollt ist.

Es fällt dabei auf, dass die DAO-Projekte Parallelen zum Crowdfunding aufweisen.[318] Die Initiatoren starten ein Projekt, das durch die Investitionen einer breiten Masse finanziert wird. Für die Finanzierung von Crowdfunding-Projekten ist die rechtliche Ausgestaltung als partiarisches (Nachrang)darlehen sehr beliebt.[319] Hierbei stellen die Investoren dem Gründer Kapital zur Verfügung und vereinbaren eine Rückzahlungsverpflichtung. Statt Zinsen wird eine Umsatz- oder Gewinnbeteiligung gezahlt.[320]

Auch die Zertifikatsinhaber beteiligen sich an den DAO-Projekten teilweise durch die Bereitstellung von Kapital.[321] Denkbar ist, dass die Zertifikatsinhaber

---

315 MüKoBGB/*Schäfer*, Vor § 705, Rn. 107; MüKoHGB/*Schmidt*, § 230, Rn. 54; NK-BGB/*Heidel*, § 705, Rn. 95.

316 *BGHZ* 3, 75 (79) = NJW 1951, 710; Henssler/Strohn/*Servatius*, § 705 BGB, Rn. 12.

317 Siehe hierzu bereits unter B.III.1.

318 *Metz*, The Biggest Crowdfunding Project Ever—the DAO—Is Kind of a Mess.

319 *Baumann*, S. 88; *Söpper*, S. 96; *Klöhn/Hornuf*, ZBB 2012, 237 (246)

320 MüKoAktG/*Schürnbrand*, Vor § 182, Rn. 38; Weitnauer/*Kraus*, Teil D, Rn. 42.

321 Siehe hierzu bereits unter B.III.1.a)cc)(1).

das Kapital den Initiatoren im Rahmen eines Darlehensvertrages übertragen und im Gegenzug an Umsatz oder Gewinn des DAO-Projektes beteiligt werden wollen. Das Governance-Certificate wäre in dieser Konstellation ähnlich eines Schuldscheins, welcher als eine Art „digitale Urkunde" den Anspruch des Zertifikatsinhabers auf die Gewinne, die durch das DAO-Projekt erwirtschaftet werden, nachweist.[322]

Für die Beantwortung der Frage, ob der Geschäftswille der Zertifikatsinhaber und Initiatoren auf den Abschluss eines solchen Geschäfts gerichtet sein könnte, müssen die Voraussetzungen des partiarischen Darlehensvertrages näher untersucht werden. Bei einem Darlehensvertrag wird der Darlehensgeber nach § 488 Abs. 1 S. 1 BGB verpflichtet dem Darlehensnehmer einen Geldbetrag zur Verfügung zu stellen. Voraussetzung für das Bestehen eines Darlehensvertrages ist nach § 488 Abs. 1 S. 2 Alt. 2 BGB zudem die Vereinbarung einer Rückzahlungsverpflichtung des Darlehensnehmers. Ferner müssten die Darlehensgeber im Gegenzug für ihre Leistung an den Gewinnen der Geschäfte des Darlehensnehmers beteiligt werden. Eine Übernahme des Verlustrisikos an den Geschäften des Darlehensnehmers durch den Darlehensgeber ist dem Darlehensrecht dagegen fremd.[323]

Die Zertifikatsinhaber müssten folglich den Initiatoren Kapital überlassen und im Gegenzug an den Gewinnen, nicht aber an den Verlusten des Projekts beteiligt werden. Zudem müsste den Zertifikatsinhabern eine Rückzahlung ihres Kapitals versprochen werden. Für die Vergabe eines Darlehens kommt nur die Übermittlung der anfänglich eingezahlten Kryptocoins für den Erwerb des Governance-Certificates in Betracht. Es muss in der Folge danach differenziert werden, ob die dafür aufgewendeten Mittel in eine Budget-Wallet fließen (aa)), als Kaution hinterlegt werden (bb)) oder direkt an die Initiatoren gezahlt werden (cc)).

aa) Die Mittel fließen in die Budget-Wallet

Will man in der Einzahlung der Mittel in der Budget-Wallet ein Darlehen an die Initiatoren des Projekts sehen, so müssten diese über die Mittel in der Budget-Wallet frei verfügen können. Stattdessen behalten jedoch die Zertifikatsinhaber die Verfügungsmacht über die Mittel.[324] Sieht die Software die Möglichkeit für die Zertifikatsinhaber vor, sich diese Mittel wieder auszahlen zu lassen,[325] so

322 Zum Schuldschein MüKoBGB/*Füller*, § 952, Rn. 3.
323 *BGHZ* 127, 176 (181) = NJW 1995, 192–194; *BGH*, MDR 1967 (390).
324 Siehe zu den Abstimmungen der Zertifikatsinhaber bereits unter B.III.1.a)cc)(2).
325 Siehe hierzu bereits unter B.III.2.a)bb)(3).

tragen die Zertifikatsinhaber auch das Risiko, dass sich das Vermögen in der Budget-Wallet in der Zwischenzeit verringert hat. Folglich wird ihnen keine Rückzahlung ihrer Einlage zugesichert. Sie sind stattdessen am Verlustrisiko beteiligt. Es lässt sich daher feststellen, dass die Zertifikatsinhaber durch Einzahlung der Kryptocoins in die Budget-Wallet kein Darlehen an die Initiatoren des Projekts vergeben.

bb) Die Mittel werden als Kaution hinterlegt

Werden die Mittel zum Erwerb des Governance-Certificates als Kaution hinterlegt,[326] so stehen diese den Initiatoren des Projekts gleichfalls nicht zur Verfügung. Folglich kann die Hinterlegung ebenfalls nicht als Vergabe eines Darlehens an die Initiatoren gesehen werden.

cc) Die Mittel fließen an die Initiatoren

Im Gegensatz zur Zahlung in eine Budget-Wallet oder der Hinterlegung als Kaution, steht das Vermögen bei Zahlung an die Initiatoren[327] diesen hier tatsächlich zur freien Verfügung. Für den Darlehensvertrag müsste jedoch zwischen den Parteien auch eine Rückzahlungsverpflichtung vereinbart werden. Eine solche besteht jedoch regelmäßig nicht. Die Zertifikatsinhaber erhalten im Gegenzug lediglich das Governance-Certificate und die damit einhergehenden Mitwirkungsmöglichkeiten am DAO-Projekt. Ein Darlehensvertrag mit den Initiatoren scheidet folglich auch hier aus.

dd) Zwischenergebnis

Es lässt sich mithin festhalten, dass bei den Zertifikatsinhabern und den Initiatoren des Projekts kein Geschäftswille zum Abschluss eines partiarischen Darlehensvertrages erkennbar ist.

d) Schlussfolgerungen

Für die Gründung einer Körperschaft oder rechtsfähigen (Außen-)Personengesellschaft ist die Bildung eines Gesellschaftsvermögens Voraussetzung. Ein Vermögen, das diese Voraussetzungen erfüllt, lässt sich nur in der Finanzierungs-DAO finden, soweit die Mittel in der Budget-Wallet entweder von den Zertifikatsinhabern selbst eingezahlt wurden oder diese aus den Transaktionsgebühren

326 Siehe hierzu bereits unter B.III.1.a)cc)(1)(c).
327 Siehe hierzu bereits unter B.III.1.a)cc)(1)(b).

des mit der DAO verbundenen Gesamtprojekts gespeist wird und eine Auszahlungsmöglichkeit dieser Mittel an die Zertifikatsinhaber besteht. In einem solchen Fall sind die Zertifikatsinhaber auch an den gemeinsam erwirtschafteten Gewinnen und Verlusten beteiligt. Dies sind grundsätzlich Indizien dafür, dass sich der Geschäftswille der Beteiligten auf die Gründung eines rechtsfähigen Verbandes richtet.

Lässt sich ein Gesellschaftsvermögen der Gruppe der Zertifikatsinhaber nicht identifizieren, so kann ein möglicher Verband der Zertifikatsinhaber zumindest keine Rechtsfähigkeit besitzen. Dies ist für die Gruppe der Zertifikatsinhaber in der Steuerungs-DAO der Fall, da es hier an einer Budget-Wallet fehlt. Auch in der Management- und Spenden-DAO erfüllen die Mittel in der Budget-Wallet die Voraussetzungen eines Gesellschaftsvermögens nicht, soweit diese aus den Transaktionsgebühren des mit der DAO verbundenen Gesamtprojekts stammen und keine Auszahlungsmöglichkeit für die Zertifikatsinhaber besteht. In diesen Fällen ist auch keine Gewinn- und Verlustbeteiligung der Zertifikatsinhaber zu erkennen. Da die (Außen-)Personengesellschaft auch ohne Gesellschaftsvermögen bestehen kann, ist diese Feststellung jedoch kein Ausschlussgrund für den Geschäftswillen zur Gründung einer Personengesellschaft. Lediglich die Gründung einer Körperschaft oder rechtsfähigen Personengesellschaft ist hierdurch bereits ausgeschlossen.

Unabhängig davon, ob ein Gesellschaftsvermögen identifiziert werden kann, lässt sich feststellen, dass sich der Geschäftswille der Zertifikatsinhaber und Initiatoren nicht auf den Abschluss eines partiarischen Darlehensvertrages richtet.

Die Frage, ob nach dem Willen der Zertifikatsinhaber ein rechtlicher Verband gegründet werden soll, ist auch nach Begutachtung der Vermögensordnung noch nicht abschließend geklärt. In der Folge wird daher noch untersucht, inwieweit eine gegenseitige Treubindung der Zertifikatsinhaber, insbesondere vor dem Hintergrund der Möglichkeit eines sog. „DAO-Splits" zu erkennen ist und der mögliche gemeinsame Zweck auch die Trägerschaft des mit der DAO verbundenen Gesamtprojekts umfasst.

3. Treubindung und DAO-Split

Die durch den Gesellschaftsvertrag begründete dauerhafte Verpflichtung zur Förderung eines gemeinsamen Zwecks bildet die Grundlage eines weiteren Charakteristikums der Gesellschaft: die Treubindung der Gesellschafter.[328] Es

328 MüKoBGB/*Schäfer*, Vor § 705, Rn. 7; NK-BGB/*Heidel*, § 705, Rn. 192–203; *Schmidt*, S. 587 f.

kann dabei zwischen der Treubindung zwischen Gesellschafter und Gesellschaft (vertikale Treubindung) und der Treubindung zwischen den einzelnen Gesellschaftern (horizontale Treubindung) unterschieden werden.[329] Die vertikale Treubindung verpflichtet dazu, die gesellschaftsbezogene Tätigkeit im Interesse der Gesellschaft auszuüben und alles zu unterlassen, was dieses Interesse beeinträchtigen würde. Die horizontale Treubindung verpflichtet zur Wahrung der Interessen der Mitgesellschafter. Die Verwirklichung des gemeinsamen Zwecks hat Vorrang vor den Individualinteressen des einzelnen Gesellschafters.[330]

Die Treubindung ist zunächst Rechtsfolge des Gesellschaftsvertrages. Für die Begründung einer Gesellschaft muss jedoch bei den Gesellschaftern im Zeitpunkt des Vertragsschlusses objektiv der Wille zur Eingehung einer Treubindung erkennbar sein. Wie bereits gezeigt, bringen die Zertifikatsinhaber durch den Erwerb des Governance-Certificates zum Ausdruck, den gemeinsamen Zweck der Gruppe während der Zeit des Bestehens und ihrer Zugehörigkeit zum Projekt fördern zu wollen.[331] Im Hinblick auf die Eingehung einer Treubindung könnte es jedoch problematisch sein, wenn die Software des DAO-Projekts einen „DAO-Split" vorsieht.[332]

Durch den DAO-Split, den die Projekte der Finanzierungs-DAO vorsehen können, ist es den einzelnen Zertifikatsinhabern jederzeit möglich, sich von der Gruppe der übrigen Zertifikatsinhaber abzuspalten.[333] Für diese Abspaltung wird der Anteil an den Mitteln in der Budget-Wallet ermittelt, der dem Verhältnis der von dem scheidenden Zertifikatsinhaber gehaltenen Governance-Certificates zur Gesamtzahl aller Governance-Certificates entspricht. Dieser Anteil der Mittel wird aus der bisherigen Budget-Wallet in eine neu erstelle Budget-Wallet übermittelt. Es entsteht dadurch eine neue DAO. Treten keine weiteren Zertifikatsinhaber dem Vorhaben des Ausscheidenden bei, so ist er alleiniger Berechtigter an der neu entstandenen DAO.[334]

Dieses Vorgehen ermöglicht es jedem Zertifikatsinhaber seinen Wertanteil am Vermögen der Gruppe dem gemeinsamen Zweck des Verbandes zu entziehen.

---

329 Henssler/Strohn/*Servatius*, § 705 BGB, Rn. 41.

330 *RGZ* 163, 35 (38); Henssler/Strohn/*Servatius*, § 705 BGB, Rn. 42a.

331 Siehe hierzu bereits unter B.III.1.

332 So vorgesehen im Projekt „The DAO", *Jentzsch*, Decentralized Autonomous Organization to automate governance, S. 2; nach einem Vorschlag von *Buterin*, The Subjectivity/Exploitability Tradeoff.

333 Zu den möglichen Problemen im Hinblick auf die Kapitalerhaltung siehe später unter C.I.2.b)cc)(2)(b).

334 *Jentzsch*, Decentralized Autonomous Organization to automate governance, S. 2 f.

Ist ein solcher DAO-Split jederzeit möglich und ist dies den Zertifikatsinhabern bei Erwerb des Governance-Certificates bekannt, so könnte dieser Umstand gegen den Willen zur Eingehung einer Treubindung sprechen. Durch die jederzeitige Möglichkeit eines Splits könnten die Zertifikatsinhaber ihre Individualinteressen über die Interessen der Gruppe stellen. Hat jeder Zertifikatsinhaber die Möglichkeit, zu jeder Zeit die Gruppe willkürlich zu verlassen, so fehlt es an einer Bindung zwischen den Beteiligten, die eine Zersplitterung der Gruppe verhindert. Ein solches Austrittsrecht aus der Gruppe, das jederzeit ausgeübt werden kann, besteht nach der Konzeption des Gesellschaftsrechts grundsätzlich nicht.[335]

Die bloße Möglichkeit eines DAO-Splits steht dem Prinzip der Treubindung jedoch nicht entgegen. Zunächst muss angemerkt werden, dass, je nach Verfassung der Gesellschaft, die Treubindung unterschiedlich stark ausgeprägt sein kann. Ein Verzicht auf die Treubindung ist zwar nicht möglich[336] und grundsätzlich gilt sie deshalb auch für Publikumsgesellschaften.[337] Sie ist jedoch umso stärker ausgeprägt, je enger die Gesellschafter persönlich verbunden sind.[338] Die Zertifikatsinhaber in den DAO-Projekten sind sich gegenseitig meist nicht persönlich bekannt. Zwischen ihnen fehlt es daher an einer engen persönlichen Verbundenheit. Auch wird man von diesen nicht erwarten dürfen, sich zeitlich unbegrenzt an die Gruppe zu binden. Durch die in § 736 BGB vorgesehene und in den DAO-Projekten stets auch wahrgenommene Möglichkeit einer Fortführungsklausel kann der gemeinsame Zweck der Gruppe auch dann weiterverfolgt werden, wenn einzelne Gesellschafter die Gruppe zwischenzeitlich verlassen.

Die Durchführung eines DAO-Splits kann als Kündigung des Gesellschaftsvertrages durch den austretenden Zertifikatsinhaber gegenüber der verbleibenden Gruppe verstanden werden. Nach § 723 Abs. 1 S. 1 BGB ist für den Fall, dass die Gesellschaft nicht auf bestimmte Zeit eingegangen wurde, die jederzeitige Möglichkeit zur ordentlichen Kündigung vorgesehen. Die Durchführung eines DAO-Splits kann als Erklärung einer solchen Kündigung gegenüber den anderen Gesellschaftern gesehen werden. Der Gesellschaftsvertrag kann eine Form für die Kündigungserklärung vorsehen. Grundsätzlich ist sie aber auch formlos möglich.[339] Es ist daher nicht ausgeschlossen, dass die Kündigung softwaregestützt

335 Henssler/Strohn/*Kilian*, § 723 BGB, Rn. 1.

336 MüKoBGB/*Schäfer*, Vor § 705, Rn. 7.

337 *BGH*, NJW 1985, 974–975 = WM 1985, 195–196.

338 Henssler/Strohn/*Servatius*, § 705 BGB, Rn. 42; MüKoBGB/*Schäfer*, § 705, S. 225.

339 BeckOGK/*Lübke*, § 723 BGB, Rn. 42; Henssler/Strohn/*Kilian*, § 723 BGB, Rn. 6.

durch Aktivieren der DAO-Split-Funktion erklärt wird. Dabei ist die gesetzliche Vorgabe zu beachten, dass diese Funktion, gem. § 723 Abs. 2 BGB, nicht zur Unzeit aktiviert werden darf.[340] Auf diese Weise wird dem Erfordernis der Treubindung gerecht.

Der Zweck der Implementierung der Möglichkeit eines DAO-Splits ist der Schutz der Minderheit im Falle einer Überstimmung durch die Mehrheit.[341] Ist die Minderheit mit dem Ergebnis einer Abstimmung nicht einverstanden, so soll sie ihren Wertanteil am gemeinsamen Vermögen der Gruppe entziehen können. Hierdurch kann es zwar zu einer Zersplitterung der Gruppe kommen. Ein Zwang zum Verbleib in der Gruppe besteht aber nicht. Der gemeinsame Zweck kann auch von den verbleibenden Gesellschaftern weiterverfolgt werden. Kommt es zwischen den Gesellschaftern zu Unstimmigkeiten, so ist auch die Auflösung der Gesellschaft möglich. Folglich wird man davon ausgehen müssen, dass die jederzeitige Kündigungsmöglichkeit durch einen DAO-Split dem Prinzip der Treubindung nicht widerspricht. Die Zertifikatsinhaber, welche ein Governance-Certificate für ein DAO-Projekt mit der Möglichkeit eines DAO-Splits erwerben, bringen daher nicht zum Ausdruck nicht an den Grundsätzen der Treubindung festhalten zu wollen.

Zu beachten bleibt jedoch, dass nicht allein die technischen Möglichkeiten, die die Software bietet, für die Auslegung des Gesellschaftsvertrages entscheidend sind. Die Durchführung eines DAO-Splits kann daher in Einzelfällen, trotz technischer Möglichkeit, treuwidrig sein.[342] Hat beispielsweise bereits eine Abstimmung stattgefunden und wurde die Ausgabe von Kryptocoins aus der Budget-Wallet beschlossen, so darf der DAO-Split nicht dazu führen, dass diese Verpflichtung aufgrund der Abspaltung einzelner Zertifikatsinhaber nicht mehr erfüllt werden kann. Eine solche Ausübung des DAO-Splits würde die Funktionsfähigkeit des Projekts gefährden. Hier würde die Treubindung zur Wahrung der gemeinsamen Interessen der Gruppe verpflichten.

Im Ergebnis widerspricht die Möglichkeit eines DAO-Splits nicht dem Prinzip der Treubindung zwischen den Gesellschaftern. Grundsätzlich kommt daher auch in diesen Fällen der Wille der Zertifikatsinhaber zur Gründung eines rechtlichen Verbandes in Betracht. Um die Frage nach diesem Willen abschließend beantworten zu können, muss schließlich noch das Verhältnis der DAO

340 MüKoBGB/*Schäfer*, § 723, Rn. 51.

341 *Jentzsch*, Decentralized Autonomous Organization to automate governance, S. 2.

342 BeckOGK/*Lübke*, § 723 BGB, Rn. 93; MüKoBGB/*Schäfer*, § 723, Rn. 57.

zu einem möglicherweise verbundenen Gesamtprojekt näher geprüft werden. Diese Untersuchung wird in der Folge vorgenommen.

4. Die Gruppe der Zertifikatsinhaber im Verhältnis zum Gesamtprojekt

Im Rahmen der Identifizierung des gemeinsamen Zwecks der Gruppe der Zertifikatsinhaber wurde für die Steuerungs-DAO und die Finanzierungs-DAO in Gestalt der Management-DAO festgestellt, dass die gemeinschaftliche Förderungstätigkeit sowohl als eine Leistung von Diensten an Dritte als auch als die Trägerschaft des mit der DAO verbundenen Gesamtprojekts verstanden werden kann.[343] Das Verhältnis der Gruppe der Zertifikatsinhaber zum mit der DAO verbundenen Gesamtprojekt ist für die Beantwortung der Frage nach dem Willen zur Gründung eines rechtlichen Verbandes äußerst relevant. Ob ein Geschäftswille der Zertifikatsinhaber zur Gründung eines rechtlichen Verbandes besteht, kann ohne Klärung des Verhältnisses zwischen der Gruppe der Zertifikatsinhaber und dem Gesamtprojekt nicht abschließend beantwortet werden. Kommt man zu dem Schluss, dass der gemeinsame Zweck der Zertifikatsinhaber auch die Trägerschaft des Gesamtprojekts umfasst, so können die mit der Beteiligung am Verband übernommenen Risiken ungleich höher sein. Soll der gemeinsame Zweck nicht die Trägerschaft des Gesamtprojekts umfassen, so ist fraglich, inwieweit der Gruppe der Zertifikatsinhaber eine eigenständige Bedeutung als rechtlicher Verband zukommt und wie ihr Verhältnis zu den übrigen Beteiligten des Gesamtprojekts ausgestaltet ist.

Im Folgenden wird näher untersucht, unter welchen Voraussetzungen der gemeinsame Zweck der Gruppe der Zertifikatsinhaber die Trägerschaft des mit dem DAO-Projekt verbundenen Gesamtprojekts umfasst. Dabei werden die Vermögensverwaltung des Gesamtprojekts (a)), eine Beteiligung der Gruppe der Zertifikatsinhaber an dem durch das Gesamtprojekt erwirtschafteten Gewinn (b)) und der Einfluss der Gruppe der Zertifikatsinhaber auf die für die Führung des Gesamtprojekts notwendigen Entscheidungen (c)) näher untersucht.

Ein gemeinsamer Zweck der Zertifikatsinhaber, der die Trägerschaft des Gesamtprojekts umfasst, kommt schließlich dann nicht in Betracht, wenn stattdessen vom Geschäftswillen zum Abschluss eines (partiarischen) Dienst- oder Auftragsverhältnisses mit den Initiatoren auszugehen ist. Auch diese Möglichkeit wird daher näher beleuchtet (d)).

---

343 Siehe hierzu bereits die Ausführungen unter B.III.1.a)bb)(1)(a) und B.III.1.a)bb)(2).

a) Die Vermögensverwaltung des Gesamtprojekts

Da in einer Gesellschaft das Gesellschaftsvermögen regelmäßig von den Gesellschaftern verwaltet wird,[344] muss im Rahmen der Untersuchung der Vermögensordnung der DAO-Projekte näher beleuchtet werden, inwieweit nach objektiver Betrachtung davon auszugehen ist, dass die Gruppe der Zertifikatsinhaber die Verwaltung des für den Betrieb des Gesamtprojekts notwendigen Vermögens übernimmt.

Eine Untersuchung der Kapitalflüsse im Gesamtprojekt kann Aufschluss darüber geben, von welchen Personen oder Personengruppen das für den Betrieb des Gesamtprojekts aufzuwendende Vermögen verwaltet wird. Zeigt sich dabei, dass die Gruppe der Zertifikatsinhaber als Verwalter des Vermögens auftritt, so liefert dies ein Indiz dafür, dass der gemeinsame Zweck der Gruppe der Zertifikatsinhaber auch die Trägerschaft des Gesamtprojekts umfassen soll. Für die Untersuchung wird dabei zwischen der Steuerungs-DAO (aa)) und der Management-DAO (bb)) unterschieden.

aa) Die Gruppe der Zertifikatsinhaber in der Steuerungs-DAO

Die Zertifikatsinhaber in der Steuerungs-DAO zahlen für den Erwerb des Governance-Certificates Kapital an die Initiatoren des Projekts, wobei es nicht zur Bildung eines Gesellschaftsvermögens kommt.[345] Das für den Betrieb des Gesamtprojekts aufzuwendende Vermögen wird alleine von den Initiatoren – ohne Einflussmöglichkeit für die Zertifikatsinhaber – verwaltet.[346] Die Vermögensverwaltung für den Betrieb des mit der Steuerungs-DAO verbundenen Gesamtprojekts spricht folglich dafür, dass der gemeinsame Zweck der Gruppe der Zertifikatsinhaber die Trägerschaft des Gesamtprojekts nicht umfasst.

bb) Die Gruppe der Zertifikatsinhaber in der Management-DAO

Schwieriger ist die Frage dagegen für die Vermögensverwaltung des Gesamtprojekts der Management-DAO zu beantworten. Anders als in der Steuerungs-DAO wird hier das Projekt nicht laufend von den Initiatoren finanziert.[347] Diese gründen zwar für die Erstellung des Gesamtprojekts oftmals eine eigene Gründergesellschaft und wenden anfänglich Mittel für die Erstellung des Softwarecodes

344 Siehe hierzu bereits die Untersuchung unter B.III.2.a)bb).
345 Siehe hierzu bereits unter B.III.2.a)cc).
346 Siehe als Beispiel die MakerDAO, *DiPrisco*, Maker for Dummies.
347 Siehe zur Funktionsweise der Management-DAO bereits unter B.III.1.a)bb)(1)(a).

und die Dokumentation auf.[348] Dem Gedanken der dezentralen Finanzierung durch die Zertifikatsinhaber und/oder Nutzer folgend, sieht das Projekt in der Folge dann aber regelmäßig eine alleinige Finanzierung durch die Einlagen der Zertifikatsinhaber und die durch das Gesamtprojekt generierten Transaktionsgebühren vor. Weiterentwicklungen des Projekts sollen nur nach Abstimmung durch die Zertifikatsinhaber möglich sein. Die Mittel der Zertifikatsinhaber zum Erwerb des Governance-Certificates im Rahmen der Initial Creation Phase[349] fließen in das Projekt,[350] aber nicht den Initiatoren des Projekts zu.[351]

Eine weitere mögliche Kapitalquelle für die Finanzierung des Gesamtprojekts stellen die für die Nutzung des Gesamtprojekts durch die Nutzer erbrachten Transaktionsgebühren[352] dar. Wie diese Mittel verwendet werden, ist teilweise bereits im Softwarecode festgelegt, welcher das Gesamtprojekt steuert. Während über die Verwendung der Mittel in der Budget-Wallet alleine die Zertifikatsinhaber entscheiden, wird die Verwendung der Transaktionsgebühren von den Initiatoren durch Erstellung der Software vorgezeichnet. Die Initiatoren nehmen damit ebenfalls Einfluss auf die Vermögensverwaltung des Gesamtprojekts. Für die Frage, wie weit dieser Einfluss reicht, muss weiter differenziert werden, an wen die Transaktionsgebühren nach der Konzeption der steuernden Software fließen sollen. Die Transaktionsgebühren können dabei entweder alleine an die Zertifikatsinhaber gehen ((1)) oder im System des Gesamtprojekts aufgeteilt werden ((2)). Die Konsequenzen dieser Optionen für die Beantwortung der Frage nach der Vermögensverwaltung des Gesamtprojekts werden im Folgenden erörtert.

(1) Die Transaktionsgebühren gehen alleine an die Zertifikatsinhaber

Die das Gesamtprojekt steuernde Software kann die vollständige Auszahlung der Transaktionsgebühren an die Zertifikatsinhaber vorsehen. Die Budget-Wallet

---

348 So ist DigixGlobal, die Organisation der Initiatoren hinter der DigixDAO, ein in Singapur, https://www.sgpbusiness.com/company/Digixglobal-Private-Limited (zuletzt abgerufen am 02.05.2020); Dash Core Group hinter dem Dash Governance and Budget System ein in Arizona (US), https://www.bizapedia.com/az/dash-core-group-inc.html (zuletzt abgerufen am 02.05.2020) ansässiges Unternehmen.

349 Siehe zur Initial Creation Phase bereits unter B.I.2.b)bb)(1).

350 Dabei kommt entweder eine Zahlung in die Budget-Wallet oder die Hinterlegung des Betrages als Kaution in Betracht, B.I.2.b)bb).

351 Die Verwaltung des Vermögens zum Betrieb des Projekts aus der Budget-Wallet übernehmen alleine die Zertifikatsinhaber, B.III.2.a)bb)(1).

352 Siehe hierzu bereits oben unter B.III.1.a)bb)(1)(a).

wird in diesem Fall nicht durch die Transaktionsgebühren, sondern alleine durch die Einzahlungen der Zertifikatsinhaber im Rahmen der Initial Creation Phase gespeist.[353]

Zwar nehmen die Initiatoren durch ihre Entscheidungen bei der Erstellung der Software anfänglich Einfluss auf die Verteilung der Transaktionsgebühren. Da jedoch die Transaktionsgebühren alleine an die Zertifikatsinhaber ausgezahlt werden, geben die Initiatoren die Verfügungsmacht über die Transaktionsgebühren an die Zertifikatsinhaber ab. Diese können die so gewonnenen Mittel dem Projekt wieder zufließen lassen oder für andere Zwecke nutzen. Die Entscheidung über die Mittelflüsse im Gesamtprojekt liegt alleine bei den Zertifikatsinhabern. Die Gruppe der Zertifikatsinhaber hat hier also die alleinige Kontrolle über die Verwendung der Mittel für den Betrieb des Gesamtprojekts. Folglich kann man davon ausgehen, dass die Vermögensverwaltung im Gesamtprojekt der Management-DAO, in welchem die Transaktionsgebühren alleine den Zertifikatsinhabern zufließen, ein Indiz dafür liefert, dass der gemeinsame Zweck der Zertifikatsinhaber – nach deren Willen – auch die Trägerschaft des Gesamtprojekts umfassen soll.

(2) Die Transaktionsgebühren werden im System aufgeteilt

Nicht in jedem Management-DAO-Projekt sieht die steuernde Software die alleinige Auszahlung der Transaktionsgebühren an die Zertifikatsinhaber vor. Sie kann stattdessen vorsehen, dass die anfallenden Transaktionsgebühren auf verschiedene Töpfe aufgeteilt werden. Regelmäßig wird zumindest ein Teil der Transaktionsgebühren an die Zertifikatsinhaber ausgezahlt werden. Zugleich kann aber durch einen weiteren Teil der Transaktionsgebühren die Budget-Wallet gefüllt werden. Zudem ist eine Vergütung von weiteren Beteiligten des Projekts möglich, die für das Gesamtprojekt eine Dienstleistung erbringen.[354]

Werden die Transaktionsgebühren nicht vollumfänglich an die Zertifikatsinhaber ausgezahlt, sondern nach Regeln der Software im System verteilt, so liegt die Kontrolle über die Vermögensverwaltung des Gesamtprojekts nicht gänzlich in den Händen der Gruppe der Zertifikatsinhaber. Der Einfluss der Initiatoren

353 Dies war beispielsweise im Projekt der DigixDAO vorgesehen, *DigixGlobal*, DigixDAO (DGD) Information.

354 So werden bei der Kryptowährung DASH, 45 % der Transaktionsgebühren an die Miner ausbezahlt (siehe zum Begriff bereits unter B.I.1.b)), 45 % gehen an die Zertifikatsinhaber und 10 % in die Budget-Wallet, *Galt*, DASH – The First Decentralized Autonomous Organization?.

auf die Verteilung des Vermögens im Gesamtprojekt wirkt durch die anfängliche Erstellung der Software fort. Durch ihre Entscheidung über die Verwendung der Mittel in der Budget-Wallet leisten die Zertifikatsinhaber zwar einen entscheidenden Beitrag zur Verwaltung des Vermögens des Gesamtprojekts. Die Verteilung der Transaktionsgebühren liegt jedoch nicht alleine in ihren Händen. Dadurch ist die Kontrolle für die Verwaltung des Vermögens des Gesamtprojekts geteilt. Neben der Gruppe der Zertifikatsinhaber nehmen auch die Initiatoren Einfluss. Dieser Umstand liefert zumindest kein klares Indiz dafür, dass nach dem Willen der Zertifikatsinhaber der gemeinsame Zweck der Gruppe auch die Trägerschaft des Gesamtprojekts umfasst.

cc) Zwischenergebnis

Die Untersuchung der Vermögensverwaltung des Gesamtprojekts liefert für die Beantwortung der Frage, ob der gemeinsame Zweck der Gruppe der Zertifikatsinhaber auch die Trägerschaft des mit der DAO verbundenen Gesamtprojekts umfasst, abhängig von der Gestaltung der Projekte, unterschiedliche Indizien.

Bei den Projekten der Steuerungs-DAO wird deutlich, dass die Verwaltung des für den Betrieb des Gesamtprojekts notwendigen Vermögens alleine in den Händen der Initiatoren liegt. Dies liefert bereits ein gewichtiges Indiz dafür, dass der gemeinsame Zweck der Gruppe der Zertifikatsinhaber nach deren Willen die Trägerschaft des Gesamtprojekts nicht umfassen soll.

In der Management-DAO muss danach unterschieden werden, ob die Transaktionsgebühren, die für die Nutzung des Gesamtprojekts anfallen, alleine an die Zertifikatsinhaber fließen oder nach den Regeln der von den Initiatoren erstellten Software im Gesamtprojekt aufgeteilt werden. Im ersten Fall legen die Initiatoren die Entscheidung über die Verwaltung dieses Vermögens gänzlich in die Hände der Zertifikatsinhaber. Dies liefert ein Indiz dafür, dass der gemeinsame Zweck der Gruppe der Zertifikatsinhaber die Trägerschaft des Gesamtprojekts umfassen soll. Im zweiten Fall geben die Initiatoren die Entscheidung über die Verwendung der Mittel nicht vollständig auf. Durch die Gestaltung der Software wirkt ihr Einfluss auf die Vermögensverwaltung des Gesamtprojekts fort. Man wird dies daher nicht als Indiz dafür werten können, dass der gemeinsame Zweck der Gruppe der Zertifikatsinhaber auch die Trägerschaft des Gesamtprojekts umfasst.

Die Vermögensverwaltung ist indes nicht das einzige Kriterium, das zur Bestimmung des von den Zertifikatsinhabern gewollten gemeinsamen Zwecks herangezogen werden kann. In der Folge wird daher weiter auf die Beteiligung an den durch das Gesamtprojekt generierten Gewinnen eingegangen.

b) Die Beteiligung am Gewinn des Gesamtprojekts

In einem Verband ist es üblich, dass die Mitglieder am erwirtschafteten Gewinn des Verbandes beteiligt sind.[355] Für die Frage, ob der gemeinsame Zweck der Gruppe der Zertifikatsinhaber auch die Trägerschaft des mit der DAO verbundenen Gesamtprojekts umfassen soll, wird im Folgenden näher untersucht, inwieweit die Zertifikatsinhaber an den durch das Gesamtprojekt erwirtschafteten Gewinnen beteiligt sind.[356] Eine Gewinnbeteiligung kommt dabei entweder durch eine Wertsteigerung des Governance-Certificates (aa)) oder durch eine Beteiligung an den für die Nutzung des Gesamtprojekts anfallenden Transaktionsgebühren (bb)) in Betracht.

aa) Gewinnbeteiligung durch Wertsteigerung des Governance-Certificates

Liegt das Governance-Certificate in Form eines Tokens vor,[357] so kommt zunächst in Betracht, dass eine Gewinnbeteiligung der Zertifikatsinhaber durch einen möglichen Wertzuwachs des Tokens erfolgt. Der Token kann grundsätzlich frei gehandelt werden und ist in seinem Wert von der aktuellen Nachfrage und dem Angebot am Markt abhängig. Dient der Token neben der Abstimmung in der Management-DAO einer weiteren Funktion im Gesamtprojekt,[358] so kann durch eine erhöhte Nachfrage nach der Dienstleistung des Gesamtprojekts auch die Nachfrage nach dem Token am Markt und damit der Preis des Tokens steigen. Hierin ließe sich eine indirekte Beteiligung der Zertifikatsinhaber am Erfolg des Gesamtprojekts sehen.

Gewinne, die durch die Wertsteigerung des Tokens erwirtschaftet werden, können jedoch nicht als die vom Gesamtprojekt erwirtschafteten Gewinne angesehen werden. Die Preisschwankungen des Tokens sind lediglich Folge einer sich verändernden Nachfrage. Sie stellen keine Beteiligung am Gewinn des Gesamtprojekts dar. Eine Gewinnbeteiligung an den Geschäften des Gesamtprojekts durch Wertsteigerung des Tokens scheidet mithin aus.

---

355 *Flume*, S. 44; BeckOK BGB/*Schöne*, § 705, Rn. 34; Jauernig/*Stürner*, § 705, Rn. 10.

356 Die Frage, inwieweit die Gruppe der Zertifikatsinhaber an den Gewinnen und Verlusten der Gruppe selbst beteiligt ist, wurde bereits oben beantwortet, B.III.2.b)bb).

357 Siehe hierzu bereits zum Begriff des Tokens allgemein unter B.I.1.d) und zum Begriff des Governance-Token unter B.I.2.b)bb)(1).

358 So beispielsweise beim Token des AliceDAF, *Mazet/Wojciechowski*, Alice Whitepaper.

bb) Gewinnbeteiligung durch Beteiligung an Transaktionsgebühren

Die Gewinne des Gesamtprojekts werden durch die anfallenden Transaktionsgebühren erwirtschaftet, die von den Nutzern des Gesamtprojekts gezahlt werden müssen. Für die Frage, ob die Zertifikatsinhaber an diesen Gewinnen beteiligt werden, kann wieder zwischen der Steuerungs-DAO und der Management-DAO unterschieden werden.

Auch wenn, nach den Vorgaben der Software,[359] die Transaktionsgebühren nicht immer vollumfänglich an die Zertifikatsinhaber ausgezahlt werden, so erhalten sie doch regelmäßig zumindest einen Anteil.[360] Folglich kann man davon ausgehen, dass die Zertifikatsinhaber in der Management-DAO an den Gewinnen des Gesamtprojekts beteiligt werden.

In der Steuerungs-DAO kann die Software des Gesamtprojekts vorsehen, dass die Transaktionsgebühren zumindest teilweise an die Zertifikatsinhaber ausgezahlt werden.[361] Ist dies der Fall, so könnte darin eine Beteiligung am Gewinn des Projekts gesehen werden. Ist dies nicht der Fall, so findet keine Gewinnbeteiligung statt.[362] Zumindest in diesem Fall spricht dies dafür, dass der gemeinsame Zweck der Gruppe der Zertifikatsinhaber nicht den Betrieb des Gesamtprojekts umfasst.

cc) Zwischenergebnis

Eine Beteiligung an den durch das Gesamtprojekt erwirtschafteten Gewinnen erfolgt nicht durch eine mögliche Wertsteigerung des Governance-Certificates, sondern kann nur durch eine Beteiligung an den für die Nutzung des Gesamtprojekts fälligen Transaktionsgebühren erfolgen. Eine solche Beteiligung der Zertifikatsinhaber ist bei den Projekten der Management-DAO grundsätzlich zu erkennen, was zunächst für den Willen der Zertifikatsinhaber sprechen könnte, dass der gemeinsame Zweck der Gruppe auch die Trägerschaft des Gesamtprojekts umfasst.

---

359 Wie bereits gezeigt, kann die Verteilung der Transaktionsgebühren im Gesamtsystem durch die Software unterschiedlich geregelt sein, B.III.2.a)bb).

360 So werden im DASH Governance and Budget System 45 % der Transaktionsgebühren an die Zertifikatsinhaber ausgezahlt, *Wiecko*, Understanding the Governance and Budget System; in der Digix-DAO wurde der volle Betrag ausgezahlt, *DigixGlobal*, DigixDAO (DGD) Information.

361 Tatsächlich ist dies bei den hier betrachteten Projekten der Steuerungs-DAO aber nicht der Fall.

362 So im Projekt der MakerDAO, *Maker Team*, The Dai Stablecoin System.

In der Steuerungs-DAO kann eine solche Beteiligung ebenfalls vorgesehen sein, was ebenfalls für einen solchen Willen sprechen könnte. Ist dagegen eine Beteiligung nicht vorgesehen, so spricht dies gegen einen entsprechenden Willen der Zertifikatsinhaber.

Die Untersuchung der Vermögensverwaltung des Gesamtprojekts und der möglichen Beteiligung an den durch das Gesamtprojekt erwirtschafteten Gewinnen genügt noch nicht, um die Frage nach der Reichweite des gemeinsamen Zwecks der Gruppe der Zertifikatsinhaber abschließend zu beantworten. In der Folge wird daher der Einfluss der Gruppe der Zertifikatsinhaber auf die Führung der Geschäfte des Gesamtprojekts näher beleuchtet und geprüft, inwieweit der Abschluss eines (partiarischen) Dienst- oder Auftragsverhältnisses mit den Initiatoren des Projekts möglich ist.

c) Der Einfluss auf die Führung des Gesamtprojekts

In einer Gesellschaft übernehmen regelmäßig die Gesellschafter die Geschäftsführung des Verbandes durch Bildung eines Verbandswillens.[363] Auch wenn die Rolle des Gesellschafters nicht zwingend von einer Beteiligung an der Geschäftsführung abhängt, so kann im Umkehrschluss die Beteiligung an der Geschäftsführung ein Indiz für die Gesellschafterstellung sein. Es kann für die mit der Steuerungs- und Management-DAO verbundenen Gesamtprojekte untersucht werden, inwieweit sich die Einflussnahme der Gruppe der Zertifikatsinhaber – über die Bildung des Verbandswillens der DAO hinaus[364] – auch auf die Führung des Gesamtprojekts auswirkt. Ist erkennbar, dass die Gruppe der Zertifikatsinhaber die Geschäfte des Gesamtprojekts führen will, so deutet dies darauf hin, dass ihr gemeinsamer Zweck auch den Betrieb des Gesamtprojekts umfassen soll. Eine Besonderheit in den durch Software gesteuerten Projekten besteht darin, dass die Kompetenzen für Entscheidungen zur Führung des Projekts bereits durch die Software vorgezeichnet sind. Zwar ist ein Austausch zwischen den Beteiligten auch über Kommunikationswege außerhalb der DLT-Plattform möglich,[365] verbindliche Entscheidungen werden jedoch einzig mittels des Einsatzes

---

363 Henssler/Strohn/*Servatius*, § 705 BGB, Rn. 44; MüKoBGB/*Schäfer*, § 705, Rn. 188; NK-BGB/*Heidel*, § 705, Rn. 183.

364 Es wurde bereits festgestellt, dass die Gruppe der Zertifikatsinhaber einen Verbandswillen bildet, B.III.1.c).

365 Siehe zum Beispiel die Austauschplattform die Austauschplattform für die Masternodes der Kryptowährung DASH, https://www.dashcentral.org/ (zuletzt abgerufen am 02.05.2020) oder das „Governance Voting Dashboard“ der MakerDAO, https://vote.makerdao.com/ (zuletzt abgerufen am 02.05.2020).

der steuernden Software getroffen. Die Initiatoren, als Ersteller der Software, üben daher bereits einen gewichtigen Einfluss darauf aus, wie das Projekt nach Implementierung auf der DLT-Plattform ausgestaltet ist. Da die Interaktion der Beteiligten nur durch Transaktionen auf der DLT-Plattform bewerkstelligt werden kann, sind bereits alle Vorgänge im Gesamtprojekt durch die Entscheidung des Softwareerstellers vorgezeichnet. Alle Personen, die in der Folge am Projekt teilnehmen, können dies nur in den durch die Software vorgezeichneten Bahnen tun. Die Regeln des Gesamtprojekts stellen zunächst nur die Initiatoren auf.

Durch die Implementierung einer DAO in das Gesamtprojekt schaffen die Initiatoren jedoch eine Schnittstelle für die Einflussnahme der Gruppe der Zertifikatsinhaber. Für die Frage, inwieweit die Gruppe der Zertifikatsinhaber damit auch einen Einfluss auf die Geschäftsführung des Gesamtprojekts nimmt, muss untersucht werden, inwieweit die Software der Gruppe der Zertifikatsinhaber die Möglichkeit einräumt, die von den Initiatoren anfangs aufgestellten Regeln des Systems durch eigene zu ersetzen. Dabei wird wieder zwischen der Steuerungs-DAO (aa)) und der Management-DAO (bb)) unterschieden.

aa) Steuerungs-DAO

Die Parameter der Software, über die die Zertifikatsinhaber in der Steuerungs-DAO abstimmen,[366] sind von den Initiatoren bei Erstellung der Software bereits vorgegeben. Die Reichweite der Entscheidungsmöglichkeiten der Gruppe der Zertifikatsinhaber bewegt sich nur in dem von den Initiatoren vorgegebenen Rahmen. Insbesondere Entscheidungen über die Weiterentwicklung des Projekts werden nicht an die Gruppe der Zertifikatsinhaber abgegeben. Zwar übernehmen die Zertifikatsinhaber für die Funktionsfähigkeit des Gesamtprojekts eine wichtige Aufgabe, eine Verantwortlichkeit für das Gesamtprojekt kann jedoch, aufgrund des eingeschränkten Entscheidungsspielraums und des mangelnden Gesellschaftsvermögens[367], nicht angenommen werden. Die Geschäftsführung des Gesamtprojekts liegt mithin nicht in den Händen der Gruppe der Zertifikatsinhaber.

---

366 Siehe hierzu bereits unter B.III.1.a)bb)(2).

367 Siehe hierzu bereits unter B.III.2.a)cc).

bb) Management-DAO

In der Abstimmung über die Verwendung der Mittel zur Weiterentwicklung des mit der Management-DAO verbundenen Gesamtprojekts[368] ist zumindest eine Beteiligung der Zertifikatsinhaber an der Führung der Geschäfte des Gesamtprojekts zu erkennen. Ob auch die Initiatoren Einfluss auf die Geschäftsführung nehmen, hängt davon ab, inwieweit deren ursprüngliche Entscheidungen, durch die Erstellung der Software die Richtung für die Entwicklung des Projekts vorzuzeichnen, weiter fortwirken oder durch die Übertragung der Kompetenzen auf die Gruppe der Zertifikatsinhaber im Laufe der Zeit verblassen.

Ein entscheidendes Kriterium für die Gewichtung der Kompetenzen zur Führung der Geschäfte des Gesamtprojekts ist der Spielraum, welcher der Gruppe der Zertifikatsinhaber von der Software gelassen wird. Die Software kann dabei so ausgestaltet sein, dass nur ganz bestimmte Entscheidungen über Einzelfragen an die Gruppe der Zertifikatsinhaber zur Abstimmung freigegeben werden, die grundsätzliche Struktur des Gesamtprojekts durch die Software aber bereits „in Stein gemeißelt ist". In diesem Fall geben die Initiatoren die Führung der Geschäfte nur punktuell aus der Hand, während die maßgeblichen Entscheidungen bereits vorbestimmt sind.

Oftmals wird der Abstimmungsmechanismus jedoch offen gestaltet sein.[369] Für die Angebote, die an die Management-DAO herangetragen werden, gibt es grundsätzlich keine einschränkenden Vorgaben.[370] Die Gruppe der Zertifikatsinhaber hat daher die Möglichkeit, durch ihre Abstimmung das Gesamtprojekt in verschiedene Richtungen zu formen. Die ursprüngliche Entscheidung der Initiatoren über die Gestaltung der Software gibt in diesem Fall zwar einen Rahmen, der Abstimmungen ermöglicht. Die Gestaltung ist jedoch so offen, dass ursprüngliche Entscheidungen der Initiatoren im Laufe der Zeit verblassen und durch Entscheidungen der Gruppe der Zertifikatsinhaber abgelöst werden können.

---

368 In der Management-DAO räumt die steuernde Software der Gruppe der Zertifikatsinhaber die Möglichkeit ein, über den Einsatz der Mittel zur Förderung und Weiterentwicklung des Gesamtprojekts abzustimmen, B.III.1.a)bb)(1)(a).

369 Zum Beispiel können die Angebote im DASH Central von jedem frei eingebracht werden, https://proposal.dash.org/ (zuletzt abgerufen am 02.05.2020).

370 Wohl kann es aber sein, dass die Initiatoren durch die Gestaltung der Software darauf hinwirken, dass Angebote größtenteils aus den eigenen Reihen kommen oder zumindest durch diese kontrolliert werden. Dieser Eindruck entstand bei der DigixDAO, *DigixGlobal*, DigixDAO (DGD) Information.

Ein gewichtiges Indiz für eine umfassende Einflussmöglichkeit der Gruppe der Zertifikatsinhaber kann die Möglichkeit der Implementierung von Softwareupdates sein.[371] Durch diese wird der Gruppe der Zertifikatsinhaber ermächtigt, den bereits von den Initiatoren erstellten Softwarecode zur Führung der Geschäfte durch einen neu erstellten Code zu ersetzen. Ist diese Möglichkeit vorgesehen, so hat die Gruppe der Zertifikatsinhaber sehr weitreichende Möglichkeiten die Führung der Geschäfte nach ihren Wünschen zu gestalten. Es wäre der Gruppe dann auch möglich, das Gesamtprojekt grundlegend neu auszurichten.[372]

Weiter muss Beachtung finden, dass die Geschäftsführung grundsätzlich eine fortdauernde Einflussnahme des Geschäftsführers erfordert.[373] Der Geschäftsführer muss auf neue Entwicklungen reagieren können. Die Initiatoren erstellen zwar anfangs den steuernden Softwarecode, haben jedoch in der Folge keine Möglichkeit mehr, diesen anzupassen. Eine Einflussnahme bleibt freilich durch den Umstand gegeben, dass die Initiatoren in der Regel selbst zur Gruppe der Zertifikatsinhaber gehören. Anpassungen sind aber auch dann nur durch Abstimmungen der gesamten Gruppe der Zertifikatsinhaber möglich. Es ist daher davon auszugehen, dass die Initiatoren des mit der Management-DAO verbundenen Gesamtprojekts die Führung der Geschäfte an die Gruppe der Zertifikatsinhaber übertragen, wenn sie nicht eine Schnittstelle für eigene Veränderungen in den Softwarecode implementieren.

cc) Zwischenergebnis

Die Möglichkeit einer umfassenden Einflussnahme auf die Führung der Geschäfte des Gesamtprojekts durch die Gruppe der Zertifikatsinhaber liefert ein gewichtiges Indiz dafür, dass der gemeinsame Zweck der Gruppe, nach dem Willen der Zertifikatsinhaber, die Trägerschaft des Gesamtprojekts umfassen soll.

Die dahingehende Untersuchung ergibt, dass die Einflussmöglichkeiten der Zertifikatsinhaber in der Management-DAO beachtlich sein können. Entscheidend ist, wie umfangreich die Übertragung der Kompetenzen von den Initiatoren auf die Gruppe der Zertifikatsinhaber ausgestaltet ist. Je mehr Freiheiten

---

371 Siehe zur dieser Möglichkeit bereits oben unter B.III.1.a)cc)(2)(b).

372 Im Whitepaper der DigixDAO wird beispielsweise die Möglichkeit angesprochen, durch eine entsprechende Abstimmung ein neues Team zu bestimmen, das die Rolle der alten Initiatoren einnimmt, *DigixGlobal*, DigixDAO (DGD) Information.

373 So ist der Entzug der Geschäftsführungsbefugnis nach § 712 Abs. 1 BGB grundsätzlich nur bei Vorliegen eines wichtigen Grundes möglich.

die Software der Gruppe der Zertifikatsinhaber für die Führung der Geschäfte einräumt, desto eher kann davon ausgegangen werden, dass der ursprünglich gewichtige Einfluss der Initiatoren durch die Programmierung der Software mit der Zeit verblasst. Dies ist insbesondere dann anzunehmen, wenn ein Update der steuernden Software durch Abstimmung der Zertifikatsinhaber ermöglicht wird und keine Hintertür für die Initiatoren verbleibt, über deren Weg eine Einflussnahme weiterhin erfolgen kann.

Anders sieht es für die Gruppe der Zertifikatsinhaber in der Steuerungs-DAO aus. Diese haben regelmäßig nur sehr begrenzte Einflussmöglichkeiten auf die Führung des Gesamtprojekts und es sind in einer Gesamtschau die Initiatoren des Projekts, die die maßgeblichen Entscheidungen treffen. Für Zertifikatsinhaber in der Steuerungs-DAO kann daher nicht ausgeschlossen werden, dass sich ihr Wille statt auf die Gründung eines rechtlichen Verbandes auf den Abschluss eines partiarischen Dienst- oder Auftragsverhältnisses mit den Initiatoren richtet. Diese Möglichkeit wird in der Folge näher geprüft.

d) Die Möglichkeit eines (partiarischen) Dienst- oder Auftragsverhältnisses mit den Initiatoren

Für die Gruppe der Zertifikatsinhaber in der Steuerungs-DAO hat die bisherige Untersuchung gezeigt, dass sie weder an der Vermögensverwaltung des mit der DAO verbundenen Gesamtprojekts beteiligt sind,[374] noch entscheidende Einflussmöglichkeiten auf die Führung der Geschäfte des Gesamtprojekts haben.[375] Es ist daher fernliegend, dass ein möglicher gemeinsamer Zweck der Gruppe auch die Trägerschaft des Gesamtprojekts umfasst. Stattdessen ist davon auszugehen, dass das Gesamtprojekt von den Initiatoren geführt wird. Es ist dann in der Steuerungs-DAO fraglich, ob der durch die Handlungen der Zertifikatsinhaber geäußerte Wille überhaupt auf den Abschluss eines Gesellschaftsvertrages gerichtet ist oder ob nicht ein partiarisches Dienstverhältnis oder ein Auftrag mit den Initiatoren vereinbart werden soll. Die Handlungen der Zertifikatsinhaber innerhalb der DAO könnten, statt als Förderungstätigkeit für den gemeinsamen Zweck, als eine Dienstleistung an die Initiatoren verstanden werden. Für diese Dienstleistung könnten die Zertifikatsinhaber von den Initiatoren durch eine Beteiligung am Gewinn des Projekts entlohnt werden.[376] Findet keine

374 Hier sei auf die Ergebnisse unter B.III.4.a)aa) verwiesen.

375 Hier sei auf die Ergebnisse unter B.III.4.c)aa) verwiesen.

376 Wie bereits gezeigt, besteht diese Möglichkeit in den Projekten der Steuerungs-DAO, B.III.4.b)bb).

Entlohnung statt, so ist denkbar, dass die Zertifikatsinhaber unentgeltlich ein Geschäft nach § 662 BGB für die Initiatoren besorgen.

Da bereits davon auszugehen ist, dass die Gruppe der Zertifikatsinhaber in der Steuerungs-DAO nicht die Trägerschaft des Gesamtprojekts übernimmt, kommt für deren Tätigkeit nur ein Austauschverhältnis mit den Initiatoren in Betracht. Offen ist dabei jedoch, ob die dabei geschuldeten Leistungen jeder Zertifikatsinhaber einzeln erbringt oder die Zertifikatsinhaber einen rechtlichen Verband gründen, um die Dienste gemeinschaftlich zu erbringen. Es wird daher zunächst für den einzelnen Zertifikatsinhaber in der Steuerungs-DAO zwischen dem Abschluss eines Gesellschaftsvertrages mit den anderen Zertifikatsinhabern und dem eines Austauschvertrages mit den Initiatoren abgegrenzt (aa)).

Weiter kann fraglich sein, ob die Zertifikatsinhaber bei der Teilnahme an den Abstimmungen überhaupt mit Rechtsbindungswillen zum Abschluss eines Austauschvertrages mit den Initiatoren handeln (bb)). Auch dieser Frage wird im Anschluss nachgegangen.

aa) Abgrenzung zwischen Austausch- und Gesellschaftsvertrag

Sowohl Rechtsprechung[377] als auch Literatur[378] grenzen den partiarischen Dienstvertrag vom Gesellschaftsvertrag danach ab, ob ein partnerschaftliches Gleichordnungsverhältnis oder ein hierarchisches Über- und Unterordnungsverhältnis vorliegt. Geht man davon aus, dass die Zertifikatsinhaber einen rechtlichen Verband gründen, so würde zwischen ihnen ein Gleichordnungsverhältnis bestehen und zwischen der Gruppe der Zertifikatsinhaber und den Initiatoren sich das rechtliche Über- und Unterordnungsverhältnis zeigen. Gründen die Zertifikatsinhaber dagegen keinen Verband und steht jeder für sich in einem Austauschverhältnis zu den Initiatoren, so besteht das Über- und Unterordnungsverhältnis zwischen den Initiatoren und jedem einzelnen Zertifikatsinhaber.

Die von den Zertifikatsinhabern vorgenommenen Abstimmungen ließen sich, wie in der bisherigen Untersuchung gezeigt,[379] als Mittel zur Bildung eines Verbandswillens einordnen. Die von den Zertifikatsinhabern erbrachte Leistung der Anpassung der Software kann nur von der Gruppe gemeinschaftlich erbracht werden. Durch die Implementierung einer DAO schaffen die Initiatoren einen

377 *BGH*, NJW 1995 (192) = WM 1994, 2246–2250; *BGH*, NJW 1992, 2696 (2697) = WM 1992, 1576–1579; *BGHZ* 8, 249 (255) = NJW 1953, 418–419.

378 Henssler/Strohn/*Servatius*, § 230 HGB, Rn. 25 f.; MHdB GesR I/*Schücking*, § 2, Rn. 53; MüKoBGB/*Schäfer*, Vor § 705, Rn. 111.

379 Siehe hierzu bereits unter B.III.1.c).

Mechanismus, der eine große Anzahl von Teilnehmern zur Abgabe ihrer Stimme animiert. Die so generierten Abstimmungsergebnisse spiegeln das Urteil einer breit diversifizierten Gruppe von Personen wider. Auf diese Weise können die Initiatoren die „Weisheit der Vielen" (Wisdom of the Crowds"[380]) für ihr Projekt gewinnbringend nutzen. Die Abstimmung des einzelnen Zertifikatsinhabers ist für die Initiatoren regelmäßig ohne Wert. Auch werden die Zertifikatsinhaber nicht nur einmalig tätig, sondern nehmen regelmäßig an den Abstimmungen teil.[381] Für die Entscheidung über die Anpassung der Software müssen sie sich intensiv mit dem Projekt auseinandersetzen.[382] Sie werden sich daher in der Regel über einen längeren Zeitraum der Aufgabe der Anpassung annehmen. Dabei werden die Zertifikatsinhaber oftmals auch außerhalb der DLT-Plattform in Kontakt treten, um sich über das gemeinsame Vorgehen auszutauschen.[383] Dies könnte zunächst dafür sprechen, dass die Zertifikatsinhaber als Gruppe auftreten und für die Erbringung der gemeinsamen Abstimmungsleistung einen Verband gründen.

Die Tatsache, dass eine Leistung nur gemeinsam erbracht werden kann, ist jedoch für sich noch kein Argument für das Bestehen einer Gesellschaft. So werden beispielsweise auch Arbeitnehmer oftmals als Gruppe tätig und erbringen eine Leistung, die nur durch Zusammenwirken aller Beteiligten erbracht werden kann.[384] Trotzdem wird man nicht davon ausgehen, dass sie einen Verband zur Förderung eines gemeinsamen Zwecks gründen. Vielmehr stellen die einzelnen Arbeitnehmer ihre Leistung in den Dienst des Arbeitgebers, der von der Gesamtheit der erbrachten Arbeitsleistungen profitiert. Die erbrachte Leistung der Zertifikatsinhaber liegt in der Beteiligung an den Abstimmungen und des damit geschaffenen Abstimmungsergebnisses. Durch die Teilnahme des einzelnen Zertifikatsinhabers leistet dieser einen Beitrag zu dieser Gesamtleistung.

380 Hierzu allgemein *Brabham*, Convergence 2008, 75 (79 f.); *Brodersen*, S. 7 ff.; *Howe*, S. 146 ff.; *Kremer/Mansour/Perry*, Journal of Political Economy 2014, 988–1012; *Surowiecki*, S. 3 ff.

381 Hiervon wird man zumindest grundsätzlich ausgehen können. Siehe zu den Förderungen durch Abstimmungen bereits oben unter B.III.1.a)cc)(2).

382 Für die intensive Auseinandersetzung spricht auch die Aktivität der Zertifikatsinhaber über Plattformen wie dem „Governance Voting Dashboard" der MakerDAO, https://vote.makerdao.com/ (zuletzt abgerufen am 02.05.2020).

383 Im Falle der MakerDAO ist beispielsweise eine Seite auf dem Social-News-Aggregator „Reddit" eingerichtet, https://www.reddit.com/r/MakerDAO/ (zuletzt abgerufen am 02.05.2020).

384 Zum Gruppenarbeitsverhältnis Jauernig/*Mansel*, § 611, Rn. 4, m.w.N.

Die Gruppe der Zertifikatsinhaber wird dabei jedoch nicht als Verband tätig. Vielmehr erbringen die einzelnen Zertifikatsinhaber eine jeweils eigene Dienstleistung an die Initiatoren.

Unklar ist jedoch, ob sie dabei auch den Rechtsbindungswillen zum Abschluss eines Austauschvertrages mit den Initiatoren aufweisen. Der Austauschvertrag muss insofern zu einem Gefälligkeitsverhältnis abgegrenzt werden. Dies wird in der Folge untersucht.

bb) Abgrenzung zur Gefälligkeit

Ein Dienstvertrag erfordert nach § 611 Abs. 1 BGB die Vereinbarung einer Leistungsverpflichtung. Auch der Auftrag erfordert nach § 662 BGB eine Verpflichtung des Beauftragten. Dem Handeln der Zertifikatsinhaber müsste folglich der Rechtsbindungswille zur Erbringung einer Leistung an die Initiatoren zu entnehmen sein.

Die Software des Gesamtprojekts kann zwar vorsehen, dass die Zertifikatsinhaber zumindest an einem Teil der im Gesamtsystem anfallenden Transaktionsgebühren beteiligt werden.[385] Sie sieht dabei im Gegenzug jedoch keine Verpflichtung der Zertifikatsinhaber vor, durch Abstimmungen die Software des Gesamtprojekts anzupassen.[386] Es erscheint daher möglich, dass die von den Zertifikatsinhabern durch Abstimmung vorgenommene Anpassung der Parameter der Software eine bloße Gefälligkeit darstellt.

Für die Abgrenzung zwischen Rechtsgeschäft und reinem Gefälligkeitsverhältnis fordert der BGH, eine Gesamtschau aus der Art der Gefälligkeit, ihrem Grund und Zweck sowie ihrer wirtschaftlichen und rechtlichen Bedeutung, insbesondere für den Empfänger der Leistung, vorzunehmen. Dabei müssten die Umstände, unter denen die Gefälligkeit erwiesen wurde und die dabei bestehende Interessenslage der Parteien Beachtung finden.[387]

Für die Untersuchung muss danach differenziert werden, ob die Zertifikatsinhaber in der Steuerungs-DAO an den Transaktionsgebühren des Gesamtprojekts beteiligt werden ((1)) oder nicht ((2)).

385 Insoweit gilt das zur Management-DAO Gesagte. Siehe hier zur möglichen Verteilung der Transaktionsgebühren bereits unter B.III.4.a)bb).

386 Siehe zur mangelnden Verpflichtung an der Teilnahme zu den Abstimmungen bereits unter B.III.1.a)cc)(2).

387 *BGHZ* 56, 204 (208) = NJW 1971, 1404; *BGHZ* 21, 102 (106) = NJW 1956, 1313–1314.

(1) Beteiligung an den Transaktionsgebühren

Werden die Zertifikatsinhaber an den Transaktionsgebühren des Gesamtprojekts beteiligt, so könnte dies als Zahlung eines Entgelts von den Initiatoren an die Zertifikatsinhaber verstanden werden. Die Beantwortung der Frage, ob für die Leistung ein Entgelt bezahlt wird, genügt jedoch alleine nicht, um einen Rechtsbindungswillen der Parteien zu bejahen oder zu verneinen. Es muss darüber hinaus die Interessen- und Risikolage der Parteien Beachtung finden, wobei wesentliche Interessen wirtschaftlicher Art des Leistungsempfängers ein Indiz sein können.[388]

Durch die Anpassung der Parameter der Software, welche durch die Abstimmungen der Zertifikatsinhaber herbeigeführt wird, wird die Dienstleistung des Gesamtprojekts ermöglicht. Nimmt die Gruppe der Zertifikatsinhaber die Aufgabe der Abstimmungen nicht wahr, so kann die angebotene Dienstleistung nicht oder nur schlecht erbracht werden. Da die Initiatoren für die Erbringung der Dienstleistung gegenüber den Nutzern verantwortlich sind,[389] haben sie ein Interesse daran, dass die Parameter der Software stets bestmöglich angepasst werden. Erfolgt dies nicht ordnungsgemäß geht hiermit auch ein wirtschaftliches Risiko für die Initiatoren einher.

Durch die Beteiligung an den Transaktionsgebühren des Gesamtprojekts werden die Zertifikatsinhaber für ihre Leistung auch entlohnt. Folglich erscheint es interessensgerecht, von einem Rechtsbindungswillen der Parteien auszugehen. Da für die von der Gruppe der Zertifikatsinhaber erbrachte Leistung ein Entgelt in Form der Beteiligung an den Transaktionsgebühren gezahlt wird, kann von einem partiarischen Dienstvertrag zwischen den Initiatoren und den einzelnen Zertifikatsinhabern ausgegangen werden.

(2) Keine Beteiligung an den Transaktionsgebühren

Findet keine Beteiligung der Zertifikatsinhaber an den Transaktionsgebühren statt, so ist ein solches Projekt nur dann sinnvoll denkbar, wenn ein alternatives Anreizsystem für die Zertifikatsinhaber geschaffen wird. Möglich erscheint hier eine Gestaltung, wie in der „MakerDAO“[390]. Beim Governance-Certificate

---

388 *BGHZ* 56, 204 (208) = NJW 1971, 1404; BeckOGK/*Möslein*, § 145 BGB, Rn. 112.

389 Hiervon ist auszugehen, wenn man annimmt, dass die Initiatoren Träger des Gesamtprojekts sind und daher mit den Nutzern des Projekts ihrerseits in einem Austauschverhältnis stehen.

390 *Maker Team*, The Dai Stablecoin System. Siehe zur MakerDAO im Übrigen bereits oben unter B.III.1.a)bb)(2).

handelt es sich dort um einen frei handelbaren Token[391], dessen Verfügbarkeit vom Erfolg der durch die Gruppe der Zertifikatsinhaber herbeigeführten Anpassungen der Parameter der Software abhängt. Ist die Steuerungs-DAO mit der Anpassung der Parameter der Software erfolgreich, so sinkt die Zahl der sich im Umlauf befindlichen Token, führt die Anpassung dagegen nicht zum Erfolg, so steigt die Zahl der Token.[392] Auf diese Weise wird der Wert des Tokens durch ein wechselndes Angebot beeinflusst. Es besteht ein Interesse der Zertifikatsinhaber daran, die Zahl der Token gering zu halten um keine Wertverluste zu erleiden.[393] In diesem Mechanismus kann aber nicht die Zahlung eines Entgelts durch die Initiatoren gesehen werden. Der Rechtsbindungswille wird sich daher nicht auf den Abschluss eines Dienstvertrages richten.

Ein Interesse der Initiatoren an der Erbringung der Dienste ist aber, ebenso wie bei einer Beteiligung der Zertifikatsinhaber an den Transaktionsgebühren, erkennbar. Die Zertifikatsinhaber erhalten zwar kein Entgelt. Dies widerspricht jedoch nicht den Voraussetzungen des Abschlusses eines unentgeltlichen Auftragsverhältnisses.

cc) Zwischenergebnis

Die Untersuchung zeigt, dass sich der Wille der Zertifikatsinhaber in der Steuerungs-DAO nicht auf die Gründung eines rechtlichen Verbandes richtet. Stattdessen ist vom Abschluss von Austauschverträgen zwischen den einzelnen Zertifikatsinhabern und den Initiatoren auszugehen. Werden die Zertifikatsinhaber durch die Transaktionsgebühren an den Gewinnen des Gesamtprojekts beteiligt, so kann von einem partiarischen Dienstverhältnis ausgegangen werden. Findet keine Entlohnung statt, so wird es sich um ein Auftragsverhältnis handeln.

e) Schlussfolgerungen

In diesem Abschnitt wurde untersucht, inwieweit in der Steuerungs- und Management-DAO davon auszugehen ist, dass der gemeinsame Zweck der Zertifikatsinhaber, nach deren Willen, die Trägerschaft des mit der DAO verbundenen Gesamtprojekts umfasst. Dabei wurde auch ein möglicher Wille zur anderweitigen Ausgestaltung des Rechtsverhältnisses zwischen den Beteiligten

---

391 Siehe zum Begriff des Token bereits unter B.I.1.d) und zum Begriff des Governance-Token unter B.I.2.b)bb)(1).

392 *Maker Team*, The Dai Stablecoin System.

393 *DiPrisco*, Maker for Dummies.

des Gesamtprojekts geprüft. Die Untersuchung kommt hier zu unterschiedlichen Ergebnissen. Es muss dabei zwischen der Steuerungs-DAO (aa)) und der Management-DAO (bb)) unterschieden werden.

aa) Die Zertifikatsinhaber in der Steuerungs-DAO als Dienstleister oder Beauftragte

In der Steuerungs-DAO kann zwar eine Gewinnbeteiligung der Zertifikatsinhaber, aber weder eine Beteiligung an der Vermögensverwaltung noch ein gewichtiger Einfluss auf die Führung des Gesamtprojekts vorgesehen sein. Daraus lässt sich schließen, dass die Zertifikatsinhaber die Trägerschaft des mit der DAO verbundenen Gesamtprojekts nicht von ihrem gemeinsamen Zweck umfasst sehen wollen.

Weiter noch lässt sich durch eine Untersuchung des Verhältnisses zwischen den Zertifikatsinhabern und den Initiatoren des Projekts feststellen, dass die Gründung eines rechtlichen Verbandes gar nicht gewollt ist. Obwohl Tätigkeiten der Zertifikatsinhaber festgestellt wurden, die als Förderung eines gemeinsamen Zwecks verstanden werden könnten, zeigt die Untersuchung des Verhältnisses zwischen den Zertifikatsinhabern und den Initiatoren, dass sich der Geschäftswille statt auf die Gründung eines rechtlichen Verbandes auf den Abschluss eines Austauschvertrages mit den Initiatoren richtet. Werden die Zertifikatsinhaber dabei an den erwirtschafteten Transaktionsgebühren beteiligt, so handelt es sich um ein Dienst-, andernfalls um ein Auftragsverhältnis.

bb) Die Gruppe der Zertifikatsinhaber in der Management-DAO

Die Gruppe der Zertifikatsinhaber in der Management-DAO ist am Gewinn des mit der DAO verbundenen Gesamtprojekts zumindest über einen Anteil an den Transaktionsgebühren beteiligt und den Zertifikatsinhabern kommt zumindest ein gewichtiger Einfluss auf die Führung des Gesamtprojektes zu. Auch wenn die Software diese Einflussmöglichkeiten begrenzt, ist – mit Ausnahme der anfänglichen Einflussnahme durch die Initiatoren – kein Einfluss anderer Personengruppen auf das Gesamtprojekt möglich. Weiterentwicklungen des Gesamtprojekts können nur nach Abstimmung durch die Zertifikatsinhaber aus der Budget-Wallet finanziert werden. Zwar üben die Initiatoren durch die anfängliche Erstellung der Software einen gewichtigen Einfluss auf die Führung des Gesamtprojekts aus, es soll jedoch davon ausgegangen werden, dass dieser Einfluss über die Zeit, aufgrund der weitreichenden Anpassungsmöglichkeiten durch die Gruppe der Zertifikatsinhaber, verblasst. Voraussetzung hierfür ist, dass die Gruppe der Zertifikatsinhaber auch über Updates der steuernden

Software abstimmen kann. Es wird angenommen, dass dies für die hier untersuchten Management-DAO-Projekte der Fall ist.

Inwieweit damit im Ergebnis auch vom Willen der Zertifikatsinhaber, den gemeinsamen Zweck auf die Trägerschaft des Gesamtprojekts zu erstrecken, auszugehen ist, hängt davon ab, ob die Gruppe der Zertifikatsinhaber nach den Ergebnissen der vorangegangen Prüfung über ein Vermögen verfügt, dass die Voraussetzungen eines Gesellschaftsvermögens erfüllt ((1)) oder nicht ((2)).

(1) Die Management-DAO mit Gesellschaftsvermögen

Da die Transaktionsgebühren des Gesamtprojekts in der Management-DAO zumindest teilweise den Zertifikatsinhabern zufließen, sind sie auch am Gewinn des Gesamtprojekts beteiligt. Bei der Vermögensverwaltung des Gesamtprojekts ergeben sich Unterschiede hinsichtlich der Verteilung der Transaktionsgebühren.

Werden die Transaktionsgebühren vollständig an die Zertifikatsinhaber ausgezahlt, so hat die Gruppe der Zertifikatsinhaber die volle Kontrolle über die Verwaltung des Vermögens. Die Zertifikatsinhaber übernehmen in diesem Fall die Geschäftsführung und Vermögensverwaltung. Ferner sind sie an Gewinn und Verlust des Gesamtprojekts beteiligt. Es kann daher davon ausgegangen werden, dass der gemeinsame Zweck der Gruppe der Zertifikatsinhaber – nach deren Willen – auch die Trägerschaft des Gesamtprojekts umfasst.

Werden dagegen nicht alle Transaktionsgebühren an die Zertifikatsinhaber ausgezahlt und stattdessen beispielsweise Dritte, die eine förderliche Tätigkeit für das Gesamtprojekt übernehmen, vergütet,[394] so kommt die Untersuchung dennoch zu keinem anderen Ergebnis. Über diese Verteilung entscheiden zwar anfänglich die Initiatoren des Gesamtprojekts. Es ist jedoch nicht ausgeschlossen, dass die Gruppe der Zertifikatsinhaber diese Verteilung durch Abstimmung über Anpassungen der Software nachträglich verändern könnte. Die Tatsache, dass die Initiatoren eine anfängliche Vorgabe für die Verteilung der Transaktionsgebühren machen, ändert nichts daran, dass die Gruppe der Zertifikatsinhaber mit der Verfügung über die Budget-Wallet den Großteil der Vermögensverwaltung übernimmt, die Geschäftsführung in Händen hält und an Gewinn und Verlust beteiligt ist. Folglich wird man auch in diesem Fall davon ausgehen können, dass der gemeinsame Zweck der Gruppe der Zertifikatsinhaber nach deren Willen auch die Trägerschaft des Gesamtprojekts umfasst.

---

394 Ein Beispiel hierfür ist die Bezahlung der Miner auf der DLT-Plattform DASH. Siehe hierzu bereits unter B.III.4.a)bb)(2).

(2) Die Management-DAO ohne Gesellschaftsvermögen

Stammen die Mittel aus der Budget-Wallet aus einem Anteil der Transaktionsgebühren des Gesamtprojekts und besteht für die Zertifikatsinhaber keine Auszahlungsmöglichkeit, so kann die Gruppe der Zertifikatsinhaber nicht über ein Gesellschaftsvermögen verfügen.

Die übrigen Transaktionsgebühren werden teilweise an die Zertifikatsinhaber und an mögliche Dritte, die Dienste für das Gesamtprojekt erbringen, ausgezahlt. Zwar könnte man hier von einer Einflussnahme auf die Führung des Gesamtprojekts durch die Gruppe der Zertifikatsinhaber ausgehen. Die Mittel in der Budget-Wallet stammen jedoch nicht von den Zertifikatsinhabern.[395]

Durch Mittelab- und -zuflüsse wird das Vermögen der Zertifikatsinhaber nicht berührt. Diese sind zwar durch die Beteiligung an den Transaktionsgebühren am Gewinn, nicht aber am Verlust des Gesamtprojekts beteiligt. Es existiert keine andere Person oder Personengruppe, die ein zum Gesamtprojekt gehöriges Vermögen halten würde. Auch wenn die Gruppe der Zertifikatsinhaber durch die Abstimmungen die weitere Entwicklung des Gesamtprojekts mitgestalten kann, ist nicht ersichtlich, dass der gemeinsame Zweck der Gruppe der Zertifikatsinhaber den Betrieb des Gesamtprojekts umfasst.

Die Management-DAO sowie die Nutzer des Systems interagieren direkt miteinander und lassen diese Interaktion über die Software steuern. Das in der Budget-Wallet hinterlegte Kapital stammt von den Nutzern des Systems. Die Zertifikatsinhaber werden bei der Abstimmung über diese Mittel als Treuhänder der Nutzer tätig. Eine Verantwortung für das Gesamtprojekt selbst gibt es dabei jedoch nicht. Vielmehr besteht das Gesamtprojekt lediglich aus einer dezentralen Plattform, die einzelne Austauschverträge zwischen den Beteiligten ermöglicht. Die Zahlungen an die Zertifikatsinhaber aus den Transaktionsgebühren sind als Bezahlung der Nutzer für die von der Gruppe der Zertifikatsinhaber erbrachten Dienste zu verstehen. Die Tätigkeit des Verbands der Gruppe der Zertifikatsinhaber beschränkt sich auf die Entscheidung zur weiteren Förderung des Gesamtprojekts. Sie leisten damit einen Beitrag zur Weiterentwicklung des Gesamtprojekts, sind jedoch nicht als deren Träger anzusehen.

395 Wie bereits gezeigt, handelt es sich hier um ein treuhänderisch verwaltetes Sondervermögen Siehe hierzu bereits unter B.III.2.a)bb)(3)(b)(bb).

5. Zwischenfazit

Die Prüfung, ob bei den Zertifikatsinhabern in den DAO-Projekten ein Geschäftswille erkennbar ist, der auf die Gründung eines rechtlichen Verbandes gerichtet ist, kommt nicht zu einheitlichen Ergebnissen. Es muss zunächst zwischen den Projekten der Steuerungs-DAO (a)) und der Finanzierungs-DAO (b)) unterschieden werden.

a) Steuerungs-DAO

Die Gruppe der Zertifikatsinhaber in der Steuerungs-DAO bildet weder ein Gesellschaftsvermögen noch ist sie an gemeinsam erwirtschafteten Gewinnen oder Verlusten beteiligt. Auch wenn man das Ergebnis der Abstimmungen als Bildung eines Verbandswillens verstehen könnte, so spricht das Verhältnis der Gruppe der Zertifikatsinhaber zum Gesamtprojekt und seinen Initiatoren gegen den Geschäftswillen der Zertifikatsinhaber zur Gründung eines rechtlichen Verbandes. Die Zertifikatsinhaber nehmen weder an der Vermögensverwaltung des Gesamtprojekts Teil noch haben sie entscheidenden Einfluss auf die Führung der Geschäfte. Die Untersuchung zeigt vielmehr, dass die einzelnen Zertifikatsinhaber in einem Austauschverhältnis mit den Initiatoren des Gesamtprojekts stehen. Werden sie durch Auszahlung eines Teils der Transaktionsgebühren an den vom Gesamtprojekt erwirtschafteten Gewinnen beteiligt, so lässt sich der Vertrag als partiarischer Dienstvertrag einordnen. Findet eine solche Beteiligung nicht statt, so handelt es sich um ein Auftragsverhältnis.

b) Finanzierungs-DAO

Bei der Finanzierungs-DAO muss zwischen einer Investment-DAO (aa)), einer Spenden-DAO (bb)) und einer Management-DAO (cc)) unterschieden werden.

aa) Die Investment-DAO

Gemeinsamer Zweck der Gruppe der Zertifikatsinhaber in der Investment-DAO ist das gewinnbringende Investment der Mittel aus der Budget-Wallet in Drittprojekte. Die Zertifikatsinhaber zahlen dabei die zu investierenden Mittel selbst in die Budget-Wallet ein und stimmen anschließend gemeinsam über deren Verwendung ab. Sie lassen damit auch den Willen zur dauerhaften Förderung dieses Zwecks und die Bildung eines Verbandswillens erkennen. Das Vermögen in der Budget-Wallet kann als Gesellschaftsvermögen der Gruppe angesehen werden. An den erwirtschafteten Gewinnen und Verlusten sind die Zertifikatsinhaber beteiligt. Der Abschluss eines partiarischen Darlehensvertrages mit den

Initiatoren der Projekte kann ausgeschlossen werden. Auch die Möglichkeit, die DAO durch einen DAO-Split jederzeit zu verlassen, steht dem Geschäftswillen zur Gründung eines Verbandes nicht entgegen. Für die Projekte der Investment-DAO lässt sich mithin festhalten, dass der Geschäftswille der Zertifikatsinhaber zur Gründung eines rechtlichen Verbandes erkennbar ist.

bb) Die Spenden-DAO

Die Projekte der Spenden-DAO unterscheiden sich von der Investment-DAO dadurch, dass die Mittel aus der Budget-Wallet nicht gewinnbringend, sondern unentgeltlich in Drittprojekte investiert werden sollen. Die Spenden-DAO kann dabei ihrerseits unterschiedlich aufgebaut sein. Es muss daher weiter differenziert werden, ob die investierten Mittel von den Zertifikatsinhabern ((1)) oder aus den Transaktionsgebühren eines mit der Spenden-DAO verbundenen Gesamtprojekts stammen ((2)).

(1) Mittel von den Zertifikatsinhabern

Stammen die Mittel in der Budget-Wallet aus Einzahlungen der Zertifikatsinhaber, so ergeben sich wenig Unterschiede zur Investment-DAO. Zwar besteht der gemeinsame Zweck der Gruppe hier in der Spende der gemeinsam eingezahlten Mittel. Für die übrigen Ausführungen kann jedoch auf die Investment-DAO verwiesen werden. Auch hier ist der Geschäftswille der Zertifikatsinhaber zur Gründung eines rechtlichen Verbandes erkennbar.

(2) Mittel aus den Transaktionsgebühren des Gesamtprojekts

Für die Inanspruchnahme der Leistungen des Gesamtprojekts können Transaktionsgebühren fällig werden. Ein Anteil dieser Transaktionsgebühren wird in der Budget-Wallet gesammelt und nach Abstimmung durch die Zertifikatsinhaber unentgeltlich in Drittprojekte investiert. Die Mittel dienen dabei nicht der Förderung des Gesamtprojekts. Anders als in den Projekten der Steuerungs-DAO wird das Gesamtprojekt nicht zwingend von den Initiatoren geführt. Die Auszahlungen aus der Budget-Wallet kommen dem Gesamtprojekt nicht zugute. Die Tätigkeit der Zertifikatsinhaber kann daher nicht als Leistung an die Initiatoren verstanden werden.

Die Gruppe der Zertifikatsinhaber bildet in dieser Variante der Spenden-DAO kein Gesellschaftsvermögen, da zwar die Verwaltung des Vermögens in der Budget-Wallet übernommen wird, die Gruppe aber, mangels Auszahlungsmöglichkeit, nicht als Träger dieses Vermögens angesehen werden kann. Eine

Gewinn- und Verlustbeteiligung der Zertifikatsinhaber findet folglich ebenfalls nicht statt.

Beim Vermögen in der Budget-Wallet handelt es sich vielmehr um ein treuhänderisch verwaltetes Sondervermögen. Die Nutzer des Gesamtprojekts überlassen die Verwaltung des Vermögens der Gruppe der Zertifikatsinhaber. Der gemeinsame Zweck der Gruppe liegt daher in der treuhänderischen Verwaltung dieses Vermögens. Durch die Teilnahme an den Abstimmungen lassen die Zertifikatsinhaber den Willen zur dauerhaften Förderung dieses Zweckes erkennen. Es ist folglich ein Geschäftswille der Zertifikatsinhaber zur Gründung eines rechtlichen Verbandes erkennbar. Aufgrund des fehlenden Gesellschaftsvermögens kann es sich dabei aber nur um eine nicht rechtsfähige Personengesellschaft handeln.

cc) Die Management-DAO

Für die Beantwortung der Frage nach dem Vorhandensein eines Geschäftswillen der Zertifikatsinhaber in der Management-DAO zur Gründung eines rechtlichen Verbandes muss weiter danach differenziert werden, ob die Mittel aus der Budget-Wallet von den Zertifikatsinhabern ((1)) oder aus den Transaktionsgebühren des mit der DAO verbundenen Gesamtprojekts ((2)) stammen.

(1) Mittel von den Zertifikatsinhabern

Stammen die Mittel aus der Budget-Wallet von den Zertifikatsinhabern, so liegt der gemeinsame Zweck der Gruppe in der Trägerschaft des mit der Management-DAO verbundenen Gesamtprojekts. Durch die Einzahlung der Mittel und die Teilnahme an den Abstimmungen bringen die Zertifikatsinhaber zum Ausdruck, diesen Zweck dauerhaft fördern zu wollen.

Die Mittel in der Budget-Wallet können als Gesellschaftsvermögen des Verbandes angesehen werden, wobei die Zertifikatsinhaber an den erwirtschafteten Gewinnen und Verlusten beteiligt sind. Die Gruppe der Zertifikatsinhaber übernimmt die Vermögensverwaltung des Gesamtprojekts, ist an den erwirtschafteten Gewinnen des Gesamtprojekts beteiligt und nimmt entscheidenden Einfluss auf die Führung der Geschäfte des Gesamtprojekts. Mithin lässt sich festhalten, dass die Zertifikatsinhaber den Geschäftswillen zur Gründung eines rechtlichen Verbandes erkennen lassen.

(2) Mittel aus den Transaktionsgebühren des Gesamtprojekts

Stammen die Mittel in der Budget-Wallet aus den Transaktionsgebühren des mit der Management-DAO verbundenen Gesamtprojekts, so muss weiter danach differenziert werden, ob für die Zertifikatsinhaber eine Auszahlungsmöglichkeit besteht ((a)) oder nicht ((b)).

(a) Auszahlungsmöglichkeit für die Zertifikatsinhaber

Besteht für die Zertifikatsinhaber die Möglichkeit, sich die Mittel in der Budget-Wallet auszahlen zu lassen, so kann das Vermögen in der Budget-Wallet als Gesellschaftsvermögen der Gruppe der Zertifikatsinhaber angesehen werden. Es ergeben sich in der Folge wenig Unterschiede zu den Projekten der Management-DAO, bei denen die Mittel in der Budget-Wallet von den Zertifikatsinhabern stammen. Auch hier kann angenommen werden, dass der gemeinsame Zweck der Gruppe der Zertifikatsinhaber in der Trägerschaft des mit der Management-DAO verbundenen Gesamtprojekts liegt. Zwar wird der gemeinsame Zweck hier alleine durch die Teilnahme an den Abstimmungen gefördert. Im Übrigen kann aber auf die obigen Ausführungen verwiesen werden. Auch hier ist erkennbar, dass der Geschäftswille der Zertifikatsinhaber auf die Gründung eines rechtlichen Verbandes gerichtet ist.

(b) Keine Auszahlungsmöglichkeit für die Zertifikatsinhaber

Stammen die Mittel in der Budget-Wallet aus den Transaktionsgebühren des Gesamtprojekts, so ist eine Auszahlungsmöglichkeit dieser Mittel an die Zertifikatsinhaber meist nicht vorgesehen. In diesem Fall ist der gemeinsame Zweck der Gruppe der Zertifikatsinhaber nicht auf die Trägerschaft des mit der Management-DAO verbundenen Gesamtprojekts, sondern auf die treuhänderische Verwaltung des Sondervermögens in der Budget-Wallet gerichtet.

Ähnlich wie in der Spenden-DAO, in der die Mittel aus den Transaktionsgebühren des Gesamtprojekts stammen, sind die Zertifikatsinhaber nur Verwalter des Vermögens in der Budget-Wallet. Sie lassen den Willen zur Förderung dieses Zwecks durch die Teilnahme an den Abstimmungen erkennen. Auch hier kann davon ausgegangen werden, dass die Zertifikatsinhaber den Geschäftswillen zur Gründung eines rechtlichen Verbandes besitzen. Aufgrund des fehlenden Gesellschaftsvermögens kann es sich beim Verband aber nur um eine nicht rechtsfähige Personengesellschaft handeln.

IV. Dritte im Austausch mit der Gruppe der Zertifikatsinhaber

Bisher wurde festgestellt, dass die Gruppe der Zertifikatsinhaber, mit Ausnahme der Steuerungs-DAO, den Geschäftswillen zur Gründung eines rechtlichen Verbandes erkennen lässt. Der so gegründete Verband könnte neben den

Zertifikatsinhabern weitere Mitglieder haben. In Betracht kommen hier die Initiatoren des Projekts, die Personen, welche Angebote zur Abstimmung an die Gruppe der Zertifikatsinhaber senden (Proposer)[396] und die Personen, welche eine Vorprüfung der eingehenden Angebote vornehmen (Prüfer)[397]. Zeigt sich bei diesen Personen ebenfalls der Geschäftswille zur Mitgliedschaft im gegründeten Verband, so treffen die möglichen Folgen einer Außenhaftung auch diese Personen.

In diesem Abschnitt wird jedoch gezeigt, dass der Mitgliederkreis des gegründeten Verbandes nicht über die Gruppe der Zertifikatsinhaber hinausreicht. Hierzu wird zunächst ausgeschlossen, dass die an der DAO und einem etwaig damit verbundenen Gesamtprojekt Beteiligten einen Geschäftswillen zum Abschluss einer Innengesellschaft zeigen (1.). Weiter wird deutlich gemacht, welche Bedeutung das Governance-Certificate für die Stellung als Mitglied des Verbandes hat (2.). Schließlich soll die Gesellschafterstellung der übrigen Beteiligten dadurch ausgeschlossen werden, dass aufgezeigt wird, dass sich der Geschäftswille der Beteiligten statt auf die Mitgliedschaft im Verband der Zertifikatsinhaber auf den Abschluss von Austauschverträgen mit dem Verband der Zertifikatsinhaber richtet (3.).

1. Keine Innengesellschaft aller Beteiligten

Es ließe sich zunächst annehmen, dass alle Personen, die am Projekt über die Software interagieren, Teil einer in sich geschlossenen Plattform sind. Dies schließt sowohl die Zertifikatsinhaber, mögliche Tätigkeiten der Initiatoren, Prüfer oder Proposer und die Handlungen der Nutzer des Gesamtprojekts mit ein. Das Projekt könnte dann einem gemeinsamen Zweck aller Beteiligten dienen und diese Beteiligten alle Gesellschafter einen Innengesellschaft sein.[398] Die Aktivitäten der Beteiligten blieben auf die abgeschlossene Plattform beschränkt und entfalteten keine Außenwirkung. In der Folge wäre dann zwar das Recht der Innengesellschaft auf die Beteiligten anwendbar, eine grundsätzlich unbeschränkte Außenhaftung der Gesellschafter würde jedoch entfallen. Für die weitere Untersuchung

---

396 Siehe zum Begriff der Proposer bereits oben unter B.I.2.b)cc).

397 Siehe zur Vorprüfung durch Prüfer bereits oben unter B.III.1.c).

398 So wird beispielsweise auch für DLT-Plattformen diskutiert, ob die daran beteiligten Nutzer Gesellschafter einer BGB-Gesellschaft sein könnten, ablehnend *Pesch*, S. 73; *Omlor*, ZRP 2018, 85 (86); *Schwintowski/Klausmann/Kadgien*, NJOZ 2018, 1401 (1404); allgemein ablehnend zum Rechtsbindungswillen der Nutzer einer DLT-Plattform *Spindler/Bille*, WM 2014, 1357 (1360).

wird im Folgenden zwischen den Projekten der Investment- und Spenden-DAO (a)) sowie der Management- und Steuerungs-DAO (b)) unterschieden.

a) Investment- und Spenden-DAO

Unabhängig davon, ob es sich bei den von der Gruppe der Zertifikatsinhaber ausgezahlten Mitteln um ein Investment mit Gegenleistung oder um eine unentgeltliche Spende handelt, stehen die Leistungsempfänger mit der DAO nicht notwendigerweise in Verbindung.[399] Sie können nicht als Nutzer des DAO-Projekts verstanden werden. Sie verfolgen mit den empfangenen Mitteln eigene Zwecke, auf die die Zertifikatsinhaber regelmäßig keinen Einfluss haben. Als Innengesellschafter können sie folglich nicht angesehen werden. Somit wird man davon ausgehen müssen, dass zumindest die Investment- und Spenden-DAO durch ihre Tätigkeit gegenüber Dritten nach außen auftritt. Das Modell einer reinen Innengesellschaft zwischen den Beteiligten kommt hier nicht in Betracht.

b) Management- und Steuerungs-DAO

Anders könnte der Fall hingegen bei der Management- und Steuerungs-DAO zu beurteilen sein. Die mit der DAO verbundenen Gesamtprojekte dienen hier dem Angebot eines „DLT-Produkts", welches von Nutzern in Anspruch genommen wird. In der Regel werden dabei Token ausgegeben, die eine besondere Funktion erfüllen[400] oder als eigene Kryptowährung[401] eingesetzt werden können. Diese können von den Nutzern erworben und untereinander ausgetauscht werden. Als gemeinsamer Zweck der Gruppe aller Beteiligten käme dann der Betrieb des Systems zur Generierung und Nutzung dieses Tokens oder der Kryptowährung in Betracht. Die Gruppe der Zertifikatsinhaber könnte dann die Rolle der Geschäftsführung einer Innengesellschaft übernehmen und durch einen Teil der Transaktionsgebühren für ihre Tätigkeit entlohnt werden. Vom so geschaffenen System profitierten alle Beteiligten und wären mithin Innengesellschafter.

Das Vermögen zur Entwicklung der Steuerungs-DAO steht den Beteiligten einer etwaigen Innengesellschaft nicht zur Verfügung, da es alleine von den

---

399 *Bannon*, The Tao of "The DAO" or How the autonomous corporation is already here.

400 Ein DGX-Token, der vom mit der DigixDAO verbundenen Gesamtprojekt angeboten wurde, bildet beispielsweise je ein Gramm Gold auf der Blockchain ab, *Eufemio/Chng/Djie*, Digix's Whitepaper.

401 Beispiele sind die Kryptowährung DASH, *Duffield/Diaz*, Dash; und der DAI Stablecoin im Gesamtprojekt der "MakerDAO", *Maker Team*, The Dai Stablecoin System.

Initiatoren gehalten wird.[402] Die Beteiligten haben keine Einflussmöglichkeit auf die Handlungen der Initiatoren und sind nicht an den von den Initiatoren erwirtschafteten Gewinnen beteiligt. Man wird folglich davon ausgehen müssen, dass die Beteiligten des mit der Steuerungs-DAO verbundenen Projekts nicht mit dem Geschäftswillen zur Gründung einer Innengesellschaft handeln.

Auch in der Management-DAO besteht für die Nutzer des Systems keine Einflussmöglichkeit auf die Entscheidungen der Zertifikatsinhaber.[403] Zumindest für die Besetzung der Posten der Geschäftsführer müsste eine grundsätzliche Einflussmöglichkeit der Gesellschafter bestehen. Die Geschäftsführung wird regelmäßig durch die Zertifikatsinhaber wahrgenommen.[404] Die Nutzer des mit der Management-DAO verbundenen Gesamtprojekts können hingegen die Personen der Zertifikatsinhaber nicht wählen und haben folglich auf die Führung des Projekts keinen Einfluss. Von einer Verbesserung des Projekts, einem erhöhten Nutzeraufkommen und damit einer Steigerung der Transaktionsgebühren profitieren die Zertifikatsinhaber. Die Nutzer haben dadurch jedoch keinen unmittelbaren Vorteil. Bildet die Gruppe der Zertifikatsinhaber ein Gesellschaftsvermögen, so haben nur diese darauf Zugriff und die Möglichkeit sich einen Teil auszahlen zu lassen.[405] Der vom Gesamtprojekt angebotene Token oder die Kryptowährung ist daher als ein entgeltliches Angebot an die Nutzer zu verstehen und mit dem Angebot von Spielchips durch ein Casino zu vergleichen.[406] Die Nutzer können diese erwerben und einsetzen, wobei für den Einsatz weitere Kosten anfallen können. Wie die Kunden eines Casinos werden die Nutzer dabei jedoch nicht Gesellschafter der Betreibergesellschaft, sondern stehen mit dieser in einem Austauschverhältnis. Man wird mithin auch für das mit der Management-DAO verbundene Gesamtprojekt annehmen können, dass nicht alle daran beteiligten Personen Teil einer Innengesellschaft werden.

c) Zwischenergebnis

Die Untersuchung zeigt, dass den Beteiligten der DAO und des gegebenenfalls mit ihr verbundenen Gesamtprojekts nicht der Geschäftswille zur Gründung einer Innengesellschaft zu entnehmen ist. Vielmehr wird im Folgenden gezeigt,

402 Siehe hierzu bereits unter B.III.4.a)aa).

403 Zwar ermöglichen manche Projekte auch den Nutzern die Unterbreitung von Angeboten. Ein Recht zur Abstimmung besteht jedoch nicht, B.I.2.b)cc).

404 Siehe hierzu bereits unter B.III.1.c).

405 Siehe hierzu bereits unter B.III.2.a).

406 Vgl. *Sokolin*, #Token Mania, S. 10.

dass das Governance-Certificate für die Stellung als Mitglied des Verbandes eine besondere Bedeutung hat.

2. Die Bedeutung des Governance-Certificates für die Mitgliedschaft im Verband

Die Initiatoren, Prüfer und Proposer können selbst zur Gruppe der Zertifikatsinhaber gehören.[407] Ist dies der Fall, so sind sie, abhängig von der bisherigen Feststellung, ebenfalls Mitglieder des Verbandes der Zertifikatsinhaber. Es erscheint jedoch zunächst nicht ausgeschlossen, dass sie auch dann Mitglieder werden, wenn sie keine Zertifikatsinhaber sind.

Die Initiatoren des Projekts entwickeln die Software und erstellen regelmäßig eine Dokumentation ihrer Funktionsweise.[408] Zudem können sie eine zentrale Plattform verwalten, die den Austausch der Zertifikatsinhaber ermöglicht.[409] Der von der Gruppe der Zertifikatsinhaber verfolgte gemeinsame Zweck kann bei allen DAO-Projekten nicht ohne die den Projekten zugrundeliegende Software erreicht werden. Durch die Erstellung der Software leisten die Initiatoren zur Erreichung des Zwecks auch dann einen gewichtigen Beitrag, wenn sie in der Folge nicht selbst als Zertifikatsinhaber an den Abstimmungen teilnehmen.

Einige DAO-Projekte sehen vor der Endabstimmung durch die Gruppe der Zertifikatsinhaber eine Vorprüfung der Abstimmungsgegenstände durch eine Gruppe von „Prüfern" vor. Bei diesen wird es sich meist um Personen handeln, welche selbst Halter eines Governance-Certificates sind. Oftmals ist sogar das Halten einer besonders großen Anzahl von Governance-Certificates

407 Für die Initiatoren ist dies teilweise bereits dadurch festgelegt, dass ein bestimmter Anteil der ausgegebene Governance-Certificates bei ihnen verbleibt. Auch für die Prüfer kann geregelt sein, dass diese aus der Gruppe der Zertifikatsinhaber stammen müssen. Siehe für beide Fälle das Beispiel der DigixDAO, *DigixGlobal*, DigixDAO (DGD) Information.

408 Diese wird regelmäßig in Form eines Whitepapers veröffentlicht. Beispiele sind *Jentzsch*, Decentralized Autonomous Organization to automate governance; *Maker Team*, The Dai Stablecoin System; *Mazet/Wojciechowski*, Alice Whitepaper. Siehe zu weiteren Beispielen bereits oben unter B.III.1.a)bb).

409 Beispiele hierfür sind DASH Central für das Governance and Budget System, https://www.dashcentral.org/ (zuletzt abgerufen am 02.05.2020), die Reddit Page der MakerDAO, https://www.reddit.com/r/MakerDAO/ (zuletzt abgerufen am 02.05.2020) oder die DigixDAO Governance Plattform, https://community.digix.global/#/ (zuletzt abgerufen am 02.05.2020).

Voraussetzung für die Prüfereigenschaft.[410] Dennoch sind DAO-Projekte denkbar, in denen Prüfer nicht Teil der Gruppe der Zertifikatsinhaber sind (externe Prüfer).[411]

Die Vorprüfung von Angeboten dient der Erhaltung der Funktionsfähigkeit der DAO.[412] Aufgrund der großen Anzahl der Gesellschafter ist eine Flut von Angeboten zur Abstimmung denkbar. Eine Beschäftigung aller Gesellschafter mit allen Angeboten ist impraktikabel. Die Tätigkeit der Prüfer ist daher essentiell für das Gelingen des Projekts. Die Prüfer lassen nur eine Auswahl der eingegangenen Angebote zur Abstimmung zu.[413] Sie leisten damit einen wichtigen Beitrag zur Erreichung des gemeinsamen Zwecks.

Einen solchen Beitrag leisten auch die „Proposer". Die Abstimmung durch die Gruppe der Zertifikatsinhaber setzt stets die Abgabe eines Angebots voraus. Dabei werden die Angebote oftmals aus der Gruppe der Zertifikatsinhaber abgegeben. Die Software des Projekts kann jedoch so gestaltet sein, dass ein Angebot von jedem Inhaber einer Wallet-Adresse auf der zugrundeliegenden DLT-Plattform abgegeben werden kann.[414] Die Proposer müssen dann nicht zwingend aus den Reihen der Zertifikatsinhaber stammen.

Bei Initiatoren, Prüfern und Proposern ist mithin eine mögliche Förderungstätigkeit zur Erreichung des gemeinsamen Zwecks erkennbar. Die Erkennbarkeit einer Tätigkeit zur Förderung des gemeinsamen Zwecks des Verbandes alleine genügt jedoch nicht, um die Gesellschafterstellung von Initiatoren, Prüfern und Proposern, die nicht zugleich Zertifikatsinhaber sind, zu begründen. Die Beteiligten müssten auch über die Beiträge hinaus, die Charakteristika eines Mitglieds am durch die Gruppe der Zertifikatsinhaber gegründeten Verband aufweisen.

Hier ist zunächst festzustellen, dass ohne die Inhaberschaft eines Governance-Certificates die Initiatoren, Prüfer und Proposer nicht an einem etwaigen Gesellschaftsvermögen beteiligt sind.[415] Weder zahlen die genannten Personengruppen in eine Budget-Wallet ein, noch besteht für diese eine Auszahlungsmöglichkeit.

---

410 So mussten für den Erwerb eines Proposer Badge in der Digix DAO mindestens 15.000 US-Dollar im Rahmen der Initial Creation Phase eingezahlt werden, *Quentson*, Gold Backed Digix Raises Millions in Hours on Ethereum Blockchain Crowdsale.

411 So war die im Projekt „TheDAO" zwar der Fall, aber nicht zwingend von der Software vorgegeben, *Roussel*, The DAO, the Curators: Evaluating and mitigating the legal risks; *Tual*, On DAO Contractors and Curators.

412 *Jentzsch*, Decentralized Autonomous Organization to automate governance, S. 2 f.

413 *Bannon*, The Tao of "The DAO" or How the autonomous corporation is already here.

414 Siehe zu Wallet-Adressen auf der DLT-Plattform bereits oben B.I.1.b).

415 Siehe hierzu bereits die Feststellungen unter B.III.2.a).

Sie sind auch nicht an dem durch das Projekt erwirtschafteten Gewinn beteiligt.[416] Initiatoren, die nicht über ein Governance-Certificate verfügen, haben keine Einflussmöglichkeit auf die von der Gruppe der Zertifikatsinhaber vorgenommenen Abstimmungen. Die Proposer geben Vorschläge zur Abstimmung ab, die Prüfer treffen für die Abstimmung eine Vorauswahl. An der tatsächlichen Abstimmung über die Verwendung der Mittel nehmen sie jedoch nicht teil. Auch wenn sie durch ihre Tätigkeiten einen nicht unbedeutenden Beitrag zur Funktionsfähigkeit des Abstimmungsvorgangs leisten, liegt die letztendliche Entscheidung über die Verwendung der Mittel nicht in ihrer Hand. Eine Auszahlung der Mittel für ein bestimmtes Vorhaben kann durch die Tätigkeit von Proposern und Prüfern nicht unmittelbar erwirkt werden.

Im Ergebnis lässt sich daher festhalten, dass das Halten des Governance-Certificates für die Stellung als Mitglied des Verbandes der Zertifikatsinhaber essenziell ist. Dieses Ergebnis kann weiter durch die Feststellung gestützt werden, dass Initiatoren, Prüfer und Proposer mit der Gruppe der Zertifikatsinhaber in einem Austauschverhältnis stehen. Dies wird im Folgenden näher untersucht.

3. Austauschverträge zwischen den Dritten und dem Verband der Zertifikatsinhaber

Eine Mitgliedschaft im Verband der Zertifikatsinhaber kommt für die übrigen Beteiligten dann nicht in Betracht, wenn sich stattdessen ihr Geschäftswille zum Abschluss anderer Verträge mit der Gruppe der Zertifikatsinhaber erkennen lässt. In der Folge wird daher das Verhältnis der Gruppe der Zertifikatsinhaber zu den Initiatoren (a)), Prüfern (b)) und Proposern (c)) näher beleuchtet.

a) Das Verhältnis der Gruppe der Zertifikatsinhaber zu den Initiatoren

Eine Gesellschafterstellung der Initiatoren ohne Governance-Certificate ist ausgeschlossen, wenn diese mit der Gruppe der Zertifikatsinhaber in einem Austauschverhältnis stehen. Für die Steuerungs-DAO wurde bereits festgestellt, dass die Zertifikatsinhaber mit den Initiatoren, je nach Beteiligung an den Transaktionsgebühren, in einem Dienst- oder Auftragsverhältnis stehen.[417] In der Finanzierungs-DAO treten die Zertifikatsinhaber gegenüber den Initiatoren hingegen als Verband auf.[418] Die mit der Finanzierungs-DAO verbundenen

---

416 Siehe hierzu bereits unter B.III.2.b).

417 Siehe hierzu bereits unter B.III.4.e)aa).

418 Siehe insoweit die Ergebnisse unter B.III.5.b).

Gesamtprojekte werden nicht von den Initiatoren geführt.[419] Die Initiatoren geben mit der Implementierung der Software auf der DLT-Plattform die Führung des Gesamtprojekts aus der Hand. Eine Interaktion ist in der Folge nur den Personen oder Personengruppen möglich, deren Berechtigung von der Software vorgesehen ist. Hierzu gehören die Initiatoren grundsätzlich nicht, soweit sie nicht selbst Zertifikatsinhaber sind.

Durch die Erstellung der Software und der dazugehörigen Dokumentation sowie der Pflege einer Off-Chain-Plattform[420] für den Austausch der am Gesamtprojekt Beteiligten, leisten die Initiatoren einen Beitrag, welcher der Gruppe der Zertifikatsinhaber zugutekommt. Es erscheint dabei grundsätzlich möglich, dass die Initiatoren dies in Erfüllung eines Austauschvertrages mit der Gesellschaft der Zertifikatsinhaber tun. Für diese Tätigkeit erhalten die Initiatoren indes keine Vergütung. Es kann sich daher nur um einen unentgeltlichen Vertrag handeln. Für den Inhalt des Vertrages muss zwischen der Bereitstellung einer Austauschplattform (bb)) und der Überlassung der Software (cc)) unterschieden werden. Zuvor soll jedoch auf die Diskussion um ein Treuhandverhältnis zwischen den Entwicklern von DLT-Plattformen und ihren Nutzern sowie auf die Übertragbarkeit dieses Gedankens auf das Verhältnis zwischen den Initiatoren und Zertifikatsinhabern eingegangen werden (aa)).

aa) Treuhandverhältnis zwischen Initiatoren und Zertifikatsinhabern

Durch einen Beitrag in der US-Zeitschrift „American Banker"[421] hat die Juraprofessorin *Angela Walch* eine Diskussion über die Frage angeregt, ob die Softwareentwickler hinter den DLT-Plattformen als Treuhänder der Nutzer der Plattformen anzusehen sind. Sie prüft dabei, ob die Voraussetzungen eines Treuhandverhältnisses nach der Definition von *Tamel Frankel* vorhanden sind. Demnach weist ein Treuhandverhältnis vier Charakteristika auf. Ein Treuhänder (1) bietet einen Service an, für den eine besondere Expertise erforderlich ist und für den in der Gesellschaft eine Nachfrage besteht. (2) Dem Treuhänder wird zur Erbringung dieses Services Eigentum oder Macht durch die Treugeber anvertraut, (3) welche vom Treunehmer missbräuchlich eingesetzt werden kann, indem sich dieser anders verhält als ursprünglich erwartet. (4) Dabei kann sich weder der Treugeber selbst noch der Markt den Treugeber vor den Risiken schützen, die mit dem Treuverhältnis einhergehen. Die Kosten für den

419 Siehe hierzu unter B.III.4.e)bb).

420 Siehe zum Begriff Off-Chain bereits oben unter B.I.2.b)cc).

421 *Walch*, Call Blockchain Developers What They Are: Fiduciaries.

Treugeber, seine Vertrauenswürdigkeit aufrecht zu erhalten, sind größer als der Vorteil, den der Treunehmer aus dem Treueverhältnis zieht.[422]

Auch wenn man diese Voraussetzungen für die Entwickler hinter den DLT-Plattformen bejahen könnte,[423] gilt dies nicht für die Softwareentwickler hinter den DAO-Projekten. Diese bieten zwar durch die Erstellung der Software initial einen Service, der für die Zertifikatsinhaber von besonderer Bedeutung ist. Nach dieser Tätigkeit besteht auch eine Nachfrage. Durch die Übertragung der Kryptocoins im Rahmen der Initial Creation Phase legen die Zertifikatsinhaber ihr Vertrauen auch teilweise in die Fähigkeiten der Softwareentwickler, da sie sich darauf verlassen, dass die Software wie beschrieben funktioniert. Anders als bei der Aufsicht über die DLT-Plattformen (wie Bitcoin oder Ethereum)[424] durch ein Team von Entwicklern, ist eine fortdauernde Kontrolle durch die Ersteller der Software in den DAO-Projekten aber grundsätzlich nicht vorgesehen. Updates der großen DLT-Plattformen werden regelmäßig durch ein Entwickler-Team entschieden und vorbereitet.[425] Wird dieses Update von der Mehrzahl der Nutzer akzeptiert, so haben die übrigen Nutzer der Plattform keine Möglichkeit, sich den Änderungen zu verweigern ohne den Wert ihrer Kryptocoins zu gefährden.[426] In den DAO-Projekten ist dagegen vor jeder Änderung des Softwarecodes eine Abstimmung durch alle Zertifikatsinhaber vorgesehen. Auch wenn diese Änderungen vom ursprünglichen Entwicklerteam vorgenommen werden, so hat jeder Zertifikatsinhaber ein Mitspracherecht. Ein Missbrauch wäre zwar durch Einprogrammieren von Lücken in den ursprünglichen Softwarecode möglich, nicht jedoch aufgrund einer den Initiatoren dauerhaft übertragenen Einflussmöglichkeit.

Im Ergebnis ist davon auszugehen, dass die Initiatoren grundsätzlich nicht als Treuhänder der Zertifikatsinhaber anzusehen sind, soweit sich der Beitrag auf die initiale Erstellung der Software beschränkt und nachträgliche Änderungen der Software nur nach Zustimmung durch die Zertifikatsinhaber möglich sind.

---

422 *Frankel*, S. 6.

423 *Reyes*, Fordham Law Review, Forthcoming 2020 (28 ff.); *Walch*, in: Hacker/Lianos/Dimitropoulos u. a.

424 Siehe hierzu bereits allgemein oben unter B.I.1.b).

425 Beispielhaft die Ankündigung des *Ethereum Foundation Teams*, Ethereum Foundation Spring 2019 Update, abrufbar unter: https://blog.ethereum.org/2019/05/21/ethereum-foundation-spring-2019-update/.

426 *Walch*, in: Hacker/Lianos/Dimitropoulos u. a. (11 f.).

bb) Die Bereitstellung der Plattform als Auftragsleistung

Stattdessen könnten die Initiatoren ihre Tätigkeit im Rahmen eines Auftragsverhältnisses nach § 662 BGB für die Gesellschaft der Zertifikatsinhaber erfüllen. Dann müsste dem Handeln der Initiatoren der Wille zu entnehmen sein, durch die Erstellung der Software und der Dokumentation sowie die Pflege einer Plattform ein Geschäft der Gruppe der Zertifikatsinhaber unentgeltlich besorgen zu wollen. Zumindest bezüglich der Softwareerstellung und der Dokumentation ist dies abzulehnen, da diese bereits erstellt werden, bevor sich die Gruppe der Zertifikatsinhaber geformt hat. Die Erstellung der Software und der Dokumentation nehmen die Initiatoren zunächst als eigenes Geschäft vor.[427]

Anderes könnte für das Bereitstellen einer Plattform für den Austausch zwischen den Zertifikatsinhabern gelten. Eine solche wird oftmals anfangs von den Initiatoren des Projekts erstellt und gepflegt, um die Kommunikation zwischen den Zertifikatsinhabern zu ermöglichen.[428] Eine Geschäftsbesorgung kommt jedoch nur dann in Betracht, wenn die Initiatoren tatsächlich selbst die Plattform betreiben und der Austausch der Zertifikatsinhaber nicht auf Plattformen Dritter stattfindet (so zum Beispiel, wenn in geschlossenen Gruppen auf Social Media Plattformen über das Projekt diskutiert wird). Betreiben die Initiatoren eine Plattform für den Austausch der Zertifikatsinhaber ohne selbst Zertifikatsinhaber zu sein, so erscheint diese Tätigkeit als eine unentgeltliche Leistung an die Gruppe der Zertifikatsinhaber. Die Zertifikatsinhaber sind zur Durchführung ihrer Tätigkeit auf einen gegenseitigen Austausch angewiesen. Ohne diesen kann eine Diskussion über Abstimmungsgegenstände nicht sinnvoll stattfinden. Es besteht daher ein tatsächliches und wirtschaftliches Interesse der Gruppe der Zertifikatsinhaber an der Bereitstellung der Plattform, womit nicht von einem bloßen Gefälligkeitsverhältnis ausgegangen werden kann.[429] Stellen die Initiatoren eine Plattform für den Austausch der Zertifikatsinhaber bereit, so spricht dies daher für einen Geschäftswillen zum Abschluss eines Auftragsverhältnisses.

---

427 Denkbar wäre lediglich die Vornahme einer Geschäftsführung ohne Auftrag nach §§ 677 ff. BGB. Es wird aber wohl bereits an der Fremdheit des Geschäfts, mindestens jedoch am Fremdgeschäftsführungswillen der Initiatoren scheitern, da die Gruppe der Zertifikatsinhaber als solche noch nicht existiert und die Initiatoren mit dem Projekt zunächst eigene Zwecke verfolgen.

428 Siehe hierzu bereits oben unter Fn. 294.

429 Zur Abgrenzung zwischen dem Abschluss eines Rechtsgeschäfts mit Rechtsbindungswillen und des Gefälligkeitsverhältnisses kann auf die obenstehende Diskussion verwiesen werden, B.III.4.d)bb).

cc) Die Überlassung der Software als Schenkung

Für die Erstellung der Software und der dazugehörigen Dokumentation kommt eine Auftragsleistung nicht in Betracht. Stattdessen könnte es sich um einen Softwareüberlassungsvertrag in Form eines Schenkungsvertrages handeln. Grundsätzlich können Nutzungsrechte an der Software nach §§ 31 ff. UrhG in Erfüllung eines Schenkungsvertrages eingeräumt werden.[430] Die Software wird von den Initiatoren auf der DLT-Plattform implementiert und dort dezentral – ohne Kontrolle durch die Initiatoren – ausgeführt. Eine Nutzung der Software für die vorgesehenen Zwecke ist nach den Regeln der Software nur den Zertifikatsinhabern möglich. Es kann daher aus dem Handeln der Initiatoren auf den Willen geschlossen werden, die Software den Zertifikatsinhabern für die Verfolgung ihrer Zwecke zur Verfügung zu stellen. Diese Übertragung der eigentumsähnlichen Rechtsposition ist nicht zeitlich begrenzt. Eine Rücknahme ist nicht möglich. Es ist daher von einer dauerhaften Überlassung der Software auszugehen. Für die Überlassung wird kein Entgelt verlangt. Der Geschäftswille der Initiatoren und Zertifikatsinhaber ist daher bezüglich der Überlassung der Software auf die Erfüllung eines Schenkungsvertrages gerichtet.

dd) Zwischenergebnis

Die Untersuchung zeigt, dass bezüglich der Bereitstellung einer Austauschplattform vom Geschäftswillen der Initiatoren und der Gruppe der Zertifikatsinhaber zum Abschluss eines Auftragsverhältnisses auszugehen ist. Die Überlassung der Software erfolgt in Erfüllung eines Schenkungsvertrages der Initiatoren an die Gruppe der Zertifikatsinhaber. Ein Treuhandverhältnis zwischen den Initiatoren und der Gruppe der Zertifikatsinhaber ist dagegen nicht ersichtlich.

b) Externe Prüfer als Beauftragte der Gruppe der Zertifikatsinhaber

Die Prüfer, welche selbst nicht Zertifikatsinhaber sind, leisten mit ihrer Tätigkeit an die Gruppe der Zertifikatsinhaber. Eine Entlohnung ist dabei regelmäßig nicht vorgesehen. Es kommen folglich auch hier nur unentgeltliche Verträge in Betracht. Ähnlich wie bei der Bereitstellung der Austauschplattform durch die Initiatoren ist eine unentgeltliche Geschäftsbesorgung nach § 622 BGB durch die Prüfer möglich. Die Gruppe der Zertifikatsinhaber ist für die Funktionsfähigkeit

---

430 Dreier/Schulze/*Schulze*, § 31 UrhG, Rn. 15; Leupold/Glossner/*Bussche/Schelinski*, Teil 1, Rn. 260; *Jaeger/Metzger*, Rn. 279–283. Auf die urheberrechtlichen Details soll an dieser Stelle nicht näher eingegangen werden.

des Projekts auf die Vorabstimmungen angewiesen[431] und hat folglich auch ein tatsächliches und wirtschaftliches Interesse an der Erbringung der Leistung. Mithin wird man auch hier davon ausgehen können, dass ein Rechtsbindungswille der Beteiligten besteht.[432] Die von den Prüfern erbrachte Leistung der Vorprüfung der eingehenden Angebote erfolgt in Erfüllung eines Auftragsverhältnisses mit der Gruppe der Zertifikatsinhaber.

c) Externe Proposer als Erbringer einer Gefälligkeit

Sind die Proposer nicht selbst Teil der Gruppe der Zertifikatsinhaber, so muss nach dem Inhalt der von ihnen abgegebenen Angebote unterschieden werden. Die Angebote können die Auszahlung von Mitteln aus der Budget-Wallet in Projekte des externen Proposers oder in Projekte von Dritten, die mit dem Proposer in Verbindung stehen, beinhalten. Ist dies der Fall, so ist anzunehmen, dass die Tätigkeit der externen Proposer als Abgabe eines Angebots nach § 145 BGB zum Abschluss eines je nach Einzelfall näher zu bestimmenden Vertrages[433] mit dem Verband der Zertifikatsinhaber zu verstehen ist.

Betrifft der Inhalt des Angebots keine Auszahlung aus der Budget-Wallet an den externen Proposer oder mit ihm in Verbindung stehender Dritter, so profitiert der externe Proposer regelmäßig nicht von einer positiven Abstimmung über das Angebot. Die externen Proposer könnten dann mit dieser Tätigkeit eine Leistung an die Gruppe der Zertifikatsinhaber erbringen. Wie bei der Tätigkeit der externen Prüfer ist dabei auch für die externen Proposer keine Entlohnung vorgesehen.[434] Anders als bei der Tätigkeit der Prüfer, sind die Zertifikatsinhaber aber auf externe Proposer zur Regelung ihrer Angelegenheiten nicht angewiesen, da die Angebote grundsätzlich auch von den Zertifikatsinhabern selbst eingebracht werden können. Es ist dann auch nicht ohne Weiteres ersichtlich, welchen Nutzen externe Proposer durch die Einbringung von Angeboten haben, wenn diese nicht selbst Zertifikatsinhaber sind. Die Gruppe der Zertifikatsinhaber hat in diesen Fällen regelmäßig kein tatsächliches oder wirtschaftliches Interesse an Angeboten von außerhalb. Den Parteien ist daher kein

---

431 *Bannon*, The Tao of "The DAO" or How the autonomous corporation is already here; *Roussel*, The DAO, the Curators: Evaluating and mitigating the legal risks.

432 Zu den Voraussetzungen des Rechtsbindungswillens bereits oben unter B.III.4.d)bb).

433 Auf die verschiedenen Möglichkeiten zur Vertragsgestaltung zwischen dem Verband der Zertifikatsinhaber und Dritten soll an dieser Stelle nicht näher eingegangen werden.

434 *Jentzsch*, Decentralized Autonomous Organization to automate governance.

Rechtsbindungswille zum Abschluss eines Vertrages zu entnehmen.[435] Vielmehr erscheint die Einbringung von Angeboten durch externe Proposer außerhalb der Gruppe der Zertifikatsinhaber im Regelfall als eine bloße Gefälligkeit.[436]

4. Zwischenergebnis

Gründet die Gruppe der Zertifikatsinhaber einen rechtlichen Verband, so sind nur die Zertifikatsinhaber Mitglieder des Verbandes. Insbesondere wird zwischen den am Gesamtprojekt Beteiligten keine Innengesellschaft gegründet. Stattdessen sind Austauschverträge zwischen der Gruppe der Zertifikatsinhaber und den Initiatoren und Prüfern erkennbar. Die Bereitstellung einer Austauschplattform durch die Initiatoren erfolgt, ebenso wie die Vorprüfung der eingehenden Angebote, durch die Prüfer in Erfüllung eines Auftragsverhältnisses. Die Überlassung der steuernden Software durch die Initiatoren stellt eine Schenkung dar. Werden Angebote durch externe Proposer eingereicht, so sind diese entweder Angebote zum Abschluss eines Vertrages an die Gruppe der Zertifikatsinhaber oder bloße Gefälligkeiten ohne Rechtsbindungswillen.

Es sei jedoch angemerkt, dass die Initiatoren, Prüfer und Proposer meist selbst aus der Gruppe der Zertifikatsinhaber stammen. In diesem Fall werden sie, abhängig vom Ergebnis der in Abschnitt III vorgenommenen Prüfung, Mitglieder des Verbandes der Zertifikatsinhaber.

V. Ergebnis zur Gründung eines rechtlichen Verbandes

Die bisherige Prüfung hat ergeben, dass eine DAO eine Abstimmungssoftware auf einer DLT-Plattform ist, die der Förderung eines bestimmten Projekts dient und hierfür Zertifikate (Governance-Certificates) ausgibt, die zur Teilnahme an den Abstimmungen berechtigen.

Diejenigen, die über ein Governance-Certificate verfügen (Zertifikatsinhaber), handeln bei Erwerb dieses Zertifikats mit dem Bewusstsein, etwas rechtlich Erhebliches zu erklären. Für die Auslegung des Inhalts der von den Zertifikatsinhabern abgegebenen Erklärung darf nicht nur der Inhalt des das DAO-Projekt steuernden Softwarecodes Beachtung finden. Stattdessen müssen auch alle äußerlich erkennbaren Umstände im Zeitpunkt des Erwerbs des

435 Zu den Voraussetzungen des Rechtsbindungswillens bereits oben unter B.III.4.d)bb).

436 Soweit es die Umstände des Einzelfalls zulassen, könnte man hier auch zu anderen Ergebnissen gelangen. An dieser Stelle soll diese Feststellung indes genügen, da es hier nur darum geht, eine Mitgliedschaft externer Proposer am Verband auszuschließen.

Governance-Certificates, insbesondere die Dokumentation des Projekts, für die Auslegung des Willens der Zertifikatsinhaber zugrunde gelegt werden.

Die Frage, ob die Zertifikatsinhaber demnach den Geschäftswillen zur Gründung eines rechtlichen Verbandes äußern, kann nicht einheitlich beantwortet werden. Dieser Geschäftswille ist dann zu verneinen, wenn das DAO-Projekt nicht über eine gesonderte Adresse, auf der Kryptocoins nach Abstimmung durch die Zertifikatsinhaber ausgezahlt werden (Budget-Wallet), verfügt, sondern die Zertifikatsinhaber durch ihre Abstimmungen Parameter eines mit der DAO verbundenen Gesamtprojekts verändern (Steuerungs-DAO). Hier stehen die einzelnen Zertifikatsinhaber in einem Austauschverhältnis mit den Initiatoren der DAO und dem mit ihr verbundenen Gesamtprojekt.

Der Geschäftswille zur Gründung eines rechtlichen Verbandes ist hingegen zu bejahen, wenn das DAO-Projekt über eine Budget-Wallet verfügt und die Zertifikatsinhaber über die Verwendung dieser Mittel abstimmen (Finanzierungs-DAO). Eine Besonderheit ergibt sich dabei für die DAO-Projekte, in denen die DAO mit einem Gesamtprojekt verbunden ist, die Budget-Wallet aus den Transaktionsgebühren dieses Gesamtprojekts gespeist wird und keine Auszahlungsmöglichkeit für die Zertifikatsinhaber aus der Budget-Wallet besteht. In diesen Fällen ist nicht von der Bildung eines Gesellschaftsvermögens durch den Verband der Zertifikatsinhaber auszugehen. Dies hat zur Folge, dass der von den Zertifikatsinhabern gegründete Verband keine Rechtsfähigkeit besitzt, dennoch aber Außen-Personengesellschaft ist. In allen anderen Finanzierungs-DAO-Projekten ist grundsätzlich jede Verbandsform denkbar.

Die Initiatoren der Projekte, sowie diejenigen die eine Vorprüfung der eingehenden Angebote vornehmen (Prüfer) oder Angebote an die Gruppe der Zertifikatsinhaber senden (Proposer) werden nur dann Mitglieder des Verbandes, wenn sie selbst ein Governance-Certificate halten. Ansonsten stehen sie mit der Gruppe der Zertifikatsinhaber entweder in einem Austauschverhältnis oder in einem Verhältnis ohne rechtliche Bindungen.

Die Prüfung in diesem Abschnitt hat bislang nur ergeben, unter welchen Voraussetzungen ein rechtlicher Verband der Zertifikatsinhaber gegründet wird. Bislang ungeklärt ist, welche Folgen sich hieraus für die Haftung der Zertifikatsinhaber für die Verbindlichkeiten dieses Verbandes ergeben. Dieser Frage wird im folgenden Abschnitt nachgegangen.

C. Die Haftung der Zertifikatsinhaber für die Verbindlichkeiten des Verbandes

Im vorangegangenen Abschnitt wurde festgestellt, dass die Gruppe der Zertifikatsinhaber in der Finanzierungs-DAO einen rechtlichen Verband gründen, während die Zertifikatsinhaber in der Steuerungs-DAO mit den Initiatoren des Gesamtprojekts in einem Austauschverhältnis stehen. Auf die Projekte der Steuerungs-DAO soll daher in diesem Abschnitt nicht weiter eingegangen werden. Stattdessen sind die Finanzierungs-DAO-Projekte näher zu untersuchen.

Der Erwerb des Governance-Certificates einer Finanzierungs-DAO kann nämlich mit erheblichen Haftungsrisiken verbunden sein. Nimmt der Verband am Rechtsverkehr teil, so können Ansprüche Dritter gegen den Verband entstehen. Für diese Verbindlichkeiten könnte eine persönliche Haftung der Zertifikatsinhaber, als Mitglieder des Verbandes, bestehen. Ob eine solche persönliche Haftung der Zertifikatsinhaber für die Verbindlichkeiten des Verbandes besteht und welchen Umfang diese hat, hängt zunächst von der Rechtsform des Verbandes ab. Im Folgenden wird daher näher untersucht, welche Rechtsform der Verband nach dem erkennbaren Willen der Zertifikatsinhaber haben soll (I.). Im Anschluss werden die sich daraus ergebenden Haftungsfolgen für die Zertifikatsinhaber aufgezeigt (II.) und schließlich erörtert, inwieweit eine etwaige Haftung ausgeschlossen oder beschränkt werden kann (III.).

I. Die Rechtsform des Verbandes

Für die Haftung der Mitglieder für die Verbindlichkeiten des Verbandes ist insbesondere entscheidend, ob es sich bei diesem um eine Körperschaft oder Personengesellschaft handelt. Die Körperschaft ist als rechtsfähige juristische Person alleiniger Schuldner gegenüber Dritten.[437] Als Haftungsmasse dient den Gläubigern daher grundsätzlich nur das Gesellschaftsvermögen.[438] Eine Haftung der einzelnen Mitglieder für die Verbindlichkeiten der Körperschaft ist regelmäßig ausgeschlossen.[439]

437 MüKo-BGB/*Leuschner*, Vor § 21, Rn. 1.

438 Ausdrücklich normiert für die AG in § 1 Abs. 1 S. 2 AktG, für die GmbH in § 13 Abs. 2 GmbHG, für den rechtsfähigen Verein siehe *Schmidt*, S. 719.

439 *BGHZ* 102, 95 (103) = NJW 1988, 255–257; *BGHZ* 125, 366 (368) = WM 1994, 896–901; *BGHZ* 175, 12 (18) = WM 2008, 358–363.

Im Recht der Personengesellschaften sind die Mitglieder hingegen nicht von der persönlichen Haftung befreit.[440] Als Ausgleich für die fehlenden Vorschriften zum Kapitalschutz, ist für die oHG nach § 128 HGB eine akzessorische Haftung der Gesellschafter für die Verbindlichkeiten der Gesellschaft vorgesehen. Diese gilt nach allgemeiner Ansicht analog auch für die BGB-Gesellschaft.[441] Eine Ausnahme von der persönlichen Haftung gilt zunächst nur für Kommanditisten einer Kommanditgesellschaft, die nach § 171 HGB von der persönlichen Haftung gegenüber den Gläubigern befreit sind, soweit sie ihre Einlage geleistet haben.[442]

Im vorherigen Abschnitt wurde für die Gruppe der Zertifikatsinhaber in der Management- und Spenden-DAO, deren Budget-Wallet nicht aus den Mitteln der Zertifikatsinhaber gespeist wird und für die keine Auszahlungsmöglichkeit besteht, bereits festgestellt, dass es sich beim gegründeten Verband nur um eine Personengesellschaft handeln kann.[443] Unklar bleibt aber dennoch, welcher Typ Personengesellschaft gewollt ist. In allen anderen Finanzierungs-DAO-Projekten ist grundsätzlich offen, auf die Gründung welcher Verbandsform sich der Geschäftswille der Zertifikatsinhaber richtet.

Während im Innenrecht der Gesellschaften grundsätzlich Vertragsfreiheit herrscht, gilt im Außenrecht bei der Wahl der Rechtsform ein numerus clausus.[444] Aus Gründen des Verkehrsschutzes hat der Verband Mindestvoraussetzungen zu erfüllen, um am Rechtsverkehr teilnehmen zu dürfen. Damit der Verkehr Klarheit über die Haftungsverfassung der Gesellschaft hat, ist erforderlich, dass sich der Verband einer der gesetzlich vorgegebenen Verbandsformen bedient.[445]

Die Frage der Rechtsform des Verbandes der Finanzierungs-DAO bestimmt sich nach dem von den Zertifikatsinhabern geäußerten Willen, welcher wiederum durch die dem Projekt zugrundeliegende Software und deren Dokumentationen objektiviert ist.[446] Weder im Softwarecode noch in den Dokumentationen der hier untersuchten DAO-Projekte finden sich aber konkrete Hinweise auf die

---

440 Henssler/Strohn/*Steitz*, § 128 HGB, Rn. 1.

441 Siehe dazu näher unten unter C.II.2.

442 In Ausnahmefällen kann es auch für andere Personengesellschaften Haftungsbeschränkungen für die Mitglieder geben. Auf diese wird im Laufe der Untersuchung eingegangen (C.III.).

443 Siehe hierzu die Ergebnisse unter B.III.5.b)bb)(2) und B.III.5.b)cc)(2).

444 *Schmidt*, S. 96.

445 Hierzu *Koller*, S. 96 ff.; *Schmidt*, S. 96; *Westermann*, S. 118.

446 Siehe hierzu bereits unter B.II.3.

Wahl einer bestimmten Rechtsform.[447] Aus der gewollten Organisationsstruktur des Verbandes lassen sich dennoch Rückschlüsse auf die gewollte Rechtsform ziehen. Stimmt die von den Zertifikatsinhabern gewollte Organisation des Verbandes mit der einer bestimmten Rechtsform überein, so ist dies Indiz dafür, dass diese Rechtsform von den Verbandsmitgliedern gewollt ist.

Erste Hinweise auf eine gewollte Rechtform können sich aus Gemeinsamkeiten des Verbands der Zertifikatsinhaber in der Finanzierungs-DAO mit bereits existierenden Verbänden ergeben. Zeigt sich, dass der Verband der Finanzierungs-DAO mit bereits existierenden Verbänden vergleichbar ist und werden diese stets in einer bestimmten Rechtsform betrieben, so kann dies dafür sprechen, dass von den Zertifikatsinhabern im Verband der Finanzierungs-DAO ebenfalls ein Betrieb in dieser Rechtsform gewollt ist. Die folgende Betrachtung beginnt daher mit einer Untersuchung auf Gemeinsamkeiten und Unterschiede mit bereits existierenden Verbänden (1.).

Da für die Haftung der Zertifikatsinhaber insbesondere die Unterscheidung zwischen einer Körperschaft und einer Personengesellschaft relevant ist, wird in der Folge geprüft, inwieweit der Verband der Zertifikatsinhaber in der Finanzierungs-DAO nach objektiver Betrachtung die Charakteristika einer Körperschaft aufweist (2.). Für diejenigen Verbände, die diese Voraussetzungen nicht erfüllen und folglich nach dem Willen der Zertifikatsinhaber nur Personengesellschaften sein können, folgt eine nähere Prüfung der Voraussetzungen der einzelnen Typen von Personengesellschaften (3.).

1. Rechtsformen verwandter Verbände

Die Gründung dezentraler Organisationen auf einer DLT-Plattform ist zwar ein neues Phänomen. Der Gedanke der Kollektivierung des Vermögens einer großen Anzahl von Anlegern mit dem Zweck der gewinnbringenden Investition oder der Förderung eines Projekts ist jedoch keinesfalls eine Geburt der DLT. Auch klassische Investmentfonds, Investmentclubs oder Crowdfunding-Projekte verfolgen diese Zwecke. Teilweise wurden DAO-Projekte auch mit dem US-amerikanischen Business-Trust verglichen.[448]

---

447 Teilweise wird die Frage der Rechtsform angesprochen, jedoch bewusst offengelassen. So findet sich beispielsweise bei *Jentzsch*, Decentralized Autonomous Organization to automate governance, die Formulierung: "This paper does not speculate about the legal status of DAOs worldwide. This paper is not intended to offer legal advice or conclusions. Anyone who uses DAO code will do so at their own risk.".

448 *Reyes*, George Washington Law Review 2019, 373–429.

Im Folgenden wird untersucht, inwieweit der Verband der Zertifikatsinhaber in der Finanzierungs-DAO mit Business Trusts (a)), Crowdfunding-Projekten (b)), geschlossenen Investmentfonds (c)) oder Investmentclubs (d)) vergleichbar ist. Zeigt sich, dass der Verband einem dieser Organisationsformen entspricht, so könnte von den Zertifikatsinhabern eine Rechtsform gewollt sein, die üblicherweise auch bei den geprüften Verbänden gewählt wird.

a) Business Trust

Der „Business Trust" oder „Massachusetts Trust" ist eine Organisationsform des US-amerikanischen Common Law.[449] Nach der Rechtsprechung des US Supreme Courts handelt es sich bei diesem um eine Organisation, die auf einer Vereinbarung fußt, nach der Eigentum an Treuhänder übergeben wird, die dieses nach vereinbarten Regeln für die Treugeber verwalten. Die Ansprüche auf das übertragene Eigentum werden durch Zertifikate verkörpert, die von den Treugebern gehalten und übertragen werden können.[450]

Die Gründung eines solchen Trusts setzt kein staatliches Handeln voraus. Vielmehr genügt die Einräumung der Verwaltungsrechte von den Treugebern auf die Treuhänder.[451] Die Organisationsform erfreute sich daher insbesondere zu einer Zeit großer Beliebtheit, als die Gründung einer „Corporation" mit beachtlichen Hürden verbunden war. Der Trust ermöglichte ähnliche Vorteile bei geringem Gründungsaufwand.[452]

Für die DAO-Projekte wurde vorgeschlagen, dass auch diese in der Form eines Business Trust gegründet werden könnten. Die Form des Business Trust biete die Möglichkeit einer Beteiligung ohne das Risiko einer persönlichen Haftung für die Zertifikatsinhaber.[453]

Die Anwendung der Regelungen zum Business Trust auf die hier untersuchten DAO-Projekte bereitet jedoch Probleme. Zunächst sind die Charakteristika eines Business Trust nur in der Management- und Steuerungs-DAO erkennbar, bei denen die Mittel aus der Budget-Wallet aus den Transaktionsgebühren des Gesamtprojekts stammen und keine Auszahlungsmöglichkeit für die Zertifikatsinhaber besteht. Hier ließe sich nämlich annehmen, dass die Gruppe der Zertifikatsinhaber als Treunehmer auftreten und die Nutzer des Gesamtsystems

---

449 *Jones/Moret/Sorey*, Delaware Journal of Corporate Law 1988, 421–458.
450 Hecht v. Malley, 265 U.S. 144, 146 (1924) (Sanford, J.).
451 *Rutledge/Schaefer*, Real Property, Trust and Estate Law Journal 2013, 83 (88).
452 *Morley*, Columbia Law Review 2016, 2145 (2166 f.).
453 *Reyes*, George Washington Law Review 2019, 373–429.

Treugeber sind, welche Mittel in die Budget-Wallet zur Verwaltung durch die Zertifikatsinhaber übertragen. Regelmäßig wird es dann jedoch an einem Zertifikat fehlen, das einen Anspruch der Nutzer auf die Mittel in der Budget-Wallet verkörpert. Das Treuhandverhältnis bestünde weiter nur zwischen den Nutzern des Gesamtprojekts und der Gruppe der Zertifikatsinhaber. Die hier zu beurteilende Rechtsbeziehung zwischen den Zertifikatsinhabern wäre damit nicht geklärt.[454]

Weiter ist die Organisationsform des Business Trusts zwar im Common Law bekannt. Eine entsprechende Rechtsform findet sich jedoch im deutschen Recht nicht.[455] Auch aus diesem Grund ist eine entsprechende Anwendung für die hier vorgenommene Untersuchung nicht zielführend. Es lässt sich mithin festhalten, dass eine Übertragung der rechtlichen Gestaltung beim Business Trust für die hier zu beurteilenden DAO-Projekte nicht in Betracht kommt. Die Organisationsform der Finanzierungs-DAO könnte stattdessen mit dem Crowdfunding vergleichbar sein.

b) Equity-based Crowdfunding (Crowdinvesting)

Das Finanzierungsmodell des „Equity-based Crowdfunding" (im deutschsprachigen Raum auch „Crowdinvesting"[456]), stellt eine Unterform des Crowdfunding dar. Beim Crowdfunding handelt es sich um die „Finanzierung eines Vorhabens durch Appell an die Masse"[457]. Eine große Anzahl von Kleinanlegern wird – regelmäßig über das Internet – animiert, in ein Unternehmen zu investieren.[458] Neben dem Crowdinvesting sind ein Donation-, ein Reward- und ein Lending-Modell denkbar.

Beim Donation-Modell spenden die Anleger die Mittel an die Betreiber des Projekts.[459] Wie bereits gezeigt, ist dies bei den Projekten der Finanzierungs-DAO nicht der Fall. Hier werden die Anleger am Projekt beteiligt.[460] Weiter ist

---

454 Dass eine Anwendung der Normen auf die DAO-Projekte, die wie die hier untersuchten gestaltet sind, nicht in Betracht kommt, räumt auch die befürwortende Autorin ein, *Reyes*, George Washington Law Review 2019, 373 (416).

455 Treuhandverhältnisse erschöpfen sich im deutschen Recht in der Vereinbarung einer schuldrechtlichen Geschäftsbesorgung. Näher zur Abgrenzung MüKo-BGB/*Leuschner*, Vor § 21, Rn. 14.

456 *Klöhn/Hornuf*, ZBB 2012, 237–266; *Söpper*, S. 34.

457 *Bareiß*, ZUM 2012, 456 (457).

458 *Belleflamme/Lambert/Schwienbacher*, Journal of Business Venturing 2014, 585 (588).

459 *Kortleben*, S. 25 f.; *Söpper*, S. 25.

460 Siehe hierzu bereits die Ergebnisse des Abschnitts B.

es möglich, dass die Anleger für ihre Einzahlung ein Produkt oder eine nicht monetäre Gegenleistung erhalten (Reward-Modell) oder die Einzahlung als Darlehen an die Betreiber des Projekts verstanden wird (Lending-Modell).[461] Es wurde jedoch bereits festgestellt, dass die Leistung der Zertifikatsinhaber im Verband der Finanzierungs-DAO nicht als Darlehen an die Initiatoren zu verstehen ist.[462] Die Zertifikatsinhaber werden Teil eines gegründeten Verbandes. Folglich besteht die Gegenleistung auch nicht aus einem bloßen Produkt oder anderen nicht monetären Gütern.[463] Weder das Donation- noch das Reward- oder Lending-Modell passt zu den hier untersuchten Projekten. Im Folgenden wird daher nur auf das Crowdinvesting eingegangen.

Im Falle des Crowdinvestings besteht die Gegenleistung in einer Beteiligung an der für das Projekt gegründeten Gesellschaft oder am Gesellschaftserfolg.[464] Von den Emittenten werden im Gegenzug Eigenkapital oder hybride Finanzierungsinstrumente an Kleinanleger ausgegeben.[465] Rechtlich kann das Crowdinvesting unterschiedlich ausgestaltet sein. Meist wird zwischen den Unternehmern und den Anlegern ein partiarisches Nachrangdarlehen vereinbart, mit welchem diese am Erfolg des Unternehmens beteiligt werden. In Betracht kommt aber auch eine stille Beteiligung oder die Gewährung von Genussrechten.[466]

Crowdfunding-Projekte haben mit den Projekten der Finanzierungs-DAO gemein, dass eine Vielzahl von Investoren zum Investment in ein neues Projekt animiert werden.[467] Ähnlich wie die Unternehmer, die sich um ein Investment bei den Anlegern bewerben, stellen die Initiatoren der DAO-Projekte eine Dokumentation des Vorhabens, meist auf einer eigenen Webseite, bereit.[468] Beim Crowdinvesting wird der Kontakt zwischen Unternehmern und Investoren regelmäßig über eine zentrale Plattform hergestellt. Für die Beteiligung am

---

461 *Kortleben*, S. 25 f.; *Söpper*, S. 25.

462 Siehe hierzu bereits unter B.III.2.c).

463 Zwar wurde das Governance-Certificate in der Digix DAO als ein Software-Produkt ausgewiesen, das als "Belohnung" für die Teilnahme ausgegeben wird, *DigixGlobal*, DigixDAO (DGD) Information. Dies widerspricht jedoch den oben gefunden Ergebnissen.

464 *Baumann*, S. 9.

465 *Klöhn/Hornuf*, ZBB 2012, 237 (239).

466 *Kortleben*, S. 25 f.; *Söpper*, S. 94 ff.

467 *Grassegger*, Die erste Firma ohne Menschen; *Quentson*, Gold Backed Digix Raises Millions in Hours on Ethereum Blockchain Crowdsale.

468 Siehe hierzu bereits unter B.II.3.

DAO-Projekt ist eine solche nicht notwendig. Die Interessierten können die Zertifikate direkt über die zugrundeliegende DLT-Plattform erwerben.[469]

Im Unterschied zum Crowdinvesting investieren die Zertifikatsinhaber in der Finanzierungs-DAO aber nicht in ein Unternehmen der Initiatoren. Wie in der Untersuchung bereits gezeigt, werden nur die Zertifikatsinhaber Mitglieder des Verbandes.[470] Dieser wird nicht von den Initiatoren geführt. Initiatoren und einzelne Zertifikatsinhaber stehen nicht in einem Austauschverhältnis, womit partiarische Austauschverträge nicht in Betracht kommen. Genussrechte werden ebenfalls nicht gewährt. Da die Zertifikatsinhaber am Vermögen der Gesellschaft beteiligt sind,[471] liegt auch keine stille Beteiligung vor.

Die Initiatoren der DAO-Projekte nehmen mithin keine den Emittenten des Crowdinvestings vergleichbare Rolle ein. Während die Entscheidungen zur Führung des Unternehmens beim Crowdinvesting von den Emittenten getroffen werden, übernimmt diese in der Finanzierungs-DAO die Gruppe der Zertifikatsinhaber.[472] Die Beteiligungsstrukturen des Crowdinvestings passen mithin nicht zu den Projekten der Finanzierungs-DAO. Möglich erscheint stattdessen eine Vergleichbarkeit mit geschlossenen Investmentfonds.

c) Geschlossener Investmentfonds

Bei einem Investmentfonds handelt es sich um ein Sondervermögen, das von einer Kapitalanlagegesellschaft gehalten wird.[473] Das Fondsvermögen bleibt vom Vermögen der Kapitalanlagegesellschaft getrennt. Die Anleger zahlen Kapital in den Fonds ein und erhalten im Gegenzug Anteile. Regelmäßig verwahrt eine Depotbank den Fond und verwaltet die Ausgabe der Anteile.[474]

Ein geschlossener Fonds hat einen festen Anlegerkreis.[475] Die Fondsanteile werden im Rahmen einer Angebotsphase an die Anleger ausgegeben. In der Folge findet keine weitere Ausgabe von Anteilen statt. Die erworbenen Anteile können zwar weiter veräußert, nicht aber zurückgegeben werden. Verbreitet

---

469 Siehe hierzu bereits die Erläuterungen unter B.I.2.b)bb).

470 Siehe hierzu bereits unter B.IV.

471 Siehe zur Vermögensordnung bereits unter B.III.2.

472 Siehe zur Bildung eines Verbandswillens durch die Zertifikatsinhaber bereits unter B.III.c).

473 https://wirtschaftslexikon.gabler.de/definition/investmentfonds-39812 (zuletzt abgerufen am 02.05.2020).

474 *Raab*, S. 1 f.; *Seip*, in: Gehwald/Naumann, S. 13 (18 ff.).

475 WBA/*Wind/Fritz*, KAGB Vor §§ 230–260, Rn. 8.

sind geschlossene Fonds insbesondere als Immobilienfonds, wobei grundsätzlich auch in andere Asset-Klassen investiert werden kann.[476]

Bei geschlossenen Immobilienfonds werden die Anleger stets selbst Gesellschafter.[477] Die so gegründete Gesellschaft wird dann regelmäßig in Form einer Publikumspersonengesellschaft oder einer AG betrieben.[478] Im Falle der Publikumspersonengesellschaft wird es sich meist um eine Kommanditgesellschaft handeln. Die Verwalter des Fonds nehmen an dieser als Komplementär, meist über eine Kapitalverwaltungsgesellschaft (KVG), teil.[479] Da es sich bei dem verwalteten Vermögen regelmäßig um ein Investmentvermögen nach dem KAGB handelt, ist diese rechtliche Konstruktion nach § 139 KAGB auch vorgeschrieben.[480]

Geschlossene Immobilienfonds weisen zunächst einige Gemeinsamkeiten zu den hier untersuchten Finanzierungs-DAO-Projekten auf. Ähnlich wie bei geschlossenen Fonds ist die Zahl der ausgegebenen Anteile begrenzt. Anteile, in Form der Governance-Certificates, können regelmäßig nur während der Initial Creation Phase erworben werden. Eine Rücknahme ist nicht vorgesehen. Wie bereits gezeigt, werden die von den Zertifikatsinhabern eingezahlten Mittel wie ein Sondervermögen verwaltet.[481] Die DAO-Projekte unterscheiden sich von einem klassischen Investmentfonds zwar dadurch, dass die Ausgabe und Verwahrung der Anteile nicht von einer Depotbank übernommen werden, sondern stattdessen die Verwaltung alleine durch den Softwarecode der genutzten DLT-Plattform erfolgt. Dies allein hat jedoch auf die Rechtsform des Verbandes keine Auswirkungen. Grundsätzlich ließen sich die Anteile eines Investmentfonds auch ohne die Hilfe von Banken verwalten.[482]

Der entscheidende Unterschied zwischen dem klassischen geschlossenen Investmentfonds und der Finanzierungs-DAO liegt in der Organisation der Geschäftsführung. Die Entscheidung über die Verwendung der Mittel wird nicht von allen Anlegern getroffen, sondern in die Hände von Fondsmanagern gelegt,

---

476 NK-BGB/*Heidel*, § 705, Rn. 59; *Raab*, S. 75.

477 https://www.gabler-banklexikon.de/definition/geschlossener-fonds-58378 (zuletzt abgerufen am 02.05.2020).

478 *Raab*, S. 35 f.

479 *Raab*, S. 17 ff.; *Wagner*, ZfBR 2015, 113 (115 f.).

480 Siehe zum Rechtsformzwang des § 139 KAGB später ausführlich unter C.I.3.b).

481 Siehe zur Vermögensordnung bereits unter B.III.2.

482 Zwar wird die Verwahrstelle stets als wichtiger Player im „Investmentdreieck" genannt, *Raab*, S. 55; *Seip*, in: Gehwald/Naumann, S. 13 (19). Diese Betrachtung bezieht jedoch nicht die Möglichkeit einer dezentralen Vermögensverwaltung durch DLT mit ein.

die als Geschäftsführer über die vorzunehmenden Investitionen entscheiden.[483] Eine Beteiligung der Anleger an den Investitionsentscheidungen findet nicht statt. Hierfür fehlen dem klassischen Investmentfonds effiziente Möglichkeiten, da nicht für jede Entscheidung jeder Anleger kontaktiert werden kann. Zudem besteht an dieser Konstruktion auch seitens der Anleger kein Interesse. Die Entscheidung über die richtige Anlagestrategie soll gerade in die Hände der (besser informierten) Fondsmanager gelegt werden. Hierfür werden die Manager durch eine Beteiligung an den Gewinnen sogar vergütet.[484] Das KAGB reguliert die Tätigkeit der KVG, um die Anleger des Fonds zu schützen.[485] Diese Regulierung setzt voraus, dass Anleger und Fondsmanager personenverschieden sind. Der Fall eines von allen Anlegern selbst verwalteten geschlossenen Investmentfonds ist zwar grundsätzlich denkbar, lässt sich jedoch in der Praxis kaum antreffen und widerspricht dem Konzept der Fonds nach dem KAGB.[486]

Die Zwecke des geschlossenen Investmentfonds und des Verbandes der Zertifikatsinhaber in der Finanzierungs-DAO sind vergleichbar. Die unterschiedliche Art der Vermögensverwaltung sprechen aber gegen eine Übertragung der gewählten Rechtsform. Ohne weitere Untersuchung wird man nicht davon ausgehen können, dass die für geschlossene Investmentfonds gewählten Rechtsformen auch für den Verband der Finanzierungs-DAO gewollt sind. Stattdessen wird im Folgenden untersucht, inwieweit eine Vergleichbarkeit mit Investmentclubs besteht.

d) Investmentclubs

Sog. Investmentclubs (teils auch Wertpapierclub[487], Aktienclub[488] oder Kapitalpool[489]) sind nach Definition der BaFin „Vereinigungen von natürlichen Personen […] unter Führung eines Geschäftsführers oder mehrerer Geschäftsführer

---

483 https://www.gabler-banklexikon.de/definition/kapitalverwaltungsgesellschaft-kvg-99286 (zuletzt abgerufen am 02.05.2020).

484 Zur Begleichung der „Total-Expanse-Ratio“ (TER) wird der entsprechende Betrag jährlich vom Fondsvermögen abgezogen, https://www.gabler-banklexikon.de/definition/gesamtkostenquote-99362 (zuletzt abgerufen am 02.05.2020).

485 HK-InvestmentR/*Patzner/Schneider-Deters*, Vor § 1, Rn. 1.

486 Das KAGB löst das InvG ab und dient der Umsetzung der OGAW-Richtlinie, welche den Schutz der Anleger gegenüber den Verwaltern von Investmentvermögen regelt, HK-InvestmentR/*Patzner/Schneider-Deters*, Vor § 1, Rn. 1.

487 MHdB GesR I/*Fischer/Palenker*, § 9, Rn. 36.

488 *OLG Karlsruhe*, WM 2013, 643–647 = DStR 2013, 615–616.

489 *Weitnauer*, GWR 2014, 1 (3).

für die gemeinsame Anlage ihres privaten Vermögens in Aktien, Schuldtiteln und anderen Finanzinstrumenten. Charakteristisch für diese Vereinigungen ist, dass ihre Mitglieder nicht auf professionelle Weise angeworben werden, sondern sich privat zusammenfinden, das gemeinsame Vermögen in eigener Regie verwalten, ihren Geschäftsführer aus ihren eigenen Reihen wählen und die Freiheit behalten, sich grundsätzlich jederzeit mit ihrem Anteil wieder von dem Investmentclub lösen zu können.“[490] Investmentclubs werden meist in Form der Gesellschaft bürgerlichen Rechts gegründet,[491] wobei auch die Gründung eines nicht rechtsfähigen Vereins möglich ist.[492]

Vergleicht man die Finanzierungs-DAO mit dem Investmentclub, so fällt zunächst auf, dass die Projekte der Finanzierungs-DAO regelmäßig nicht in Aktien im klassischen Sinne investieren, sondern entweder das eigene Gesamtprojekt oder Projekte Dritter fördern.[493] Soweit die Mittel dabei nicht gespendet werden, dient dies aber regelmäßig, ebenso wie in Investmentclubs, als Vehikel zur gewinnbringenden Anlage des eigenen Vermögens. Viele kleine Anleger mit jeweils geringem Kapital können gemeinsam größere Investitionen tätigen, wobei das Verlustrisiko des Einzelnen durch die vergleichsweise geringe Beteiligung überschaubar bleiben soll. Zumindest die Investment-DAO[494] weist daher grundlegende Gemeinsamkeiten mit einem Investmentclub auf.

Im klassischen Fall finden sich die Mitglieder eines Investmentclubs privat zusammen und werden nicht professionell angeworben.[495] In den DAO-Projekten ist es hingegen üblich, dass die Initiatoren vor der Initial Creation Phase[496], meist in Form eines Whitepapers, auf das Projekt hinweisen, wobei auch Werbung für den Erwerb der Governance-Certificates gemacht wird.[497] Ein persönliches Verhältnis zwischen den Zertifikatsinhabern besteht in der Regel nicht. Diese treffen sich weder persönlich noch ist deren genaue Anzahl oder

490 Merkblatt Investmentclub der BaFin vom: 09.06.2011, geändert am: 18.07.2013, abrufbar unter: https://www.bafin.de/dok/7852548 (zuletzt abgerufen am 02.05.2020).

491 Merkblatt Investmentclub der BaFin vom: 09.06.2011, geändert am: 18.07.2013, abrufbar unter: https://www.bafin.de/dok/7852548 (zuletzt abgerufen am 02.05.2020); *Weitnauer*, GWR 2014, 1 (3).

492 HK-InvestmentR/*Schneider-Deters*, § 1 KAGB, Rn. 20.

493 Siehe zu den gemeinsamen Zwecken der Gruppe der Zertifikatsinhaber in der Finanzierungs-DAO bereits oben unter B.III.1.a)bb)(1).

494 Siehe zur Investment-DAO bereits näher oben unter B.III.1.a)bb)(1)(b).

495 Siehe hierzu soeben unter Fn. 488.

496 Siehe zum Begriff der Initial Creation Phase bereits oben unter B.I.2.b)bb)(1).

497 Siehe zur Tätigkeit der Initiatoren bereits oben unter B.IV.3.a).

Identität den anderen Teilnehmern notwendigerweise bekannt. Insbesondere die Pseudonymität der Zertifikatsinhaber[498] in den Projekten der Finanzierungs-DAO stellt daher einen Unterschied zum typischen Investmentclub dar.

Die Tatsache, dass bei den Projekten der Finanzierungs-DAO nicht in Aktien im klassischen Sinne investiert wird, spricht alleine nicht gegen die Wahl einer anderen Rechtsform als beim Investmentclub. Auch die professionelle Anwerbung neuer Mitglieder und deren Pseudonymität ist kein zwingendes Argument gegen die Wahl der Rechtsform der BGB-Gesellschaft oder des nicht rechtsfähigen Vereins. Aufgrund der mangelnden persönlichen Verbundenheit der Mitglieder in der Finanzierungs-DAO kann aber – ohne weitere Untersuchung – nicht davon ausgegangen werden, dass von diesen eine für Investmentclubs übliche Rechtsform gewollt ist.

e) Zwischenergebnis

Die Untersuchung der verwandten Verbandsorganisationen zeigt, dass diese zu den Projekten der Finanzierungs-DAO zwar Ähnlichkeiten aufweisen, aber keine der bisher üblichen Anlageformen vollumfänglich mit der Finanzierungs-DAO vergleichbar ist. Während im Investmentclub regelmäßig eine persönliche Verbindung zwischen den Anlegern besteht, kennen sich die Zertifikatsinhaber in der Finanzierungs-DAO normalerweise nicht. Anders als beim Crowdinvesting wird das Unternehmen des Verbandes der Finanzierungs-DAO nicht von den Initiatoren geleitet. Auch die Geschäfte des klassischen geschlossenen Investmentfonds werden von einer Verwaltungsgesellschaft und nicht von der Gruppe der Anleger selbst geführt. Der Business Trust ist als eigene Organisationsform nur dem Common Law bekannt. Zudem sind die hier untersuchten DAO-Projekte anders strukturiert.

Im Ergebnis zeigt sich, dass der Vergleich mit existierenden Verbandsformen für die Suche nach der von den Zertifikatsinhabern gewollten Rechtsform für den Verband der Finanzierungs-DAO alleine nicht genügt. Die Frage nach der von den Zertifikatsinhabern gewollten Verbandsform kann daher nur durch eine Untersuchung der objektiv erkennbaren Organisationsverfassung des Verbandes beantwortet werden. Dabei wird zunächst anhand der Charakteristika einer Körperschaft untersucht, inwieweit der Verband der Finanzierungs-DAO

498 Siehe zur Pseudonymität der Teilnehmer einer DLT-Plattform bereits oben unter B.II.2.

diese aufweist und daher auf den Willen der Zertifikatsinhaber zur Gründung einer Körperschaft geschlossen werden kann.

2. Der Verband der Finanzierungs-DAO als Körperschaft

Im Abschnitt B wurde für die Gruppe der Zertifikatsinhaber in der Management- und Spenden-DAO, deren Budget-Wallet nicht aus den Mitteln der Zertifikatsinhaber gespeist wird und für die keine Auszahlungsmöglichkeit besteht, bereits festgestellt, dass es sich beim gegründeten Verband nur um eine Personengesellschaft handeln kann.[499] Für alle anderen Projekte der Finanzierungs-DAO ist hingegen auch die Gründung einer Körperschaft denkbar. Wird in diesem Abschnitt von der Finanzierungs-DAO gesprochen, so sind daher nur letztere Projekte gemeint.

Weist der Verband der Zertifikatsinhaber objektiv eine körperschaftliche Struktur auf, so deutet dies darauf hin, dass von den Zertifikatsinhabern die Gründung einer Körperschaft gewollt ist (a)). Soweit eine solche Struktur grundsätzlich erkennbar ist, können die näheren Voraussetzungen der einzelnen Körperschaftsformen auf ihr Vorliegen bei den Projekten der Finanzierungs-DAO hin überprüft werden. Dabei wird zunächst auf die AG (b)), dann auf die GmbH (c)) und schließlich auf einen nicht rechtsfähigen Idealverein (d)) eingegangen.

a) Körperschaftliche Struktur des Verbandes der Finanzierungs-DAO

Ob ein Verband eine körperschaftliche Struktur aufweist, lässt sich nur durch eine Abgrenzung zum Vorliegen personengesellschaftlicher Strukturen beantworten.[500] Die Körperschaft weist dabei typische Merkmale auf, die zumindest beim Grundtypus der Personengesellschaft fehlen. Die einzelnen Merkmale sind dabei nicht trennscharf.[501] Auch wenn ein Verband körperschaftliche Merkmale aufweist, kann er dennoch eine körperschaftlich strukturierte Personengesellschaft sein.[502] Das Vorhandensein körperschaftlicher Merkmale ist aber

499 Siehe hierzu bereits die Schlussfolgerungen zur Vermögensordnung der DAO-Projekte, B.III.2.d).

500 MüKoBGB/*Schäfer*, Vor § 705, Rn. 136.

501 Teilweise wird sogar vertreten, die Unterscheidung zwischen Gesamthandsgesellschaft und juristischer Person sei, insbesondere im Lichte des Umwandlungsgesetzes, überholt, *Raiser*, AcP 1994, 495 (499 ff.); *Timm*, NJW 1995, 3209 (3214).Dem widerspricht jedoch die h.M., *BGHZ* 146, 341 (347 f.) = WM 2001, 408–415; MüKoBGB/*Schäfer*, § 705, Rn. 308, m.w.N.

502 Siehe hierzu nur *Nitschke*.

zumindest Indiz dafür, dass eine körperschaftliche Rechtsform von den Zertifikatsinhabern gewollt ist.[503] Zu den typischen körperschaftlichen Merkmalen gehören der Gesellschaftsvertrag als Satzung (aa)), eine Handlungshoheit durch Organe (bb)), die Unabhängigkeit des Verbandes von seinen Mitgliedern (cc)) sowie eine grundsätzliche Haftungsbeschränkung auf das Gesellschaftsvermögen (dd)). Im Folgenden wird untersucht, inwieweit diese Merkmale beim Verband der Finanzierungs-DAO zu beobachten sind.

aa) Gesellschafsvertrag als Satzung

Der Gesellschaftsvertrag ist das konstituierende Element des Verbandes der Gruppe der Zertifikatsinhaber.[504] Bei einer Personengesellschaft wirkt diese vertragliche Bindung über den Bestand der Gesellschaft hin fort und bildet die Grundlage für das Bestehen des Verbandes.[505] Bei der Bildung einer Körperschaft ist die schuldrechtliche Aufgabe des Gesellschaftsvertrags mit der Gründung der Körperschaft weitgehend erfüllt. Er besteht in der Folge als organisationsrechtliche Satzung der Körperschaft weiter fort, wird jedoch nicht mehr zwingend benötigt um die Verbindung zwischen den Gesellschaftern herzustellen.[506] Diese stehen in der Folge nur noch in einem mitgliedschaftlichen Vertragsverhältnis mit der Körperschaft selbst.[507] Unabhängig von der dogmatischen Einordnung der Satzung,[508] wird diese mit ihrem Beschluss zur körperschaftlichen Verfassung und objektiviert das rechtliche Wollen der Körperschaft. Der ursprüngliche Wille und die Interessen der Gründer treten zurück. An deren Stelle tritt der Verbandszweck und die Mitgliederinteressen.[509]

Als Satzung des Verbandes der Finanzierungs-DAO kommt die steuernde Software und die begleitende Dokumentation zu deren Funktionsweise in Betracht. Diese wird von den Mitgliedern nicht beschlossen, sondern von den Initiatoren bereits vor der Initial Creation Phase veröffentlicht. Will man sie als Satzung verstehen, so müsste ihr Inhalt den Zertifikatsinhabern hinreichend transparent sein ((1)) und Satzungscharakter aufweisen ((2)).

---

503 MüKoBGB/*Schäfer*, Vor § 705, Rn. 136.

504 BeckOGK/*Geibel*, § 705 BGB, Rn. 5.

505 MüKoBGB/*Schäfer*, Vor § 705, Rn. 5; *Flume*, S. 1 f.

506 Teilweise ist von einer „Doppelfunktion" des Gesellschaftsvertrages die Rede, da neben die schuldrechtliche Komponente die organisationsrechte tritt, MüKoGmbHG/*Heinze*, § 2, Rn. 4.

507 MüKoGmbHG/*Wicke*, § 3, Rn. 101; *Schmidt*, S. 77.

508 Siehe zu den verschiedenen Satzungstheorien näher *Flume*, S. 95.

509 *BGHZ* 47, 172 (179) = WM 1967, 606–609.

(1) Transparenz des Satzungsinhalts für die Zertifikatsinhaber

Nur, wenn der Inhalt der Satzung für die Zertifikatsinhaber transparent ist, kann man davon ausgehen, dass sie durch den Erwerb des Governance-Certificates der Satzung zustimmen.[510] Hier ließe sich zunächst anführen, dass die steuernde Software in einer Programmiersprache verfasst ist, die nicht zwingend von allen potentiellen Erwerbern eines Governance-Certifcates verstanden werden. Da das Projekt in der Folge aber alleine durch diesen Softwarecode gesteuert werden soll, könnte dies dafür sprechen, dass die Zertifikatsinhaber nicht wissen, worauf sie sich einlassen. Eine Satzung, die von den Mitgliedern nicht verstanden wird, kann diese schwerlich binden.[511]

Der das Projekt steuernde Softwarecode ist indes für alle Zertifikatsinhaber jederzeit einsehbar.[512] Zwar wird er nicht zwingend von allen Zertifikatsinhabern verstanden, die Dokumentation der Software, die ebenfalls veröffentlicht wird, macht die Funktionsweise des Projekts aber auch für Fachfremde verständlich. Durch die Software wird die Organisation des Verbandes der Zertifikatsinhaber determiniert. Sie legt bereits vor dem Beitritt der Zertifikatsinhaber die Regeln des Zusammenwirkens der Verbandsmitglieder fest. Aus der Gesamtschau, die sich unter Einbeziehung der Dokumentationen ergibt, kann sich der gewollte Inhalt der Satzung ergeben. Auch wenn Fehler im Softwarecode vorhanden sein sollten, muss die Satzung stets unter Rückgriff auf die Dokumentationen ausgelegt werden.[513] Folglich kann von der Transparenz der Software unter Einbeziehung der Dokumentationen ausgegangen werden. Diese müssten weiter Satzungscharakter aufweisen.

(2) Satzungscharakter von Software und Dokumentation

Der Satzungscharakter erfordert, dass die Satzung anstelle der schuldrechtlichen Beziehung der Gesellschafter tritt und fortan das rechtliche Wollen der Körperschaft objektiviert.[514] In den DAO-Projekten zeigt sich, dass durch die steuernde

---

510 Für die Satzung der GmbH und der AG ist sogar die notarielle Form vorgeschrieben, § 2 Abs. 1 S. 1 GmbHG, § 23 Abs. 1 S. 1 AktG, was mit einer rechtlichen Belehrung der Gesellschafter über die Folgen einer Unterzeichnung einhergeht, MüKoGmbHG/*Heinze*, § 2, 20a.

511 Dies wird deutlich, wenn man sich vor Augen führt, dass zum Abschluss eines jeden Vertrages der Inhalt des Antrags für den objektiven Empfänger hinreichend bestimmt sein muss, MüKo-BGB/*Busche*, § 145, Rn. 6, m.w.N.

512 Siehe zur Transparenz der DLT-Plattform bereits unter B.I.1.b).

513 Siehe zur Notwendigkeit dieser Gesamtschau bereits oben unter B.II.3.

514 Siehe hierzu bereits oben unter C.I.2.a)aa).

Software kein direkter Kontakt zwischen den Gesellschaftern notwendig ist, sondern die Zusammenarbeit unmittelbar über die Software gesteuert werden kann. Eine Interaktion ist nur mit der Gruppe der Zertifikatsinhaber möglich.[515]

Im Unterschied zur Personengesellschaft, als typische Vertragsgesellschaft, lässt sich die Körperschaft auch als typische Satzungsgesellschaft verstehen.[516] In einer Vertragsgesellschaft verfolgen mehrere Personen einen gemeinsamen Zweck und schließen sich hierfür zusammen. In der Satzungsgesellschaft wird der Verband zur Verwirklichung einer idealistischen oder materialistischen Leitidee gegründet. Die Leitidee der Finanzierungs-DAO wird bereits durch die Initiatoren mit der Erstellung der Software und der zugehörigen Dokumentation festgelegt. Die Zertifikatsinhaber treten dieser Leitidee durch Erwerb des Governance-Certificates bei.

Typisch für einen Gesellschaftsvertrag mit Satzungscharakter ist, wenn dieser den Austausch von Gesellschaftern ohne Zustimmung aller Gesellschafter erlaubt.[517] In der Finanzierungs-DAO kann zumindest das Governance-Certificate in der Form eines Tokens frei übertragen werden.[518] Eine Mitbestimmung der übrigen Zertifikatsinhaber ist dafür nicht erforderlich. Im Ergebnis kann daher von einem Satzungscharakter der Software und der zugehörigen Dokumentationen ausgegangen werden.

(3) Zwischenergebnis

Die Untersuchung zeigt, dass der Gesellschaftsvertrag in Form der Software und der zugehörigen Dokumentationen die Merkmale einer Satzung erfüllt und deren Inhalt für die Zertifikatsinhaber hinreichend transparent ist. Beim Verband der Finanzierungs-DAO handelt es sich mithin um eine Satzungsgesellschaft. Diese Tatsache alleine zwingt jedoch nicht dazu, vom Willen der Zertifikatsinhaber zur Gründung einer Körperschaft auszugehen. Auch wenn die Satzung Voraussetzung für die Körperschaft ist, können auch Personengesellschaftsverträge Satzungscharakter aufweisen.[519] Es müssen daher die weiteren Charakteristika eines körperschaftlichen Zusammenschlusses geprüft werden. Hierzu gehört auch die Handlungshoheit durch Organe.

---

515 Siehe zur Organisationseinheit der Gruppe der Zertifikatsinhaber bereits oben unter B.III.2.a)bb)(1).

516 *Reuter*, S. 62.

517 MüKoBGB/*Schäfer*, Vor § 705, Rn. 13; *Schmidt*, S. 82.

518 Siehe hierzu bereits oben unter B.I.2.b)bb)(1).

519 *Schmidt*, S. 76 f.

bb) Handlungshoheit durch Organe

Verbände handeln regelmäßig durch Organe, wobei das Vorhandensein von Organen für Körperschaften unabdingbar ist.[520] Die Körperschaft überträgt ihre Handlungshoheit vollumfänglich auf ihre Organe,[521] während bei Personengesellschaften die Handlungshoheit grundsätzlich bei den Gesellschaftern verbleibt.[522] Zwar handeln auch Außenpersonengesellschaften durch Organe,[523] dennoch lässt sich durch eine Identifizierung der für Körperschaften typischen Willensbildungs-, Leitungs- und Aufsichtsorgane ein Hinweis darauf gewinnen, ob die Zertifikatsinhaber die Rechtsform einer Körperschaft wählen wollen. Ist erkennbar, dass die von den Zertifikatsinhabern gewollte Organisationsstruktur die für Körperschaften typischen Organe aufweist, so spricht dies dafür, dass sich der Wille der Verbandsmitglieder auf die Gründung einer Körperschaft richtet. Es wird daher untersucht, inwieweit aufgrund der Organisationsstruktur der Finanzierungs-DAO-Projekte auf das Vorhandensein der für Körperschaften typischen Organe geschlossen werden kann.

Körperschaften verfügen typischerweise über mindestens zwei Organe: ein Willensbildungsorgan ((1)) und ein Leitungsorgan ((2)). Zusätzlich kann ein Aufsichtsorgan ((3)) vorhanden sein. Die Errichtung weiterer fakultativer Organe, wie ein Beirat ((4)), ist ebenfalls möglich. Im Folgenden werden die Verbände der Zertifikatsinhaber in der Finanzierungs-DAO auf das Vorhandensein dieser Organe hin untersucht.

(1) Willensbildungsorgan

Jede Körperschaft verfügt über eine Versammlung aller Mitglieder.[524] Im Verein ist dies die Mitgliederversammlung (§ 32 BGB), in der GmbH die Gesellschafterversammlung (§ 48 GmbHG) und in der AG die Hauptversammlung (§§ 118 ff. AktG). Die Entscheidungen des Willensbildungsorgans erfolgen durch eine Beschlussfassung, wofür ein hinreichend konkreter Antrag gestellt

---

520 BeckOK BGB/*Schöpflin*, § 21, Rn. 30.

521 So müssen Körperschaften beispielsweise durch ein Leitungsorgan nach außen vertreten werden. Der Verein muss nach § 26 Abs. 1 S. 1 BGB einen Vorstand haben, die GmbH handelt durch ihre Geschäftsführer (§ 6 Abs. 1 GmbhG). In der AG ist nach § 30 AktG ebenfalls die Bestellung von Organen verpflichtend.

522 Vgl. nur die Regelung des § 709 BGB für die BGB-Gesellschaft.

523 MüKoBGB/*Schäfer*, § 705, Rn. 255.

524 Stellvertretend für den Verein, MüKo-BGB/*Leuschner*, § 32, Rn. 1.

werden muss (vgl. § 32 Abs. 1 S. 2 BGB).[525] Grundsätzlich ist das Stimmrecht im Willensbildungsorgan an die Mitgliedschaft geknüpft, auch wenn die Satzung hiervon abweichende Regelungen treffen kann.[526] Das Willensbildungsorgan ist ein Innenorgan des Verbandes und entscheidet grundsätzlich über alle Innenangelegenheiten, soweit diese Entscheidung nicht anderen Organen übertragen wurde.[527] Für die Publikumsgesellschaften ist grundsätzlich davon auszugehen, dass die Kompetenzen des Organs allumfassend sind.[528]

Zu den Innenangelegenheiten des Verbandes der Finanzierungs-DAO gehören beispielsweise Änderungen der das Projekt steuernden Software oder die Ernennung von Personen in bestimmte Posten (wie Prüfer[529]). Ist eine Abstimmung über diese Angelegenheiten von der Software vorgesehen, so können hierüber alle Zertifikatsinhaber abstimmen. Im Willensbildungsorgan hat jedes Mitglied eine Stimme. Das Stimmgewicht kann dabei jedoch unterschiedlich verteilt sein. Sie Tatsache, dass die Stimme eines Zertifikatsinhabers, je nach Anzahl der von ihm gehaltenen Zertifikate, unterschiedlich gewichtet wird, widerspricht diesem Prinzip daher nicht.[530]

Für einen wirksamen Beschluss des Willensbildungsorgans muss (1) ein Verband als Zurechnungssubjekt und (2) ein zur Beschlussfassung berufenes Kollektivorgan vorhanden sein sowie (3) ein Beschlussverfahren durchgeführt und (4) der Wille der hierzu Berufenen in diesem Beschlussverfahren artikuliert werden.[531]

Als Zurechnungssubjekt ist der bereits identifizierte Verband der Zertifikatsinhaber vorhanden, zur Beschlussfassung sind alle Zertifikatsinhaber berufen.[532] Die Beschlussfassung wird durch die Software gesteuert. Im Rahmen dieses Verfahrens erhält jeder Zertifikatsinhaber Gelegenheit, seine Stimme abzugeben und seinen Willen zu artikulieren. Es ist daher davon auszugehen, dass die

---

525 In der Regel erfolgt dies durch eine genaue Bezeichnung in der Tagesordnung, BeckOK BGB/*Schöpflin*, § 32, Rn. 15; *Schmidt*, S. 694.

526 *Schmidt*, S. 695.

527 Dies gilt nach § 32 Abs. 1 S. 1 BGB ausdrücklich für den Verein. Für die GmbH (§ 46 GbmHG) und die AG (§ 119 AktG) sind die Rechte des Willensbildungsorgans dagegen auf einen Katalog beschränkt.

528 *Schmidt*, S. 1675.

529 Siehe zur Rolle der Prüfer bereits oben unter B.IV.2 und B.IV.3.b).

530 Siehe hierzu bereits unter B.III.1.c).

531 *Schmidt*, S. 435.

532 Siehe hierzu bereits die Ausführungen zur Bildung eines Verbandswillens, B.III.1.c).

Gruppe der Zertifikatsinhaber diese Voraussetzungen erfüllt. Sie kann daher als das Willensbildungsorgan des Verbandes betrachtet werden.

(2) Leitungsorgan

Körperschaften verfügen neben dem Willensbildungsorgan als Innenorgan über ein Leitungsorgan als Außenorgan.[533] Im Verein und der AG ist dies der Vorstand (§ 26 BGB bzw. §§ 76 ff. AktG), in der GmbH die Geschäftsführung (§ 35 GmbHG). Die Aufgabe des Leitungsorgans ist die Führung der Geschäfte des Verbandes. Es wird grundsätzlich vom Willensbildungsorgan bestellt.[534]

Das Vorhandensein eines Leitungsorgans widerspricht zunächst einem Grundgedanken der DAO. In den Dokumentationen der DAO-Projekte finden sich Hinweise darauf, dass es, anders als in hierarchisch strukturierten Unternehmen, ein zentrales Management gerade nicht geben soll.[535] Dies spricht zunächst dafür, dass das Vorhandensein eines Leitungsorgans nicht dem Willen der Zertifikatsinhaber entspricht.

Zeigt sich jedoch, dass nach der objektiven Gestaltung der Projekte dennoch Personengruppen identifiziert werden können, die die Aufgabe eines Leitungsorgans übernehmen, so liefert dies, trotz der Hinweise in den Dokumentationen, ein Indiz dafür, dass von den Zertifikatsinhabern die Einrichtung eines Leitungsorgans gewollt ist. In der Folge wird daher untersucht, inwieweit einzelne Personengruppen als Träger eines Leitungsorgans in Betracht kommen ((a)) oder die Gestaltung des Projekts für eine gewollte Gesamtgeschäftsführung aller Zertifikatsinhaber spricht ((b)).

(a) Einzelne Personengruppen als Leitungsorganträger

Es erscheint zunächst möglich, dass die Abstimmungen der Zertifikatsinhaber über die Verwendung der Mittel in der Budget-Wallet der Finanzierungs-DAO – nach dem Willen der Zertifikatsinhaber – eine reine Innenabstimmung des Willensbildungsorgans darstellen. Das Leitungsorgan würde sich durch diese Abstimmung lediglich eine vorherige Bestätigung des Willensbildungsorgans einholen und dann in einem weiteren Schritt nach außen tätig werden.

---

533 Stellvertretend für den Verein, MüKo-BGB/*Leuschner*, § 26, Rn. 6 f.

534 *Schmidt*, S. 689. Beispielsweise für die GmbH nach § 46 Nr. 5 GmbHG oder den Verein nach § 27 Abs. 1 BGB. Ausnahme ist die AG, wo der Vorstand zunächst vom Aufsichtsrat bestellt wird, § 30 Abs. 4 AktG.

535 *Jentzsch*, Decentralized Autonomous Organization to automate governance, S. 1; *Wiecko*, Understanding the Governance and Budget System.

Als Personengruppen für das Leitungsorgan kämen dann die Prüfer ((aa)), die Initiatoren ((bb)) oder andere, von der Gruppe aller Zertifikatsinhaber gewählte, Geschäftsführer ((cc)) in Betracht. Dies wird im Folgenden näher untersucht.

(aa) Die Prüfer als Leitungsorganträger

Einige DAO-Projekte sehen den Einsatz einer Gruppe von Prüfern vor. Die Gruppe der Prüfer übernimmt durch eine Vorprüfung der eingehenden Angebote eine Sonderstellung gegenüber den übrigen Zertifikatsinhabern.[536] Nur die Prüfer können darüber entscheiden, welche Angebote zur Abstimmung an die Gruppe der Zertifikatsinhaber freigegeben werden.[537] Sie nehmen damit entscheidenden Einfluss auf die Führung der Geschäfte der DAO. Wie bei einem Leitungsorgan üblich, können die Prüfer vom Willensbildungsorgan bestellt oder auch abgewählt werden.[538]

In einer Stellungnahme der US-amerikanischen Securities and Exchance Commission vom 25.07.2017 geht diese der Frage nach, ob es sich bei den Governance-Certificates, welche im Projekt „TheDAO" ausgegeben wurden, um „securites" handelt.[539] Im Rahmen dieser Betrachtung wird auch der Frage nachgegangen, welche Personen im Projekt signifikanten Einfluss auf die Führung der Geschäfte ausüben. Die SEC kommt dabei zum Ergebnis, dass die Prüfer durch ihre Vorauswahl eine entscheidende Kontrolle über die Geschäfte der DAO haben. Durch die Vorauswahl entstehe häufig eine „Take it or leave it"-Situation.[540] Die Zertifikatsinhaber hätten zwar das letzte Wort, seien jedoch nur unzureichend über die Angebote informiert. Die Prüfer könnten daher (häufig im Zusammenspiel mit den Initiatoren) die Angebote diktieren. Zwar ließen sich die Angebote durch Enthaltung oder Ablehnung der Zertifikatsinhaber blockieren, eine informierte Entscheidung finde durch die Zertifikatsinhaber aber nicht statt.[541]

---

536 Siehe zur Aufgabe der Prüfer bereits unter B.IV.2. und B.IV.3.b).

537 *Bannon*, The Tao of "The DAO" or How the autonomous corporation is already here; *Quentson*, Are The DAO Curators Masters or Janitors?.

538 Dies ist allerdings nicht bei allen DAO-Projekten mit Prüfern der Fall. Ein Beispiel für eine DAO, in der die Prüfer nicht gewählt werden können war die Digix DAO, *DigixGlobal*, DigixDAO (DGD) Information.

539 *Securities and Exchange Commission*, Report of Investigation Pursuant to Section 21(a) of the Securities Exchange Act of 1934: The DAO.

540 Auch angemerkt von *Metz*, The Biggest Crowdfunding Project Ever—the DAO—Is Kind of a Mess.

541 *Securities and Exchange Commission*, Report of Investigation Pursuant to Section 21(a) of the Securities Exchange Act of 1934: The DAO, S. 14.

Folgt man dem, so ließe sich annehmen, dass die Prüfer durch die Freigabe eines Angebots zur Abstimmung eine Entscheidung des Willensbildungsorgans einholen, welches sie dann nach außen vertreten. Die Gruppe der Prüfer müsste dann jedoch auch mit möglichen Geschäftspartnern der Gruppe der Zertifikatsinhaber in Kontakt treten. Tatsächlich werden die Angebote der Geschäftspartner aber an die öffentliche Adresse des Projekts gesandt.[542] Die Prüfer nehmen lediglich eine interne Vorauswahl der eingehenden Angebote vor.[543] Das vom Willensbildungsorgan gefundene Ergebnis wird nicht erneut von den Prüfern kontrolliert, sondern automatisiert ausgeführt.[544] Die Prüfer nehmen folglich keine Vertretung nach außen vor, sondern dienen der Gruppe der Zertifikatsinhaber lediglich intern für die Funktionsfähigkeit des Abstimmungsprozesses. Auf diese Rolle sind sie grundsätzlich auch – ausweislich der Dokumentationen zu den DAO-Projekten – beschränkt. Sie haben lediglich dafür zu sorgen, dass die angegebenen Zieladressen eines Angebots realen Personen zugeordnet sind und durch die Angebote keine Minderheiten durch Mehrheiten ausgebeutet werden.[545] Anders als die SEC in ihrer Stellungnahme annimmt,[546] können die Prüfer nicht verhindern, dass sie durch ein neues Angebot abgelöst werden.[547] Man wird folglich nicht davon ausgehen können, dass die Gruppe der Prüfer als Leitungsorgan auftritt. Möglich erscheint dagegen die Besetzung des Leitungsorgans durch die Initiatoren der Projekte.

(bb) Die Initiatoren als Leitungsorganträger

Das Leitungsorgan könnte durch die Initiatoren der DAO-Projekte besetzt werden. Diese schreiben meist den steuernden Softwarecode oder beauftragen dessen Erstellung.[548] Damit nehmen sie gewichtigen Einfluss auf die Führung der Geschäfte des Projekts. Teilweise gewähren sich die Initiatoren durch

542 *Jentzsch*, Decentralized Autonomous Organization to automate governance, S. 2.
543 *Wood*, Why I've Resigned as a Curator of the DAO.
544 Siehe hierzu bereits unter B.I.2.b)cc).
545 *Jentzsch*, Decentralized Autonomous Organization to automate governance; *Tual*, On DAO Contractors and Curators; *Roussel*, The DAO, the Curators: Evaluating and mitigating the legal risks.
546 *Securities and Exchange Commission*, Report of Investigation Pursuant to Section 21(a) of the Securities Exchange Act of 1934: The DAO, S. 13.
547 *Slock.it*, How to create a proposal; *Wood*, Why I've Resigned as a Curator of the DAO.
548 Siehe zur Erstellung des Softwarecodes bereits unter B.IV.3.a)cc).

entsprechende Vorgaben der Software Sonderrechte.[549] Die Software der DAO-Projekte kann auch hier vorsehen, dass die Gruppe der Initiatoren durch eine Abstimmung der Zertifikatsinhaber abgewählt wird.[550]

Auch wenn die Initiatoren durch die Software gegenüber den übrigen Zertifikatsinhabern bevorzugt werden, können sie in keinem Finanzierungs-DAO-Projekt Entscheidungen mit Außenwirkung ohne Mitbestimmung der Zertifikatsinhaber treffen. Jede Transaktion zwischen der DAO und einem Dritten muss durch eine Abstimmung der Zertifikatsinhaber bestätigt werden.[551] Diese geben daher die Geschäftsführung nicht aus der Hand. Die Berechtigungen zur Abgabe oder Vorauswahl von Angeboten ist nicht mit der Führung der Geschäfte gleichzusetzen. Im Rahmen der Abstimmung wird das Stimmgewicht nur nach der Anzahl der gehaltenen Governance-Certificates bestimmt. Die Initiatoren nehmen dabei keine Sonderrolle ein. Auch die Initiatoren sind daher nicht als Leitungsorganträger des Verbandes der Zertifikatsinhaber anzusehen. Möglich erscheint stattdessen, dass die Gruppe der Zertifikatsinhaber einzelne Personen oder Personengruppen als Geschäftsführer bestimmt.

(cc) Gewählte Geschäftsführer durch die Zertifikatsinhaber

Auch wenn die DAO-Projekte dies nicht zwingend vorsehen, erscheint es möglich, dass die Zertifikatsinhaber die Aufgaben der Geschäftsführung an ausgewählte Personengruppen delegieren. Beispielsweise können in der Management-DAO die Initiatoren die Umsetzung eines konkreten Projekts vorschlagen.[552] Über die Durchführung dieses Projekts können die Zertifikatsinhaber abstimmen. Dabei beinhaltet das Angebot auch die Vereinbarung der Durchführung des Projekts durch eine bestimmte Personengruppe. Diese Gruppe wird mit den hierfür erforderlichen Mitteln aus der Budget-Wallet ausgestattet. Die gewählte Gruppe kann dann für das jeweilige Projekt als Geschäftsführer angesehen werden, wobei deren Kompetenz im Innenverhältnis auf die Führung der konkreten Tätigkeit beschränkt bleibt.

---

549 So konnten bei der Digix DAO die Initiatoren Angebote direkt zur Abstimmung freigeben ohne dass zuvor eine Vorprüfung durch die Prüfer stattfand, *DigixGlobal*, DigixDAO (DGD) Information.

550 Auch diese Möglichkeit war in der Digix DAO vorgesehen, *DigixGlobal*, DigixDAO (DGD) Information.

551 Siehe hierzu bereits unter B.I.2.b)cc).

552 In der DigixDAO war vorgesehen, dass die Initiatoren regelmäßig Angebote an die Digix DAO senden und diese die vorgeschlagenen Projekte dann in Eigenregie ausführen, *DigixGlobal*, DigixDAO (DGD) Information.

(dd) Zwischenergebnis

In der Management-DAO ist die Wahl einer Gruppe von Geschäftsführern für die Durchführung konkreter Projekte durch das Willensbildungsorgan zu erkennen. Im Falle der Management-DAO kann daher meist davon ausgegangen werden, dass ein Leitungsorgan für näher definierte Projekte gebildet wird. Die übertragene Kompetenz bleibt jedoch im Innenverhältnis auf den durch das jeweilige Angebot definierten Aufgabenbereich begrenzt.

In den übrigen Projekten der Finanzierungs-DAO nehmen, bei objektiver Betrachtung, weder die Prüfer noch die Initiatoren die Rolle des Trägers eines Leitungsorgans ein. Folglich wird man hier davon ausgehen können, dass die Besetzung des Leitungsorgans mit einzelnen Personengruppen nicht dem Willen der Zertifikatsinhaber entspricht. Es verbleibt dann lediglich die Möglichkeit einer Gesamtgeschäftsführung durch alle Zertifikatsinhaber.

(b) Gesamtgeschäftsführung aller Zertifikatsinhaber

Wie festgestellt, kann in der Management-DAO die Aufgabe der Geschäftsführung für einzelne Projekte an Dritte übertragen werden. Es ist hingegen auch in diesen Projekten möglich, dass Projekte zur Weiterentwicklung des Gesamtprojekts ohne Zwischenschaltung einer dritten Stelle direkt finanziert werden. Ebenso ist dies bei der Investment-DAO und der Spenden-DAO vorgesehen.[553] Hier erscheint es grundsätzlich denkbar, dass alle Zertifikatsinhaber Teil des Leitungsorgans sind. So sieht beispielsweise § 6 Abs. 4 GmbHG diese Möglichkeit für die GmbH ausdrücklich vor. Es ist zu vermuten, dass dies insbesondere bei kleinen Körperschaften häufig der Fall ist. Je größer der Verband, desto unwahrscheinlicher wird indes eine Gesamtgeschäftsführung aller Mitglieder. In einer Publikumsgesellschaft wird man sie aus Praktikabilitätsgründen wohl kaum antreffen.

In den Projekten der Finanzierungs-DAO ist grundsätzlich vorgesehen, dass alle Zertifikatsinhaber über alle Fragen, die die Führung der Geschäfte betreffen, ihre Stimme abgeben können.[554] Durch die nahezu ständige Verfügbarkeit eines Internetanschlusses und die von der Software gesetzten Fristen für die Teilnahme an der Abstimmung ist es – zumindest in der Theorie – auf diese Weise, auch in einer großen Gruppe, grundsätzlich jedem Zertifikatsinhaber möglich sein, seine Stimme abzugeben. Auch wenn eine Gesamtgeschäftsführung für

553 Siehe hierzu bereits unter B.III.1.a)bb)(1)(b) und B.III.1.a)bb)(1)(c).

554 *Jentzsch*, Decentralized Autonomous Organization to automate governance, S. 2.

große Gesellschaften gänzlich unüblich und eine effiziente Umsetzung fraglich ist,[555] spricht rechtlich zunächst nichts gegen ihre Vereinbarung. Faktisch würde dies zwar dazu führen, dass das Willensbildungsorgan und das Leitungsorgan mit denselben Organträgern bestückt ist. Ein Vergleich mit kleineren Körperschaften zeigt aber, dass dies grundsätzlich möglich ist.[556]

(c) Zwischenergebnis

In den Projekten der Finanzierungs-DAO lässt sich grundsätzlich die Bildung eines Leitungsorgans beobachten. Als Leitungsorganträger lassen sich in den Projekten der Management-DAO nur dann einzelne Personengruppen identifizieren, wenn diese von der Gruppe der Zertifikatsinhaber nach Abstimmung mit der Wahrnehmung bestimmter Aufgaben betreut werden. Ist dies nicht der Fall, so ist davon auszugehen, dass eine Gesamtgeschäftsführung aller Zertifikatsinhaber dem Willen der Zertifikatsinhaber entspricht. Dies ist regelmäßig auch in der Investment- und Spenden-DAO zu beobachten.

(3) Aufsichtsorgan

Körperschaften können neben einem Willensbildungs- und Leitungsorgan über ein Aufsichtsorgan verfügen. In der GmbH ist der Aufsichtsrat fakultativ (§ 52 GmbHG), in der AG ist er verpflichtend (§§ 95 ff. AktG). Aufgabe des Aufsichtsorgans ist die Bestellung, Überwachung und Absetzung des Leitungsorgans sowie die Vertretung der Gesellschaft gegenüber der Geschäftsführung.[557] Daher müssen Aufsichtsorgan und Leitungsorgan mit unterschiedlichen Personen besetzt werden.[558]

Die Initiatoren der DAO-Projekte übernehmen keine überwachende Funktion. Als Träger des Aufsichtsorgans kämen daher lediglich die Prüfer in Betracht.[559] Diese kontrollieren zwar eingehende Angebote, nicht aber die Führung der Geschäfte. Die Prüfer können regelmäßig auch zur Gruppe der Zertifikatsinhaber gehören. Eine Gewaltenteilung zwischen Prüfern und den übrigen Beteiligten des Projekts ist daher ebenfalls nicht vorgesehen. Man wird

---

555 Siehe hierzu später im Rahmen einer ökonomischen Analyse, C.III.1.b)bb)(2)(c).

556 Plakativ ist hier das Beispiel der Ein-Mann-GmbH, in welcher die Rollen zwangsläufig zusammenfallen.

557 Die Aufgaben des Aufsichtsrats der AG ergeben sich aus § 111 AktG. Für den Aufsichtsrat der GmbH ist diese Norm nach § 52 Abs. 1 GmbHG entsprechend anwendbar.

558 So ausdrücklich § 105 Abs. 1 AktG, *Schmidt*, S. 819 f.

559 Siehe zur Aufgabe der Prüfer bereits unter B.III.1.c) und B.IV.3.b).

also davon ausgehen müssen, dass in den Finanzierungs-DAO-Projekten keine Personengruppe vorhanden ist, die die Aufgaben eines Aufsichtsorgans übernimmt. Folglich wird die Einrichtung eines Aufsichtsorgans nicht dem Willen der Zertifikatsinhaber entsprechen. Stattdessen ist aber die Einrichtung eines Beirats möglich.

(4) Beirat

Neben einem Willensbildungsorgan, dem Leitungsorgan und einem Aufsichtsorgan können in einer Körperschaft atypische Organe gebildet werden, soweit nicht das Gesetz, wie bei der AG,[560] strenge Vorgaben für die Bildung von Organen vorsieht. Ein häufig anzutreffendes atypisches Organ ist der Beirat. Dessen Befugnisse können grundsätzlich umfassend sein, soweit ihm keine Kompetenzen eingeräumt werden, die zwingend anderen Organen zugeordnet sind.[561]

Der Wille der Zertifikatsinhaber im Verband der Finanzierungs-DAO könnte dahingehend ausgelegt werden, dass die Prüfer die Rolle eines Beirats übernehmen. Die Prüfer übernehmen eine Vorauswahl der Angebote, über die, bei internen Entscheidungen vom Willensbildungsorgan, bei externen Entscheidungen vom Leitungsorgan, in der Folge abgestimmt wird.[562] Sie nehmen damit am Willensbildungsprozess der Organe teil. Es erscheint daher möglich, dass sie damit Aufgaben anderer Organe übernehmen, die diesen zwingend zugeordnet sind. Ist dies der Fall, so könnte dies zwar zunächst nur einen Verstoß gegen die einem Beirat einzuräumenden Kompetenzen darstellen. Da jedoch die Satzungen der Verbände der Finanzierungs-DAO keinerlei konkrete Angaben zu Organen und deren Besetzung enthalten, spräche ein faktischer Verstoß gegen die dem potenziellen Beirat einzuräumenden Kompetenzen dafür, dass es sich bei diesem gar nicht um einen solchen handeln soll. Stattdessen wird man nur dann davon ausgehen können, dass die Prüfer als Beirat des Verbandes dem Willen der Zertifikatsinhaber entsprechen, wenn diese nicht in die Kompetenzen eingreifen, die zwingend anderen Organen zugeordnet sind.

Die Prüfer schränken durch ihre Vorauswahl die Entscheidungsgewalt der anderen Organe ein. Letztere können nicht mehr frei über eingehende Angebote entscheiden oder selbst Angebote einbringen, wenn diese nicht durch die Prüfer

560 Henssler/Strohn/*Vetter*, § 23 AktG, Rn. 23.

561 *Schmidt*, S. 418; ausführlich zum Beirat in der GmbH, MüKoGmbHG/*Spindler*, § 52, Rn. 714–775; und zum Beirat der AG, Spindler/Stilz/*Bachmann*, § 287 AktG, Rn. 29–32.

562 Siehe hierzu bereits unter B.III.1.c) und B.IV.3.b).

für die Abstimmung genehmigt wurden. Die Prüfer haben damit die Möglichkeit, unliebsame Angebote zu blockieren.[563] Dies könnte zunächst zu dem Schluss führen, dass die Prüfer als Beirat in unzulässiger Weise in die Kompetenzen des Willensbildungsorgans und des Leitungsorgans eingreifen und folglich die Rolle eines Beirats für die Prüfer nicht dem Willen der Beteiligten entspricht.

Zu beachten ist aber, dass die Prüfer keine Entscheidung in der Sache treffen. Die endgültige Abstimmung liegt alleine in den Händen der Zertifikatsinhaber. Die Prüfer können durch ihre Tätigkeit die Abstimmung für ein Angebot nicht erzwingen. Zwar ist es ihnen möglich, Angebote zu blockieren, sie selbst können jedoch – je nach Gestaltung des DAO-Projekts – durch Abstimmung der Zertifikatsinhaber abgewählt werden. Hierfür ist ihre Zustimmung nicht erforderlich.[564] Zumindest dann, wenn die Prüfer von der Gruppe der Zertifikatsinhaber abgewählt werden können, ist ein Eingriff in die Kompetenzen der anderen Organe nicht gegeben.[565]

Die Prüfer übernehmen objektiv eine wichtige vorbereitende Rolle für die Funktionsfähigkeit des Willensbildungs- und Leitungsorgans. Sie greifen dabei jedoch nicht in unzulässiger Weise in deren Kompetenzbereich ein, soweit für die Zertifikatsinhaber eine Möglichkeit besteht, über die Besetzung der Posten der Prüfer abzustimmen. Es erscheint dann möglich, dass diese – nach dem Willen der Zertifikatsinhaber – im Verband der Finanzierungs-DAO als deren Beirat anzusehen sind.

(5) Zwischenergebnis

Die Untersuchung zeigt, dass die Gestaltung der Verbände der Finanzierungs-DAO objektiv das Vorhandensein eines Willensbildungs- und Leitungsorgans, nicht aber eines Aufsichtsorgans erkennen lassen. Das Willensbildungsorgan wird von allen Zertifikatsinhabern besetzt. In der Management-DAO kann die Rolle des Leitungsorgans an einzelnen Personengruppen für bestimmte Aufgaben delegiert werden. In allen anderen Fällen ist davon auszugehen, dass das Leitungsorgan ebenfalls von allen Zertifikatsinhabern besetzt wird. Dies ist für Verbände dieser Größe zwar unüblich, jedoch nicht undenkbar. Sieht das

563 Zu dieser Diskussion näher *Quentson*, Are The DAO Curators Masters or Janitors?.

564 Dies ist zumindest im Projekt „TheDAO" vorgesehen, *Jentzsch*, Decentralized Autonomous Organization to automate governance, S. 3.

565 Ähnlich auch Spindler/Stilz/*Bachmann*, § 287 AktG, Rn. 31, für den Beirat der AG; in der GmbH können die Kompetenzen des Beirats ohnehin weitreichender sein, MüKoGmbHG/*Spindler*, § 52, Rn. 743.

DAO-Projekt Prüfer vor, so übernehmen diese objektiv die Rolle eines Beirats, soweit über die Besetzung der Posten der Prüfer von der Gruppe der Zertifikatsinhaber abgestimmt werden kann.

Im Ergebnis lassen sich folglich die für Körperschaften typischen Organe in den Projekten der Finanzierungs-DAO identifizieren. Dies spricht zunächst dafür, dass von den Zertifikatsinhabern die Bildung eines körperschaftlichen Verbandes gewollt ist. Weitere Indizien hierfür können eine Unabhängigkeit des Verbandes von seinen Mitgliedern sowie die Vereinbarung einer Haftungsbeschränkung auf das Gesellschaftsvermögen sein. Dies wird im Folgenden untersucht.

cc) Unabhängigkeit von den Mitgliedern

Weiterhin typisch für die Körperschaft ist die Unabhängigkeit des Bestandes des Verbandes von seinen Mitgliedern.[566] Während eine Personengesellschaft nur aufgrund ihrer Mitglieder besteht und mit nur einem Mitglied nicht denkbar ist, ist eine Körperschaft im Extremfall sogar gänzlich ohne Mitglieder vorstellbar.[567] Zeigt sich in den Projekten der Finanzierungs-DAO, dass der Bestand des Verbandes von den Zertifikatsinhabern unabhängig ist, so spricht dies für den Willen der Zertifikatsinhaber zur Gründung einer Körperschaft.

Hier ist zunächst festzustellen, dass die Existenz der das DAO-Projekt steuernden Software von der Existenz der Mitglieder unabhängig ist. Zwar kann die DAO ohne die Teilnahme der Mitglieder nicht funktionieren, diese sind jedoch austauschbar. Das Governance-Certificate kann in der Regel frei übertragen werden.[568] Denkbar ist auch, dass ein DAO-Projekt nur aus einem Zertifikatsinhaber besteht. Dies spricht zunächst für eine Unabhängigkeit des Verbandes von den einzelnen Mitgliedern.

Charakteristisch, wenn auch nicht zwingend, für eine Personengesellschaft ist, dass sich die Mitglieder untereinander kennen.[569] In der Körperschaft besteht dabei oftmals eine weniger enge persönliche Bindung der Mitglieder.[570]

---

566 BeckOK BGB/*Schöpflin*, § 21, Rn. 29; Jauernig/*Mansel*, § 21, Rn. 1; MüKo-BGB/*Leuschner*, Vor § 21, Rn. 114; Schulze/*Dörner*, Vor § 21, Rn. 1.

567 Vgl. MüKoBGB/*Schäfer*, Vor § 705, Rn. 136; *Schmidt*, S. 207 ff.

568 Zumindest dann, wenn es in Form eines Tokens vorliegt. Siehe hierzu bereits unter B.I.2.b)bb).

569 Beachte hierzu jedoch die Besonderheit für Publikumsgesellschaften. Siehe dazu bereits oben unter B.II.2.

570 *Schmidt*, S. 1668.

In den DAO-Projekt geben sich die Zertifikatsinhaber gegenseitig regelmäßig nur durch eine Nutzerkennung zu erkennen. Die Identität der anderen Mitglieder ist für den Einzelnen oftmals unbekannt.[571]

Die Projekte der Finanzierungs-DAO weisen eine Organisationsstruktur auf, in der der Verband von den einzelnen Mitgliedern unabhängig zu sein scheint. Dies liefert einen weiteren Hinweis darauf, dass von den Zertifikatsinhabern ein körperschaftlicher Zusammenschluss gewollt ist. Ein weiteres Argument hierfür könnte sich durch eine Vereinbarung einer grundsätzlichen Haftungsbeschränkung auf das Gesellschaftsvermögen ergeben.

dd) Grundsätzliche Haftungsbeschränkung auf das Gesellschafsvermögen

Wie bereits gezeigt,[572] haften die Mitglieder eine Körperschaft grundsätzlich nicht für deren Verbindlichkeiten.[573] Die Haftung der Körperschaft ist grundsätzlich auf das Gesellschaftsvermögen beschränkt. In der Personengesellschaft gilt dagegen grundsätzlich die unbeschränkte persönliche Haftung der Gesellschafter nach § 128 HGB (analog).[574]

Die Tatsache, dass die Mitglieder eines Verbandes die Haftung auf das Gesellschaftsvermögen beschränken wollen, könnte folglich für einen körperschaftlichen Zusammenschluss sprechen. Hierfür müsste jedoch zunächst die Vereinbarung einer solchen Haftungsbeschränkung zwischen den Verbandsmitgliedern erkennbar sein ((1)). Weiter müsste diese Vereinbarung auch eine Rolle für die Wahl der Rechtsform spielen ((2)). Dies wird im Folgenden näher untersucht.

(1) Vereinbarung einer Haftungsbeschränkung

Die Vereinbarung einer Haftungsbeschränkung auf das Gesellschaftsvermögen kann Bestandteil des zwischen den Zertifikatsinhabern geschlossenen Vertrages sein, wenn sich eine solche aus den Umständen ergibt, die den Vertragsschluss begleiten. Hier ist zunächst festzustellen, dass die DAO-Projekte alleine durch die steuernde Software geführt werden sollen.[575] Demnach könnten zunächst nur diejenigen Leistungen der Zertifikatsinhaber als vereinbart gelten, deren

571 Siehe hierzu bereits unter B.II.2.

572 Siehe hierzu bereits die Einleitung unter C.I.

573 *BGHZ* 102, 95 (103) = NJW 1988, 255–257; *BGHZ* 125, 366 (368) = WM 1994, 896–901; *BGHZ* 175, 12 (18) = WM 2008, 358–363.

574 Siehe hierzu ausführlicher später unter C.II.2.

575 *Jentzsch*, Decentralized Autonomous Organization to automate governance, S. 1.

Erbringung von der steuernden Software vorgesehen ist. Regelmäßig betrifft dies nur die anfängliche Einzahlung der Mittel in der Budget-Wallet zum Erwerb des Governance-Certificates. Nachträgliche Zahlungen im Falle eines Haftungsanspruchs sind nicht vorgesehen.

Dieser Umstand genügt indes alleine noch nicht, um von der Vereinbarung einer Haftungsbegrenzung auszugehen. Die Zahlungen im Falle einer Haftung könnten auch auf anderem Wege, als durch Software gesteuert, geleistet werden.[576] Es ist daher grundsätzlich nicht ausgeschlossen, dass die zwischen den Zertifikatsinhabern getroffene Vereinbarung weitere Zahlungen auch dann vorsieht, wenn diese nicht vom Softwarecode vorgesehen sind.

Solche Zahlungen würden jedoch dem Konzept der DAO, welche „autonom"[577] funktionieren will und seine Steuerung alleine auf die Software stützen möchte, widersprechen. Die Zertifikatsinhaber weisen sich regelmäßig nur durch pseudonyme Nutzerkennungen aus und treten nicht zwingend mit Klarnamen auf.[578] Die Durchsetzung von Ansprüchen gegen einzelne Teilnehmer wird dadurch erschwert. Zudem korreliert bei einer persönlichen Haftung der Gesellschafter das Risiko für die Verbindlichkeiten der Gesellschaft aufkommen zu müssen mit der Finanzkraft der Mitgesellschafter. Je finanzkräftiger diese sind, desto mehr Haftungsmasse steht den Gläubigern im Außenverhältnis und den Gesellschaftern untereinander für interne Ausgleichzahlungen zur Verfügung. Daher ist für die Zertifikatsinhaber das eigene Haftungsrisiko schwer einzuschätzen, wenn Identität und Finanzkraft der Mitgesellschafter nicht bekannt sind. Es ist folglich damit zu rechnen, dass die Zertifikatsinhaber davon ausgehen, dass keine weiteren Zahlungen, als die zum Erwerb des Governance-Certificates notwendigen, von ihnen erwartet werden.

Den Teilnehmern wird das Governance-Certificate als Wertanlage mit Mitbestimmungsrecht angeboten. Keiner der Teilnehmer möchte dabei jedoch eine Haftung eingehen, die über die anfängliche Einzahlung hinausgeht. Man wird auch annehmen können, dass dieser Umstand Konsens zwischen den Beteiligten des DAO-Projektes ist. Es ist daher zu vermuten, dass eine Haftungsbeschränkung auf das Vermögen in der Budget-Wallet dem Willen der Zertifikatsinhaber entspricht. Dieser von den Zertifikatsinhabern geäußerte Wille müsste für die Wahl der Rechtsform des Verbandes weiter beachtlich sein.

---

576 Wie bereits gezeigt, ergibt sich der Inhalt des Vertrages nicht alleine aus dem Softwarecode. Siehe hierzu bereits unter B.II.3.

577 Siehe zum Begriff der „Autonomität" bereits oben kritisch unter B.I.2.a)cc).

578 Siehe hierzu bereits oben unter B.II.2.

(2) *Beachtlichkeit der Haftungsbeschränkung für die Wahl der Rechtsform*

Die Haftungsregelungen sind zunächst bloße Rechtsfolgen einer Einordnung des Verbandes unter eine bestimmte Rechtsform. Liegen die Voraussetzungen einer Rechtsform vor, die die persönliche Haftung der Mitglieder vorsieht, so wäre ein Wille der Verbandsmitglieder für die Verbindlichkeiten des Verbandes nicht haften zu wollen, unbeachtlich. Auch an anderer Stelle kann sich derjenige, der von den Rechtsfolgen einer Norm betroffen ist, nicht auf seinen entgegenstehenden Willen berufen, soweit die Tatbestandsvoraussetzungen der Norm vorliegen.[579] In einer BGB-Gesellschaft oder oHG können Haftungsbeschränkungen zwischen den Gesellschaftern im Innenverhältnis vereinbart werden. Nach § 128 S.2 HGB ist diese Vereinbarung Dritten gegenüber aber unwirksam. Dies spricht zunächst dafür, dass die Vereinbarung von Haftungsbeschränkungen zwischen den Verbandsmitgliedern für die Wahl der Rechtsform keine Rolle spielt.

Nennt der Gesellschaftsvertrag eine bestimmte Rechtsform oder ist diese aus anderen Gründen klar ersichtlich, so ist davon auszugehen, dass diese von den Gesellschaftern gewollt ist. Die Haftung ist dann bloße Rechtsfolge und eine entgegenstehende Vereinbarung wirkt nur im Innenverhältnis. Ist jedoch die Rechtsform im Gesellschaftsvertrag nicht deutlich benannt, so muss diese durch Auslegung der Vereinbarung ermittelt werden. Dabei wird diejenige Rechtsform als vereinbart gelten, die dem von den Gesellschaftern Gewollten am ehesten entspricht. Bei dieser Auslegung des Gesellschaftsvertrages kann dann jedoch nicht mehr streng zwischen Tatbestandsvoraussetzungen und Rechtsfolgen getrennt werden. Ist eine bestimmte Rechtsfolge von den Gesellschaftern gewollt, so ist dies zumindest Indiz dafür, dass eine Verbandsform gewollt ist, die diese Rechtsfolge herbeiführt.[580] Folglich wird man davon ausgehen können, dass von den Zertifikatsinhabern eine Verbandsform gewollt ist, die eine Beschränkung der Haftung auf das Gesellschaftsvermögen vorsieht. Dies wäre bei einem körperschaftlichen Zusammenschluss der Fall.

579 So ist beispielsweise ein geheimer Vorbehalt bei Abgabe einer Willenserklärung nach § 116 S. 1 BGB grundsätzlich unbeachtlich.

580 So im Ergebnis auch für die Abgrenzung zwischen BGB-Gesellschaft und Verein, MüKoBGB/*Schäfer*, Vor § 705, Rn. 136.

(3) Zwischenergebnis

Zwischen den Zertifikatsinhabern ist die Vereinbarung einer Beschränkung der Haftung auf das Gesellschaftsvermögen erkennbar. Diese Vereinbarung ist für die Bestimmung der von den Zertifikatsinhabern gewollten Rechtsform insofern beachtlich, als dass eine Rechtsform gewählt werden soll, deren Rechtsfolgen dem Willen der Mitglieder am ehesten entspricht. Dies spricht folglich für die Gründung eines körperschaftlichen Verbandes.

ee) Zwischenfazit

Die Untersuchung zeigt, dass der Verband der Finanzierungs-DAO die Charakteristika einer Körperschaft weitgehend aufweist. Dies äußert sich an der von den Zertifikatsinhabern gewählten Organisationsverfassung: Der Gesellschaftsvertrag hat Satzungscharakter, der Verband der DAO ist unabhängig vom Bestand seiner Mitglieder und es scheint eine grundsätzliche Beschränkung der Haftung auf das Gesellschaftsvermögen gewollt zu sein. Die Handlungshoheit wird durch Organe ausgeübt. Auch wenn es für eine Körperschaft dieser Größe dabei ungewöhnlich sein mag, ist dennoch denkbar, dass alle Mitglieder sowohl Teil des Willensbildungs- als auch des Leitungsorgans sind.

Die festgestellte körperschaftliche Struktur des Verbandes spricht dafür, dass sich der Wille der Zertifikatsinhaber auf die Gründung einer Körperschaft richtet. Im Folgenden wird näher untersucht, auf die Bildung welcher körperschaftlichen Zusammenschlüsse dieser Wille gerichtet sein kann. Dabei wird zunächst auf die Gründung eine AG eingegangen.

b) Der Verband der Finanzierungs-DAO als fehlerhafte AG

Es ist zunächst nicht gänzlich ausgeschlossen, dass der Geschäftswille der Zertifikatsinhaber in der Finanzierungs-DAO sich auf die Gründung einer AG richtet. Aufgrund der strengen Voraussetzungen, die das AktG an die Gründung einer AG stellt, ist bereits ersichtlich, dass die Gruppe der Zertifikatsinhaber in den hier untersuchten Projekten der Finanzierungs-DAO diese nicht erfüllt.[581] Dies schließt jedoch nicht aus, dass eine Auslegung des zwischen den Zertifikatsinhabern geschlossenen Gesellschaftsvertrages ergibt, dass eine AG gegründet

581 Nach dem Grundsatz der Satzungsstrenge (§ 23 Abs. 5 AktG) sind Abweichungen der Satzung vom AktG nur erlaubt, wenn dies ausdrücklich zugelassen ist.

werden soll. Eine solche wäre zwar fehlerhaft, es ließen sich aber Forderungen für eine rechtskonforme Ausgestaltung des Verbandes herleiten.[582]

Hierzu wird zunächst erörtert, welche Konsequenzen der mangelnde Wille der Zertifikatsinhaber zur Eintragung einer AG hat (aa)). Weiter wird untersucht, inwieweit die Projekte der Finanzierungs-DAO Gemeinsamkeiten mit der AG haben und deshalb auf den Willen der Zertifikatsinhaber zur Gründung einer solchen geschlossen werden kann. Charakteristisch für die AG ist die Zerlegung ihres Grundkapitals in Aktien.[583] In der Folge wird daher untersucht, inwieweit das Governance-Certificate die Funktionen einer Aktie erfüllt und daher auf den Willen der Zertifikatsinhaber, dass es sich bei diesem um eine Aktie handeln soll, geschlossen werden kann (bb)). Schließlich wird der Frage nachgegangen, inwieweit sich die Einhaltung der Vorgaben zum Kapitalschutz (cc)) auf die Frage auswirkt, ob von den Zertifikatsinhabern die Gründung einer AG gewollt sein kann.

aa) Fehlender Wille zur Eintragung

Nach § 41 Abs. 1 S. 1 AktG besteht die AG vor der Eintragung ins Handelsregister als solche nicht. Eine Eintragung als AG findet bei den hier untersuchten DAO-Projekten nicht statt, womit davon auszugehen ist, dass eine solche nicht entsteht.

Vor Gründung der AG ist grundsätzlich das Bestehen einer Vor-AG möglich, wobei für GmbH und AG insoweit die gleichen Voraussetzungen gelten.[584] Demnach kann eine Vor-AG durch Feststellung der Satzung und Übernahme sämtlicher Aktien durch die Gründer entstehen.[585] Nach § 23 Abs. 1 S. 1 AktG muss die Satzung aber durch notarielle Beurkundung festgestellt werden. Eine solche wird bei den DAO-Projekten regelmäßig nicht vorliegen. Auch eine Vor-AG ist bei den DAO-Projekten daher nicht gegeben.

Möglich erscheint dann nur eine Vorgründungsgesellschaft.[586] Diese ist aber reine Innengesellschaft mit dem Zweck der späteren Eintragung einer Kapitalgesellschaft.[587] Die Zertifikatsinhaber müssten dann den Willen zur Eintragung

582 Siehe zu den Möglichkeiten der Ausgestaltung von DAOs, *Leonhard*, Corporate Governance on Ethereum's Blockchain.

583 Henssler/Strohn/*Lange*, § 1 AktG, Rn. 10; MüKoAktG/*Heider*, § 1, Rn. 100.

584 Hüffer/Koch/*Koch*, § 41, Rn. 2.

585 Hüffer/Koch/*Koch*, § 41, Rn. 3.

586 Henssler/Strohn/*Wardenbach*, § 41 AktG, Rn. 2.

587 Henssler/Strohn/*Schäfer*, § 11 GmbHG, Rn. 6.

einer Kapitalgesellschaft äußern. Ein solcher ist indes in den untersuchten Projekten nicht erkennbar. Im Gegenteil, finden sich in den Dokumentationen der DAO-Projekte Formulierungen, die die Gründung einer klassischen Gesellschaft sogar ausschließen.[588] Mit den DAO-Projekten wird gar eine Abkehr von traditionellen Gesellschaftsformen bezweckt.[589] Es kann daher nicht davon ausgegangen werden, dass die Beteiligten eine Eintragung als AG anstreben. Folglich kommt auch die Gründung einer Vorgründungsgesellschaft nicht in Betracht.

Für die AG gelten die Grundsätze der fehlerhaften Gesellschaft. Demnach entsteht eine Gesellschaft auch dann, wenn sie ein Gesamthandsvermögen bildet und als Einheit nach außen in Erscheinung tritt.[590] Rechtsfolge einer fehlerhaften Gesellschaft ist jedoch, je nach Zweck der Gesellschaft, die Entstehung einer oHG oder BGB-Gesellschaft.[591] Eine AG entsteht auch in diesem Fall nicht. Folglich lässt sich festhalten, dass der mangelnde Wille der Zertifikatsinhaber zur Eintragung einer AG, ihrer Gründung im Wege steht.

Es ist jedoch nicht gänzlich ausgeschlossen, dass die Organisationsstruktur der Finanzierungs-DAO der AG so ähnlich ist, dass eine Eintragung nachgeholt und damit eine formwirksame AG gegründet werden könnte. Hierfür wird in der Folge zunächst untersucht, inwieweit das Governance-Certificate die Charakteristika einer Aktie erfüllt.

bb) Das Governance-Certificate als Aktie

Die Aktie ist das vermögenswerte übertragbare Mitgliedschaftsrecht an der AG.[592] Sie ist der wertpapierrechtliche verbriefte Anteil am Grundkapital.[593] Sucht man im Verband der Finanzierungs-DAO nach einem Äquivalent, so kommt nur das Governance-Certificate in Betracht. Vom Willen eine AG gründen zu wollen, kann nur dann ausgegangen werden, wenn das Governance-Certificate nach

---

588 So heißt es beispielsweise im Disclaimer zur DigixDAO: „This is a reward based software product. DigixDAO token is NOT a security NOR investment offering. DigixDAO token is a software product given as a reward for participating in the DAO. It is simply a token useful for pledging initiatives at DigixDAO with additional features. There are no guarantees of their future value.", *DigixGlobal*, DigixDAO (DGD) Information.

589 *Jentzsch*, Decentralized Autonomous Organization to automate governance, S. 1.

590 MüKoAktG/*Pentz*, § 41, Rn. 11.

591 So der BGH zu Gesellschaftern einer GmbH, bei denen der Wille zur Eintragung fehlt, *BGHZ* 22, 240 (245) = WM 1957, 57–59.

592 MüKoAktG/*Heider*, § 1, Rn. 99.

593 Henssler/Strohn/*Lange*, § 1 AktG, Rn. 12; MüKoAktG/*Heider*, § 1, Rn. 99.

dem erkennbaren Willen der Zertifikatsinhaber die Funktionen einer Aktie erfüllen soll. Auf diesen Willen kann geschlossen werden, wenn eine Untersuchung der objektiv vorhandenen Funktionen des Governance-Certificates zum Ergebnis kommt, dass diese den Funktionen einer Aktie entsprechen.

Bei der Aktie handelt es sich um eine Sonderform des Wertpapiers.[594] Zunächst wird daher untersucht, inwieweit das Governance-Certificate die Charakteristika eines Wertpapiers aufweist ((1)). Weiter wird geprüft, ob von den Zertifikatsinhabern gegen den Gleichbehandlungsgrundsatz verstoßen wird und dies gegen die Aktieneigenschaft des Governance-Certificates sprechen könnte ((2)). Schließlich wird die Frage beantwortet, ob das Governance-Certificate als ein wertpapierrechtlich verbriefter Anteil am Grundkapitel des Verbandes der Finanzierungs-DAO betrachtet werden kann ((3)).

(1) Wertpapiereigenschaft des Governance-Certificates

Im Zentrum des Erkenntnisinteresses der bisherigen Veröffentlichungen zu ICOs[595] und DAOs stand bislang weniger die hier zu erörternde Frage nach der gesellschaftsrechtlichen Einordnung des Verbandes der DAO.[596] Stattdessen wurde untersucht, inwieweit der im Rahmen von ICOs ausgegebene Token als Wertpapier einzuordnen ist und folglich bei seiner Ausgabe entsprechende aufsichtsrechtliche Vorgaben zu beachten sind.[597] Da es sich bei der Aktie um einen Unterfall des Wertpapiers handelt, können die Ergebnisse der Diskussion auch an dieser Stelle fruchtbar gemacht werden.

Von europäischen Behörden gibt es bislang keine Stellungnahme zur wertpapierrechtlichen Einordnung der Governance-Certificates von DAO-Projekten. Allerdings hat die US-amerikanische Securities and Exchange Commission (SEC) eine Stellungnahme zur Einordnung der Governance-Token des Projekts „TheDAO" veröffentlicht.[598] Da diese Ergebnisse auch Anhaltspunkte für eine europäische Einordnung liefern können, sollen diese zunächst dargestellt werden ((a)). Weiter werden die Voraussetzungen des Wertpapiers nach der MiFID

---

594 MüKoAktG/*Heider*, § 1, Rn. 99.

595 Siehe zum Begriff des Initial Coin Offerings bereits oben unter B.I.2.b)bb)(1).

596 Für das deutsche Recht mit Ausnahme von *Mann*, NZG 2017, 1014–1020.

597 Siehe hierzu beispielsweise *Blockchain Bundesverband*, Regulierung von Token; *Hacker/Thomale*, Crypto-Securities Regulation: ICOs, Token Sales and Cryptocurrencies under EU Financial Law; *Jünemann/Wirtz*, ICO: Rechtliche Einordnung von Token; *Klöhn/Parhofer/Resas*, ZBB 2018, 89–106; *Weiß*, BaFin Journal 04/2019, 8–10.

598 *Securities and Exchange Commission*, Report of Investigation Pursuant to Section 21(a) of the Securities Exchange Act of 1934: The DAO.

II auf ihr Vorliegen beim Governance-Certificate in der Finanzierungs-DAO untersucht ((b)).

(a) Wertpapier nach dem Howey-Test

Nach Section 2(a)(1) des Securities Acts von 1933 und Section 3(a)(10) des Securities Exchange Acts von 1934 liegt eine „security" u.a. dann vor, wenn es sich bei ihr um einen „investment contract" handelt. Die SEC hat sich in einem Report vom 25.07.2017 mit der Frage beschäftigt, ob durch den Erwerb des vom Projekt „TheDAO" ausgegeben DAO-Tokens[599] ein solcher „investment contract" geschlossen wird.

Für die Beantwortung der Frage wandte die SEC den „Howey Test" an. Dieser wurde vom US Supreme Court 1946 im Fall SEC v. W.J. Howey Co. entwickelt. Demnach wird ein „investment contract" geschlossen, wenn ein (1) Investment von Geld in ein gemeinsames Unternehmen verbunden mit einer (2) angemessenen Erwartung auf Rendite, die (3) durch unternehmerische oder leitende Bemühungen anderer erwirtschaftet wird, vorliegt.[600]

Für ein „Investment von Geld" soll jeder vermögenswerte Beitrag genügen. Daher liegt ein solches Investment nach Ansicht der SEC auch bei der Übermittlung von Kryptocoins an die Budget-Wallet der DAO vor. Auch erwarten die Zertifikatsinhaber durch ihre Beteiligung an den Gewinnen des Unternehmens zu partizipieren.[601]

Schwieriger war die Frage zu beantworten, ob die Gewinne der DAO durch unternehmerische oder leitende Bemühungen anderer als der Zertifikatsinhaber erwirtschaftet werden. Die Bemühungen anderer müssten dabei, im Vergleich zu denen der Investoren, die signifikanten sein. Hier stellte die SEC zunächst fest, dass die Webseite für die Bewerbung des DAO-Projekts sowie Online-Foren zum Austausch zwischen den Zertifikatsinhabern von den Initiatoren betreut wurden. Gegenüber den Zertifikatsinhabern gaben diese vor, Experten für die hinter dem Projekt stehende Technologie zu sein. Sie erstellten den Software-Code und setzten initial die Prüfer ein. Diese Prüfer hätten entscheidende Kontrolle über die abzustimmenden Angebote. Im Falle des Projekts „TheDAO" gaben die Initiatoren auch das erste Angebot an die DAO ab. Aus Sicht der Zertifikatsinhaber

---

599 Beim DAO-Token handelt es sich um ein Governance-Certificate. Siehe hierzu bereits oben näher unter B.III.1.a)bb)(1)(b).

600 Frei übersetzt aus SEC v. W.J. Howey Co., 328 U.S. 293, 301 (1946).

601 *Securities and Exchange Commission*, Report of Investigation Pursuant to Section 21(a) of the Securities Exchange Act of 1934: The DAO, S. 11 f.

werde das Projekt daher nur durch den Einsatz der Initiatoren zum Erfolg. Diese Kontrolle zeigte sich nach Ansicht der SEC auch in der Praxis. Nachdem das Projekt „TheDAO" gehackt wurde, gelang es nur durch Mitwirkung der Initiatoren die Situation zu lösen.[602]

Die Stimmrechte, welche die Zertifikatsinhaber eingeräumt bekamen, führten nach Ansicht der SEC ebenfalls nicht zu einer signifikanten Kontrolle über die Entscheidungen der Geschäftsführung. Die Angebote, über die abgestimmt werden sollte, seien zu vage formuliert gewesen, um eine informierte Entscheidung zu treffen. Vielmehr sei durch die Vorauswahl der Prüfer eine „Take it or leave it"-Situation entstanden ohne effektive Einflussmöglichkeit auf die Gestaltung der Angebote. Weiter trage die Pseudonymität der DLT[603] dazu bei, dass ein Informationsaustausch zwischen den Zertifikatsinhabern kaum möglich sei. Die große Anzahl ständig wechselnder Zertifikatsinhaber ohne persönliche Verbindung mache eine sinnvolle Diskussion unmöglich. Im Ergebnis liege daher der signifikante Beitrag zu den Gewinnen des DAO-Projekts in den Händen der Initiatoren.[604]

Die SEC kommt damit zum Ergebnis, dass durch den Erwerb des Governance-Certificates durch die Zertifikatsinhaber im Projekt „TheDAO" ein „investment contract" geschlossen wurde und es sich folglich bei dem Governance-Certificate um eine „security" nach Section 2(a)(1) des Securities Acts von 1933 und Section 3(a)(10) des Securities Exchange Acts von 1934 handelt.

Diesem Ergebnis ist jedoch nicht zuzustimmen. Die Untersuchung dieser Arbeit hat bereits gezeigt, dass die Geschäftsführung im Projekt der Finanzierungs-DAO in den Händen der Zertifikatsinhaber liegt.[605] Zwar war in der Anfangsphase des Projekts „TheDAO" eine beachtliche Mitwirkung der Initiatoren des Projekts erforderlich. Dies war indes dem Umstand geschuldet, dass es sich um eine gänzlich neue Technologie handelte und Startschwierigkeiten nicht zu vermeiden waren. Das Konzept der DAO sah jedoch keine dauerhafte Mitwirkung und Kontrolle durch die Initiatoren oder Prüfer vor. Wie bereits im Rahmen der Diskussion zum Leitungsorgan erörtert,[606] beschränkt sich die

602 *Securities and Exchange Commission*, Report of Investigation Pursuant to Section 21(a) of the Securities Exchange Act of 1934: The DAO, S. 12 f.

603 Siehe zur Pseudonymität der DLT bereits oben unter B.II.2.

604 *Securities and Exchange Commission*, Report of Investigation Pursuant to Section 21(a) of the Securities Exchange Act of 1934: The DAO, S. 14 f.

605 Siehe hierzu bereits die Ergebnisse unter B.III.1.c) und C.I.2.a)bb)(2).

606 Siehe hierzu bereits unter C.I.2.a)bb)(2)(a)(aa).

Rolle der Prüfer auf die Ermöglichung der Funktionsfähigkeit des Projekts und umfasst nicht eine inhaltliche Einflussnahme auf die Angebote.[607] Im Ergebnis ist daher davon auszugehen, dass, zumindest wenn man dem Konzept einer dezentral verwalteten Finanzierungs-DAO folgt, die signifikanten unternehmerischen und leitenden Bemühungen auch dann von der Gruppe der Zertifikatsinhaber ausgehen, wenn Initiatoren und Prüfer wichtige fördernde Tätigkeiten erbringen.[608] Ein „investment contract" wird dann nicht vorliegen. Dies schließt jedoch nicht aus, dass das Governance Certificate aus anderen Gründen ein Wertpapier mit Aktiencharakter darstellt. Im Folgenden wird daher untersucht, inwieweit das Governance-Certificate nach den Vorgaben der MiFID II als Wertpapier einzuordnen ist.

(b) Wertpapier nach MiFID II

Im Sekundärrecht der europäischen Union ist der Begriff des „übertragbaren Wertpapiers" in Art. 4 Abs. 1 Nr. 44 MiFID II definiert. Diese sind demnach „die Kategorien von Wertpapieren, die auf dem Kapitalmarkt gehandelt werden können, mit Ausnahme von Zahlungsinstrumenten, wie [...] Aktien und andere, Aktien oder Anteilen an Gesellschaften, Personengesellschaften oder anderen Rechtspersönlichkeiten gleichzustellende Wertpapiere sowie Aktienzertifikate; [...]". Im deutschen Recht wird der Begriff in § 2 Nr. 1 WpPG und § 2 Abs. 1 WpHG inhaltlich identisch definiert.

Aus dieser Definition lassen sich drei Grundvoraussetzungen für eine Einordnung als Wertpapier herauslesen. Das Wertpapier muss übertragbar ((aa)), standardisiert und handelbar ((bb)) sowie mit wertpapierähnlichen Rechten ausgestattet ((cc)) sein.[609] Soll es sich beim Governance-Certificate um eine Aktie handeln, so müssen diese Rechte, diejenigen eines Aktionärs sein. Dies wird in der Folge für die Governance-Certificates in den Projekten der Finanzierungs-DAO näher untersucht.

(aa) Übertragbarkeit

Für die Frage der Übertragbarkeit des Governance-Certificates muss danach unterschieden werden, ob es sich bei diesem um einen Token oder um Reputation handelt. Liegt das Governance-Certiticate in Form eines Tokens vor, so ist

607 *Wood*, Why I've Resigned as a Curator of the DAO.

608 So im Ergebnis auch *Oren*, Columbia Business Law Review 2018, 617 (650 f.).

609 *Weiß*, BaFin Journal 04/2019, 8 (9); Heidel/*Petow*, WpHG § 2, Rn. 3; *Jünemann*/*Wirtz*, ICO: Rechtliche Einordnung von Token, S. 3.

dieser Token zwischen Wallet-Adressen der darunterliegenden DLT-Plattform frei übertragbar.[610] Folglich wird man in diesem Fall von einer freien Übertragbarkeit ausgehen können.

Wir das Governance-Certificate, wie in Form der Reputation üblich, durch Kautionshinterlegung erworben, so ist die Berechtigung an die Verfügungsmacht über den privaten Schlüssel der Wallet-Adresse des jeweiligen Nutzers geknüpft.[611] Diese Berechtigung ist nicht gesondert übertragbar. Zwar gehen mit der Verfügungsmacht über den privaten Schlüssel vergleichbare Möglichkeiten wie beim Erwerb eines Governance-Tokens einher. Anders als die Governance-Token sind die privaten Schlüssel aber nicht für den Handel am Sekundärmarkt konzipiert. Der Schlüssel kann nicht von einer Wallet-Adresse auf eine andere übertragen werden.

Es ist den Zertifikatsinhabern aber auch in diesem Fall möglich, den Schlüssel an andere Personen zu übertragen, indem die Verfügungsmacht über die den Schlüssel haltende Wallet-Adresse übertragen wird.[612] Für diese Übertragung könnte auch ein Entgelt verlangt werden. Aufgrund der Partizipationsmöglichkeiten am DLT-Projekt, die mit der Verfügungsmacht über den Schlüssel einhergehen, wird der Geschäftsverkehr der Verfügungsgewalt über den Schlüssel auch einen wirtschaftlichen Wert beimessen können.

Die Zahl der teilnehmenden Zertifikatsinhaber ist regelmäßig sehr groß und deren Identität den übrigen Beteiligten des DAO-Projekts unbekannt.[613] Durch Kautionshinterlegung ist es jederzeit möglich, dass neue Zertifikatsinhaber hinzukommen. Zudem können durch Auslösung der Kaution jederzeit auch Zertifikatsinhaber abspringen. Es kann daher davon ausgegangen werden, dass die Zertifikatsinhaber kein Interesse daran haben, dass die Gruppe der Zertifikatsinhaber in ihrem Bestand unverändert bleibt. Werden von den Zertifikatsinhabern weitere Dienste, wie zum Beispiel die Bereitstellung von Rechenleistung, erbracht, so kann in diese Position auch ein Dritter eintreten. Der Bestand der DAO und des Gesamtprojekts würde durch einen Wechsel des Zertifikatsinhabers auch in diesem Fall nicht berührt.

Problematisch ist jedoch, dass der private Schlüssel bei einer Übertragung nicht geändert wird.[614] Der Veräußerer des Schlüssels hätte weiterhin die

---

610 Siehe hierzu bereits unter B.I.2.b)bb)(1).

611 Siehe hierzu bereits oben unter B.I.2.b)bb)(2).

612 Siehe zu Wallet-Adressen bereits oben unter B.I.1.b).

613 Siehe zur Pseudonymität der DLT bereits oben unter B.II.2.

614 Siehe hierzu bereits unter B.I.2.b)bb)(2).

Möglichkeit, sich gegenüber dem System als der Inhaber des Governance-Certificates zu gerieren. Dies wird auch nicht im Interesse des Erwerbers des Schlüssels sein. Auf eine etwaige Versicherung des Veräußerers, den Schlüssel zu löschen, wird sich der Erwerber regelmäßig nicht verlassen können. Folglich ist davon auszugehen, dass die Übertragung des Governance-Certificates im Falle seines Erwerbs durch Kautionshinterlegung nicht vorgesehen ist. Ein Governance-Certificate in Form eines privaten Schlüssels ist nach dem Willen der Zertifikatsinhaber nicht übertragbar und erfüllt die Charakteristika eines Wertpapiers folglich nicht.

Im Ergebnis lässt sich also festhalten, dass das Governance-Certificate in Form eines Tokens die Voraussetzung der Übertragbarkeit erfüllt, während das Governance-Certificate in Form von Reputation kein Wertpapier darstellt. Bei letzterem kann es sich dann folglich auch nicht um eine Aktie handeln. In der weiteren Untersuchung soll daher nur auf das Governance-Certificate in Form eines Tokens eingegangen werden.

(bb) Handelbarkeit und Standardisierung

Das Governance-Certificate müsste weiter handelbar und standardisiert sein. Als standardisiert können die Token dann gelten, wenn sie die gleichen Merkmale enthalten und untereinander austauschbar sind.[615] Die Standardisierung ist insofern auch Voraussetzung für die Handelbarkeit.[616]

Soweit es sich beim Governance-Certificate um einen Token handelt, kann dieser frei übertragen und am Markt gehandelt werden. Die Token sind insofern auch austauschbar und haben die gleichen Eigenschaften. Man kann daher von einer Handelbarkeit und Standardisierung ausgehen.

(cc) Ausstattung mit Rechten eines Aktionärs

Die Einordnung des Governance-Certificates in Form eines Tokens als Wertpapier erfordert, dass es mit wertpapierähnlichen Rechten ausgestattet ist. Soll es sich dabei um eine Aktie handeln, so müssen die Rechte die eines Aktionärs sein. Im Rahmen der Diskussion um die Frage, inwieweit Token Wertpapiere

615 *Jünemann/Wirtz*, ICO: Rechtliche Einordnung von Token, S. 3.
616 *Weiß*, BaFin Journal 04/2019, 8 (9).

darstellen können, wird meist zwischen Currency-, Utility- und Equity- (letztere teilweise auch Anlage-, Security-[617], Investment- bzw. Trust-)Token unterschieden.[618]

Der Currency-Token hat eine reine Währungsfunktion (ein Beispiel ist der Bitcoin). Der Utility Token hat eine Funktion im Ökosystem eines DLT-Projekts, indem er beispielsweise zur Vornahme bestimmter Handlungen berechtigt.[619] Der Equity-Token verkörpert eine Unternehmensbeteiligung. Liegt das Governance-Certificate in Form eines Tokens vor, so wäre dieser nach den Ergebnissen der bisherigen Untersuchung als Equity-Token einzuordnen. Zu klären bleibt jedoch, ob damit auch die Rechte eines Aktionärs einhergehen.

Der Begriff der Aktie ist im deutschen und europäischen Recht nicht definiert. Aus § 139 Abs. 1 S. 1 AktG ergibt sich zwar, dass Aktien zumindest regelmäßig mit einem Stimmrecht ausgestattet sind. Weitere Charakteristika der Aktie sind aber nicht näher normiert. Dies ist nicht weiter verwunderlich, da sich regelmäßig die Frage nach Aktienqualität nicht stellt, soweit ersichtlich ist, dass es sich um den Anteil an einer AG handelt.

Ist, wie hier, jedoch unklar, ob es sich bei einem Verband, nach dem Willen der Gründungsmitglieder, um eine AG handeln soll, müssen andere Maßstäbe für die Bestimmung einer Aktie herangezogen werden. Ihrem Wesen nach ist die Aktie der deutschen Aktiengesellschaft mit der der US-amerikanischen Corporation vergleichbar.[620] Folglich kann grundsätzlich auch auf die Rechtsprechung des US Supreme Courts zur Beschreibung der Eigenschaften einer Aktie zurückgegriffen werden. Dieser nennt als charakteristische Eigenschaften einer Aktie (1) das Recht eine Dividende zu erhalten, die am Gewinn des Unternehmens partizipieren lässt. (2) die Übertragbarkeit und Fähigkeit an Wert zu gewinnen und (3) die Verbundenheit mit Stimmrechten abhängig von der Anzahl gehaltener Aktien.[621] Ebenfalls genannt werden die Pfändbarkeit und die Fähigkeit als Sicherheit zu dienen. Diese Fragen sind jedoch, abhängig von der geltenden

617 *Jünemann/Wirtz*, ICO: Rechtliche Einordnung von Token, S. 2, schlagen den Begriff Security-Token als Oberbegriff für die Einräumung von Rechten vor, während der Equity-Token einen Gesellschaftsanteil darstellen soll.

618 *Benoliel*, Understanding the difference between coins, utility tokens and tokenized securities; *Euler*, The Token Classification Framework; *Krüger/Lampert*, BB 2018, 1154 (1155).

619 *Blockchain Bundesverband*, Regulierung von Token, S. 11.

620 MHdB GesR VI/*Süß*, § 47, Rn. 616–619.

621 Frei übersetzt aus Landreth Timber Co. v. Landreth, 471 U.S. 681, 686 (1985).

Jurisdiktion, unterschiedlich zu beurteilen und sollten daher nicht als allgemeingültiges Charakteristikum einer Aktie angesehen werden.[622]

Die Verbundenheit des Governance-Certificates mit Stimmrechten wurde bereits festgestellt.[623] Ebenso wurde bereits geklärt, dass das Governance-Certificate in Form eines Tokens übertragbar ist.[624] Da es am Markt gehandelt werden kann, besitzt es zudem die Fähigkeit an Wert zu gewinnen.

Als entscheidendes Charakteristikum einer Aktie verbleibt damit die Beteiligung an künftigen Gewinnen des Unternehmens.[625] Die vorangegangene Untersuchung hat bereits gezeigt, dass die Zertifikatsinhaber in der Investment-DAO durch Rückflüsse der erwirtschafteten Gewinne aus den Investments am Gewinn des Projekts teilhaben.[626] In der Management-DAO ist dies ebenfalls der Fall, soweit eine Beteiligung an den Transaktionsgebühren des Gesamtprojekts vorgesehen ist.[627] Lediglich in der Spenden-DAO findet eine solche Beteiligung nicht statt, da keine Gewinne erwirtschaftet werden sollen.[628] Für die Spenden-DAO spricht dies daher zunächst gegen eine Aktieneigenschaft des Governance-Certificates. In der Investment- und Management-DAO ist diese Voraussetzung hingegen erfüllt. Folglich kann hier davon ausgegangen werden, dass das Governance-Certificate die Zertifikatsinhaber mit den Rechten ausstattet, die mit denen eines Aktionärs grundsätzlich vergleichbar sind.

(c) Zwischenergebnis

Die Untersuchung zeigt, dass die Governance-Certificates der Zertifikatsinhaber in der Finanzierungs-DAO größtenteils einen Wertpapiercharakter aufweisen. Die Stellungnahme der SEC hilft hierzu aber nur bedingt weiter, da sie nur die Einordnung als „investment contract" und nicht als Aktie untersucht. Zudem

---

622 So auch *Hacker/Thomale*, Crypto-Securities Regulation: ICOs, Token Sales and Cryptocurrencies under EU Financial Law, S. 26.

623 Siehe hierzu unter B.III.1.a)cc)(2).

624 Siehe hierzu die Feststellungen unter C.I.2.b)bb)(1)(b)(aa).

625 *Hacker/Thomale*, Crypto-Securities Regulation: ICOs, Token Sales and Cryptocurrencies under EU Financial Law, S. 26. Nach einer empirischen Untersuchung aus dem Jahr 2017 gewähren 26 % der im Rahmen von ICOs ausgegebenen Token eine solche Beteiligung, *Adhami/Giudici/Martinazzi*, Journal of Economics and Business 2018, 64 (69).

626 Siehe hierzu bereits oben unter B.III.2.b)bb).

627 Siehe hierzu bereits oben unter B.III.2.b).

628 Siehe zum Zweck der Spenden-DAO bereits oben unter B.III.1.a)bb)(1)(c).

ist die Begründung zweifelt, da die Leitung des Projekts nach dem erkennbaren Willen der Parteien in den Händen der Zertifikatsinhaber liegen soll.

Der Wertpapiercharakter lässt sich jedoch durch eine Untersuchung der Voraussetzungen nach MiFID II teilweise bejahen. Wird das Governance-Certificate durch Hinterlegung einer Kaution erworben und/oder liegt, wie in der Spenden-DAO, keine Beteiligung an künftigen Gewinnen vor, so wird man die Wertpapiereigenschaft verneinen müssen. Soweit das Governance-Certificate aber in Form eines Tokens vorliegt und eine Beteiligung an künftigen Gewinnen des DAO-Projekts versprochen wird, kann von einer Wertpapiereigenschaft ausgegangen werden. Weiter ist dann zu untersuchen, ob der Gleichbehandlungsgrundsatz gewahrt bleibt.

(2) Wahrung des Gleichbehandlungsgrundsatzes

Die Wertpapiereigenschaft genügt alleine nicht, um vom Vorhandensein einer Aktie auszugehen. Werden Aktien ausgegeben, so gilt der Gleichbehandlungsgrundsatz gem. § 9 Abs. 1 AktG, wonach eine Ausgabe unter pari nicht erlaubt ist. Eine Aktie kann demnach nur gegen Leistung der Einlage erworben werden.[629] Die Gesellschaft darf nach § 56 Abs. 1 AktG keine eigenen Aktien zeichnen und die Gründer können keine Aktien für sich behalten ohne ihre Einlage zu leisten.[630]

Ein Verstoß gegen § 9 Abs. 1 AktG hat vor der Registereintragung nach §§ 134, 139 BGB regelmäßig die Nichtigkeit der Übernahmeerklärung und des Errichtungsgeschäfts und somit auch der Satzung zur Folge.[631] Werden eigene Aktien gezeichnet, so führt dies nach § 134 BGB zur Nichtigkeit der Zeichnungs- und Bezugserklärung und somit zur Nichtigkeit der Aktienübernahme.[632] Diese Rechtsfolgen stehen dem Willen zur Gründung einer AG grundsätzlich nicht entgegen. Somit ließe sich annehmen, dass ein Verstoß gegen die Vorschriften für die hier zu beantwortende Frage nach dem Willen der Zertifikatsinhaber zur Gründung einer AG nicht relevant ist. Ähnlich wie bereits im Rahmen der Diskussion um die Rechtsfolgen bezüglich der Haftung gezeigt,[633] kann aber eine Gestaltung der Satzung, welche einen Verstoß gegen die Vorschriften bedeuten würde, ein Indiz dafür sein, dass die Gesellschafter keine AG gründen wollen.

629 MüKoAktG/*Heider*, § 9, Rn. 19.
630 MüKoAktG/*Heider*, § 9, Rn. 4; *Schmidt*, S. 786.
631 Henssler/Strohn/*Lange*, § 9 AktG, Rn. 8.
632 Henssler/Strohn/*Lange*, § 56 AktG, Rn. 3.
633 Siehe hierzu bereits unter C.I.2.a)dd)(2).

Auch hier kann man davon ausgehen, dass die Zertifikatsinhaber eine Rechtsform wählen wollen, die auch in ihren Rechtsfolgen dem entspricht, was durch Satzung vereinbart wurde. Verstößt die Vereinbarung der Zertifikatsinhaber gegen diese Vorgaben, spricht dies daher zunächst dafür, dass die Gründung eine AG nicht gewollt ist.

In den Finanzierungs-DAO-Projekten kommt es teilweise vor, dass die Initiatoren nur einen Teil der Governance-Certificates zum Erwerb freigeben. Ein anderer Teil verbleibt in den Händen der Initiatoren, welche hierfür keine eigene Einlage leisten müssen.[634] Die Initiatoren erhalten durch das Governance-Certificate zunächst die gleichen Rechte, wie die übrigen Zertifikatsinhaber, die für den Erwerb eine Einlage leisten müssen. Ihre Berechtigungen gehen sogar oftmals über die der übrigen Zertifikatsinhaber hinaus.[635] Während die Ausstattung der Initiatoren mit besonderen Rechten grundsätzlich nicht im Widerspruch zur Gründung einer AG steht, ist die Tatsache, dass die Initiatoren keine Einlage leisten müssen vor dem Hintergrund des Gleichbehandlungsgrundsatzes problematisch. Sieht man das Governance-Certificate als Aktienäquivalent, so wäre zu erwarten, dass auch die Initiatoren eine Einlage leisten. Stattdessen erhalten diese die Rechte jedoch ohne finanzielle Gegenleistung. Dies würde eine Ausgabe von Aktien unter pari darstellen. Eine solche Gestaltung verstößt folglich gegen § 9 Abs. 1 AktG.

Es lässt sich mithin festhalten, dass der Gleichbehandlungsgrundsatz dann nicht gewahrt wird, wenn die Initiatoren des Projekts das Governance-Certificate erhalten, ohne eine Einlage leisten zu müssen. Eine solche Gestaltung ist Indiz dafür, dass die Zertifikatsinhaber keine AG gründen wollen. Müssen auch die Initiatoren das Governance-Certificate erwerben, so bliebe die Gründung einer AG dagegen möglich. Die Aktie müsste dann jedoch auch verbrieft werden.

(3) Verbriefung der Aktie

Besitzt das Governance-Certificate Wertpapiereigenschaften und verstößt seine Ausgabe nicht gegen den Gleichbehandlungsgrundsatz, so genügt dies alleine noch nicht, um die Charakteristika einer Aktie zu erfüllen. Auch wenn die Übertragung des Mitgliedschaftsrechts nicht bei allen Gesellschaften vorgesehen ist,

---

634 So wurden 15 % der DigixDAO-Token vor dem ICO im Rahmen eines Developers' Release ausgegeben, *DigixGlobal*, DigixDAO (DGD) Information.

635 Die Initiatoren konnten im Projekt der DigixDAO als einzige Personengruppe Angebote, ohne Vorprüfung durch die Prüfer, direkt zur Abstimmung freigeben, *DigixGlobal*, DigixDAO (DGD) Information.

ist sie längst nicht mehr nur auf die AG beschränkt.[636] Neben der Übertragbarkeit muss es sich bei der Aktie um einen wertpapierrechtlich verbrieften Anteil am Grundkapital handeln, der dem Kapitalmarkt zugänglich ist.[637]

Fasst man den Begriff des Kapitalmarktes weit, so können hier grundsätzlich auch durch Token abgebildete Mitgliedschaftsrechte an Verbänden gehandelt werden. Problematisch ist hingegen die Voraussetzung der Verbriefung des Mitgliedschaftsrechts. Nach § 13 AktG sind Aktien zu unterzeichnen. Daraus lässt sich schließen, dass diese in Schriftform vorliegen müssen.[638] Nach § 23 Abs. 5 AktG gilt das Prinzip der Satzungsstrenge. Abweichungen von den Vorschriften des Aktiengesetzes sind demnach nur in den vorgesehenen Fällen möglich. Zwar erlaubt § 10 Abs. 5 AktG einen Ausschluss des Rechts auf Verbriefung. Nach h.M. kann jedoch die Globalverbriefung nicht ausgeschlossen werden,[639] sodass zumindest eine Globalurkunde ausgestellt werden müsste. Dies ist bei den DAO-Projekten nicht der Fall.[640]

Der Token kann zwar einen Anteil am Kapital des Verbandes verkörpern, den Voraussetzungen an die Verbriefung des Aktiengesetzes wird er aber nicht gerecht. Der Wille der Beteiligten, mit dem Token einen übertragbaren Anteil am Kapital des Verbandes zu schaffen, ist dennoch erkennbar. Folglich ließe sich die mangelnde Verbriefung zunächst als Formfehler verstehen.

(4) Zwischenergebnis

Das Governance-Certificate weist die Charakteristika einer Aktie auf, soweit es in Gestalt eines Tokens vorliegt und, anders als in der Spenden-DAO, mit der Aussicht auf eine Gewinnbeteiligung ausgegeben wird. Ist dies der Fall, so spricht dies für den Willen der Zertifikatsinhaber zur Ausgabe von Aktien.

---

636 *Schmidt*, S. 210.

637 Henssler/Strohn/*Lange*, § 1 AktG, Rn. 12; MüKoAktG/*Heider*, § 1, Rn. 99; *Schmidt*, S. 756.

638 MüKoAktG/*Heider*, § 13, Rn. 23; Spindler/Stilz/*Vatter*, § 13 AktG, Rn. 12.

639 *Krüger/Lampert*, BB 2018, 1154 (1156), m.w.N.

640 In einem gemeinsamen Eckpunktepapier von *BMF* und *BMJV* vom März 2019 wird die Möglichkeit der Einführung einer elektronischen Aktie angesprochen, welche künftig ohne schriftliche Verbriefung auskommen könnte, *BMF und BMJV*, Eckpunkte für die regulatorische Behandlung von elektronischen Wertpapieren und Krypto-Token, S. 2. Die Einführung einer elektronischen Aktie ist derzeit indes noch nicht absehbar. Nach dem Inhalt des Papiers würde diese zudem eine staatliche kontrollierte DLT-Plattform erfordern.

Eine Ausnahme besteht für den Fall, dass das Governance-Certificate an die Initiatoren des Projekts ohne Gegenleistung ausgegeben wird. Da dies gegen den Gleichbehandlungsgrundsatz verstößt, spricht diese Gestaltung gegen eine gewollte Aktieneigenschaft des Governance-Certificates.

Das Aktiengesetz sieht eine schriftliche Verbriefung der Aktie vor. Die Erstellung eines digitalen Tokens erfüllt diese Voraussetzung nicht. Denkbar erscheint zwar, eine Globalverbriefung vorzunehmen und die Anteile daran durch Token abzubilden. Eine solche findet bei den bisher untersuchten DAO-Projekten aber nicht statt. Dies spricht aber nicht zwingend gegen den Willen der Zertifikatsinhaber zur Ausgabe von Aktien, sondern kann zunächst als Formfehler verstanden werden. Für die Projekte der Finanzierungs-DAO, bei denen das Governance-Certificate die Voraussetzungen einer Aktie erfüllt, muss weiter geprüft werden, inwieweit der Wille der Zertifikatsinhaber erkennbar ist, die Vorschriften zum Kapitalschutz einzuhalten.

cc) Kapitalschutz

Als Ausgleich dafür, dass den Gläubigern der AG nicht das Vermögen der Gesellschafter sondern nur das Gesellschaftsvermögen haftet muss nach den §§ 1 Abs. 2, 6, 7 AktG ein Grundkapital von mindestens 50.000 Euro vorhanden sein.[641] Damit das Grundkapitel seine Gläubigerschutzfunktion erfüllen kann, gelten die Prinzipien der Kapitalaufbringung ((1)) und Kapitalerhaltung ((2)).[642] Diese werden in der Folge zunächst kurz dargestellt. Es ist bereits ersichtlich, dass die DAO-Projekte die konkreten Vorgaben des AktG nicht einhalten werden. Es kann aber zumindest untersucht werden, inwieweit der grundsätzliche Wille der Zertifikatsinhaber zur Einhaltung der Prinzipien der Kapitalaufbringung und -erhaltung in den Projekten der Finanzierungs-DAO erkennbar ist.

(1) Prinzip der Kapitalaufbringung

Nach dem Prinzip der Kapitalaufbringung hat bei Gründung der AG das angegebene Grundkapital einmalig zur Verfügung zu stehen.[643] Nach §§ 23 Abs. 2 Nr. 2, 29 AktG sind die Gründer daher zur Übernahme sämtlicher Aktien und nach §§ 36 Abs. 2, 36a AktG zur Leistung des eingeforderten Betrages auf die Einlage

641 Henssler/Strohn/*Lange*, § 7 AktG, Rn. 1; MüKoAktG/*Heider*, § 6, Rn. 5.
642 Spindler/Stilz/*Fock*, § 1 AktG, Rn. 88 f.
643 Henssler/Strohn/*Vetter*, § 23 AktG, Rn. 8; MüKoAktG/*Pentz*, § 23, Rn. 55.

verpflichtet. Dabei ist, wie bereits erwähnt,[644] die Unterpariemission nach § 9 Abs. 1 AktG untersagt.

Will man den Zertifikatsinhabern den Willen zur Gründung einer AG unterstellen, so müsste die Gestaltung der Finanzierungs-DAO-Projekte wenigstens die Grundzüge des Prinzips der Kapitalaufbringung aufweisen. Es müsste zumindest erkennbar sein, dass ein bestimmter Mindestbetrag als Gesellschaftsvermögen zur Verfügung stehen soll und sich die Gesellschafter dazu verpflichten, diesen aufzubringen.

Geht man davon aus, dass die Mittel in der Budget-Wallet von den Zertifikatsinhabern aufgebracht werden, so lässt sich zunächst feststellen, dass die zu den DAO-Projekten veröffentlichten Whitepaper oftmals einen Schwellenwert an eingezahlten Kryptocoins für einen erfolgreichen ICO nennen.[645] Wird dieser nicht erreicht, so werden die eingezahlten Kryptocoins den Zertifikatsinhabern zurückerstattet und die Governance-Certificates nicht ausgegeben oder eingezogen. Auf diese Weise wird sichergestellt, dass der Gruppe der Zertifikatsinhaber für die Durchführung des Projekts zumindest der festgesetzte Mindestbetrag zur Verfügung steht. Die Software gibt vor, dass die Governance-Certifcates erst nach Einzahlung der entsprechenden Kryptocoins ausgegeben werden. Somit wird garantiert, dass die Zertifikatsinhaber ihre Anteile erst nach Erbringung der notwendigen Einlage erhalten.

Das Grundkapital der AG soll mindestens 50.000 Euro betragen. Die Zertifikatsinhaber erbringen ihre Einlagen in Form von Kryptocoins. Anhand ihres aktuellen Marktpreises ließe sich für diese auch ein Wert in Euro ermitteln. Grundsätzlich erscheint es daher möglich, dass die Zertifikatsinhaber damit auch die Grenze der 50.000 Euro überschreiten. Einige Beispiele erfolgreicher ICOs zeigen, dass diese Grenze sogar deutlich überschritten wurde.[646] Im Ergebnis lässt sich daher feststellen, dass die Projekte der Finanzierungs-DAO zumindest dann dem Prinzip der Kapitalaufbringung folgen, wenn die Mittel aus der Budget-Wallet von den Zertifikatsinhabern aufgebracht werden.

(2) Prinzip der Kapitalerhaltung

Nach dem Prinzip der Kapitalerhaltung soll das einmal eingezahlte Grundkapital den Gläubigern möglichst ungeschmälert während des Bestehens der AG zur Verfügung stehen.[647] Nach § 57 AktG dürfen daher beispielsweise Leistungen

---

644 Siehe hierzu bereits unter C.I.2.b)bb)(2).

645 *Jentzsch*, Decentralized Autonomous Organization to automate governance, S. 2.

646 *Castillo*, The DAO.

647 Hüffer/Koch/*Koch*, § 1, Rn. 12.

an die Aktionäre nur aus dem festgestellten Bilanzgewinn ausgezahlt werden. Die Aktionäre dürfen nach § 66 AktG nicht von ihren Leistungspflichten befreit werden.

Die Schutzvorschriften dienen jedoch nur dem Zweck, willkürliche Schmälerungen des Gesellschaftsvermögens zu verhindern.[648] Tatsächlich ist nicht ausgeschlossen, dass, durch Verluste der Gesellschaft, das Gesellschaftsvermögen unter den Nennbetrag des Grundkapitals sinkt.[649] Sieht man den Verband der Zertifikatsinhaber in der Finanzierungs-DAO als AG, so muss demnach auch hier das Gesellschaftsvermögen nicht stets einen bestimmten Betrag aufweisen. Will man den Zertifikatsinhabern aber den Willen zur Gründung einer AG attestieren, so sollte die Gestaltung des Projekts zumindest grundsätzlich eine Befolgung des Prinzips der Kapitalerhaltung erkennen lassen. Problematisch könnte hierbei zum einen die Volatilität von Kryptowährungen ((a)), zum anderen fehlende Mechanismen zur Erhaltung des Kapitals ((b)) sein. Auf diese Punkte wird im Folgenden eingegangen.

(a) Volatilität von Kryptowährungen

Die im Rahmen des Initial Creation Phase oder durch Transaktionsgebühren eingezahlten Kryptocoins sind in ihrem Wert häufig sehr instabil. Durch starke Kursschwankungen kann der einmal eingezahlte Mindestbetrag in der Budget-Wallet bereits nach kurzer Zeit stark an Wert verlieren.[650] Zwar stünde den Gläubigern dann kurzzeitig ein bestimmtes Grundkapital als Haftungsmasse zur Verfügung. Aufgrund der unsicheren Wertentwicklung, können sich die Gläubiger hingegen nicht darauf verlassen, dass das Vermögen in der Budget-Wallet seinen Wert behält.

Die Vertragsparteien einigen sich aber durch die Abwicklung ihrer Geschäfte auf der DLT-Plattform auf eine Leistungserbringung durch Übertragung von Kryptocoins. Die Möglichkeit eines Wertverlusts ist sowohl den Gesellschaftern als auch den Gläubigern der Gesellschaft bekannt. Das Risiko tragen daher beide Parteien gleichermaßen. Kommt es unerwartet zu einem Wertverlust der hinterlegten Kryptocoins, so handelt es sich dabei nicht um eine willentliche

---

648 Hüffer/Koch/*Koch*, § 57, Rn. 1; MüKoAktG/*Bayer*, § 57, Rn. 1.

649 MüKoAktG/*Heider*, § 1, Rn. 94.

650 Dramatisch war beispielsweise der Kursverlust nahezu aller Kryptwährungen Anfang des Jahres 2018, https://www.heise.de/newsticker/meldung/Wertverlust-bei-Kryptowaehrungen-Bitcoin-Absturz-setzt-sich-fort-4225809.html (zuletzt abgerufen am 02.05.2020).

Schmälerung des Gesellschaftsvermögens. Es realisiert sich vielmehr ein allgemeines Risiko bei der Abwicklung von Geschäften mit Kryptowährungen. Es wäre den Parteien zudem möglich, statt einer stark volatilen, eine wertstabilere Kryptowährung zu wählen.[651] Alleine die Tatsache, dass die Kryptocoins an Wert verlieren könnten, spricht folglich nicht gegen das Prinzip der Kapitalerhaltung. Anders könnte dies bei fehlenden Mechanismen zur Kapitalerhaltung aussehen.

(b) Fehlende Mechanismen zur Kapitalerhaltung

Problematischer sind die ansonsten fehlenden Mechanismen zur Kapitalerhaltung in den DAO-Projekten. So sind die Zertifikatsinhaber grundsätzlich nicht daran gehindert, ihre Einlagen dem Gesellschaftsvermögen zu entziehen.[652] Exemplarisch hierfür ist die Möglichkeit eines DAO-Splits, wie er im Projekt „TheDAO" vorgesehen war.[653] Durch eine einseitige Erklärung war es hier jedem Zertifikatsinhaber möglich, seinen Anteil am gemeinsamen Vermögen dem gemeinsamen Gesellschaftsvermögen der alten DAO zu entziehen und in ein neues DAO-Projekt zu überführen. Auf diese Weise kann das Gesellschaftsvermögen jederzeit in mehrere neue DAO-Projekte aufgeteilt werden. Den Gläubigern des ursprünglichen Verbandes der Zertifikatsinhaber stünde dann eine ständig wechselnde Haftungsmasse zur Verfügung.[654]

Auch wenn in den Projekten der Finanzierungs-DAO kein Split vorgesehen ist, so besitzen die Zertifikatsinhaber regelmäßig die Möglichkeit, sich die Mittel

651 Hierfür wird derzeit mit „Stable Coins" experimentiert, die in ihrem Wert an reale Werte gekoppelt werden sollen. Beispiel ist der bereits oben vorgestellte „Dai Stable Coin", siehe unter B.III.1.a)bb)(2).

652 Hierdurch wird ein Risiko für rationales und irrationales Herdenverhalten geschaffen. Siehe im Überblick, *Devenow/Welch*, European Economic Review 1996, 603 (605); *Dewan/Dharni*, JEMT 2019, 1 (2).

653 Siehe hierzu bereits unter B.III.3.

654 Die Gründe für den DAO-Split können irrational sein. So ist bei Investoren ein psychologisches Herdenverhalten zu beobachten, vgl. *Nofsinger/Sias*, The Journal of Finance 1999, 2263 (2271 ff.). Die Entscheidung, die Mittel dem Projekt zu entziehen können hingegen auch rational sein. Auszahlungsexternalitäten wie bei „Bank Runs" sind dabei zwar unwahrscheinlich, da, anders als die Bank, die Budget-Wallet das für die Auszahlung notwendige Kapital in der Regel deckt, *Devenow/Welch*, European Economic Review 1996, 603 (606). Rationaler Grund für eine Auszahlungswelle könnte aber ein Informationsdefizit sein, in dessen Folge ein Großteil der Anleger einer scheinbar informierten Minderheit folgt, *Scharfstein/Stein*, The American Economic Review 1990 (465 ff.). Neben dem Risiko für die Haftungsmasse entstehen dadurch auch Risiken für den Erfolg des Projekts selbst.

nach Abstimmung auszahlen zu lassen.[655] Hier sind regelmäßig keine Mechanismen vorgesehen, die das Kapital in der Budget-Wallet schützt. Auf diese Weise wird das Kapital nicht wirksam erhalten, sondern kann jederzeit willentlich von den Gesellschaftern entzogen werden. Eine solche Gestaltung spricht gegen die Tatsache, dass die Zertifikatsinhaber das Prinzip der Kapitalerhaltung wahren wollen.

(3) Zwischenergebnis

Die Untersuchung zeigt, dass die Finanzierungs-DAO-Projekte über keinen hinreichenden Kapitalschutz verfügen. Zahlen die Zertifikatsinhaber die Mittel in die Budget-Wallet ein, so genügt dies zwar regelmäßig dem Prinzip der Kapitalaufbringung. Wird die Budget-Wallet alleine aus den Transaktionsgebühren gespeist, so wird von den Mitgliedern des Verbandes dagegen kein Kapital aufgebracht, was dem Prinzip der Kapitalaufbringung widerspricht.

Die Einhaltung des Prinzips der Kapitalerhaltung ist in keinem der untersuchten DAO-Projekte zu erkennen. Dem Prinzip der Kapitalerhaltung widerspricht zwar nicht, dass die in den DAO-Projekten verwendeten Kryptocoins in ihrem Wert instabil sind. Wohl aber sprechen die vorhandenen Möglichkeiten zur Kapitalentziehung, wie ein „DAO-Split" oder die bestehende Option, das Kapital jederzeit nach Abstimmung an die Zertifikatsinhaber auszahlen zu lassen, gegen das Prinzip. Regelmäßig wird man daher davon ausgehen müssen, dass ein Kapitalschutz von den Zertifikatsinhabern nicht gewollt ist. Dies ist Indiz dafür, dass von den Zertifikatsinhabern die Gründung einer AG nicht gewollt ist.

dd) Zwischenfazit

Im Ergebnis lässt sich festhalten, dass der Verband der Zertifikatsinhaber in der Finanzierungs-DAO, nach dem Willen der Zertifikatsinhaber, nicht die erforderlichen Charakteristika einer AG aufweisen soll. Grund hierfür ist bereits, dass von den Zertifikatsinhabern keine Eintragung der AG gewollt ist.

Derzeit ist auch nicht ersichtlich, dass sich der Verband der Finanzierungs-DAO ohne weiteres als AG gründen könnte. Zwar weißen die Governance-Certificates in der Investment- und Management-DAO, soweit sie in Form eines Tokens vorliegen und auch von den Initiatoren erworben werden müssen,

---

655 Das gilt zumindest für die hier noch betrachteten Projekte der Finanzierungs-DAO. Siehe zur Unterscheidung bezüglich der Vermögensordnung bereits oben unter B.III.2.d).

grundsätzlich die Charakteristika einer Aktie auf. Es fehlt jedoch bislang noch an der Möglichkeit einer formwirksamen Verbriefung.

Weiter müssten die Projekte wirksame Mechanismen zum Kapitalschutz etablieren, was derzeit nicht ersichtlich ist. Der Wille der Zertifikatsinhaber zur Wahrung des Prinzips der Kapitalaufbringung ist zwar erkennbar, soweit die Mittel aus der Budget-Wallet von den Zertifikatinhabern stammen, nicht aber der zur Wahrung des Prinzips der Kapitalerhaltung.

Aufgrund der sehr strengen Vorschriften des AktG ist nicht wahrscheinlich, dass auch bei einem entsprechenden Willen der Zertifikatsinhaber die Gründung einer DAO als AG gelingen kann. Selbst wenn man einen solchen Willen annähme, würden zunächst die Grundsätze der fehlerhaften Gesellschaft gelten. Folge wäre die Anwendung der Vorschriften des Personengesellschaftsrecht. Daneben ist aber auch denkbar, dass statt einer AG eine GmbH oder ein nicht rechtsfähiger Idealverein gegründet werden soll. Diese Möglichkeiten werden in der Folge untersucht.

c) Der Verband der Finanzierungs-DAO als fehlerhafte GmbH

Denkbar erscheint neben dem Willen zur Gründung einer AG grundsätzlich auch der zur Gründung einer GmbH. Analog zu den Ausführungen zur AG muss jedoch auch hier festgestellt werden, dass eine Wahrung des Prinzips der Kapitalerhaltung sowie eine Eintragung der GmbH von den Zertifikatsinhabern nicht gewollt ist. Zudem ist nicht ersichtlich, dass sich die Zertifikatsinhaber bei der Abtretung von Geschäftsanteilen an die von § 15 Abs. 3 GmbH vorgeschriebene notarielle Beurkundung halten wollen.[656] Zwar ließe sich auch hier annehmen, dass die Vereinbarung zur Übertragung ohne notarielle Beurkundung lediglich einen Verstoß gegen die Vorschrift darstellt. Ähnlich wie bei der Frage der Haftungsbeschränkung[657] und der Wahrung des Gleichbehandlungsgrundsatzes[658] muss jedoch auch hier davon ausgegangen werden, dass die von den Zertifikatsinhabern vereinbarte freie Übertragbarkeit der Anteile gegen einen Willen zur Gründung einer GmbH spricht, deren Anteile gerade nicht spekulativ gehandelt werden sollen.[659] Im Ergebnis lässt sich daher festhalten, dass

---

656 Daher auch ablehnend zur Tokenisierung von GmbH-Anteilen, *Jünemann/Wirtz*, ICO: Rechtliche Einordnung von Token, S. 3.

657 Siehe hierzu bereits unter C.I.2.a)dd)(2).

658 Siehe hierzu bereits unter C.I.2.b)bb)(2).

659 *BGHZ* 13, 49 (51) = NJW 1954, 1157–1158; Henssler/Strohn/*Verse*, § 15 GmbHG, Rn. 38.

ein Wille der Zertifikatsinhaber zur Gründung einer GmbH nicht erkennbar ist. Möglich bleibt schließlich noch der Wille zur Gründung eines nicht rechtsfähigen Idealvereins.

d) Der Verband der Spenden-DAO als nicht rechtsfähiger Idealverein

Die bisherige Untersuchung zur Frage, ob es sich beim Verband der Zertifikatsinhaber in der Finanzierungs-DAO um eine Körperschaft handelt, hat zwar gezeigt, dass ein Wille der Zertifikatsinhaber zur Gründung einer AG oder GmbH nicht erkennbar ist, dennoch aber eine körperschaftliche Struktur des Verbandes gewollt zu sein scheint. Als solcher kommt neben der Gründung von Kapitalgesellschaften grundsätzlich auch die Gründung eines Vereins in Betracht. Ist der Zweck des Verbandes auf einen wirtschaftlichen Geschäftsbetrieb gerichtet, so kann aber die Rechtsfähigkeit des Vereins gem. § 22 BGB nur durch staatliche Verleihung erlangt werden. Eine solche wird es für DAO-Projekte nicht geben. Der nichtwirtschaftliche Verein erlangt seine Rechtsfähigkeit gem. § 21 BGB durch Eintragung ins Vereinsregister. Auch diese wird bei DAO-Projekten regelmäßig nicht vorliegen. Zwar sieht § 54 S. 1 BGB für solche Fälle die Geltung des Gesellschaftsrechts vor. Die Vorschrift gilt jedoch für den nicht eingetragenen Idealverein als überholt.[660] Auch der nicht eingetragene Idealverein kann, entgegen seiner Bezeichnung „nicht rechtsfähiger Verein", Rechtsfähigkeit erwerben, soweit der Vereinszweck nicht wirtschaftlicher Art ist.[661] Nur die mangelnde wirtschaftliche Betätigung kann die Haftungsprivilegien der Mitglieder gegenüber einer Personengesellschaft rechtfertigen.[662]

Der Verband der Zertifikatsinhaber in der Finanzierungs-DAO könnte diese Vorgaben erfüllen, soweit von den Mitgliedern eine nicht wirtschaftliche Betätigung gewollt ist. Nach der früher herrschenden subjektiv-objektiven Theorie liegt ein wirtschaftlicher Verein dann vor, wenn sein Vereinszweck subjektiv auf eine wirtschaftliche Betätigung ausgerichtet ist und wenn objektiv ein wirtschaftlicher Geschäftsbetrieb unterhalten wird.[663] Aufgrund der unscharfen Abgrenzung der subjektiv-objektiven Theorie wird heute aber überwiegend nach der

660 *BGHZ* 50, 325 (328) = NJW 1968, 1830–1832; BeckOK BGB/*Schöpflin*, § 54, Rn. 15; MüKo-BGB/*Leuschner*, § 54, Rn. 19.

661 So auch MüKo-BGB/*Leuschner*, Vor § 21, Rn. 112; dem nicht eingetragenen Idealverein wird zumindest die analoge Anwendung der §§ 21 ff. BGB zugesprochen, *BGHZ* 50, 325 (328) = NJW 1968, 1830–1832; BeckOK BGB/*Schöpflin*, § 54, Rn. 15.

662 MüKo-BGB/*Leuschner*, Vor § 21, Rn. 185.

663 *BGHZ* 15, 315–323 = NJW 1955, 422–424; *RGZ* 88, 332–335; *RGZ* 83, 231–237.

teleologisch-typologischen Theorie abgegrenzt.[664] Demnach gibt es drei Typen von wirtschaftlichen Vereinen: solche, die planmäßig auf Dauer Leistungen an einen äußeren Markt anbieten, solche, die Angebote an die eigenen Mitglieder unterbreiten, und der genossenschaftliche Verein, der Teilfunktionen seiner Mitgliedsunternehmen übernimmt. Letztere Fallgruppe wird bei den DAO-Projekten regelmäßig nicht in Betracht kommen. Stattdessen kann untersucht werden, ob für die Finanzierungs-DAO einer der anderen Fallgruppen einschlägig ist. Ist dies der Fall, so können diese Verbände als nicht eingetragene Idealvereine Rechtsfähigkeit[665] oder zumindest die Geltung des Vereinsrechts und damit die grundsätzliche Haftungsbeschränkung der Mitglieder auf das Vereinsvermögen erlangen. Im Folgenden wird daher untersucht, ob ein Angebot von Leistungen an einen äußeren (aa)) oder inneren Markt (bb)) stattfindet.

aa) Keine wirtschaftliche Tätigkeit in einem äußeren Markt

Ein Verein, der planmäßig und dauerhaft Leistungen an einem äußeren Markt anbietet, kann als „Volltypus des unternehmerischen Vereins"[666] bezeichnet werden. Die Gruppe der Zertifikatsinhaber in der Finanzierungs-DAO könnte diese Voraussetzungen erfüllen. Es muss dabei zwischen der Management-DAO, der Investment-DAO und der Spenden-DAO unterschieden werden.

Der Verband der Zertifikatsinhaber in der Management-DAO bietet durch das mit der DAO verbundene Gesamtprojekt regelmäßig ein Produkt oder eine Dienstleistung an Dritte an.[667] Dieses Angebot wird planmäßig und dauerhaft erbracht. Es ist daher davon auszugehen, dass der Verband der Zertifikatsinhaber in der Management-DAO planmäßig und dauerhaft Leistungen an einem äußeren Markt anbietet und er folglich die Voraussetzungen eines wirtschaftlichen Vereins erfüllt. Zwar kann eine Ausnahme nach dem sog. Nebenzweckprivileg für diejenigen Verbände gelten, deren wirtschaftliche Tätigkeit nur Nebenzweck zur Förderung eines nichtwirtschaftlichen Hauptzwecks ist,[668] hiervon ist aber bei den Projekten der Management-DAO nicht auszugehen.

---

664 BeckOK BGB/*Schöpflin*, § 21, Rn. 96; MüKo-BGB/*Leuschner*, §§ 21, 22, Rn. 17–19; *Schmidt*, RPfleger 1972, 343–353; *Schmidt*, RPfleger 1972, 286–294.

665 Siehe hierzu bereits oben unter Fn. 487.

666 *Schmidt*, AcP 1982, 1 (16).

667 Siehe zur Management-DAO bereits unter B.III.1.a)bb)(1)(a).

668 BeckOK BGB/*Schöpflin*, § 21, Rn. 118; Jauernig/*Mansel*, § 21, Rn. 4; *Schmidt*, AcP 1982, 1 (18 ff.).

In der Investment- und Spenden-DAO werden Mittel in Projekte Dritter investiert. Den Dritten wird hierdurch jedoch nicht dauerhaft eine Leistung angeboten. Es ist daher davon auszugehen, dass keine wirtschaftliche Tätigkeit an einem äußeren Markt stattfindet.

Während die Gruppe der Zertifikatsinhaber in der Management-DAO eine wirtschaftliche Tätigkeit an einem äußeren Markt erbringt, ist dies für die Investment- und Spenden-DAO nicht der Fall. Diese können aber ebenfalls wirtschaftliche Vereine sein, soweit eine wirtschaftliche Tätigkeit an einem inneren Markt stattfindet.

bb) Keine wirtschaftliche Tätigkeit in einem inneren Markt

Erbringt der Verband der Zertifikatsinhaber keine Leistung an einem äußeren Markt, so ist dennoch die Erbringung einer Leistung an einem inneren Markt gegenüber den eigenen Mitgliedern möglich. Hier muss zwischen der Investment-DAO und der Spenden-DAO unterschieden werden.

In der Investment-DAO sollen die Mittel der Zertifikatsinhaber gewinnbringend eingesetzt werden. Ist eine Gewinnausschüttung an die Mitglieder vorgesehen, so schließt das die Nichtwirtschaftlichkeit des Vereinszwecks aus.[669] Der Verband der Zertifikatsinhaber in der Investment-DAO hat den Zweck die Einlagen der Mitglieder gewinnbringend anzulegen.[670] Gewinne werden an die Mitglieder ausgeschüttet und können jederzeit ausgezahlt werden.[671] Folglich wird man davon ausgehen müssen, dass der Verband der Zertifikatsinhaber in der Investment-DAO wirtschaftlich tätig ist.

Im Verband der Zertifikatsinhaber in der Spenden-DAO werden die Mittel der Mitglieder unentgeltlich in Projekte Dritter investiert.[672] Gewinne fließen nicht an die Mitglieder zurück. Gegenüber den eigenen Mitgliedern wird somit keine wirtschaftliche Leistung erbracht. Der Verband der Zertifikatsinhaber in der Spenden-DAO erbringt folglich keine Leistung an einem inneren Markt und wird nicht wirtschaftlich tätig. Soweit dieser Verband körperschaftlich organisiert ist, erscheint es daher möglich, diesen als nicht rechtsfähigen Idealverein zu klassifizieren.

---

669 *BGHZ* 215, 69–81 = NJW 2017, 1943–1946; MüKo-BGB/*Leuschner*, §§ 21, 22, Rn. 44.

670 Siehe zum Zweck der Gruppe der Zertifikatsinhaber in der Investment-DAO bereits unter unter B.III.1.a)bb)(1)(b).

671 Siehe zur Gewinnbeteiligung bereits unter B.III.2.b)bb).

672 Siehe zum Zweck der Gruppe der Zertifikatsinhaber in der Spenden-DAO bereits unter B.III.1.a)bb)(1)(c).

cc) Zwischenergebnis

Der Verband der Spenden-DAO erfüllt die Voraussetzungen eines nicht rechtsfähigen Idealvereins. Der Verband wird weder an einem äußeren noch inneren Markt wirtschaftlich tätig. Da der Wille der Zertifikatsinhaber in der Spenden-DAO zur Gründung eines körperschaftlichen Verbandes erkenntlich ist, kann davon ausgegangen werden, dass die Gründung eines nicht rechtsfähigen Idealvereins gewollt ist.

Anders sieht es dagegen beim Verband der Management-DAO aus. Dieser wird durch das Angebot des Produkts oder der Dienstleistung des Gesamtprojekts wirtschaftlich an einem äußeren Markt tätig. Der Verband der Investment-DAO erbringt eine wirtschaftliche Tätigkeit gegenüber den Zertifikatsinhabern und mithin an einem inneren Markt. Für die Management- und Investment-DAO kommt die Gründung eines nicht rechtsfähigen Idealvereins folglich nicht in Betracht.

e) Zwischenfazit

Der Verband der Finanzierungs-DAO weist nach dem Willen der Zertifikatsinhaber körperschaftliche Züge auf. Es ist aber nicht ersichtlich, dass die Zertifikatsinhaber die Gründung einer AG oder GmbH wollen. Die Gründung einer AG kommt nicht in Betracht, da keine verbrieften Aktien ausgegeben werden und die Prinzipien des Kapitalschutzes erkennbar nicht eingehalten werden sollen. Letzter Grund spricht gemeinsam mit der einfachen Übertragbarkeit der Anteile auch gegen die Gründung einer GmbH.

Bei der Spenden-DAO handelt es sich, nach dem Willen der Zertifikatsinhaber, um einen nicht rechtsfähigen Idealverein. Zwar ist ein Leitungsorgan nicht ausdrücklich vorgesehen, es erscheint aber möglich, dass alle Mitglieder Organträger des Vorstandes sein sollen.

Für die anderen Projekte der Finanzierungs-DAO lässt sich feststellen, dass diese, trotz einer gewollt körperschaftlichen Struktur, nur Personengesellschaften sein können. Aufgrund der Möglichkeit, Personengesellschaften körperschaftlich zu strukturieren, ist dies kein Widerspruch. In der Folge wird näher darauf eingegangen, welche Form der Personengesellschaft von den Zertifikatsinhabern in den Projekten der Investment- und Management-DAO gewollt sein kann.

3. Der Verband der Finanzierungs-DAO als Personengesellschaft

Die bisherige Untersuchung hat gezeigt, dass es sich beim Verband der Zertifikatsinhaber in der Finanzierungs-DAO, mit Ausnahme der Spenden DAO, nach dem Willen der Zertifikatsinhaber nicht um eine Körperschaft handelt. Obwohl auch der Verband der Zertifikatsinhaber in der Investment- und Management-DAO eine körperschaftliche Struktur aufweist, muss es sich, aufgrund des numerus clausus der Rechtsformen,[673] bei diesem dann eine Personengesellschaft handeln. Für Personengesellschaften gilt indes das Verbot der Mehrmitgliedschaft.[674] Es wird daher zunächst untersucht, inwieweit die mögliche Verteilung der Governance-Certificates unter den Zertifikatsinhabern in den DAO-Projekten diesem Verbot widerspricht (a)).

Geht man davon aus, dass der Verband der Zertifikatsinhaber in der Investment- und Management-DAO eine Personengesellschaft ist, so ist grundsätzlich von der Gründung einer BGB-Gesellschaft auszugehen. Die Gründung einer solchen kommt aber nur dann in Betracht, wenn nicht die Voraussetzungen für die Gründung einer Kommanditgesellschaft (KG) oder einer offenen Handelsgesellschaft (oHG) vorliegen. Nach § 139 KAGB besteht sogar ein Rechtsformzwang zur Gründung einer KG, soweit es sich um ein geschlossenes Investmentvermögen handelt. Dies wird daher in der Folge untersucht (b)).

Soll der Verband der Zertifikatsinhaber als KG gegründet werden, so muss die Haftung einzelner Gesellschafter auf ihre Einlage beschränkt bleiben, während zumindest ein Gesellschafter unbeschränkt persönlich haftet. Diese Voraussetzungen werden daher im Anschluss ebenfalls geprüft (c)).

Schließlich erfordert die Gründung einer oHG oder KG eine Eintragung in Handelsregister. Eine Ausnahme besteht dann, wenn der Zweck der Gesellschaft auf den Betrieb eines Handelsgewerbes gerichtet ist. Abschließend werden daher auch die hierfür erforderlichen Voraussetzungen geprüft (d)). Aus der Gesamtschau der so gewonnenen Ergebnisse lassen sich dann die Rechtsformen der Verbände der Management- und Investment-DAO ableiten (e)).

a) Das Verbot der Mehrmitgliedschaft

Die Anteile an einer Körperschaft können unter den Mitgliedern frei verteilt sein.[675] Ein Mitglied kann dabei auch mehrere Mitgliedschaftsanteile halten.[676] In einer Personengesellschaft ist dies grundsätzlich nicht möglich.[677] Die schuldrechtliche Komponente des Zusammenschlusses steht im Vordergrund. Alle

---

673 *Schmidt*, S. 46.
674 MüKoBGB/*Schäfer*, § 705, Rn. 181; *Schmidt*, S. 210.
675 MüKo-BGB/*Leuschner*, § 38, Rn. 4.
676 Besonders deutlich wird dies bei Aktien, Henssler/Strohn/*Lange*, § 1 AktG, Rn. 12.
677 *Schmidt*, S. 210.

Gesellschafter sind gegenseitige Vertragspartner und das nur einmal.[678] Die von den Zertifikatsinhabern gewollte Gestaltung der DAO-Projekte könnte diesem Prinzip widersprechen. Widerspricht die Gestaltung des DAO-Projekts dem Verbot der Mehrmitgliedschaft, so kann dies Indiz dafür sein, dass die Zertifikatsinhaber keine Personengesellschaft gründen wollen.

Die Beteiligung der Zertifikatsinhaber am DAO-Projekt erfolgt durch Erwerb des Governance-Certificates. Dieses ist einer öffentlichen Wallet-Adresse zugewiesen. Die Teilnehmer agieren pseudonym durch eine öffentliche Nutzerkennung, die mit der Wallet-Adresse verknüpft ist.[679] Einer Wallet-Adresse können dabei mehre Zertifikate zugewiesen werden. Zudem ist es denkbar, dass einzelne Mitglieder über mehrere Wallet-Adressen verfügen und diesen jeweils Governance-Certificates desselben Finanzierungs-DAO-Projektes zugewiesen sind. Diese Möglichkeiten könnten einen Verstoß gegen das Verbot der Mehrmitgliedschaft darstellen.[680]

Dem ist jedoch zu erwidern, dass die Verfassung der Personengesellschaft zu nicht unerheblichen Teilen zur Disposition der Gesellschafter steht.[681] Grundsätzlich erscheint es dabei denkbar, die Ausübung der Mitgliedschaftsrechte an das Halten des Governance-Certificates zu knüpfen. Werden von einem Mitglied dabei mehrere Governance-Certificates gehalten, so sieht die Software vor, dass sich die Stimmkraft des Mitglieds hinter der betroffenen Wallet-Adresse erhöht.[682] Auch die Möglichkeit, dass die Governance-Certificates dabei auf mehrere Wallet-Adressen verteilt sind, steht dem nicht zwingend entgegen. Die Verteilung ist dabei lediglich eine technische Modalität. Es kann darin aber weiter ein rechtlich ungeteiltes Mitgliedschaftsrecht gesehen werden.

Ein weiteres Problem könnte sich aus der Möglichkeit der Zertifikatsinhaber, beim Halten mehrerer Governance-Certificates, diese nur teilweise zu veräußern, ergeben. Das Mitgliedschaftsrecht eines Gesellschafters kann nämlich grundsätzlich nur im Ganzen veräußert werden.[683] Werden die einem Mitglied zugeordneten Governance-Certificates nur teilweise veräußert, könnte dies ebenfalls einen Verstoß gegen das Verbot der Mehrmitgliedschaft darstellen.

---

678 MüKoBGB/*Schäfer*, § 705, Rn. 181, m.w.N; *Schmidt*, S. 210.
679 Siehe hierzu bereits unter B.I.1.b) und B.II.2.
680 So *Koch*, ZBB 2018, 359 (365), mit Verweis auf: *Voß*, BKR 2007, 45 (51).
681 MüKoBGB/*Schäfer*, § 705, Rn. 184.
682 Siehe hierzu bereits unter B.III.1.c).
683 Jauernig/*Stürner*, § 719, Rn. 7.

Geht man davon aus, dass der Anteil an einer Personengesellschaft nur ungeteilt der Person des Gesellschafters zustehen soll, so kann das Halten mehrerer Governance-Certificates nur zur Bemessung der Stimmkraft des jeweiligen Mitglieds dienen. Die Übertragung einzelner Governance-Certificates an Dritte erweitert den Kreis der Gesellschafter, ohne dass hierfür eine Mitwirkung der übrigen Gesellschafter erforderlich ist. Für diese Neuaufnahme von Mitgliedern ist grundsätzlich ein Vertrag zwischen dem eintretenden Gesellschafter und der Gesellschaft erforderlich.[684] Dabei haben die Gesellschafter jedoch einen weiten Gestaltungsspielraum und können die Bevollmächtigung zum Abschluss dieses Vertrages auch an einzelne Personen übertragen.[685] Zu diesen kann auch der veräußernde Zertifikatsinhaber gehören. Die Neuaufnahme von Mitgliedern durch Veräußerung von Governance-Certificates erscheint daher grundsätzlich möglich. Das Mitgliedschaftsrecht des veräußernden Gesellschafters bleibt dabei weiter ungeteilt. Er gibt keine eigenen Mitgliedschaftsrechte an den Erwerber ab, sondern stattet den neuen, mit Einwilligung der übrigen Gesellschafter durch den Gesellschaftsvertrag, mit eigenen Mitgliedschaftsrechten aus. Dabei verliert er lediglich einen Teil seiner Stimmkraft. Die Übertragbarkeit des Governance-Certificates allein spricht daher noch nicht gegen das Verbot der Mehrmitgliedschaft.

Problematisch könnte hingegen sein, dass Mitglieder, die über mehrere Wallet-Adressen verfügen, denen Governance-Certifcates zugewiesen sind, bei Abstimmungen mit den unterschiedlichen Wallet-Adressen uneinheitlich abstimmen können. Geht man davon aus, dass das Mitgliedschaftsrecht in der Personengesellschaft unteilbar ist, so muss auch das Stimmrecht einheitlich ausgeführt werden.[686] Die uneinheitliche Abstimmung ist indes von den DAO-Projekten nicht vorgesehen. Im Regelfall werden die Governance-Certificates jedes Mitglieds an einer Wallet-Adresse nämlich gebündelt vorliegen.[687] Die Aufteilung der Governance-Certificates auf mehrere Wallet-Adressen ist zwar technisch möglich, aber regelmäßig nicht gewollt. In der Regel können Abstimmungen mit „Ja" oder „Nein" durchgeführt werden.[688] Eine uneinheitliche Abstimmung wäre dabei wenig zielführend. Allein die technische Möglichkeit

---

684 *BGHZ* 44, 229–234 = NJW 1966, 499–500; MüKoBGB/*Schäfer*, § 719, Rn. 17; NK-BGB/*Hanke*, § 736, Rn. 18.

685 *BGH*, NJW 1982, 879–881 = WM 1982, 97–99; Jauernig/*Stürner*, § 736, Rn. 10.

686 MüKoBGB/*Schäfer*, § 709, Rn. 48.

687 Siehe hierzu bereits oben unter B.I.2.b)bb).

688 Siehe zur Voting-Applikation bereits oben unter B.I.2.b)cc).

hierzu spricht nicht gegen die Gründung einer Personengesellschaft. Es kommt zu einer Differenz zwischen der rein syntaktischen Ebene des durch den Softwarecode faktisch Ermöglichten und der semantischer Ebene des zwischen den Zertifikatsinhabern rechtlich Vereinbarten. Syntaktisch ist, nach den Regeln der Software, zwar die uneinheitliche Stimmabgabe möglich, semantisch, nach der erkennbaren Vereinbarung der Zertifikatsinhaber, aber nicht vorgesehen.

Im Ergebnis lässt sich festhalten, dass die Gestaltung der Projekte der Finanzierungs-DAO dem Verbot der Mehrmitgliedschaft nicht widersprechen. Zwar lassen sich von einem Zertifikatsinhaber mehrere Governance-Certificates halten, dies ist jedoch nur Ausdruck einer erhöhten Stimmkraft. Durch teilweise Veräußerung der gehaltenen Governance-Certificates wird das Mitgliedschaftsrecht nicht aufgespalten, sondern lediglich ein neues Mitglied aufgenommen und die Stimmkraft zwischen den Gesellschaftern neu gewichtet. Die uneinheitliche Abstimmung mit mehreren Wallet-Adressen ist zwar technisch möglich, nach der erkennbaren Vereinbarung der Zertifikatsinhaber aber nicht vorgesehen.

Grundsätzlich spricht daher nichts gegen die Gründung einer Personengesellschaft durch die Zertifikatsinhaber in den Projekten der Investment- und Management-DAO. Bei der Wahl der Rechtsform könnten sie jedoch durch die Vorgaben des KAGB eingeschränkt sein. Dieser Frage wird im Folgenden nachgegangen.

b) Der Rechtsformzwang des § 139 KAGB

Nach § 139 KAGB dürfen geschlossene inländische Investmentvermögen nur in der Form der Investmentaktiengesellschaft oder als geschlossene Investmentkommanditgesellschaft betrieben werden. Werden sie dennoch als BGB-Gesellschaft oder oHG betrieben, so ist der Gesellschaftszweck nicht mehr rechtmäßig zu verwirklichen. Sie sind dann gem. § 726 BGB aufzulösen.[689] Möglich ist aber auch eine Umwandlung in eine KG oder AG.[690]

Im Folgenden ist daher zu prüfen, inwieweit der Verband der Zertifikatsinhaber ein geschlossenes Investmentvermögen betreibt. Ein Investmentvermögen ist nach § 1 Abs. 1 KAGB „jeder Organismus für gemeinsame Anlagen (aa)), der von einer Anzahl von Anlegern (cc)) Kapital einsammelt (bb)), um es gemäß einer festgelegten Anlagestrategie (dd)) zum Nutzen dieser Anleger (ee)) zu investieren und der kein operativ tätiges Unternehmen außerhalb des Finanzsektors (ff))

689 Henssler/Strohn/*Servatius*, HGB Anhang, Rn. 172; *Wagner*, ZfBR 2015 (113); *Freitag*, NZG 2013, 329 (330).

690 Henssler/Strohn/*Servatius*, HGB Anhang, Rn. 172.

ist". Mit Ausnahme des Ausschlusses von Unternehmen außerhalb des Finanzsektors entspricht dies der Definition von Art. 4 Abs. 1 lit. a der Richtlinie 2011/61/EU über die Verwalter alternativer Investmentfonds (AIFM-Richtlinie). Die Norm erfasst zwar auch Organismen für gemeinsame Anlagen in Wertpapiere (OGAW) nach Art. 1 Abs. 2 der Richtlinie 2009/65/EG zur Koordinierung der Rechts- und Verwaltungsvorschriften betreffend bestimmte Organismen für gemeinsame Anlagen in Wertpapieren. Für diese ist jedoch eine Rücknahmeverpflichtung der Anteile durch den Organismus vorgesehen, welche bei den hier betrachteten DAO-Projekten nicht ersichtlich ist.[691] Möglich erscheint stattdessen, dass der Verband der Zertifikatsinhaber einen alternativen Investmentfonds (AIF) betreibt. Zwar gelten für „kleine AIF" nach § 2 KAGB bestimmte Ausnahmen, nach § 44 Abs. 1 Nr. 6 und 7 KAGB ist jedoch auch für diese nur die Rechtsform der KG oder einer juristischen Person zulässig.[692]

In der Folge werden die oben genannten Voraussetzungen nach § 1 Abs. 1 KAGB geprüft. Da das KAGB von der Konstruktion eines Fonds ausgeht, der nicht von den Anlegern selbst verwaltet wird,[693] wird im Anschluss näher untersucht, ob eine Ausnahme für selbstverwaltete Fonds bestehen sollte (gg)).

aa) Organismus für gemeinsame Anlagen

Weder das KAGB noch die AIFM-Richtlinie definieren den Begriff des „Organismus". Zumindest Art. 2 Abs. 2 lit. b und c der AIFM-Richtlinie ist zu entnehmen, dass keine besondere Vertragsform vorhanden sein muss. Es muss daher genügen, wenn das eingesammelte Kapital von sonstigem Vermögen getrennt und rechtlich oder wirtschaftlich zusammengeführt wird. Die Anleger müssen in einer Weise an diesem gepoolten Kapital beteiligt sein, sodass sie an deren Wertentwicklung teilhaben.[694]

Im Verband der Zertifikatsinhaber der Investment-DAO werden die Mittel der Zertifikatsinhaber in der Budget-Wallet zusammengeführt. An der Wertentwicklung nehmen alle Zertifikatsinhaber teil. Im Verband der Zertifikatsinhaber der Management-DAO ist des ebenfalls der Fall, soweit ein eigenes

691 Siehe hierzu bereits die Feststellungen zur mangelnden Rückzahlungsverpflichtung der Einlagen der Zertifikatsinhaber unter B.III.2.c).

692 Henssler/Strohn/*Servatius*, HGB Anhang, Rn. 171.

693 HK-InvestmentR/*Patzner/Schneider-Deters*, Vor § 1, Rn. 14.

694 HK-InvestmentR/*Schneider-Deters*, § 1 KAGB, Rn. 4f.

Gesellschaftsvermögen besteht.[695] Folglich lässt sich festhalten, dass sowohl der Verband der Zertifikatsinhaber in der Investment-DAO als auch der der Management-DAO mit eigenem Gesellschaftsvermögen einen Organismus für gemeinsame Anlagen betreibt.

bb) Kapitalsammlung

Der Organismus muss weiter Kapital einsammeln. Auch hier ist von KAGB und AIFM-Richtlinie nicht näher definiert, was unter dem „Einsammeln" von Kapital zu verstehen ist. Zur Auslegung des Begriffs nach der AIFM-Richtlinie gibt die ESMA vor, dass „eine Einsammlung von Kapital dann vorliegt, wenn ein Organismus oder eine Person oder ein Unternehmen für Rechnung dieses Organismus direkte oder indirekte Schritte unternimmt, um gewerblich bei einem oder mehreren Anlegern Kapital zu beschaffen, um es gemäß einer festgelegten Anlagestrategie anzulegen"[696].

Der Organismus für das Einsammeln des Kapitals kann grundsätzlich auch durch Software gesteuert agieren. Die in den DAO-Projekten eingesetzte Software erfüllt daher grundsätzlich die Voraussetzungen an einen Organismus zur Einsammlung von Kapital. Die Einsammlung müsste jedoch weiter gewerblich erfolgen. Nach Ansicht der BaFin kann dieses Merkmal bei Investment-Clubs fehlen. Im Auslegungsschreiben zum KAGB heißt es: „Als Investmentclubs werden Vereinigungen von natürlichen Personen bezeichnet, die sich für die gemeinsame Anlage ihres privaten Vermögens in Wertpapieren oder anderen Finanzinstrumenten zusammengefunden haben. Unter der Voraussetzung, dass kein einziges Mitglied gewerbsmäßig angeworben worden ist, und der Club auch weiterhin davon absieht, an den Markt heranzutreten, um weitere Mitglieder gewerbsmäßig anzuwerben, wird das Tatbestandsmerkmal „Einsammeln von Kapital" nicht erfüllt sein. Solche Investmentclubs sind nicht als Investmentvermögen zu qualifizieren."[697]

Wie bereits festgestellt, weisen die Finanzierungs-DAO-Projekte und Investmentclubs entscheidende Unterschiede auf.[698] Dennoch ließe sich für die

695 Siehe zum Gesellschaftsvermögen in der Management-DAO bereits oben unter B.III.2.a).

696 *ESMA*, 2013/600, S. 32.

697 *BaFin*, Auslegungsschreiben zum Anwendungsbereich des KAGB und zum Begriff des „Investmentvermögens", Geschäftszeichen Q 31-Wp 2137-2013/0006, Unterpunkt 3.

698 Siehe zum Vergleich der DAO-Projekte mit Investmentclubs bereits oben kritisch unter C.I.1.d).

untersuchten DAO-Projekte zunächst annehmen, dass sich die Mitglieder lediglich über das Internet zusammenfinden und zum gemeinsamen Investment in das Projekt entschließen, ohne dass es zu einer gewerblichen Anwerbung der Mitglieder kommt. Anders als beim klassischen Investmentfonds tritt nämlich kein Fondmanager an die Anleger heran.

Die Mitglieder der DAO-Projekte kennen sich jedoch meist nicht persönlich.[699] Das Investment in die DAO-Projekte wird zumindest zu Beginn durch die Initiatoren beworben. Durch Veröffentlichung des Whitepapers und dem Betrieb einer Informationsseite sollen Anleger zum Investment im Rahmen der Initial Creation Phase oder auch zum späteren Erwerb des Governance-Certificates animiert werden.[700] Es muss daher davon ausgegangen werden, dass es bei den DAO-Projekten zu einer gewerblichen Anwerbung der Anleger kommt.

cc) Anzahl von Anlegern

Nach § 1 Abs. 1 S. 2 KAGB liegt eine „Anzahl von Anlegern" vor, wenn die Anlagebedingungen, die Satzung oder der Gesellschaftsvertrag des Organismus für gemeinsame Anlagen die Anzahl möglicher Anleger nicht auf einen Anleger begrenzen. Es müssen jedoch nicht tatsächlich mehrere Anleger beteiligt sein.[701]

Die Finanzierungs-DAO-Projekte stehen grundsätzlich einer unbeschränkten Anzahl von Anlegern offen. Es kann daher davon ausgegangen werden, dass durch die DAO-Projekte von einer Anzahl von Anlegern Kapital eingesammelt wird.

dd) Festgelegte Anlagestrategie

Das Kapital muss nach einer „festgelegten Anlagestrategie" investiert werden. Die ESMA definiert den Begriff der festgelegten Anlagestrategie als eine Unternehmung, welche eine Strategie verfolgt, nach der das eingesammelte Kapital verwaltet werden soll, damit eine gebündelte Rendite für die Investoren erwirtschaftet werden kann.[702] Hierfür werden weiter mögliche Kriterien genannt, die für eine solche Anlagestrategie sprechen könnten. So können die Richtlinien der

---

699 Siehe hierzu bereits unter B.II.2.

700 So auch die SEC im Rahmen der Untersuchung zum Projekt "The DAO", *Securities and Exchange Commission*, Report of Investigation Pursuant to Section 21(a) of the Securities Exchange Act of 1934: The DAO, S. 12.

701 HK-InvestmentR/*Schneider-Deters*, § 1 KAGB, Rn. 7.

702 *ESMA*, 2013/600, S. 33.

Anlage vorgeben, dass das Vermögen nur in bestimmte Vermögensgegenstände oder in bestimmte geographische Regionen investiert werden soll.[703]

Nach der Gesetzesbegründung zum KAGB muss die Anlagestrategie über eine allgemeine Geschäftsstrategie hinausgehen. Die Handlungsspielräume des Verwalters des Investmentvermögens müssen im Gegensatz zu der Geschäftsstrategie eines operativ tätigen Unternehmens eingeschränkt sein.[704]

Hier zeigt sich ein konzeptioneller Unterschied zwischen klassischen Investmentvermögen, welche von einem Fondsmanager verwaltet werden, und den DAO-Projekten. Die Verwaltung des Investmentvermögens wird bei Letzteren von der Gruppe der Anleger selbst übernommen. Die Anleger sind somit selbst Verwalter des Investmentvermögens. Dieser Umstand steht der Prüfung nach dem Vorliegen einer festgelegten Anlagestrategie jedoch zunächst nicht im Wege. Hierfür wird im Folgenden zwischen der Management-DAO ((1)) und der Investment-DAO ((2)) unterschieden.

(1) Management-DAO

In der Management-DAO verfolgt der Verband der Zertifikatsinhaber den Zweck, das Gesamtprojekt zu fördern.[705] Das eingesammelte Kapital soll folglich für den Betrieb des Gesamtprojekts eingesetzt werden. Das Gesamtprojekt bietet Produkte oder Dienstleistungen für Dritte an. Der Verband der Zertifikatsinhaber wird damit operativ tätig. Die Strategie zur Verwendung der Mittel muss daher als Geschäftsstrategie, nicht aber als Anlagestrategie eingeordnet werden. Der Verband der Zertifikatsinhaber in der Management-DAO verfolgt mithin keine festgelegte Anlagestrategie.

(2) Investment-DAO

In der Investment-DAO werden die Mittel nicht in das eigene Unternehmen, sondern mit der Absicht auf die Erzielung von Rendite in Drittprojekte investiert.[706] Dabei wird kein operatives Unternehmen betrieben. Es müsste aber auch bei der Investment-DAO eine Anlagestrategie festgelegt werden.

Das Projekt der Investment-DAO kann sich bereits im Vorfeld auf die Tätigung bestimmter Investments einigen, welche im Whitepaper oder den Dokumentationen zum Projekt festgehalten werden. Meist wird es jedoch so sein, dass

703 *ESMA*, 2013/600, S. 33.
704 *BT-Drucksache* 17/12294, S. 201.
705 Siehe hierzu bereits unter B.III.1.a)bb)(1)(a) und B.III.4.e)bb)(1).
706 Siehe hierzu bereits unter B.III. 1.a)bb)(1)(b).

im Vorfeld keine Eingrenzung der möglichen Investmentziele vorgenommen wird. Stattdessen wird die Entscheidung über die später vorzunehmenden Auszahlungen aus der Budget-Wallet der Entscheidung der Zertifikatsinhaber durch Abstimmung überlassen. Die Software ist entsprechend offen gestaltet, sodass jede Art von Investment zur Abstimmung vorgeschlagen werden kann. Die Strategie zur Anlage entwickelt sich dann erst im Laufe des Projekts.[707]

Dieser Umstand spricht zunächst dafür, dass die Investment-DAO-Projekte keine festgelegte Anlagestrategie verfolgen. Bei der Entwicklung der Kriterien für die Ermittlung einer festgelegten Anlagestrategie geht die ESMA jedoch von dem Fall aus, dass die Verwalter des Investmentvermögens und die Investoren personenverschieden sind. Die Verwalter des Vermögens haben den Investoren bereits vor Zahlung der Einlage einen Plan für die Verwendung der Mittel vorzulegen. So nennt die ESMA als Kriterium für eine festgelegte Anlagestrategie, dass die Verwalter des Vermögens eine rechtlich durchsetzbare Verpflichtung gegenüber den Investoren eingehen, die festgelegte Strategie zu verfolgen.[708]

Sind jedoch die Investoren, wie hier, selbst die Verwalter des Vermögens, so erscheint eine solche Verpflichtung nicht zwingend erforderlich. Die Strategie legt vielmehr fest, dass die endgültige Entscheidung über die Verwendung der Mittel durch die Gruppe der Investoren getroffen werden kann. Da die Software bereits im Zeitpunkt der Erbringung der Einlage besteht, ist der Plan für die Organisation der Investitionen in Zukunft bereits vorgezeichnet. Die Anlagestrategie besteht dann nicht im Festlegen der Anlageziele, sondern im Festlegen der Organisation zur Bestimmung der Anlageziele durch die Investoren. Es kann dann für eine festgelegte Anlagestrategie genügen, dass die Zwecke der späteren Investments zunächst unspezifisch festgehalten und anschließend durch konkrete Abstimmungen konkretisiert werden. Im Ergebnis lässt sich daher vertreten, dass der Verband der Zertifikatsinhaber in der Investment-DAO über eine festgelegte Anlagestrategie verfügt.

(3) Zwischenergebnis

In den Projekten der Investment-DAO ist eine festgelegte Anlagestrategie erkennbar. In denen der Management-DAO kann dagegen nicht von einer festgelegten Anlagestrategie, sondern von einer Geschäftsstrategie, gesprochen werden. Aus diesem Grund wird man davon ausgehen müssen, dass es sich bei den

---

707 Vgl. hierzu das offene Konzept des Projekts "TheDAO", *Jentzsch*, Decentralized Autonomous Organization to automate governance.

708 *ESMA*, 2013/600, S. 33.

Mitteln in der Budget-Wallet der Management-DAO nicht um ein Investmentvermögen handelt.

ee) Zum Nutzen der Anleger

Das eingesammelte Kapital soll „zum Nutzen der Anleger" investiert werden. Die BaFin grenzt dieses Merkmal negativ ab. Demnach dürfen die Investitionen nicht zum Nutzen des eigenen Unternehmens investiert werden.[709] Auch hier zeigt sich, dass diese Abgrenzung eine Verwaltungsgesellschaft, die von der Gruppe der Anleger personenverschieden ist, voraussetzt. In den Finanzierungs-DAO-Projekten wird das Kapital durch die Investoren selbst verwaltet und mit Gewinnerzielungsabsicht zugunsten der Investoren eingesetzt. Folglich wird man hier davon ausgehen können, dass eine Anlage zum Nutzen der Anleger vorliegt.

ff) Kein operativ tätiges Unternehmen außerhalb des Finanzsektors

Die AIFM-Richtlinie enthält, anders als das KAGB, keine Ausnahme für operativ tätige Unternehmen außerhalb des Finanzsektors. Auch die ESMA geht in Hinblick auf die Auslegung der AIFM-Richtlinie aber davon aus, dass Unternehmen, die einen allgemeinen kommerziellen oder industriellen Zweck verfolgen, nicht unter den Begriff des Investmentvermögens fallen sollen.[710]

In der Investment-DAO wird neben dem Investment der Mittel kein weiterer Zweck durch den Verband der Zertifikatsinhaber verfolgt. Die vom Gesamtprojekt der Management-DAO angebotenen Waren oder Dienstleistungen könnten dagegen unter die Ausnahme fallen, soweit deren Produkte nicht als Finanzdienstleistungen einzuordnen wären. Beim Angebot von Token, denen auch eine Bezahlfunktion zukommt, ist dies grundsätzlich denkbar. Für die Management-DAO wurde indessen bereits festgestellt, dass keine festgelegte Anlagestrategie besteht. Folglich kann das Merkmal hier außer Betracht bleiben.

gg) Ausnahme für selbstverwaltete Fonds

Die bisherige Untersuchung kommt für die Verbände der Zertifikatsinhaber in der Finanzierungs-DAO zu unterschiedlichen Ergebnissen. Im Verband der Management-DAO, die das Gesamtprojekt und damit ein operatives Unternehmen betreibt, fehlt es an einer festgelegten Anlagestrategie. Folglich handelt

---

709 *Bafin*, Anwendungsbereich des KAGB-E/ Auslegung des Begriffs „Investmentvermögen", Geschäftszeichen: WA 41-Wp 2137 – 2013/0001, S. 6.

710 Vgl. *ESMA*, 2013/600, S. 31.

es sich bei dem von den Zertifikatsinhabern eingezahlten Kapital nicht um ein Investmentvermögen im Sinne der AIFM-Richtlinie und des KAGB.

Das vom Verband der Investment-DAO gehaltene Kapital erfüllt hingegen die Voraussetzungen für ein solches Investmentvermögen. Die Gesellschaft der Zertifikatsinhaber müsste sich folglich nach § 139 KAGB als AG oder KG gründen.

Fraglich ist jedoch, ob die Investment-DAO vom Schutzzweck des § 139 KAGB umfasst ist oder ob, aufgrund der besonderen Umstände, eine Ausnahme vom Rechtsformzwang bestehen muss. Ziel der Regulierung durch das KAGB ist ein besserer Schutz der Anleger.[711] Diese sollen nicht mit den Haftungsrisiken einer BGB-Gesellschaft oder oHG belastet werden. Dabei geht der Gesetzgeber jedoch von Fondsvehikeln aus, bei denen eine Gruppe von Verwaltern das Investment des Kapitals der Anleger übernimmt.[712] Die Anleger sind in dieser Konstellation den Entscheidungen der Verwalter ausgeliefert und schutzwürdig. Der Fall, dass die Anleger selbst über jede Verwendung der Mittel entscheiden, war nicht Grundlage für die gesetzgeberische Entscheidung. Dies könnte zu dem Schluss führen, dass für ein Investmentvermögen, das von der Gruppe der Investoren selbst verwaltet wird, der Schutzzweck des KAGB nicht greift. Die Norm wäre dann für diese Investmentvermögen teleologisch zu reduzieren.

Das KAGB enthält jedoch keine Vorgaben dazu, aus welcher Gruppe die Verwalter des Vermögens stammen. Es ist zunächst nicht ausgeschlossen, dass die Gruppe der Verwalter des Fonds und die der Investoren des Fonds identisch sind. Auch in dieser Konstellation kann sich eine Schutzwürdigkeit des einzelnen Investors gegenüber der Gruppe ergeben. Der einzelne Investor ist zwar nicht einem externen Verwalter, dafür aber den Entscheidungen des Kollektivs ausgesetzt. Die DAO-Projekte können eine Größe erreichen, in denen die Stimme des einzelnen Investors vergleichsweise wenig wiegt.[713] Insbesondere Kleinanlegern in einer großen Investment-DAO steht ihren vergleichsweise geringen Mitbestimmungsrechten ein großes Haftungsrisiko gegenüber. Weiter ist die Mitbestimmung in allen Fragen für die meisten Anleger nicht realistisch möglich. Folglich wird es oft zu Situationen kommen, in denen ohne die Mitsprache einzelner Anleger Investmententscheidungen durch das Kollektiv getroffen werden.

Es zeigt sich, dass der einzelne Anleger in einer Investment-DAO, ähnlich den Investoren in einem klassischen Investmentfonds, gegenüber dem Kollektiv als Verwalter des Fonds schutzwürdig ist. Auch wenn die Gruppe der

711 Siehe Regierungsentwurf des AIFM-UmsG, *BT-Drucksache* 791/12, S. 1.

712 HK-InvestmentR/*Patzner/Schneider-Deters*, Vor § 1, Rn. 14.

713 Siehe zur Größenordnung der DAO-Projekte bereits oben unter B.III.

Zertifikatsinhaber über die Verwendung der Mittel entscheidet, besteht ein Bedürfnis nach dem Schutzzweck des § 139 KAGB. Folglich wird man davon ausgehen müssen, dass der Verband der Zertifikatsinhaber ein Investmentvermögen nach dem KAGB verwaltet und die Gründung einer BGB-Gesellschaft hierfür rechtswidrig ist. Für den Verband der Zertifikatsinhaber in der Investment-DAO kommt daher nur eine Umwandlung in eine KG oder AG oder die Auflösung in Betracht. Zudem machen sich die Mitglieder des Verbandes der Investment-DAO möglicherweise nach § 339 KAGB strafbar.[714]

hh) Zwischenergebnis

Eine Untersuchung der Voraussetzungen des § 139 KAGB zeigt, dass sich der Verband der Zertifikatsinhaber in der Investment-DAO nur als AG oder KG gründen darf. Die Gründung einer AG wurde bereits ausgeschlossen.[715] Geht man davon aus, dass der Verband der Zertifikatsinhaber in der Investment-DAO Personengesellschaft ist, so kommt nur die Gründung einer KG in Betracht. Diese bedürfte jedoch der Vereinbarung einer abgestuften Haftung. Das Vorhandensein einer solchen wird im Folgenden untersucht.

c) Die Vereinbarung einer abgestuften Haftung

Der Gesellschaftsvertrag einer KG fordert nach § 161 Abs. 1 HGB, dass bei einem oder bei einigen von den Gesellschaftern die Haftung gegenüber den Gesellschaftsgläubigern auf den Betrag einer bestimmten Vermögenseinlage beschränkt ist (Kommanditisten), während bei dem anderen Teil der Gesellschafter eine Beschränkung der Haftung nicht stattfindet (persönlich haftender Komplementär). Eine solche Vereinbarung wird sich in den hier untersuchten Projekten der Investment- und Management-DAO nicht ausdrücklich finden. Wie bereits gezeigt, ist eine zwischen den Zertifikatsinhabern getroffene Vereinbarung zur Beschränkung der Haftung auf das im Rahmen der Initial Creation Phase eingezahlte Kapital aus den Umständen erkennbar.[716] Von der Vereinbarung einer grundsätzlichen Haftungsbeschränkung der Zertifikatsinhaber auf ihre Einlage ist folglich auszugehen.

Es fehlt jedoch an der Vereinbarung der Einsetzung eines Komplementärs. Grundsätzlich sind alle Halter eines Governance-Certificates gleichberechtigt.

---

714 Auf diese Folgen soll im Rahmen der Untersuchung jedoch nicht weiter eingegangen werden.

715 Siehe hierzu bereits unter C.I.2.b).

716 Siehe hierzu bereits unter C.I.2.a)dd).

Zwar nehmen bestimmte Personengruppen, wie Initiatoren und Prüfer, besondere Aufgaben wahr,[717] sie bringen damit jedoch nicht zum Ausdruck, für die Verbindlichkeiten der Gesellschaft schärfer haften zu wollen als die übrigen Zertifikatsinhaber. Die erweiterten Einflussmöglichkeiten von Initiatoren und Prüfern könnten zwar eine Haftungsverschärfung rechtfertigen, es lässt sich jedoch nicht auf eine entsprechende Vereinbarung zwischen den Gesellschaftern schließen. Inwieweit das Haftungsregime einer Kommanditgesellschaft aufgrund der Sonderrollen von Initiatoren und Prüfern analog anzuwenden ist, wird im weiteren Verlauf der Untersuchung noch zu prüfen sein.[718] Eine verschärfte Haftung einzelner Personengruppen ist aber zumindest nicht vereinbart. Folglich wird man davon ausgehen müssen, dass der Verband der Investment- und Management-DAO nach den objektiven Gegebenheiten keine Kommanditgesellschaft ist. Zwar ist diese Rechtsform für die Investment-DAO durch das KAGB vorgeschrieben,[719] ein Verstoß führt jedoch nur zur Pflicht zur Auflösung nach § 726 HGB oder zur Umwandlung in eine KG.[720] Solange besteht der Verband der Zertifikatsinhaber in der Investment-DAO als BGB-Gesellschaft oder oHG fort. Ob es sich bei den Verbänden der Investment- und Management-DAO um eine oHG handelt, hängt davon ab, ob diese ein Handelsgewerbe betreiben. Dem wird im Folgenden nachgegangen.

d) Der Betrieb eines Handelsgewerbes

Eine offene Handelsgesellschaft entsteht mit Eintragung ins Handelsregister, § 105 Abs. 2 HGB. Sie kann jedoch auch ohne Eintragung entstehen, wenn der Zweck der Gesellschaft auf den Betrieb eines Handelsgewerbes gerichtet ist, § 105 Abs. 1 HGB. Dies gilt unabhängig vom Willen der Zertifikatsinhaber und ist nach den objektiven Umständen zu bestimmten.[721]

Der Betrieb eines Handelsgewerbes erfordert eine selbstständige Tätigkeit (aa)), die Abgabe rechtsgeschäftlicher (cc)) Angebote am Markt (bb)), eine Planmäßigkeit und Ausrichtung auf Dauer (dd)). Teilweise wird zudem eine Entgeltlichkeit der Tätigkeit (ee)) gefordert.[722] Diese Voraussetzungen werden in der

---

717 Siehe zur Rolle dieser Personengruppen bereits unter B.IV.3.

718 Siehe hierzu später unter C.III.1.c).

719 Siehe hierzu bereits soeben unter C.I.3.b).

720 Siehe hierzu bereits unter Fn. 506 und 507.

721 *BGHZ* 10, 91 (97); *BGHZ* 22, 240 (245) = WM 1957, 57–59; *BGHZ* 32, 307 (310) = WM 1960, 764–767.

722 *BGHZ* 63, 32 (33) = WM 1974, 777–778; Baumbach/Hopt/*Hopt*, § 1, Rn. 12.

Folge auf ihr Bestehen in den Projekten der Management- und Investment-DAO hin geprüft.

aa) Selbstständigkeit

Die Tätigkeit muss selbstständig erbracht werden. Gesellschaften sind jedoch stets konstitutionell selbstständig tätig,[723] womit das Merkmal bei dieser Prüfung nicht von Bedeutung ist.

bb) Anbietende Tätigkeit am Markt

Die Gesellschaft muss anbietend am Markt tätig werden. Dies umfasst jedes Angebot von Waren oder Leistungen an Dritte, wobei reine Binnengeschäfte mit den Mitgliedern nicht genügen.[724] Ebenfalls genügt keine reine Vermögensverwaltung in eigener Sache, weshalb § 105 Abs. 2 HGB die Möglichkeit einer Eintragung für diese Fälle ausdrücklich vorsieht.[725] Eine typische Form der rein vermögensverwaltenden Gesellschaft stellen Immobilienverwaltungs-, Fonds- oder Besitzgesellschaften dar.[726]

Der Verband der Zertifikatsinhaber in der Investment-DAO wird nur zur Verwaltung des eigenen Vermögens tätig.[727] Ein Angebot von Leistungen an Dritte findet nicht statt. Folglich wird man davon ausgehen können, dass es sich beim Verband der Zertifikatsinhaber in der Investment-DAO um eine rein vermögensverwaltende Gesellschaft handelt und somit kein Handelsgewerbe betrieben wird. Für die weitere Prüfung kann die Investment-DAO daher außer Acht bleiben.

Der Verband der Management-DAO bietet Dienstleistungen oder Produkte, in Form von Token, an.[728] Dieses Angebot richtet sich nicht nur an die Mitglieder des Verbandes, sondern kann auch von Personen in Anspruch genommen werden, die kein Governance-Certificate halten. Folglich wird man für den Verband der Management-DAO von einer anbietenden Tätigkeit am Markt ausgehen können.

723 MüKoHGB/*Schmidt*, § 1, Rn. 27.
724 BeckOK HGB/*Schwartze*, § 1, Rn. 17.
725 *BGHZ* 74, 273–278 = NJW 1979, 1650–1651; BeckOK HGB/*Schwartze*, § 1, Rn. 16; MüKoHGB/*Schmidt*, § 1, Rn. 28; Oetker/*Körber*, § 1, Rn. 22, m.w.N.
726 BT-Drucksache 13/8444, S. 40.
727 Siehe hierzu unter B.III.1.a)bb)(1)(b).
728 Siehe hierzu unter B.III.1.a)bb)(1)(a).

cc) Rechtsgeschäftliche Angebote

Die vom Verband der Zertifikatsinhaber erbrachte Tätigkeit an einem äußeren Markt muss die Abgabe von rechtsgeschäftlichen Angeboten an die Marktteilnehmer beinhalten.[729] Auf die Erfüllung der dabei eingegangenen Verpflichtungen kommt es nicht an.[730]

Der Verband der Zertifikatsinhaber in der Management-DAO stellt mit dem Gesamtprojekt den Nutzern eine Plattform zum Erwerb und zur Nutzung eines oder mehrerer spezieller Token zur Verfügung.[731] Fraglich ist, ob darin ein rechtsgeschäftliches Angebot zum Abschluss eines Vertrages zu sehen ist.

Der Token ließe sich zunächst als reiner Softwarecode verstehen, der den Nutzern überlassen wird und nach den von der Software festgelegten Regeln eingesetzt werden kann, ohne dass hierbei eine rechtliche Verpflichtung von Seiten des Verbandes eingegangen wird.[732]

Der vom Gesamtprojekt angebotene Token wird jedoch mit speziellen Eigenschaften beworben. Die Nutzer erwerben diesen, um diese Eigenschaften des Tokens nutzen zu können.[733] Die Nutzer haben daher ein wirtschaftliches Interesse an der Funktionsfähigkeit der Token. Hierfür entlohnen die Nutzer die Anbieter des Tokens durch die Abführung von Transaktionsgebühren.[734] Ohne auf den Vertragstyp oder den genauen Inhalt des Vertrages einzugehen, lässt sich annehmen, dass zwischen dem Verband der Zertifikatsinhaber und den Nutzern der Token des Gesamtprojekts eine rechtliche Bindung vereinbart wird. Im Ergebnis lässt sich damit festhalten, dass der Verband der Zertifikatsinhaber in der Management-DAO den Nutzern des Gesamtprojekts rechtsverbindliche Angebote unterbreitet.

---

729 Oetker/*Körber*, § 1, Rn. 26.

730 MüKoHGB/*Schmidt*, § 1, Rn. 29.

731 Siehe hierzu unter B.III.1.a)bb)(1)(a).

732 So wird es teilweise in den Whitepapers zu den DAO-Projekten beschrieben. Hiermit versuchen die Initiatoren regelmäßig einer Haftung zu entgehen. Vgl. *DigixGlobal*, DigixDAO (DGD) Information.

733 So bot beispielsweise die DigixDAO Token an, die physisches Gold repräsentieren sollen. Siehe hierzu bereits unter B.III.1.a)bb)(1)(a).

734 Siehe auch hierzu bereits unter B.III.1.a)bb)(1)(a).

dd) Planmäßigkeit und Ausrichtung auf Dauer

Der handelsrechtliche Gewerbebegriff setzt das Vorhandensein eines Unternehmens und ein Mindestmaß an Kontinuität voraus.[735] Bei den vom Verband der Management-DAO angebotenen Produkten und Dienstleistungen handelt es sich nicht um reine Spontanleistungen. Die Software sieht eine planmäßige und dauerhafte Erbringung des Angebots vor. Es kann daher davon ausgegangen werden, dass auch dieses Merkmal des Gewerbebegriffs erfüllt ist.

ee) Entgeltlichkeit

Herkömmlich wird als weitere Voraussetzung des Gewerbebegriffs eine Gewinnerzielungsabsicht gefordert.[736] Auf das Merkmal wird jedoch zunehmend zugunsten der Entgeltlichkeit verzichtet.[737] Die Unterscheidung ist vorliegend nicht relevant, soweit dem Verband der Zertifikatsinhaber in der Management-DAO sowohl Gewinnerzielungsabsicht als auch die Abgabe entgeltlicher Angebote zu attestieren ist.

Wie bereits dargestellt, wird für die Nutzung der Dienstleistungen und Produkte des Gesamtprojekts ein Entgelt in Form von Transaktionsgebühren einbehalten. Das Gesamtprojekt wird vom Verband der Zertifikatsinhaber mit der Absicht geführt, Gewinne zu erwirtschaften, von denen die Zertifikatsinhaber profitieren. Folglich liegen sowohl die Voraussetzungen der Gewinnerzielungsabsicht als auch entgeltliche Angebote vor.

ff) Zwischenergebnis

Der Verband der Zertifikatsinhaber in der Management-DAO erfüllt die Voraussetzungen für den Betrieb eines Handelsgewerbes. Als Personengesellschaft ist dieser daher Ist-oHG. Die Investment-DAO verwaltet lediglich Vermögen der eigenen Mitglieder. Da sie nicht anbietend am Markt tätig wird, betreibt sie daher kein Handelsgewerbe. Der Verband der Zertifikatsinhaber in der Investment-DAO ist somit keine oHG.

---

735 Baumbach/Hopt/*Hopt*, § 1, Rn. 13; BeckOK HGB/*Schwartze*, § 1, Rn. 13; MüKoHGB/*Schmidt*, § 1, Rn. 30.

736 *BGHZ* 83, 382 (386) = NJW 1982, 1815–1817; *BGHZ* 66, 48 (49) = WM 1976, 293–294.

737 MüKoHGB/*Schmidt*, § 1, Rn. 31; Oetker/*Körber*, § 1, Rn. 29; BeckOK HGB/*Schwartze*, § 1, Rn. 20.

e) Folgen für die Rechtsform der Verbände der Zertifikatsinhaber

Der Verband der Zertifikatsinhaber in der Finanzierungs-DAO erfüllt die Voraussetzungen der Personengesellschaft. Zwar können von jedem Mitglied mehrere Governance-Certificates gehalten werden, diese stellen jedoch stets ein ungeteiltes Mitgliedschaftsrecht am Verband dar.[738] Die Zahl der Governance-Certificates ist in der Regel begrenzt und diese können nur bis zu einer bestimmten Dezimalstelle geteilt werden.[739] Auf diese Weise beschränkt die Software die Anzahl der möglichen Mitglieder. Durch die Veräußerung der Governance-Certificates kommt es nicht immer zu einer Übertragung von Mitgliedschaftsrechten. Behält der Veräußerer einen Teil der Governance-Certificates und ist der Erwerber bislang kein Zertifikatsinhaber, so findet ein Neueintritt statt. Den hierfür erforderlichen Vertrag kann auch der veräußernde Zertifikatsinhaber im Namen des Verbandes schließen. Der Gesellschaftsvertrag sieht vor, dass für diesen keine Einwilligung der anderen Gesellschafter erforderlich ist. Die Personengesellschaft hat diesbezüglich zwar eine ausgeprägte körperschaftliche Struktur, diese bewegt sich jedoch noch im Rahmen der Gestaltungsfreiheit für Personengesellschaftsverträge.

Der Verband der Zertifikatsinhaber in der Management-DAO betreibt ein Handelsgewerbe, soweit das Gesamtprojekt eine Dienstleistung oder ein Produkt an Dritte anbietet. Anders ist dies beim Verband der Investment-DAO, welche nicht anbietend am Markt tätig wird.

Weder der Verband der Zertifikatsinhaber in der Investment- noch der in der Management-DAO lässt eine Vereinbarung einer abgestuften Haftung erkennen.[740] Folglich kann nicht von der Gründung einer KG ausgegangen werden. Der Verband der Zertifikatsinhaber in der Management-DAO ist somit oHG, der Verband der Zertifikatsinhaber in der Investment-DAO BGB-Gesellschaft. Zwar betreibt letzterer ein geschlossenes Investmentvermögen und müsste folglich nach § 139 KAGB in der Form der KG betrieben werden. Der Verstoß gegen den Rechtsformzwang verhindert jedoch nicht die Gründung einer BGB-Gesellschaft. Diese besteht bis zur Auflösung oder Umwandlung fort.

---

738 Siehe hierzu die Feststellungen unter C.I.3.a).

739 Siehe zu den technischen Eigenschaften der Governance-Token bereits unter B.I.2.b) bb)(1).

740 Siehe hierzu die Ergebnisse unter C.3.c).

4. Zwischenfazit

Obwohl die Verbandsstruktur der Gruppe der Zertifikatsinhaber in der Finanzierungs-DAO körperschaftliche Züge aufweist, kommt als mögliche Körperschaft nur ein nicht rechtsfähiger Idealverein in Betracht. Dieser bedarf einer nicht wirtschaftlichen Zwecksetzung. Eine solche ist lediglich in den Projekten der Spenden-DAO erkennbar. Folglich können diese Verbände als nicht rechtsfähige Idealvereine eingeordnet werden.

Beim Verband der Management-DAO und der Investment-DAO handelt es sich dagegen um körperschaftlich strukturierte Personengesellschaften. Der Verband der Management-DAO erfüllt die Voraussetzungen der oHG. Der Verband der Investment-DAO ist dagegen BGB-Gesellschaft. Nach § 139 KAGB müsste er sich zwar als Kommanditgesellschaft gründen, bis zur Umwandlung oder Auflösung besteht er aber als BGB-Gesellschaft fort.

II. Haftungsfolgen für die Zertifikatsinhaber

Die Untersuchung möglicher Rechtsformen hat gezeigt, dass der Verband der Zertifikatsinhaber in der Spenden-DAO die Voraussetzungen des nicht rechtsfähigen Idealvereins erfüllt. Auch wenn die Mitglieder des Vereins grundsätzlich von einer persönlichen Haftung befreit sind,[741] gilt die Handelndenhaftung des § 54 S. 2 BGB. Die Folgen der Handelndenhaftung werden sogleich näher dargestellt (1.).

Der Verband der Management-DAO ist oHG, der Verband der Investment-DAO BGB-Gesellschaft. Für diese gilt die akzessorische Haftung der Gesellschafter nach § 128 HGB (analog). Auch die Folgen dieser Haftungsregelungen werden im Anschluss kurz dargestellt (2.).

1. Handelndenhaftung nach § 54 S. 2 BGB für die Zertifikatsinhaber in der Spenden-DAO

Der Verband der Zertifikatsinhaber in der Spenden-DAO übermittelt Kryptocoins an Projekte Dritter. Da die Leistung unentgeltlich erbracht wird, liegt es nahe, diese als Leistung in Erfüllung eines Schenkungsvertrages handeln. Dabei ist zumindest denkbar, dass die versprochene Zahlung durch die Software nicht wie vorgesehen ausgeführt wird. Geht man von einem Schenkungsvertrag aus und wird die Leistung nicht bewirkt, so ist der Schenkungsvertrag

741 Siehe hierzu bereits eingangs unter C.I.

nach §§ 518 Abs. 1 S. 1, 125 BGB nichtig. Es ist jedoch nicht ausgeschlossen, dass die Schenkung zwar bewirkt und der Formmangel damit nach § 518 Abs. 2 BGB geheilt, aber die Leistung aus anderen Gründen dennoch mangelhaft ist. Für etwaige daraus entstehende Ansprüche des Spendenempfängers stellt sich dann die Frage der Haftung der Verbandsmitglieder.

Grundsätzlich haften im Verein die Mitglieder nicht persönlich für die Verbindlichkeiten des Verbandes.[742] Eine Ausnahme findet sich für den nicht rechtsfähigen Idealverein aber in § 54 S. 2 BGB. Demnach haftet für Verbindlichkeiten aus Rechtsgeschäften mit Dritten, die im Namen des nicht rechtsfähigen Idealvereins vorgenommen werden, der Handelnde persönlich. Nach der h.M. sind mit der Haftung aus der Vornahme eines „Rechtsgeschäfts" alle Erfüllungsansprüche, Sekundäransprüche und Ansprüche aus culpa in contrahendo nach § 311 Abs. 2 BGB erfasst.[743] Fraglich ist jedoch, wer im Falle einer Auszahlung aus der Budget-Wallet der Spenden-DAO als „Handelnder" im Sinne der Norm anzusehen ist. Denkbar erscheint zunächst, dass in den Projekten der Spenden-DAO kein Handelnder identifiziert werden kann (a)). Daneben ist es möglich, dass die Entwickler der steuernden Software (b)), die Prüfer (c)) oder alle Zertifikatsinhaber (d)) die Rolle des Handelnden übernehmen. Dieser Frage wird im Folgenden nachgegangen.

a) Kein Handelnder in der Spenden-DAO

Die Frage, wer als „Handelnder" im Sinne des § 54 S. 2 BGB anzusehen ist, wird unterschiedlich beurteilt. Nach h.M. ist derjenige Handelnder, der die Verpflichtungserklärung im Namen des Vereins abgegeben hat.[744] Dieser muss dabei nicht zwingend Vereins- oder Vorstandsmitglied sein. Werden mehrere Parteien beim Willensbildungsprozess tätig, so soll nur derjenige haften, der beim Geschäft mit dem Dritten diesem gegenüber nach außen auftritt.[745]

Im Verband der Spenden-DAO geht der Auszahlung der Mittel aus der Budget-Wallet eine Abstimmung der Zertifikatsinhaber voraus.[746] Die weitere Abwicklung der Auszahlung wird softwaregesteuert ausgeführt. Keiner der

---

742 Siehe hierzu bereits unter Fn. 311.

743 MüKo-BGB/*Leuschner*, § 54, Rn. 59; BeckOK BGB/*Schöpflin*, § 54, Rn. 43.

744 *BGH*, NJW 1957 (1186) = WM 1957, 880–883; *RGZ* 77, 429 (430); MüKo-BGB/*Leuschner*, § 54, Rn. 50; *Schmidt*, S. 748 f.

745 *BGH*, NJW 1957 (1186) = WM 1957, 880–883; *RGZ* 77, 429 (430); MüKo-BGB/*Leuschner*, § 54, Rn. 50; *Schmidt*, S. 748 f.

746 Siehe hierzu unter B.I.2.b)cc).

beteiligten Zertifikatsinhaber tritt dabei unmittelbar nach außen auf. Wie der BGH deutlich macht, genügt die reine Beteiligung am Willensbildungsprozess noch nicht, um eine Haftung zu begründen.[747] Folglich könnte man zum Schluss kommen, dass keiner für den Verband der Spenden-DAO nach außen tätig wird.

Ein solches Ergebnis ließe jedoch die Interessen der Gläubiger des Verbandes unbeachtet. Wer als Gläubiger mit dem Projekt interagiert, wird sich des softwaregesteuerten Abstimmungs- und Auszahlungsprozesses und der Tatsache, dass für die Auszahlung unmittelbar keine weitere Interaktion durch einzelne Beteiligte des Projektes erfolgt, zwar bewusst sein. Aufgrund der Transparenz des Softwarecodes[748] muss dem Gläubiger aber ebenso bewusst sein, dass vor der Auszahlung bestimmte Personengruppen aktiv und ihre Handlungen durch die steuernde Software vermittelt werden. Aus ihrer Sicht interagieren Sie daher nicht mit einer autonomen Software, sondern mit Menschen und lassen lediglich die Modalitäten dieser Interaktion durch Software steuern. Die Handelndenhaftung dient dem Schutz der Gläubiger und soll neben dem Kapitalvermögen des Vereins, welches keiner Kapitalsicherung unterliegt, Zugriff auf das Privatvermögen der Handelnden sichern.[749] Die Tatsache, dass aufgrund der Automatisierung der Auszahlung kein Verbandsmitglied persönlich in Erscheinung treten muss, erscheint vor diesem Hintergrund rein zufällig. Allein die neuartige technische Umsetzung des Abschlusses des Verpflichtungsgeschäfts kann den Gläubigern nicht zum Nachteil gereichen. Folglich wird man die Rolle des Handelnden weiter verstehen müssen, als das tatsächliche Auftreten nach außen gegenüber den Geschäftspartnern des Verbandes.

Dass im Verband der Zertifikatsinhaber in der Spenden-DAO kein Handelnder identifiziert wird, ist nicht interessensgerecht. Daher wird in der Folge weiter untersucht, inwieweit die Entwickler der Software, die Prüfer oder alle Zertifikatsinhaber als Handelnde in Betracht kommen.

b) Die Entwickler der Software als Handelnde

Das Zustandekommen des Verpflichtungsgeschäfts wird durch die steuernde Software ermöglicht. Diese wurde regelmäßig von den Initiatoren des Projekts erstellt. Das Verpflichtungsgeschäft, das gestützt durch die Software geschlossen wird, könnte den Entwicklern der Software zugerechnet werden. Diese

747 *BGH*, NJW 1957, 1186 (1187) = WM 1957, 880–883.

748 Siehe hierzu bereits unter B.I.1.b).

749 *BGHZ* 47, 25 (30) = NJW 1967, 828; BeckOK BGB/*Schöpflin*, § 54, Rn. 38; *Schmidt*, S. 747 f.

wären dann als Handelnde für alle über ihre Software abgeschlossenen Verträge anzusehen.

Eine solche Argumentation überzeugt jedoch nicht. Zwar wurde die Software von den Entwicklern ursprünglich erstellt, in der Folge jedoch von der Gruppe der Zertifikatsinhaber in eigener Verantwortung eingesetzt.[750] Durch den Erwerb des Governance-Certificates und der Teilnahme am Projekt, machen sie sich die erstellte Software zu eigen. Diese arbeitet in der Folge für sie.[751] Die Entwickler der Software wird man daher nicht als Handelnde im Sinne des § 54 S. 2 BGB einordnen können. Für diese Rolle kommen stattdessen weiter die Prüfer in Betracht.

c) Die Prüfer als Handelnde

Sieht das Projekt der Finanzierungs-DAO eine Vorprüfung der Angebote durch eine Gruppe von Prüfern vor, so könnten diese als Handelnde im Sinne des § 54 S. 2 BGB eingeordnet werden. Wie bereits gezeigt, ist die Tätigkeit der Prüfer zunächst nur als rein interne Leistung an die Gruppe der Zertifikatsinhaber zu verstehen. Ohne deren Zutun kann die Funktionsfähigkeit des Projekts nicht gewährleistet werden. Auch wurde bereits festgestellt, dass die Prüfer nicht die Rolle eines Leitungsorgans übernehmen. Sie vertreten die Gesellschaft nicht nach außen, sondern werden nur im Innenverhältnis tätig.[752]

Auch wenn durch die Prüfer keine Vertretung nach außen stattfindet, so werden die Prüfer dennoch mit Außenwirkung tätig. Es können zwischen dem Verband und Dritten nur diejenigen Verpflichtungsgeschäfte vereinbart werden, die vorher durch die Prüfer genehmigt wurden. Mit ihrer Entscheidung über die Vorauswahl der Angebote stehen die Prüfer den Gläubigern dadurch näher als die übrigen Mitglieder der Gruppe der Zertifikatsinhaber. Sie können tatsächlichen Einfluss auf die später zustandekommenden Verpflichtungsgeschäfte nehmen, indem unbillige Angebote ausgefiltert werden.[753] Es ist auch denkbar, dass außerhalb der DLT-Plattform ein Verhandlungsprozess zwischen den Dritten und den Prüfern stattfindet, wobei die Voraussetzungen für ein zu bestätigendes Angebot verhandelt werden. Bezüglich der Handlung nach außen nehmen die

---

750 Siehe zur Diskussion um die Frage, inwieweit die Entwickler als Treuhänder anzusehen sind bereits unter B.IV.3.a)aa).

751 Siehe zur Überlassung der Software durch die Initiatoren an die Gruppe der Zertifikatsinhaber bereits unter B.IV.3.a)cc).

752 Siehe hierzu bereits unter C.I.2.a)bb)(2)(a)(aa).

753 Kritisch dazu *Quentson*, Are The DAO Curators Masters or Janitors?.

Prüfer dann, unabhängig von ihrer sonstigen Rolle im Verband, gegenüber den übrigen Zertifikatsinhabern einen Sonderstatus ein. Es erscheint daher gerechtfertigt, ihnen die Rolle des „Handelnden“ im Sinne des § 54 S. 2 BGB zuzuweisen.

Teilweise wird es als nicht interessensgerecht empfunden, dass Handelnder alleine der sein soll, der nach außen auftritt. Der Vorstand solle sich nicht durch Delegation der Handlung seiner Haftung entziehen können. Daher sollen nur Vorstände oder verfassungsmäßig berufene Vertreter als Handelnde in Betracht kommen.[754]

Bei den internen Prüfern wird es sich regelmäßig auch um Mitglieder des Leitungsorgans handeln.[755] Die Rolle und der Handlungsspielraum ist auch für die externen Prüfer im Softwarecode angelegt und damit Teil der Verbandsverfassung. Man wird daher davon ausgehen können, dass die Prüfer bei der Vorauswahl der Angebote im Rahmen der ihnen verfassungsmäßig übertragenen Aufgaben tätig werden. Folglich kommt man auch nach dieser einschränkenden Auffassung zu einer Handelndenhaftung der Prüfer.

Eine Handelndenhaftung der Prüfer ist indes dann schwer vertretbar, wenn diese ihre Aufgabe im Rahmen eines Prognosemarktes wahrnehmen.[756] Hier nehmen die Prüfer lediglich mit dem Zweck teil, durch die Wette am Markt Gewinne zu erwirtschaften. Mit den potenziellen Vertragspartnern der DAO stehen sie aber in keinerlei Verbindung. Man wird hier nicht davon ausgehen können, dass die Prüfer den Dritten näherstehen als den übrigen Zertifikatsinhabern. Folglich wird man in diesem Fall ausnahmsweise nicht von einer Handelndenhaftung der Prüfer ausgehen können.

Im Ergebnis lässt sich festhalten, dass im Verband der Zertifikatsinhaber der Spenden-DAO grundsätzlich eine Handelndenhaftung derjenigen Prüfer in Betracht kommt, die zugleich zur Gruppe der Zertifikatsinhaber gehören. Nehmen die Prüfer ihre Aufgabe im Rahmen eines Prognosemarktes wahr, sind sie dagegen nicht als Handelnde einzuordnen.

d) Alle Zertifikatsinhaber als Handelnde

Die Projekte der Spenden-DAO müssen nicht zwingend über Prüfer verfügen, die nach dem soeben gefundenen Ergebnis als Handelnde einzuordnen sind. Es ist stattdessen auch denkbar, dass über alle Angebote von allen Zertifikatsinhabern

754 MüKo-BGB/*Leuschner*, § 54, Rn. 51; *Beuthien*, ZIP 1996, 360 (368).
755 Siehe zur Besetzung des Leitungsorgans bereits unter C.I.2.a)bb)(2).
756 Siehe hierzu bereits oben unter B.III.1.c).

abgestimmt wird.[757] Hier stellt sich dann erneut die Frage nach den Handelnden. Teilweise wird vertreten, dass bei einer Gesamtgeschäftsführung nicht nur das jeweils nach außen tätig werdende Vorstandsmitglied, sondern alle am Willensbildungsprozess Beteiligten als Handelnde angesehen werden sollten.[758]

Wie bereits gezeigt, sind grundsätzlich alle Zertifikatsinhaber Teil des Leitungsorgans.[759] Auch wenn durch sie im Einzelfall keine Abstimmung vorgenommen wird, nehmen sie durch ihre Enthaltung Einfluss auf das Ergebnis des Willensbildungsprozesses.[760] Dabei macht sich die Gruppe der Zertifikatsinhaber die steuernde Software zu eigen. Folglich ließe sich argumentieren, dass die gesamte Gruppe der Zertifikatsinhaber, vermittelnd durch die Software, Dritten gegenüber nach außen auftritt und das Verpflichtungsgeschäft abschließt. Folgt man dem, so würde jeden Zertifikatsinhaber die Handelndenhaftung nach § 54 S. 2 BGB treffen.

Die Annahme, dass alle Zertifikatsinhaber unabhängig von ihrer Teilnahme an den Abstimmungen, als „Handelnde" anzusehen sind, führt auf den ersten Blick zu einem Widerspruch mit dem Prinzip der grundsätzlichen Haftungsbefreiung der Mitglieder des Vereins. Passive Vereinsmitglieder sollen gerade nicht mit der akzessorischen Haftung belastet werden. Auch in der Spenden-DAO ist es grundsätzlich möglich, dass das Governance-Certificate als bloße Wertanlage erworben wird und eine Teilnahme an den Abstimmungen nicht gewollt ist.

Dieser Ansatz übersieht jedoch, dass eine „passive" Teilnahme an den DAO-Projekten regelmäßig nicht vorgesehen ist. Auch wenn nicht stets die Beteiligung aller Zertifikatsinhaber an allen Abstimmungen notwendig ist, wird dennoch jedem Zertifikatsinhaber ein Stimmrecht eingeräumt.[761] Zu dessen Ausübung ist er daher grundsätzlich auch berufen. Auch durch seine Enthaltung trägt er zum Ergebnis des Willensbildungsprozesses bei.[762] Der Erwerb einer rein passiven Beteiligung ist in den DAO-Projekten somit nicht vorgesehen. Durch den Erwerb des Governance-Certificates werden die Zertifikatsinhaber zu Trägern des Leitungsorgans. Mithin erscheint es daher gerechtfertigt, sie für die in Folge

757 So zumindest das Konzept im Projekt „TheDAO", *Jentzsch*, Decentralized Autonomous Organization to automate governance.

758 MüKo-BGB/*Leuschner*, § 54, Rn. 51; *Schöpflin*, S. 482 f.

759 Siehe hierzu bereits unter C.I.2.a)bb)(2)(b).

760 Siehe hierzu bereits unter B.III.1.a)cc)(2).

761 Siehe hierzu bereits unter B.III.1.a)cc)(2).

762 Siehe hierzu bereits unter B.III.1.a)cc)(2)(a).

der Abstimmungen geschlossenen Verpflichtungsgeschäfte als „Handelnde" im Sinne des § 54 S. 2 BGB einzuordnen.

Eine andere Lösung gelingt nur dann, wenn die steuernde Software die Ausgabe verschiedener Token mit abgestuften Mitbestimmungsrechten vorsieht. Auf diese Weise könnte für einzelne Mitglieder eine rein finanzielle Beteiligung, für andere eine Beteiligung mit Mitbestimmungsrechten realisiert werden.[763] Dies ist in den bisherigen DAO-Projekten jedoch nicht zu beobachten.

e) Zwischenergebnis

Die Zertifikatsinhaber in der Spenden-DAO sind grundsätzlich von einer persönlichen Haftung für die Verbindlichkeiten des Verbandes befreit. Mangels Eintragung des Vereins trifft die Handelnden aber die Haftung nach § 54 S. 2 BGB für die mit dem Verband geschlossenen Rechtsgeschäfte. Dies umfasst grundsätzlich Erfüllungsansprüche, Sekundäransprüche und Ansprüche aus culpa in contrahendo nach § 311 Abs. 2 BGB. Als „Handelnde" wird man im Verband der Spenden-DAO die Prüfer ansehen können, da deren Vorauswahl der Angebote dem Vertragsschluss mit den Gläubigern am nächsten steht und Einfluss auf die zu schließenden Rechtsgeschäfte ausgeübt werden kann.

Dies gilt jedoch nicht, wenn die Prüfer ihre Aufgabe durch Teilnahme in einem Prognosemarkt wahrnehmen. In diesem Fall und für den Fall, dass das Projekt der Spenden-DAO keine Prüfer vorsieht, würde der Verzicht auf einen Haftenden den Interessen der Gläubiger nicht gerecht. Da sich die Gruppe der Zertifikatsinhaber die steuernde Software als Werkzeug des Vertragsschlusses zu eigen macht und grundsätzlich alle zur Abstimmung über die eingehenden Angebote berufen sind, erscheint es interessensgerecht alle Zertifikatsinhaber als Handelnde einzuordnen, unabhängig davon, ob diese an der konkreten Abstimmung teilnehmen.

Die so entstehenden Haftungsfolgen könnten eingeschränkt werden. Dieser Frage wird im späteren Verlauf der Prüfung nachgegangen.[764] Die Möglichkeit einer Handelndenhaftung ergibt sich nur für die Verbände der Spenden-DAO. In der Investment- und Management-DAO gilt die Haftung nach § 128 HGB (analog). Diese wird im Folgenden dargestellt.

763 Ähnlich vorgeschlagen von *Reyes*, George Washington Law Review 2019, 373 (414 f.).
764 Siehe hierzu unter C.III.

2. Die Haftung nach § 128 HGB (analog) für die Zertifikatsinhaber in der Investment- und Management-DAO

Für die Zertifikatsinhaber des Verbandes der Management-DAO als oHG gilt nach § 128 HGB eine akzessorische Haftung der Gesellschafter für die Verbindlichkeiten der Gesellschaft. Der Verband der Investment-DAO ist eine BGB-Gesellschaft. Für diese war die Haftung der Gesellschafter lange Zeit umstritten.[765] Verstand man die Außen-BGB-Gesellschaft als reines Sondervermögen, so blieb für eine Unterscheidung zwischen den Verbindlichkeiten der Gesellschaft und einer Haftung der Gesellschafter kein Raum.[766] Mit der Durchsetzung der Lehre von der Rechtsfähigkeit der Außen-BGB-Gesellschaft wurde eine Unterscheidung zwischen den Verbindlichkeiten der Gesellschaft und der Haftung der Gesellschafter notwendig. Zugleich bedurfte es eines Rechtsgrundes für die Haftung der Gesellschafter für die Verbindlichkeiten der Gesellschaft.[767] Für diese hat sich durch höchstrichterliche Rechtsfortbildung die Akzessorietätstheorie gegen die Doppelverpflichtungstheorie durchgesetzt.[768] Der BGH bezog sich für eine Haftung der Gesellschafter zunächst auf ein „allgemeines Rechtsprinzip". Wer alleine oder mit anderen Geschäfte betreibe, müsse für diese auch mit seinem persönlichen Vermögen haften, soweit er sich nicht auf eine vertragliche oder gesetzliche Ausnahme stützen könne.[769] Inzwischen hat er sich jedoch der herrschenden Lehre[770] angeschlossen, welche die Haftung der Gesellschafter durch eine Analogie zu § 128 HGB begründet.[771] Folglich gilt für alle Zertifikatsinhaber in der Management- und Investment-DAO die unbeschränkte persönliche Haftung für alle Verbindlichkeiten der Gesellschaft. Ebenso wie für die Handelndenhaftung im Verband der Spenden-DAO stellt sich die Frage nach der Möglichkeit einer Haftungsbeschränkung. Dieser wird in der Folge nachgegangen.

---

765 MüKoHGB/*Schmidt*, § 128, Rn. 4, m.w.N.

766 MüKoBGB/*Schäfer*, § 714, Rn. 33.

767 Ulmer/Schäfer/*Schäfer*, § 714, Rn. 32.

768 *BGHZ* 154, 370–378 = WM 2003, 977–980; *BGHZ* 154, 88–95 = NJW 2003, 1445–1447; *BGHZ* 146, 341–361 = WM 2001, 408–415; *BGHZ* 142, 315–323 = NJW 1999, 3483–3485; Ulmer/Schäfer/*Schäfer*, § 714, Rn. 34.

769 *BGHZ* 142, 315 (319) = NJW 1999, 3483–3485.

770 Baumbach/Hopt/*Roth*, § 128 HGB, Rn. 1; MüKoBGB/*Schäfer*, § 714, Rn. 32; MüKoHGB/*Schmidt*, § 128, Rn. 4, m.w.N.

771 *BGHZ* 146, 341 (358) = WM 2001, 408–415; *BGHZ* 150, 1–6 = NJW 2002, 1642–1643.

III. Möglichkeiten einer Haftungsbeschränkung

Die bisherige Untersuchung hat gezeigt, dass die Zertifikatsinhaber im Verband der Management- und Investment-DAO mit der akzessorischen Haftung des § 128 HGB (analog) und die Handelnden in der Spenden-DAO mit der ebenfalls akzessorischen Handelndenhaftung des § 54 S. 2 BGB belastet sind. Es besteht jedoch die Möglichkeit, dass diese Haftung für die Zertifikatsinhaber in den DAO-Projekten eingeschränkt werden kann. Eine unbeschränkte persönliche Haftung jedes Zertifikatsinhabers für alle aus dem DAO-Projekt entstehenden Verbindlichkeiten macht den Erwerb von Governance-Certificates wenig attraktiv. Den möglichen wirtschaftlichen Chancen der Zertifikatsinhaber durch die Teilnahme am Projekt steht ein beachtliches Haftungsrisiko gegenüber. Man wird daher davon ausgehen können, dass das Interesse einer größeren Gruppe von Zertifikatsinhabern an der Teilnahme am Projekt nur dann geweckt werden kann, wenn Möglichkeiten bestehen, diese Haftung zu begrenzen.[772]

Wie bereits gezeigt, lässt sich dem zwischen den Zertifikatsinhabern geschlossenen Gesellschaftsvertrag entnehmen, dass eine Haftung über die Einlage hinaus von den Gesellschaftern nicht gewollt ist.[773] Nach § 128 S. 2 HGB sind indes Vereinbarungen, die der unbeschränkten persönlichen Haftung der Gesellschafter entgegenstehen, unwirksam. Die Haftung kann folglich nicht durch Vereinbarungen zwischen den Gesellschaftern abbedungen werden. Wird eine Vereinbarung dennoch getroffen, so bleibt diese wirksam, gilt jedoch nur im Innenverhältnis zwischen den Gesellschaftern. Dies gilt auch dann, wenn die Gläubiger Kenntnis von dieser Vereinbarung haben und darauf hingewiesen werden.[774] Ebenso wenig kann die Handelndenhaftung des § 54 S. 2 BGB durch Vereinssatzung oder Vereinbarung zwischen den Vereinsmitgliedern ausgeschlossen werden.[775] Der zwischen den Zertifikatsinhabern erkennbare Wille zur Beschränkung der Haftung auf das Gesellschaftsvermögen gilt daher grundsätzlich nicht gegenüber den Gläubigern der DAO-Verbände.

Auch wenn die Vereinbarung zwischen den Gesellschaftern für eine Haftungsbeschränkung grundsätzlich nicht ausreicht, wird zumindest für die

772 Zwar werden die Haftungsfolgen in den Wert des Governance-Certificates eingepreist. Es ist jedoch zu erwarten, dass der Preis des Governance-Certificates auf diese Weise sehr stark ansteigen und wenig Abnehmer finden wird.

773 Siehe hierzu bereits unter C.I.2.a)dd).

774 *BGHZ* 142, 315–323 = NJW 1999, 3483–3485; Henssler/Strohn/*Steitz*, § 128 HGB, Rn. 12; MüKoHGB/*Schmidt*, § 128, Rn. 13.

775 MüKo-BGB/*Leuschner*, § 54, Rn. 62.

Außen-BGB-Gesellschaft hinterfragt, ob eine ausnahmslose akzessorische Haftung nach § 128 HGB für alle Erscheinungsformen der Gesellschaft, aufgrund der Vielzahl ihrer Gestaltungsmöglichkeiten, interessensgerecht sein kann.[776] Es wird daher bereits schon lange über Möglichkeiten zur Einschränkung der Haftung diskutiert. Bedeutung hat dabei insbesondere eine Entscheidung des BGH zur Haftungserleichterung für Bauherrengemeinschaften und geschlossene Immobilienfonds erlangt.[777] In dieser wird – unter bestimmten Voraussetzungen – sowohl eine (formular-) vertragliche Haftungsbeschränkung als auch eine institutionelle Haftungserleichterung für möglich erachtet. Unter der vertraglichen Haftungsbeschränkung ist die Beschränkung der Haftung durch vertragliche Vereinbarung mit den Gläubigern der Gesellschaft zu verstehen. Zu einer institutionellen Haftungsbeschränkung kommt man hingegen, wenn man annimmt, dass für bestimmte Gestaltungsformen der Personengesellschaft die akzessorische Haftung nach § 128 HGB (analog) bzw. für den nicht rechtsfähigen Idealverein die Haftung nach § 54 S. 2 BGB nicht interessensgerecht ist und daher die Haftung, unabhängig von einer Vereinbarung mit den Gläubigern, bereits gesetzlich eingeschränkt sein muss.

In der Folge werden die Voraussetzungen einer institutionellen (1.) und einer vertraglichen (2.) Haftungsbeschränkung dargestellt. Dabei wird untersucht, inwieweit diese Haftungsbeschränkungen den Zertifikatsinhabern in den Verbänden der Finanzierungs-DAO zugutekommen können.

1. Institutionelle Haftungsbeschränkung

Eine Haftungsbeschränkung ließe sich für die oHG durch eine teleologische Reduktion und für die BGB-Gesellschaft über eine Reduktion der Analogie zu § 128 HGB erreichen. Für den nicht rechtsfähigen Verein bedürfte es einer teleologischen Reduktion des § 54 S. 2 BGB. Einen solchen gesetzlichen (institutionellen) Haftungsausschluss nimmt der BGH für die Bauherrengemeinschaft in Form der BGB-Gesellschaft an.[778] Auch in der Literatur wird über einen institutionellen Haftungsausschluss diskutiert, wobei sich diese Diskussion auf die

776 *BGHZ* 150, 1–6 = NJW 2002, 1642–1643; *BGHZ* 75, 26–32 = NJW 1979, 2101–2102; *Jacobs*, S. 45 ff.; *Nagel*, S. 75 ff.; *Schäfer*, in: Joeres/Krämer/Habersack, S. 909; *Schulze*, S. 241 ff.; *Beuthien*, WM 2012, 1–10; *Blenske*, NJW 2000, 3170 (3172); *Canaris*, ZGB 2004, 69 (102); *Kindl*, WM 2000, 697 (702); *Reiff*, ZGR 2003, 550–576; *Ulmer*, ZIP 1999, 554 (562).

777 *BGHZ* 75, 26–32 = NJW 1979, 2101–2102.

778 *BGHZ* 75, 26–32 = NJW 1979, 2101–2102; *BGHZ* 150, 1–6 = NJW 2002, 1642–1643.

BGB-Gesellschaft beschränkt.[779] Eine Beschränkung der Haftung ließe sich sowohl durch sozialpolitische (a)), als auch durch ökonomische (b)) Erwägungen rechtfertigen. Schließlich wird erwogen, dass das Haftungsregime der Kommanditgesellschaft analog angewendet werden könnte (c)). Diese Möglichkeiten einer Haftungsbeschränkung werden im Folgenden näher untersucht.

a) Haftungsbeschränkung aufgrund sozialpolitischer Erwägungen am Beispiel der Bauherrengemeinschaft

Eine Beschränkung der Gesellschafterhaftung ist zunächst aus sozialpolitischen Erwägungen denkbar. Dabei muss die Haftungsbeschränkung auch vor dem Hintergrund der Interessen der Gesellschafter und der Gläubiger gerechtfertigt sein. Die Gläubiger können grundsätzlich von der unbeschränkten Haftung ausgehen, sodass die Beschränkung einer besonderen Rechtfertigung bedarf.[780]

In seiner ständigen Rechtsprechung macht der BGH für die Haftung der Gesellschafter einer Außen-BGB-Gesellschaft dann eine Ausnahme, wenn die Gesellschaft den Zweck verfolgt, gemeinschaftlich eine Wohnungseigentumsanlage („Bauherrengemeinschaft") zu errichten und es sich bei den Gesellschaftsschulden um die Herstellungskosten der Anlage („Aufbauschulden") handelt.[781]

Die Gesellschafter sollen in diesem Fall entgegen § 427 BGB nicht als Gesamtschuldner, sondern nur anteilig (pro-rata) haften. Dieses Ergebnis sei nach den beiderseitigen Erwartungen der Vertragsparteien interessensgerecht. Das Risiko einer gesamtschuldnerischen Haftung sei dem einzelnen Anteilseigner wirtschaftlich und sozial nicht zumutbar. Dies sei für die Vertragspartner der Gesellschaft auch erkennbar. Ihnen sei zuzumuten, die Gesellschafter so zu behandeln, als haben sie mit jedem einzelnen einen Vertrag über den jeweiligen Anteil der Wohnungseigentumsanlage geschlossen.[782]

Durch das Wohnungseigentumsgesetz solle es gerade einkommensschwächeren Familien ermöglicht werden, zumindest einen eigentumsähnlichen Anteil an einer größeren Wohnanlage zu erwerben.[783] Selbst wenn Eigentumswohnungen von Bauherrengemeinschaften auch als Kapitalanlage erworben werden,

---

779 MüKoBGB/*Schäfer*, § 714, Rn. 60; *Jacobs*, S. 45 ff.; *Schäfer*, in: Joeres/Krämer/Habersack, S. 909 (921); *Beuthien*, WM 2012, 1–10; *Reiff*, ZGR 2003, 550 (569 f.); ablehnend dagegen, *Ulmer*, ZIP 1999, 554 (564).

780 *Schulze*, S. 242 ff.

781 *BGHZ* 75, 26–32 = NJW 1979, 2101–2102; *BGHZ* 150, 1–6 = NJW 2002, 1642–1643.

782 *BGHZ* 75, 26 (28 f.) = NJW 1979, 2101–2102.

783 *BGHZ* 67, 232 (236) = NJW 1977, 44–46.

ändere dies grundsätzlich nichts am ursprünglichen sozialpolitischen Zweck. Die Bauwirtschaft habe sich entsprechend auf diese Umstände eingestellt. Auch bei kapitalkräftigen Bauherren könne daher an der pro-rata-Haftung festgehalten werden.[784]

Die Anwendung einer quotalen Haftung auf die DAO-Projekte scheint zunächst die Interessen unterschiedlich finanzkräftiger und einflussreicher Zertifikatsinhaber zu einem gerechten Ausgleich zu bringen. In einem solchen Modell wäre die Haftung der Zertifikatsinhaber äquivalent zu deren Beteiligung am Projekt ausgestaltet. Zertifikatsinhaber, die einen größeren Anteil an Governance-Certificates halten und somit über eine größere Stimmkraft verfügen, müssen auch eine entsprechend gewichtigere Haftung in Kauf nehmen. Dagegen werden kleinere Anleger, die nur wenig in das Projekt investiert haben und mit ihrer Stimme entsprechend wenig zu Steuerung des Projekts beitragen können, bei der Haftung stärker entlastet.

Die Bauherrengemeinschaft weißt jedoch entscheidende Unterschiede zu den hier untersuchten DAO-Projekten auf. Zunächst greift das sozialpolitische Argument nicht für die Interessen der Anteilseigner an den DAO-Projekten. Diese nutzen ihre Anteile am DAO-Projekt regelmäßig als Wertanlage.[785] Sie sind daher grundsätzlich nicht mehr oder weniger schutzwürdig als Anleger in anderen Anlagegesellschaften.

Eine Besonderheit der Bauherrengemeinschaft liegt darin, dass die Grenze zwischen Miteigentümergemeinschaft und Gesellschaft verschwimmt.[786] Der Zweck der Bauherrengemeinschaft ist einzig auf die Errichtung des Wohneigentums gerichtet. Das Vermögen soll in der Folge aber nicht dauerhaft von der BGB-Gesellschaft ungeteilt gehalten werden. Die Vertragspartner hätten die Werkverträge zur Errichtung daher grundsätzlich auch mit jedem einzelnen Anteilseigner über seinen Anteil am Wohnungseigentum schließen können.[787] Bei den DAO-Projekten ist diese Situation nicht gegeben. Regelmäßig sollen hier die Mittel in der Budget-Wallet gewinnbringend angelegt werden. Dies entspricht einer Anlagegesellschaft, die in ihrem Zweck nicht auf ein einzelnes Vorhaben beschränkt bleibt. Für die Gläubiger ist es daher meist nicht vorstellbar, einzelne Verträge über eine Teilleistung mit jedem Zertifikatsinhaber zu schließen. Stattdessen soll vom gemeinsamen Vermögen der Gruppe profitiert werden.

---

784 *BGHZ* 75, 26 (29 f.) = NJW 1979, 2101–2102.

785 *Klöhn/Parhofer/Resas*, ZBB 2018, 89 (90).

786 *Schäfer*, in: Joeres/Krämer/Habersack, S. 909 (921).

787 *Jacobs*, S. 112.

Die Situation der Bauherrengemeinschaft ist mit der des Verbandes der Zertifikatsinhaber in der DAO mithin nicht vergleichbar. Folglich lassen sich die entsprechenden Grundsätze der Rechtsprechung hier nicht übertragen. Die Gläubiger des Verbandes der Zertifikatsinhaber müssen nicht ohne weiteres davon ausgehen, dass die Haftung der Gesellschafter quotal beschränkt ist. Anders als in der Bauherrengemeinschaft fehlen hier die entsprechenden Anhaltspunkte. Die vom BGH entwickelten Grundsätze stellen eine enge Ausnahme dar. Für die in erster Linie kapitalistisch agierenden Zertifikatsinhaber der Finanzierungs-DAO scheidet eine institutionelle Haftungsbeschränkung aus sozialpolitischen Erwägungen daher aus. Möglich erscheint aber eine Haftungsbeschränkung aufgrund ökonomischer Erwägungen.

b) Haftungsbeschränkung aufgrund ökonomischer Erwägungen

Eine Beschränkung der Haftung der Zertifikatsinhaber könnte der Durchsetzung einer „ökonomischen Effizienz" dienen und aus diesem Grund gerechtfertigt sein. Dies setzt einen folgenorientierten Ansatz bei der Rechtsanwendung voraus.[788] Die unbeschränkte persönliche Haftung der Zertifikatsinhaber soll dann nicht eintreten, wenn sie zu Folgen führt, die für die Beteiligten wirtschaftlich nachteilig sind.[789]

Eine Haftungsbeschränkung könnte im Umkehrschluss dann vorzugswürdig sein, wenn sie zu Ergebnissen führt, die sowohl für die Zertifikatsinhaber als auch für die Gläubiger des Verbandes ökonomisch vorteilhaft sind. Zunächst werden daher die Voraussetzungen untersucht, unter denen eine Haftungsbeschränkung für die Beteiligten ökonomische Vorteile bietet und inwieweit diese bei den hier untersuchten Projekten der Finanzierungs-DAO vorliegen (aa)). Weiter wird geklärt, inwiefern eine Haftungsbeschränkung durch besondere Effizienzvorteile der DAO-Projekte gerechtfertigt werden kann (bb)).

aa) Die wirtschaftlichen Vorteile einer Haftungsbeschränkung

Hinter der Regelung zur Außenhaftung der Mitglieder eines Verbandes steht die Frage nach der gerechten Risikoverteilung zwischen den Mitgliedern und den Gläubigern des Verbandes. Bei einer unbeschränkten persönlichen Haftung in der Personengesellschaft liegt das Risiko, das die Beteiligung des Verbandes am

788 Zum folgenorientierten Ansatz siehe näher *Coles*; *Waelde*.
789 Vgl. *Eidenmüller*, S. 397 ff.

Rechtsverkehr mit sich bringt, bei den Gesellschaftern.[790] Diese werden dadurch zur Erbringung der geschuldeten Leistung gegenüber den Gläubigern gezwungen.[791] Auch findet eine Verhaltenskontrolle der Gesellschafter untereinander statt.[792] Schließlich wird durch die persönliche Haftung die fehlende Kapitalsicherung ausgeglichen.[793]

Anders ist dies in den Kapitalgesellschaften. Hier steht den Gläubigern nur eine durch das Gesellschaftsvermögen begrenzte Haftungsmasse zur Verfügung. Somit wird das Risiko, das durch die Teilnahme des Verbandes am Rechtsverkehr entsteht, auf die Gläubiger übertragen.[794] Beim Abschluss von Geschäften mit dem Verband wird das Risiko einer Insolvenz und entsprechend ein Risikoaufschlag von den Gläubigern einkalkuliert.[795] Die Trennung des Vermögens der Gesellschafter vom Vermögen der Gesellschaft hat weiter auch wirtschaftliche Vorteile für den Kapitalmarkt. Wird das Vermögen der Gesellschaft vom Vermögen der Gesellschafter getrennt, so entsteht mehr Sicherheit bei Rechtsgeschäften mit der Gesellschaft. Ist nämlich die Liquidität der Gesellschaft von der Liquidität der einzelnen Gesellschafter abhängig, so schwankt diese, je nachdem, welche Gesellschafter derzeit Mitgliedsrechte am Verband halten. Treten vermögende persönlich haftende Gesellschafter aus der Gesellschaft aus, so verliert auch die Gesellschaft an Wert, da weniger Haftungsmasse bereitsteht.

Auch in den Projekten der Finanzierungs-DAO ist für die Gläubiger nicht ohne weiteres erkennbar, wer hinter den öffentlichen Schlüsseln der Zertifikatsinhaber steckt.[796] Die Governance-Certificates in Form von Token sind zudem jederzeit übertragbar. Für die Gläubiger ist damit nicht ersichtlich, welche Gesellschafter zum jeweiligen Beurteilungszeitpunkt persönlich haften und wie vermögend diese sind. Hängt aber die Haftungsmasse vom Vermögen dieser Gesellschafter ab, so könnte dies die Gläubiger daran hindern, mit dem Verband der Finanzierungs-DAO Geschäfte abzuschließen.

Durch eine beschränkte Haftung können die Gesellschafter am Kapitalmarkt investieren ohne mit dem persönlichen Haftungsrisiko belastet zu werden. Dies

---

790 Dies entspricht dem allgemeinen Rechtsgrundsatz, dass derjenige, der im Rechtsverkehr wirtschaftlich auftritt, die Rechtsfolgen seines Handelns zu tragen hat, *Jacobs*, S. 84; *Schulze*, S. 109; *Brandani*, DNotZ 2000, 140 (141).

791 *Jacobs*, S. 82; *Pfaffinger*, S. 74 f.; *Schöpflin*, S. 413.

792 *Jacobs*, S. 80; *Pfaffinger*, S. 77 ff.; *Schmidt*, S. 541.

793 *Hasenkamp*, S. 203; *Pfaffinger*, S. 75 ff.; *Schulze*, S. 79.

794 *Meyer*, S. 952, spricht insoweit auch von einem „Risikoumverteilungsmechanismus".

795 *Meyer*, S. 1000.

796 Siehe hierzu bereits unter B.II.2.

incentiviert zum Kauf der Beteiligung. Mit dem Risiko einer persönlichen Haftung wäre das Investment weit weniger interessant.[797] Auch für die Projekte der Finanzierungs-DAO ist zu erwarten, dass die Zertifikatsinhaber am Erwerb des Governance-Certificates nur dann Interesse haben, wenn dieses mit einer beschränkten Haftung einhergeht.

Die Beschränkung der Haftung hat weiter zur Folge, dass die Gesellschafter mehr Risiko eingehen und dadurch oftmals effizienter wirtschaften können, als dies der Fall wäre, wenn sie mit dem Risiko einer persönlichen Haftung belastet wären.[798] Haften die Zertifikatsinhaber im Verband der Finanzierungs-DAO unbeschränkt, so würden Investmententscheidungen vermutlich sehr zögerlich oder gar nicht getroffen. Es bestünde das Risiko eines stagnierenden Projekts.

Ist die Haftung im Verband beschränkt, so kann dies weiter den unternehmerischen Pioniergeist beflügeln.[799] Ohne die Last einer persönlichen Haftung könnten neue DLT-Projekte bedenkenloser gefördert werden. Die Zertifikatsinhaber wären bereit, in mehr Projekte zu investieren und damit die Fortentwicklung der Technologie zu unterstützen. Hieraus kann auch eine wachsende Wettbewerbsintensität resultieren.[800] Es ist zu erwarten, dass die Verbände der DAO-Projekte risikobereiter agieren würden. Hiervon würden auch die Nutzer des Gesamtprojekts und die Vertragspartner des Verbandes profitieren.

Die Haftungsverfassung des Verbandes wirkt sich auch auf den Preis des Governance-Certificates aus. Ist die Haftung unbeschränkt, so wird sein Erwerb deutlich unattraktiver. Die Zertifikatsinhaber müssten einen Risikoaufschlag bezahlen. Ist die Haftung dagegen auf das Vermögen des Verbandes beschränkt, werden die Zertifikatsinhaber bereitwilliger investieren und der Risikoaufschlag entfällt.[801] Durch die Beschränkung der Haftung kann folglich mehr Kapital zu geringeren Kosten generiert werden.

Von diesen wirtschaftlichen Vorteilen einer Haftungsbeschränkung profitieren auch die Gläubiger des Verbandes. Die Zertifikatsinhaber in der Finanzierungs-DAO können mehr Risiko eingehen und sind daher eher bereit in die Projekte der Gläubiger zu investieren. In der Management-DAO wird nur durch die beschränkte Haftung das Projekt effizient finanziert werden können. Die Vertragspartner des Verbandes profitieren dann ebenfalls von der

797 *Hasenkamp*, S. 200; *Jacobs*, S. 84 f.; *Schneider*, S. 89; *Wilhelm*, Rn. 18.

798 Vgl. *Ang/Cole/Lin*, Journal of Finance 2000, 81 (86).

799 *Lehmann*, ZGR 1986, 345 (353); *Smith*, S. 741.

800 *Lehmann*, ZGR 1986, 345 (356).

801 Vgl. *Meyer*, S. 1035 f.

beschränkten Haftung. Demnach kann also eine beschränkte Haftung der Zertifikatsinhaber in der Finanzierungs-DAO sowohl für die Zertifikatsinhaber als auch für die Gläubiger der Verbände wirtschaftliche Vorteile bringen.

Die Voraussetzungen für die Gründung einer Kapitalgesellschaft zeigen aber, dass die beschränkte Haftung der Zertifikatsinhaber nicht ohne Gegenleistung zu erlangen ist. In der Kapitalgesellschaft steht den Gläubigern zur Sicherheit ein Haftungskapital zur Verfügung, das von den Gesellschaftern aufgebracht werden muss.[802] Fehlt diese Haftungsmasse, so bewirkt die persönliche Haftung die oben bereits erwähnte Verhaltenskontrolle.[803] Sie gehen weniger Risiko ein, schützen damit aber die Interessen der Gläubiger.[804]

Wie bereits gezeigt, ist bei den Projekten der Finanzierungs-DAO zwar das anfängliche Aufbringen eines Gesellschaftskapitals ersichtlich, jedoch sind die Mechanismen zur Kapitalerhaltung mangelhaft.[805] Aufgrund dieser mangelhaften Sicherungsmechanismen könnte das wirtschaftliche Risiko für die Gläubiger des Verbandes zu hoch sein, um eine Beschränkung der Haftung zu rechtfertigen. Möglich erscheint jedoch, dass die DAO, im Vergleich zu anderen Unternehmensformen, besondere Effizienzvorteile bietet, die auch den Gläubigern des Verbandes zugutekommen. Ist dies der Fall, so könnte eine Folgenabwägung zum Ergebnis kommen, dass trotz der mangelnden Kapitalsicherung, eine Beschränkung der Haftung für die Beteiligten wirtschaftlich vorteilhaft ist und folglich gerechtfertigt sein kann. In der Folge wird daher das besondere Effizienzpotenzial der Finanzierungs-DAO näher untersucht.

bb) Rechtfertigung einer Haftungsbeschränkung durch ökonomische Effizienzvorteile der DAO

Wie bereits gezeigt, wäre eine Beschränkung der Haftung sowohl für die Zertifikatsinhaber als auch die Gläubiger wirtschaftlich vorteilhaft. Die fehlende staatliche Kontrolle bei der Gründung einer DAO und der unzureichende Kapitalschutz geht jedoch zu Lasten der Gläubiger. Diese Mängel könnten durch ökonomische Vorteile ausgeglichen werden, die die Organisation eines Unternehmens in der Form einer DAO mit sich bringt. Ist die Organisation eines Unternehmens in der Form einer DAO bedeutend effizienter als die eines traditionellen Unternehmens, so profitieren davon nicht nur die Verbandsmitglieder, sondern auch

802 *Schäfer/Ott*, S. 716.

803 Siehe hierzu bereits unter Fn. 581.

804 *Klaiber*, S. 53.

805 Siehe hierzu bereits unter C.I.2.b)cc)(2)(b).

die Gläubiger, da die Leistungen des Verbandes kostengünstiger erbracht werden könnten. Ein solcher Effizienzvorteil könnte den mangelhaften Kapitalschutzes ausgleichen und für die Gewährung der grundsätzlich vorteilhaften Haftungsbegrenzung sprechen. Als Anknüpfungspunkte für Effizienzvorteile der DAO kommen Einsparungen von Agentur- ((1)) und Transaktionskosten ((2)) in Betracht. Diese werden in der Folge näher untersucht.

(1) Senkung von Agenturkosten

Der Einsatz einer DAO könnte Potenzial zur Senkung von Agenturkosten bieten. In der Folge wird der Begriff der Agenturkosten erläutert ((a)) und sodann untersucht, inwieweit die DAO zur deren Senkung beitragen kann. Dabei wird zunächst hinterfragt, inwieweit DAO-Projekte zur Lösung des „Prinzipal-Agent-Problems" ((b)) oder zum Abbau des Informationsdefizits ((c)) beitragen können. Weiter soll erörtert werden, inwieweit DAO-Projekte ein „Free-Rider-Problem" schaffen ((d)).

(a) Entstehung von Agenturkosten

Nach der vertragstheoretischen Argumentationsfigur der Organisationsökonomik kann ein privates Unternehmen als ein rechtliches Konstrukt, welches als Verknüpfung für vertragliche Beziehungen zwischen den Beteiligten dient, verstanden werden. Das Verhalten des Unternehmens kann so wie das Verhalten eines Marktes gesehen werden, das aus komplexen Ausgleichsprozessen resultiert.[806]

Von diesen Ausgleichsprozessen ist auch das Verhältnis des Managers zu den Anteilseignern des Unternehmens betroffen. Hält der Manager eines Unternehmens alle Anteile an demselben, so kann er das Unternehmen alleine nach seinen Interessen steuern und seine Entscheidungen resultieren im besten Fall in einer maximalen Wertsteigerung des Unternehmens. Fallen jedoch die Inhaberschaft des Unternehmens und die Position des Managers auseinander, kommt es zu einem Interessenskonflikt. Der Manager wird eigennützige Interessen verfolgen, die nicht zwingend mit den Interessen der Anteilseigner einhergehen. Es ist zu erwarten, dass der Manager umso ineffizienter arbeitet, je geringer sein Anteil am Unternehmen ist. Obwohl er nämlich die volle Kontrolle über die Mittel des Unternehmens hat, profitiert er nur zu einem Bruchteil von Gewinnen und trägt nur einen Bruchteil des Risikos von Verlusten.[807]

806 *Easterbrook/Fischel*, S. 12; *Jensen/Meckling*, Journal of Financial Economics 1976, 305 (311); *Williamson*, The Journal of Law & Economics 1979, 233 (252 f.).

807 *Jensen/Meckling*, Journal of Financial Economics 1976, 305 (313).

Übertragen die Eigentümer des Unternehmens die Aufgabe der Geschäftsführung auf einen Dritten, so entsteht eine sogenannte Prinzipal-Agent-Beziehung.[808] Die Entscheidungsmacht wird von den Anteilseignern (Prinzipal) an den Manager (Agent) übertragen. Der Agent hat gegenüber dem Prinzipal regelmäßig einem Informationsvorsprung, welchen er zu seinen Gunsten nutzen kann.[809] Der Prinzipal muss daher Maßnahmen ergreifen, um den Agenten dazu zu bewegen, sich entsprechend seiner Interessen zu verhalten. Diese Maßnahmen erzeugen Kosten (Agenturkosten).[810] Zu den Agenturkosten gehören die Aufwendungen zur Überwachung des Agenten (Monitoring Costs) und das Bezahlen von Prämien für positives Verhalten (Bonding Costs). Trotz dieser Maßnahmen wird es nicht gelingen, den Agenten zu bestmöglichen Entscheidungen zu bewegen. Folglich verbleibt bei Einsatz eines Agenten stets ein Verlust (Residual Loss). Die Agenturkosten setzen sich also aus den Monitoring- und Bonding-Costs sowie dem Residual Loss zusammen.[811] Die Organisation der Prinzipal-Agent-Beziehung in einem DAO-Projekt könnte nun dazu beitragen, diese Kosten zu eliminieren oder zumindest zu senken. Dies wird in der Folge näher geprüft.

(b) Lösung des Prinzipal-Agent-Problems

Der Einsatz einer DAO könnte die Entstehung von Agenturkosten verhindern.[812] Dies könnte entweder durch einen automatisierten Agenten ((aa)) oder durch Verzicht auf einen Agenten ((bb)) geschehen.

(aa) Die DAO mit automatisiertem Agenten

Durch den Einsatz von Technik lässt sich die Arbeitsweise von Unternehmen zunehmend automatisieren. Es lässt sich dabei zwischen der Automation der Unternehmensorganisation (z.B. Einsatz von Warenrobotern) und der

---

808 *Alparslan*, S. 11; *Eisenhardt*, Academy of Management Review 1989, 57 (58 f.); *Rees*, Bulletin of Economic Research 1985 (3 f.).

809 *Göbel*, S. 98 f.; *Richter/Furubotn*, S. 173.

810 *Easterbrook/Fischel*, S. 10; *Göbel*, S. 125 ff.; *Richter/Furubotn*, S. 174.

811 *Easterbrook/Fischel*, S. 10; *Jensen/Meckling*, Journal of Financial Economics 1976, 305 (308).

812 *Bulkin*, The agency problem and economic efficiency of blockchain systems; *Macheel*, The DAO Might Be Groundbreaking, But Is It Legal?; *Kaal*, Blockchain Solutions for Agency Problems in Corporate Governance, geht davon aus, dass Monitoring-Kosten durch DLT zukünftig überflüssig gemacht werden könnten.

Automation des Managements (z.B. Einsatz von Software zur Entscheidungsfindung) differenzieren.[813] Letztere könnte soweit gehen, dass menschliche Mitwirkung obsolet wird.[814] Schon lange vor der Erscheinung der DAO ist das Konzept einer „Personless Organization“[815] bekannt. Demnach braucht eine Organisation nicht zwingend Menschen, sondern kann ihre Anteile selbst halten und die Aufgabe des Managements alleine durch eine intelligente Software übernehmen lassen.[816]

Bei den hier untersuchten DAO-Projekten werden die Anteile am Verband jedoch allein von Menschen gehalten. Ungeachtet der Realisierbarkeit einer „Personless Organization“, wird es sich daher bei den hier zu untersuchenden Projekten nicht um eine solche handeln. Dennoch wird dem Konzept der DAO teilweise nachgesagt, dass es das Potenzial habe, das Prinzipal-Agent-Problem lösen zu können, indem die Software mithilfe künstlicher Intelligenz selbst über die Verwendung der Mittel entscheidet.[817] Die Software würde sich in diesem Falle nur zum Wohle der menschlichen Shareholder verhalten. Agenturkosten würden nicht mehr entstehen.

Tatsächlich sind bereits Konzepte zur Vorbereitung von Management-Entscheidungen durch künstliche Intelligenz bekannt.[818] Beispielsweise können Investmententscheidungen am Aktienmarkt durch eine Software getroffen werden.[819] Bislang werden diese Lösungen jedoch nur unterstützend eingesetzt.[820] Die vollständige Kontrolle einer Unternehmensführung durch eine künstliche Intelligenz ist derzeit nicht zu beobachten. Ungeachtet der Vielzahl von Folgeproblemen, die eine solche Implementierung mit sich bringen würde,[821]

---

813 *Reyes*, Autonomous Corporate Personhood, S. 12.

814 *Reyes*, Autonomous Corporate Personhood, S. 16.

815 *Dan-Cohen*, S. 46 ff., von ihm als “Personless Corporation” bezeichnet.

816 *Dan-Cohen*, S. 41 ff.

817 *Filippi/Wright*, S. 152.

818 Eine Übersicht über den Einsatz derartiger Konzepte in Unternehmen bietet die Studie von *Bughin et al*, Artificial Intelligence.

819 *Reyes*, Autonomous Corporate Personhood, S. 12.

820 Siehe zum Beispiel *Clauß*, Roboter: Investment-Firma wählt Computer in den Vorstand.

821 Als Beispiel sei nur genannt, dass sich auch autonome Software nie gänzlich von den Wertvorstellungen seines Schöpfers lösen kann und Entscheidungen somit meist mit Vorurteilen belastet sind, *Reyes/Packin/Edwards*, William & Mary Law Review Online 2017 (27); Ausführlich zu den Gefahren vollständig automatisierter Unternehmen, *LoPucki*, UCLA School of Law, Law-Econ Research Paper No. 17-09 2017.

lässt sich feststellen, dass auch in den hier untersuchten DAO-Projekten die verwendete Software keine autonomen Entscheidungen trifft.[822] Mithilfe der Voting-Applikation wird lediglich die Durchführung von Abstimmungen aller Zertifikatsinhaber ermöglicht. Die Entscheidung der Geschäftsführung trifft daher nicht die Software, sondern die Gruppe der Zertifikatsinhaber.[823] Agenturkosten werden deshalb nicht dadurch eliminiert, dass eine Software die Aufgabe des Agenten übernimmt. Stattdessen könnte man annehmen, dass ein Agent in der DAO nicht existiert.

(bb) Die DAO ohne Agent

In den untersuchten DAO-Projekten ist eine klassische Prinzipal-Agent-Beziehung zunächst nicht erkennbar. Die Zertifikatsinhaber als Prinzipal geben das Management nicht aus der Hand, sondern entscheiden selbst über die Aktivitäten des Unternehmens, verzichten also auf den Einsatz eines Agenten.[824] In diesem Verzicht auf den Einsatz eines Agenten könnte ebenfalls eine Lösung des Prinzipal-Agent-Problems gesehen werden. Für den theoretischen Fall, dass alle Zertifikatsinhaber an der Abstimmung mitwirken, wären Prinzipal und Agent personengleich. Folglich würden keine Agenturkosten entstehen. Dann müssten jedoch alle Zertifikatsinhaber an jeder Entscheidung der DAO mitwirken und sich stets mit allen Vorgängen der Geschäftsführung auseinandersetzen. Dies wird regelmäßig nicht der Fall sein. Es entscheiden stattdessen stets diejenigen Zertifikatsinhaber, die an der jeweiligen Abstimmung teilnehmen soweit diese das notwendige Quorum erreicht. Es können dann die Gruppe aller Zertifikatsinhaber als der Prinzipal und die jeweils Abstimmenden als der Agent angesehen werden. Je größer die Gruppe der Abstimmenden, desto eher wird das Abstimmungsergebnis den gemeinsamen Interessen aller Zertifikatsinhaber entsprechen. Es ist jedoch nicht davon auszugehen, dass stets alle Zertifikatsinhaber an allen Abstimmungen teilnehmen.

Weiter sind in vielen DAO-Projekten Prüfer tätig, die eine Vorauswahl der Angebote für die Gruppe der Zertifikatsinhaber vornehmen.[825] Auch wenn

---

822 Siehe zur mangelnden Autonomität der Software bereits oben unter B.I.2.a)cc).

823 Dies deckt sich mit der Einschätzung der *Securities and Exchange Commission*, Report of Investigation Pursuant to Section 21(a) of the Securities Exchange Act of 1934: The DAO; ebenso *Kolber*, Stanford Technology Law Review 2018, 198 (211).

824 *Kaal*, Blockchain Solutions for Agency Problems in Corporate Governance, S. 17 ff.; *Reyes*, Autonomous Corporate Personhood, S. 14.

825 Siehe zur Rolle der Prüfer bereits unter B.III.1.c) und B.IV.3.b).

hierdurch noch keine endgültige Entscheidung über eine Auszahlung aus der Budget-Wallet getroffen wird, nehmen die Prüfer dennoch Einfluss. Die Gruppe der Zertifikatsinhaber legt damit Vertrauen in die Hände der Prüfer, womit zwischen den Prüfern und den Zertifikatsinhabern ebenfalls eine Prinzipal-Agent-Beziehung entsteht. Folglich wird es nicht zu einem vollständigen Verzicht auf einen Agenten kommen können.

(cc) Zwischenergebnis

Die Untersuchung zeigt, dass derzeitige DAO-Projekte nicht in der Lage sind, das Prinzipal-Agent-Problem zu lösen. Weder erreicht die Software einen Grad der Automation, der davon ausgehen lässt, dass Entscheidungen immer zum Besten der Zertifikatsinhaber getroffen werden, noch kann auf die Rolle eines Agenten gänzlich verzichtet werden. Infrage kommt daher nur eine Senkung der Agenturkosten durch Abbau des Informationsdefizits zwischen Prinzipal und Agent.

(c) Abbau des Informationsdefizits durch die Software

Die Agenturkosten entstehen durch eine asymmetrische Informationsverteilung. Der Agent verfügt über Informationen, die der Prinzipal nicht hat.[826] Diese Informationen des Agenten lassen sich in die Kategorien verborgene Eigenschaften und verborgene Absichten ((aa)) sowie verborgenes Handeln ((bb)) unterteilen.

(aa) Verborgene Eigenschaften und Absichten des Agenten

Verborgene Eigenschaften des Agenten sind solche, die dem Prinzipal vor Vertragsschluss nicht bekannt sind.[827] Es entsteht dann das Risiko einer adversen Selektion.[828] Der Prinzipal stellt nicht den bestmöglichen Agenten ein, da er seinen Wert im Vorfeld nicht einschätzen kann und nur bereit ist, einen gewissen Preis zu zahlen. Hochqualifizierte Agenten ziehen sich aus dem Markt zurück. Der Prinzipal hat zudem keine Sicherheit, dass sich der Agent an die bei Vertragsschluss getroffenen Abmachungen halten wird. Die Absichten des Agenten bleiben für den Prinzipal undurchsichtig.[829] Es kann in der Folge zu einer Hold-up-Position kommen, in der der Agent dem Prinzipal Investitionen aufzwingt, die dieser nicht eingeplant hat.[830]

---

826 *Göbel*, S. 100; *Oehlrich*, S. 121; *Richter/Furubotn*, S. 174.

827 *Göbel*, S. 101.

828 *Richter/Furubotn*, S. 175.

829 *Göbel*, S. 102 f.; *Richter/Furubotn*, S. 174.

830 *Göbel*, S. 101; *Oehlrich*, S. 122 f.

Es ist nicht ersichtlich, inwieweit durch Einsatz einer DAO der Informationsvorsprung bezüglich verborgener Eigenschaften und Absichten des Agenten abgebaut werden kann. Die teilnehmenden Personen kennen sich nicht persönlich. Durch die Steuerung der Software können verborgene Eigenschaften und Absichten eines eingesetzten Agenten nicht aufgedeckt werden. Es ist daher davon auszugehen, dass in der Prinzipal-Agent-Beziehung der DAO diese in gleichem Umfang bestehen, wie in einem herkömmlich geführten Unternehmen. Möglich erscheint aber eine Einschränkung des verborgenen Handelns.

(bb) Verborgenes Handeln

Dem Prinzipal ist es nicht möglich, jedes Handeln des Agenten zu überwachen und zu kontrollieren. Folglich kann der Agent Handlungsweisen wählen, die vom Prinzipal nicht überprüft werden können.[831] Es entsteht dann ein moralisches Risiko (moral hazard). Für die Entscheidungen des Agenten trägt der Prinzipal das Risiko, obwohl er keine Möglichkeit zu deren Kontrolle hat.[832]

Die Kontrolle des Managements auf verborgenes Handeln ist insbesondere für Minderheitenanleger schwierig. Diese verfügen regelmäßig über noch weniger Informationen. Da sie nur zu einem geringen Teil beteiligt sind, lohnen sich keine großen Investitionen für die Kontrolle. Kleine Anteile am Unternehmen verlieren dadurch an Wert, da die Position des Kleinanlegers weniger attraktiv ist. Wenn das Kapital von Kleinanlegern nicht effizient genutzt werden kann, hat dies negative Folgen für den Kapitalmarkt.[833]

Während die verborgenen Eigenschaften und Absichten der Agenten durch Einsatz der Software nicht abgebaut werden können, besteht ein Potenzial zur Minimierung verborgenen Handelns.[834] Alle Entscheidungen des Agenten sind in der DAO durch die Software vorgezeichnet. Zudem sind alle Entscheidungsvorgänge transparent und können von allen Zertifikatsinhabern eingesehen werden.[835] Verborgenes Handeln der Agenten wird auf diese Weise zumindest erschwert, wenn nicht sogar unmöglich gemacht.[836] Zwar sind Absprachen zwischen einzelnen Agenten möglich, die vor der Gruppe der Zertifikatsinhaber

831 *Göbel*, S. 102.

832 *Laffont/Martimort*, S. 147 ff.

833 *Schäfer/Ott*, S. 701.

834 So auch *Kaal*, Blockchain Solutions for Agency Problems in Corporate Governance, S. 13 f.; *Yermack*, Review of Finance 2017, 7 (20 ff.).

835 Siehe zu diesen Eigenschaften der DLT bereits eingangs unter B.I.1.b).

836 *Kaal*, Blockchain Solutions for Agency Problems in Corporate Governance, S. 14 f.

geheim gehalten werden. Alle relevanten Handlungen müssen jedoch für ihre Wirksamkeit auf dem DLT-Layer protokolliert werden. Die Software verhindert auf diese Weise ein regelwidriges Verhalten der Agenten. Die Kontrolle der Handlungen der Agenten wird auf diese Weise auch für diejenigen Zertifikatsinhaber möglich, die nur kleine Beiträge geleistet haben. Auch Minderheitenanleger können daher durch Einsatz einer DAO mehr Kontrolle über die Verwendung ihrer Mittel erhalten. Es lässt sich mithin festhalten, dass der Einsatz einer DAO zur Steuerung eines Unternehmens verborgenes Handeln der Agenten unterbinden und es folglich zu einer Reduzierung der Agenturkosten kommen kann.

(cc) Zwischenergebnis

Die Untersuchung zeigt, dass die Organisation eines Unternehmens durch eine DAO, die Möglichkeit bietet, Agenturkosten einzusparen. Verborgene Eigenschaften und Absichten des Agenten können dabei zwar nicht besser kontrolliert werden als in herkömmlich organisierten Unternehmen. Verborgenes Handeln des Agenten wird jedoch deutlich erschwert. Im Ergebnis kann das Informationsdefizit daher teilweise abgebaut werden.

Diesen Einsparungen könnten jedoch ihrerseits neue Kosten gegenüberstehen. Ein Kostenfaktor könnte dabei durch Schaffung eines „Free-Rider-Problem“ entstehen. Dieses wird im Folgenden daher näher beleuchtet.

(d) Schaffung eines Free-Rider-Problems

Durch die Einbeziehung aller Zertifikatsinhaber in den Abstimmungsprozess kann sich ein weiteres Problem stellen: Insbesondere für kleiner Anleger ist die Beschäftigung mit den Vorgängen im DAO-Projekt wenig interessant.[837] Einer relativ kleinen Beteiligung steht ein großer Zeitaufwand mit der Kontrolle der Aktivitäten und den Teilnahmen bei Abstimmungen gegenüber. Es ist daher zu erwarten, dass sich kleinere Anleger mit den Angelegenheiten der Gesellschaft nicht befassen werden (sog. „Free-Rider-Problem“ oder „Trittbrettfahrerproblem“).[838]

837 Ebenso gesehen von *Chohan*, The Decentralized Autonomous Organization and Governance Issues, S. 3.

838 *Göbel*, S. 73 f.; *Richter/Furubotn*, S. 115; *Reyes/Packin/Edwards*, William & Mary Law Review Online 2017 (26 f.); *Alchian/Demsetz*, The American Economic Review 1972, 777 (782).

In der Ökonomie wird dieses Problem unter dem Oberbegriff des „Trauerspiels der Allmende“[839] diskutiert und bezeichnet ursprünglich die Situation, in der eine große Gruppe Verfügungsrechte an gemeinsam genutzten Ressourcen besitzt. Tätigkeiten, die der Förderung dieser Ressourcen dienen, kommen auch den anderen Gruppenmitgliedern zugute. Wer jedoch selbst nur an einen Bruchteil des Nutzens beteiligt ist, sieht von diesen Tätigkeiten ab und lässt die anderen Gruppenteilnehmer die Investitionen tätigen.[840]

Die Situation wird in den DAO-Projekten durch die Tatsache verschärft, dass die Stimme kleinerer Anleger vergleichsweise so wenig wiegt, dass sie entweder zur Zustimmung eines mehrheitsfähigen Angebots oder zur Abspaltung ihres Anteils gezwungen werden („Take-it-or-leave-it-Deals).[841] Ist dies der Fall und ist die Anzahl kleiner Anleger groß, so würde die Gesellschaft faktisch alleine von den großen Anlegern geführt. Die Großanleger würden so zu Agenten der Kleinanleger. Dies wiederum weißt Missbrauchspotenzial auf und verlangt nach Maßnahmen zur Eindämmung dieses Problems, wie beispielsweise eine Verteilung des Stimmgewichts nach Reputation der Zertifikatsinhaber.[842] Regelmäßig wird eine solche Implementierung jedoch ihrerseits Kosten erzeugen.

(e) Zwischenergebnis

Die DAO kann in ihrer derzeitigen Form das Prinzipal-Agent-Problem nicht lösen. Mangels eines vollautomatisierten Agenten ist sie weiterhin auf die Entscheidung von Menschen angewiesen. Sollten tatsächlich alle Zertifikatsinhaber über alle Entscheidungen zur Unternehmensführung abstimmen, so würde der Prinzipal die Rolle des Agenten selbst übernehmen. Hierin könnte man zwar eine „Lösung“ des Prinzipal-Agent-Problems sehen. Es ist jedoch nicht zu erwarten, dass alle Zertifikatsinhaber an allen Entscheidungen mitwirken. Stimmt nur eine Teilgruppe der Zertifikatsinhaber ab, so können diese jeweils als der Agent,

---

839 *Hardin*, Science 1968, 1243–1248.

840 *Göbel*, S. 73; auch für Open Source Softwareprojekte wird dies diskutiert, *Benkler*, The Yale Law Journal 2002, 369 (423 ff.), wobei die Teilnehmer hierbei nicht in erster Linie kapitalistisch agieren und daher von einer altruistischen Beteiligung ausgegangen werden kann.

841 Siehe bereits die Einschätzung der SEC, oben unter C.I.2.b)bb)(1)(a); *Metz*, The Biggest Crowdfunding Project Ever—the DAO—Is Kind of a Mess.

842 *Beck/Müller-Bloch/King*, JAIS 2018, 1020 (1025 f.). Zum „Social Operating System“ *Backfeed* näher, *Davidson/Filippi/Potts*, Economics of Blockchain, S. 15 ff. Einen Umsetzungsversuch bietet DAOstack, *DAOstack*, DAOstack: An Operating System for Collective Intelligence.

die Gruppe aller Zertifikatsinhaber als der Prinzipal betrachtet werden. Zudem sind oftmals Prüfer erforderlich, die ihrerseits die Rolle eines Agenten einnehmen. In den so entstehenden Prinzipal-Agent-Beziehungen, entstehen ebenfalls Agenturkosten.

Die Gestaltung durch eine DAO kann aber zu einem Abbau des Informationsvorsprungs des Agenten bezüglich verborgenen Handelns beitragen. Folglich erscheint es möglich, dass die Agenturkosten bei Einsatz einer DAO geringer sind, als in einem herkömmlich geführten Unternehmen, wobei in Betracht gezogen werden muss, dass Minderheitenanleger von der Teilnahme an Abstimmungen abgehalten werden könnten und durch das so geschaffene „Free-Rider-Problem" neue Kosten entstehen.

Im Ergebnis führt die Organisation eines Unternehmens durch eine DAO, in der derzeitigen Form, zumindest nicht zu großen Einsparungen bei Agenturkosten. Effizienzvorteile können sich daher nur durch eine Senkung von Transaktionskosten erklären lassen. Dem wird in der Folge nachgegangen.

(2) Senkung von Transaktionskosten

Die interne Organisation der DAO-Projekte könnte im Vergleich zu hierarchisch geführten Unternehmen Potenziale bei der Einsparung von Transaktionskosten aufweisen. Hierfür wird zunächst der Begriff der Transaktionskosten erläutert ((a)). In der Folge wird untersucht, inwieweit die DAO-Projekte zu deren Senkung beitragen können ((b)). Dabei müssen jedoch auch diejenigen Kosten einkalkuliert werden, die durch die Teilnahme aller Zertifikatsinhaber an den Abstimmungen ((c)) und den Verlust an Flexibilität durch die festen Vorgaben der Software entstehen ((d)).

(a) Der Begriff der Transaktionskosten

Der freie Markt wird durch den Preismechanismus aus Angebot und Nachfrage gesteuert. Die Nutzung dieses Preismechanismus ist jedoch nicht kostenlos. Um eine Transaktion auf dem freien Markt durchführen zu können, entstehen den Beteiligten Kosten. Diese Kosten können als Transaktionskosten (market transactions costs) bezeichnet werden.[843] Als Kosten kommen hier beispielsweise die Aufwendungen für die Suche nach passenden Vertragspartnern und dem günstigsten Preis oder die Kosten zum Abschluss des Vertrages in Betracht.[844]

843 *Coase*, Economia 1937, 386 (391); *Commons*, S. 64; *Richter/Furubotn*, S. 58 ff.
844 *Göbel*, S. 129 f.

Nach der Theorie von *Ronald Coase* entwickelt sich ein Unternehmen („firm“) dort, wo die Kosten für die Organisation des Unternehmens durch einen Manager geringer ausfallen als die Durchführung des Vorhabens durch einzelne Verträge auf dem freien Markt.[845] Der Preismechanismus des freien Marktes wird durch die Entscheidung der Unternehmensführung ersetzt.[846] Der Unternehmer schließt mit den Marktteilnehmern keine Einzelverträge, sondern Verträge über einen längeren Zeitraum, wobei er sich ein Leistungsbestimmungsrecht bezüglich der genauen Ausgestaltung der Leistung vorbehält.[847] Die Marktteilnehmer werden auf diese Weise in die Organisation des Managers eingeordnet.

Durch die Abwicklung der Transaktionen innerhalb des Unternehmens werden die market transaction costs zwar eliminiert. Es entstehen jedoch im Gegenzug Kosten für die Organisation der Transaktionen innerhalb des Unternehmens (managerial transaction costs).[848] Ein Unternehmen wächst daher nur solange, wie die Kosten für die interne Organisation einer Transaktion die Transaktionskosten des freien Marktes für dieselbe Transaktion nicht übersteigen. Irgendwann kann es günstiger sein, Transaktionen wieder auf dem freien Markt abzuwickeln. Je größer das Unternehmen wird, desto teurer wird regelmäßig auch seine Organisation. Zudem kommt es zunehmend zu Fehlkalkulationen durch die Manager, was wiederum Kosten verursacht.[849]

(b) Einsparung von Transaktionskosten durch die DAO

Zunächst ist nicht ausgeschlossen, dass in der Organisation des Unternehmens durch eine DAO nicht alleine die klassische Transaktionskostenlehre Anwendung findet. Durch das offene Peer-to-Peer-Netzwerk[850] wird die Teilnahme an DAO-Projekte grundsätzlich einer großen Anzahl von Personen weltweit eröffnet. Ähnlich wie Open-Source-Software-Projekte könnten DAO-Projekte daher vom angeblichen Phänomen der „Allmendefertigung durch Gleichberechtigte“ („commons-based peer production“) profitieren.[851] Demnach ist bei einem Schaffensprozess durch „peers“ nicht zwingend der Preismechanismus des Marktes oder das Management eines Unternehmens ausschlaggebend.

---

845 *Coase*, Economia 1937, 386 (393).
846 *Coase*, Economia 1937, 386 (389).
847 *Coase*, Economia 1937, 386 (391 f.).
848 *Göbel*, S. 131; *Williamson*, S. 211 f.; *Richter/Furubotn*, S. 61 ff.
849 *Coase*, Economia 1937, 386 (394 f.).
850 Siehe hierzu bereits oben unter B.I.1.a).
851 Dieses wurde vorgestellt von Yochai *Benkler*, Networks.

Stattdessen sind die Teilnehmer durch soziale Beziehungen verbunden, die vom Marktpreis oder einem Manager unabhängig sind.[852]

Die peer production weist jedoch entscheidende Unterschiede zu den Projekten der Finanzierungs-DAO auf. Die Zertifikatsinhaber agieren nicht außerhalb eines preisregulierten Marktes oder einer durch Management gesteuerten Produktion. Sie nehmen nicht aus altruistischen, sondern aus kapitalistischen Beweggründen am Projekt teil und werden an den Gewinnen beteiligt.[853] Es ist daher davon auszugehen, dass die klassische Transaktionskostenlehre auch auf die Projekte der Finanzierungs-DAO Anwendung findet.

Geht man davon aus, dass die anderen Faktoren unverändert bleiben, so wächst ein Unternehmen nach der Transaktionskostenlehre umso mehr, (1) die Kosten der internen Organisation niedrig sind und die Organisation weiterer Transaktionen möglichst gering bleibt und (2) je unwahrscheinlicher Fehler des Unternehmers sind und je geringer der Anstieg an Fehlern mit steigender Zahl der Transaktionen ist.[854] Die Kosten der internen Organisation können auch durch eine verbesserte Technik gesenkt werden, soweit diese dazu beiträgt, die Abwicklung effizienter zu machen.[855]

In den Projekten der DAO wird die Zusammenarbeit der Gesellschafter größtenteils durch Software abgewickelt. Die internen Prozesse sind automatisiert, Auszahlungen und Gewinn- und Verlustverteilungen werden ohne eine verwaltende Stelle direkt durchgeführt. Ein Buchhalter ist regelmäßig nicht notwendig.[856]

Der Abstimmungsprozess ist durch die Abwicklung über die Software stark vereinfacht. Jeder Gesellschafter kann zeit- und ortsunabhängig seine Stimme abgeben. Zudem verläuft der Abstimmungsprozess transparent. Eine Verfälschung des Abstimmungsergebnisses ist ausgeschlossen. Auf diese Weise werden Fehler minimiert.[857]

Missbräuchliche Transaktionen können durch Softwarecode ausgeschlossen werden.[858] Die Informationen über die Entscheidungen der Geschäftsführung

---

852 *Benkler*, Networks, S. 106 ff.

853 Siehe hierzu bereits oben unter B.III.2.b); *Klöhn/Parhofer/Resas*, ZBB 2018, 89 (90).

854 *Coase*, Economia 1937, 386 (396 f.).

855 *Coase*, Economia 1937, 386 (397).

856 *Filippi/Wright*, S. 133.

857 *Filippi/Wright*, S. 134.

858 *Kaal*, Blockchain Solutions for Agency Problems in Corporate Governance, S. 14 f.; allgemein zu den Vorzügen der DLT bei der Einsparung von Verifikationskosten, *Catalini/Gans*, MIT Sloan Research Paper No. 5191-16 2016 (6 ff.).

können allen Anteilseignern transparent und ohne weitere Kosten zur Verfügung gestellt werden. Insbesondere die sonst aufwendige Information für Kleinanleger wird hierdurch stark vereinfacht.[859]

Die Organisation der DAO ist deterministisch gestaltet. Bereits im Vorfeld sind die Regeln der Zusammenarbeit durch die Software festgelegt. Änderungen der Software sind zwar möglich, bedürfen jedoch einer vorherigen Abstimmung.[860] Auf diese Weise sind die Handlungsspielräume der Entscheider begrenzt. Dies beugt einem Missbrauch vor. Auch bei einer größeren Anzahl von Transaktionen gewährleistet die Software deren stets gleiche Abwicklung. Insofern bietet das Konzept der DAO Potenziale auch für schnell wachsende Unternehmen. Die Abwicklung der Prozesse durch eine steuernde Software schafft Potenziale zur Senkung von Transaktionskosten. Einkalkuliert werden müssen jedoch auch diejenigen Kosten, die durch die Teilnahme aller Zertifikatsinhaber an den Abstimmungen und den Einbußen an Flexibilität durch die Vorgaben der Software, entstehen. Diese werden im Folgenden dargestellt.

(c) Kosten durch Abstimmung aller Zertifikatsinhaber

Durch den transparenten und deterministisch gestalteten Prozess können Transaktionskosten eingespart werden. Die Etablierung eines solchen Abstimmungsmechanismus ist jedoch nur dann effizient, wenn durch seinen Einsatz keine neuen Kosten entstehen, die die Einsparungen übersteigen.

Die DAO verzichtet auf eine zentrale Unternehmensführung. Auf diese Weise haben alle Zertifikatsinhaber die Möglichkeit, an allen Abstimmungen teil- und damit Einfluss auf die Führung der Geschäfte des Unternehmens zu nehmen. Anders als in einem hierarchisch organisierten Unternehmen muss sich dann jedoch eine deutlich größere Anzahl an Personen mit den einzeln zu treffenden Entscheidungen auseinandersetzen.[861]

Ein erster Lösungsansatz versucht durch eine vorherige Bewertung der eingehenden Angebote durch einen Prognosemarkt die „besten" Angebote zu filtern

---

859 *Reyes/Packin/Edwards*, William & Mary Law Review Online 2017 (23).

860 Siehe zu den Updatemöglichkeiten bereits unter B.III.1.a)cc)(2)(b).

861 Zwar nimmt mit wachsender Gruppengröße das kognitive Potenzial grundsätzlich zu, es steigen jedoch auch die Prozessverluste. Letztere nehmen mit steigender Gruppengröße überproportional zu. Im Ergebnis steigt daher die Ausschöpfung des Wissenspools mit steigender Gruppengröße zunächst rasch, sinkt dann jedoch schnell wieder ab. Grundsätzlich sind große Gruppen mithin keine effizienten Entscheidungsfinder. Siehe hierzu näher *Bültel*, S. 167 ff.; *Scholl*, in: Witte/Davis, S. 127 (137); *Steiner*, S. 87 ff.

und lässt in der Folge auch eine Abstimmung durch einen Bruchteil der Zertifikatsinhaber zu.[862] Auch in diesem Fall muss sich jedoch noch eine Vielzahl der Zertifikatsinhaber mit den vorbewerteten Angeboten auseinandersetzen. Zwar wird teilweise argumentiert, dass durch die fehlende Zuweisung von festen Aufgaben, sich jeder Zertifikatsinhaber mit den Themen beschäftigen kann, für die er die notwendige Expertise aufweist und seine Zeit nicht mit Themen „verschwendet", zu denen er keinen Beitrag leisten kann oder will.[863] Die Evaluierung der Angebote danach, welche Themen für den einzelnen Zertifikatsinhaber relevant sind, erfordert jedoch bereits einen erheblichen Zeitaufwand.

Sind in einem DAO-Projekt mehrere tausend Zertifikatsinhaber beteiligt, so entsteht durch deren Beschäftigung mit den einzelnen (auch vorbewerteten) Angeboten, unabhängig von einer tiefgehenden Auseinandersetzung mit diesen, ein immenser Ressourcenaufwand.[864] Die Kosten, die durch die Beschäftigung aller Zertifikatsinhaber mit den Abstimmungen entstehen, müssen in die Kalkulation der managerial transaction costs einkalkuliert werden.[865]

Ein weiterer Kostenfaktor liegt im Wohlfahrtverlust durch unzureichende Programmierung. Programmierfehler in der steuernden Software wirken sich, aufgrund der Immutabilität der DLT, gravierend auf die Funktionsfähigkeit des Projektes aus. Wie der Programmierfehler im Projekt „TheDAO" gezeigt hat, kann er das Projekt sogar gänzlich zum Scheitern bringen.[866] Anders als in

862 So das Konzept des „Holographic Consensus", *DAOstack*, DAOstack: An Operating System for Collective Intelligence, S. 21 ff.

863 *Kaal*, Blockchain Solutions for Agency Problems in Corporate Governance, S. 19 ff.

864 Nach einer empirischen Untersuchung von 390 deutschen Aktiengesellschaften reicht die Größe des Vorstands von einem bis zu 24 Mitgliedern, wobei fast die Hälfte der AGs mit drei bis vier Vorständen besetzt sind, *Gerum*, S. 121 f. Für den Vorstand einer Aktiengesellschaft empfiehlt der Berliner Initiativkreis „German Code of Corporate Governance" eine Größe von drei bis höchstens neun Mitgliedern, *Berliner Initiativkreis GCCG*, Der Betrieb 2000, 1573 (1576).

865 Empirische Ergebnisse für die optimale Größe des Leitungsorgans existieren zwar nicht, dennoch wird angenommen, dass die Effizienz eines Führungsteams ab einer Größe von zehn Personen abnimmt, *Witt*, in: Hommelhoff/Hopt/Werder, S. 245 (251). Dabei muss jedoch beachtet werden, dass die optimale Größe auch von der Unternehmenskomplexität abhängt, *Gerum*, S. 117. Es erscheint daher für die DAO-Projekte zwar grundsätzlich möglich, dass das Leitungsorgan auch mit mehr als zehn Personen effektiv arbeiten kann, eine Gesamtgeschäftsführung, wie in den hier untersuchten Projekten, kann dagegen kaum effizient sein.

866 Siehe zum DAO-Hack und seinen Folgen bereits eingangs unter A. und B.III.1.a)bb)(1)(b).

sonstigen Softwareprojekten findet eine Testphase oftmals nicht oder unter stark veränderten Bedingungen statt.[867] Alleine die Möglichkeit von Fehlern im Softwarecode senkt auch dessen Vertrauenswürdigkeit.[868] Zertifikatsinhaber müssen dieses Risiko einkalkulieren, was sich wiederum negativ auf die Lukrativität einer Teilnahme und den Wert der Anteile auswirkt.

Die Untersuchung zeigt, dass durch die vorgesehene Beschäftigung aller Zertifikatsinhaber mit den Abstimmungsprozessen hohe Kosten entstehen. Dies sind indes nicht die einzigen Kosten, die durch die Organisation des Unternehmens in einer DAO neu entstehen. Ein weiterer Kostenfaktor stellt die mangelnde Flexibilität des Abstimmungsprozesses dar.

(d) Mangelnde Flexibilität des Abstimmungsprozesses

Ein weiteres Kriterium für einen ökonomisch sinnvollen Einsatz einer DAO ist die Flexibilität des Abstimmungsprozesses. Nur wenn das Unternehmen auf Veränderungen flexibel reagieren kann, kann es effizient geführt werden.[869]

Die Organisation der DAO ist deterministisch gestaltet. Entscheidungen der Unternehmensführung können nur getroffen werden, wenn diese von der steuernden Software vorher festgelegt wurden.[870] Die Software kann zwar nachträglich angepasst werden, diese Anpassungen bedürfen jedoch zumindest einer Abstimmung der Zertifikatsinhaber. Auch wenn in den Projekten gewisse Quoren für die Teilnahme an Abstimmungen vorgesehen sind, muss doch stets ein Großteil der Zertifikatsinhaber dauerhaft mit den Abstimmungsprozessen beschäftigt sein. Dies ist insbesondere für kurzfristig notwendige Entscheidungen nicht praktikabel.[871] Es ist daher wahrscheinlich, dass die DAO bei kurzfristig

---

867 *Reyes/Packin/Edwards*, William & Mary Law Review Online 2017 (25 f.).

868 *Kaal*, Blockchain Solutions for Agency Problems in Corporate Governance, S. 24 f.

869 Änderungen sind dabei ex ante nicht immer vorherzusehen (beschränkte Rationalität). Dies führt zur Notwendigkeit des Abschlusses unvollständiger Verträge, *Bárcena-Ruiz/Campo*, Labour Economics 2000 (249).

870 Dies widerspricht zunächst der Theorie unvollständiger Verträge. Demnach können nicht alle Vertragsbedingungen im Vorfeld deterministisch festgelegt werden, da aufgrund der beschränkten Rationalität und einer Informationsasymmetrie zwischen den Geschäftsführern und den Anlegern verschiedene Punkte des Vertrages offen bleiben müssen, *Richter/Furubotn*, S. 271 ff.; *Grossman/Hart*, Journal of Political Economy 1986, 691 (696).

871 Mit jedem Vertragsbestandteil, der im Vorfeld deterministisch festgelegt wurde, sinken zwar die Überwachungskosten des Agenten. Es steigen jedoch zugleich auch die Kosten für den Vertragsabschluss. Selbst wenn man davon ausgeht, dass alle Eventualitäten geregelt werden könnten, kann eine solche Implementierung nur dann effizient

notwendigen Entscheidungen nicht handlungsfähig ist. Diese mangelnde Handlungsfähigkeit kann zu Gewinneinbußen führen, welche ebenfalls die Kosten für die Organisation der Transaktionen innerhalb der DAO erhöht.[872]

(e) Zwischenergebnis

Die Organisation eines Unternehmens durch eine DAO hat Potenzial zur Einsparung von Transaktionskosten. Abwicklungen können transparent und automatisiert abgewickelt werden. Die Teilnahme der Mitglieder ist orts- und zeitunabhängig möglich. Fehler und Missbrauch können durch die Vorgaben der Software beschränkt werden. Dem steht jedoch ein großer Effizienzverlust durch das Erfordernis der Teilnahme aller Zertifikatsinhaber an den Abstimmungen gegenüber. Weiter führt die mangelnde Flexibilität der Software dazu, dass spontane Entscheidungen, die vom Softwarecode nicht vorgesehen sind, nicht durchgeführt werden können. Die Kosten, welche hierdurch entstehen, werden die oben genannten Einsparpotenziale vermutlich übersteigen. Im Ergebnis können DAO-Projekte, in ihrer derzeitigen Form, managerial transaction costs vermutlich nicht entscheidend senken.

cc) Zwischenfazit

Die ökonomische Untersuchung zeigt, dass eine Haftungsbeschränkung für die Zertifikatsinhaber und Gläubiger des Verbandes grundsätzlich ökonomisch vorteilhaft sein könnte. Die Gläubiger der Verbände tragen jedoch ohne staatliche Kontrolle bei der Gründung der DAO und mangelhaften Mechanismen zum Kapitalschutz ein erhöhtes wirtschaftliches Risiko. Dieses kann auch nicht durch eine effizientere Organisation der DAO-Projekte gerechtfertigt werden.

Durch Organisation eines Unternehmens in Form einer DAO können zwar die Abstimmungsprozesse zur Führung des Unternehmens transparenter gestaltet werden. Die Entscheider haben einen durch die Software vorgezeichneten Handlungsspielraum. Verborgenes Handeln von Agenten ist daher nur eingeschränkt möglich, womit ein Potenzial zur Senkung von Agenturkosten besteht.

Der DAO fehlt jedoch derzeit ein ökonomisch sinnvoller Abstimmungsprozess. Zwar kann durch Einsatz der Software das Abstimmungsverfahren vereinfacht und beschleunigt werden. Die DAO sieht aber regelmäßig eine

sein, soweit die Kosten der Determinierung das Einsparpotenzial nicht übersteigen, vgl. *Richterich*, S. 16 f.

872 Vertragsschlüsse unter Einsatz von Smart Contracts sind daher keinesfalls transaktionskostenfrei, *Sklaroff*, University of Pennsylvania Law Review 2017, 263 (296 ff.).

Beschäftigung aller Zertifikatsinhaber mit jeder Entscheidung vor. Der dadurch entstehende Kostenaufwand übersteigt die Einsparungspotenziale bezüglich der Abwicklung von Transaktionen durch Software. Zudem ist der Abstimmungsprozess für kurzfristige Entscheidungen zu unflexibel.

Im Ergebnis können DAO-Projekte in ihrer derzeitigen Form nicht als effiziente Alternative zu hierarchisch organisierten Unternehmen angesehen werden. Potenziale könnte die DAO nur durch einen veränderten Abstimmungsprozess entfalten. Der Entscheidungsprozess müsste dann weiter automatisiert oder durch Delegation der Stimmen die Zahl der Abstimmenden reduziert werden.[873] Im Ergebnis ist daher eine institutionelle Haftungsbeschränkung aus ökonomischen Erwägungen nicht gerechtfertigt. Nichtsdestotrotz zeigt die Untersuchung, dass eine Beteiligung der Zertifikatsinhaber ohne eine Beschränkung der Haftung unwirtschaftlich wäre. Es ist nicht zu erwarten, dass die Zertifikatsinhaber das Governance-Certificate erwerben, wenn sie dafür mit der unbeschränkten persönlichen Haftung für alle Verbindlichkeiten des Verbandes belastet werden. In der Folge wird daher weiter untersucht, ob eine analoge Anwendung der Vorschriften der Kommanditgesellschaft für die Verbände der Finanzierungs-DAO in Betracht kommt.

c) Haftungsbeschränkung analog zur Haftung der Kommanditisten

Die bisherige Untersuchung hat gezeigt, dass eine Haftungsbeschränkung zwar grundsätzlich wirtschaftliche Vorteile bringen kann, die Gläubiger aber aufgrund des mangelnden Kapitalschutzes nicht ausreichend geschützt sind. Trotzdem wurde die Notwendigkeit einer Haftungsbeschränkung für die Zertifikatsinhaber deutlich, da der Erwerb des Governance-Certificates bei einer unbeschränkten persönlichen Haftung für die Zertifikatsinhaber wirtschaftlich nicht sinnvoll ist.[874] Die ökonomische Untersuchung brachte weiter zutage, dass eine effiziente Führung der Geschäfte ohne das Vorhandensein einer verantwortlichen Stelle schwer vorstellbar ist.[875] Schließlich sieht auch das KAGB, zumindest für den Verband der Investment-DAO, zum Schutz der Anleger die Gründung einer KG

873 Diskutiert werden hier alternative Governance-Modelle wie Prognosemärkte oder die Gewichtung von Stimmen nach Reputation,*Filippi/Wright*, S. 140; *Beck/Müller-Bloch/King*, JAIS 2018, 1020–1034; *Buterin*, An Introduction to Futarchy; *Farrington*, On Prediction Markets and Blockchains; *DAOstack*, DAOstack: An Operating System for Collective Intelligence, S. 21 ff.

874 Siehe hierzu unter C.III.1.b)aa).

875 Siehe hierzu insbesondere unter C.III.1.b)bb)(2)(c).

vor.[876] Die Gründung einer KG ist für Publikumspersonengesellschaften auch ein üblicher Weg, da die Anleger nur auf diese Weise von der persönlichen Haftung befreit werden können.[877] Wie bereits gezeigt, werden die Voraussetzungen für die Gründung einer KG von den hier untersuchten DAO-Projekten aber nicht erfüllt.[878]

Auch wenn die Verbände der Finanzierungs-DAO die Voraussetzungen für die Gründung einer KG nicht erfüllen, so könnten die Haftungsregelungen der §§ 171 ff. HGB dennoch analog angewendet werden. Für Publikumsgesellschaften in der Form der Anlagegesellschaft wird dies teilweise vorgeschlagen.[879] Auf diesem Weg sollen die Interessen der Gläubiger an einer ausreichenden Haftungsmasse und die Interessen der Anleger an einer möglichst risikoarmen Anlage in Einklang gebracht werden. Die KG ermöglicht den Kommanditisten eine Beteiligung ohne die Belastung mit einer persönlichen Haftung. Diese trifft stattdessen den Komplementär, der regelmäßig auch die risikorelevanten Entscheidungen trifft. Die Rechtsform der KG verhilft so zur Umsetzung des Prinzips, dass aus wirtschaftlicher Entscheidungsbefugnis auch rechtliche Verantwortung folgt.[880]

Geht man von passiven Anlegern als Gesellschafter der Publikums-BGB-Gesellschaft aus, so leuchtet dieser Ansatz ein. Die Anleger stellen zwar Kapital zur Verfügung, sind jedoch an der Führung der Geschäfte nicht beteiligt. Es erscheint daher billig, sie nur wie beschränkt haftende Kommanditisten zu behandeln, während für die aktiven Gesellschafter, welche die Geschäfte des Verbandes führen, die Haftung nach § 128 HGB analog erhalten bleibt. Auf diese Weise verbleibt den Gläubiger der Gesellschaft mit dem Privatvermögen der aktiven Gesellschafter auch eine sichernde Haftungsmasse.

Die Übertragung dieses Modells auf die hier untersuchten DAO-Projekte bereitet indes Schwierigkeiten. Zwar werden sich auch unter den Zertifikatsinhabern eine Reihe passiver Anleger finden, welche zwar das Governance-Certificate mit Spekulationsabsicht erwerben, an der Führung der Geschäfte aber keinen

876 Siehe hierzu unter C.I.3.b).
877 So ausdrücklich auch in der Gesetzesbegründung zu § 139 KAGB, BT-Drucksache 791/12, S. 451.
878 Siehe hierzu bereits unter C.I.3.c).
879 BeckOK BGB/*Schöne*, § 714, Rn. 45; Ulmer/Schäfer/*Schäfer*, § 714, Rn. 65; *Jacobs*, S. 190 ff.; *Schäfer*, in: Joeres/Krämer/Habersack, S. 909 (921 f.); *Wolf*, WM 2000, 704 (708 ff.).
880 *Böhm*, S. 37; *Eucken*, S. 279 ff.; *Lehmann*, ZGR 1986, 345 (357).

Anteil nehmen wollen.[881] Grundsätzlich sind jedoch in der Finanzierungs-DAO alle Zertifikatsinhaber als aktive Gesellschafter vorgesehen.[882] Der rein passive Anleger existiert nach dieser Konzeption nicht. Im Folgenden wird dennoch der Versuch unternommen, einzelne Personengruppen zu identifizieren, welche neben der Gruppe der übrigen Zertifikatsinhaber eine Sonderstellung einnehmen und somit analog den Komplementären einer Kommanditgesellschaft mit der persönlichen Haftung belastet werden könnten. Hier kommen die jeweils Abstimmenden (aa)), die Prüfer (bb)) oder Initiatoren (cc)) in Betracht. Die übrigen Zertifikatsinhaber könnten dann in den Genuss der beschränkten Haftung analog den §§ 171 ff. HGB kommen.

aa) Die Abstimmenden als persönlich haftende Gesellschafter

Naheliegend erscheint es zunächst zwischen aktiven und passiven Zertifikatsinhabern zu unterscheiden. Auch wenn das Governance-Certificate grundsätzlich jedem Mitglied die Möglichkeit zur Abstimmung gibt, wird diese nicht von allen wahrgenommen. Es erscheint dann möglich, zwischen denjenigen, die aktiv an den Abstimmungen teilnehmen, und denjenigen, die das Governance-Certificate passiv halten, zu differenzieren. Da die Teilnahme an den Abstimmungen durch die Eintragungen in der dezentralen Datenbank dokumentiert wird, wäre diese Aufteilung jederzeit nachvollziehbar.

Die Gruppe der aktiven und passiven Zertifikatsinhaber würden sich jedoch in einem ständigen Fluss befinden. Es ist durchaus anzunehmen, dass die Beteiligung bei jeder Abstimmung schwankt und es somit stets zu einer neuen Zusammensetzung der Gruppen aktiver und passiver Gesellschafter kommt. Für jede Abstimmung wären dann die Rollen der persönlich und beschränkt haftenden Gesellschafter neu verteilt. Ein solches Ergebnis ist nicht praktikabel. Da die Gläubiger die Teilnahme an der Abstimmung nicht antizipieren können, wäre für sie die Haftungssituation undurchschaubar. Auch durch eine Enthaltung ihrer Stimme tragen die „passiven" Zertifikatsinhaber zum Ergebnis der Abstimmung bei.[883] Vor diesem Hintergrund erscheint eine unterschiedliche Haftung für jedes vorgenommene Rechtsgeschäft willkürlich.

881 Siehe zur Möglichkeit der Enthaltung von Abstimmungen bereits unter B.III.1.a)cc)(2)(a).

882 Siehe zur Gesamtgeschäftsführung in der Finanzierungs-DAO bereits unter C.I.2.a)bb)(2)(b).

883 Siehe hierzu bereits unter B.III.1.a)cc)(2)(a).

Weiter würde ein solches Haftungsmodell Anreize setzen, die der Funktionsfähigkeit der Organisationsverfassung des Verbandes entgegenstehen. Durch eine Beteiligung an den Abstimmungen würden die Zertifikatsinhaber in die persönliche Haftung geraten, während sie durch eine Enthaltung von der Haftung befreit blieben. Es ist dann zu erwarten, dass eine Beteiligung an Abstimmgen ausbleibt, um dem Haftungsrisiko zu entgehen. Das Haftungsrisiko wäre folglich ein weiterer Kostenfaktor für die aktive Beteiligung am Projekt, was zu einer Verstärkung des „Free-Rider-Problems" führen könnte.[884] Im Ergebnis lässt sich somit festhalten, dass die alleinige persönliche Haftung der jeweils Abstimmenden keine zielführende Lösung sein kann. Stattdessen könnten die Prüfer persönlich haftende Gesellschafter sein.

bb) Die Prüfer als persönlich haftende Gesellschafter

Als weitere persönlich haftende Personengruppe kommen die Prüfer der DAO-Projekte in Betracht. Durch die Vorauswahl der Angebote nehmen sie eine besondere Rolle für die Funktionsfähigkeit des Projekts ein. Im Gegensatz zu den übrigen Zertifikatsinhabern haben sie einen größeren Anteil am Entscheidungsprozess.[885]

Eine persönliche Haftung kommt jedoch nur dann in Betracht, wenn die Prüfer zugleich Zertifikatsinhaber sind. Externe Prüfer werden aber nicht Gesellschafter.[886] Folglich ist für sie auch die persönliche Gesellschafterhaftung abzulehnen. Handelt es sich bei den Prüfern zugleich um Zertifikatsinhaber, so erscheint eine verschärfte Haftung dagegen grundsätzlich denkbar. In einigen DAO-Projekten ist der Erwerb einer bestimmten Anzahl an Governance-Certificates für den Erhalt des Prüfer-Status erforderlich.[887] Die Prüfer sind in diesem Fall diejenigen Gesellschafter, die eine bestimmte Mindestsumme an Anteilen halten. Regelmäßig wird es sich dabei um die Gruppe derjenigen Gesellschafter handeln, die die größten Anteile halten.

Es erscheint zunächst interessensgerecht, dass mit den größeren Einflussmöglichkeiten auch ein größeres finanzielles Risiko einhergeht. Je mehr Anteile die Zertifikatsinhaber halten, desto mehr ist ihr persönliches finanzielles Risiko mit dem finanziellen Risiko des Verbandes verknüpft. In der Abstimmung haben die Stimmen der Prüfer vergleichsweise mehr Stimmgewicht. Sie nehmen daher

---

884 Siehe zum Free-Rider-Problem bereits oben unter C.III.1.b)bb)(1)(d).

885 Siehe hierzu bereits unter C.I.2.a)bb)(2)(a)(aa).

886 Siehe zur Rolle der externen Prüfer bereits unter B.IV.3.b).

887 So beispielsweise in der DigixDAO, *DigixGlobal*, DigixDAO (DGD) Information.

größeren Einfluss auf die Geschäftsführung. Folglich könnte dies auch eine persönliche Haftung der Prüfer rechtfertigen.

Die Interessenslage zwischen den Kommanditisten und Komplementären in der Kommanditgesellschaft und der Zertifikatsinhaber und Prüfer in den DAO-Projekten ist allein deshalb aber noch nicht vergleichbar. Als Begründung für die analoge Anwendung der §§ 171 ff. HGB wird stets angeführt, dass die Anleger keinen Einfluss auf die Führung der Geschäfte nehmen können und den Entscheidungen der Geschäftsführung „ausgeliefert" sind.[888] Während die Geschäftsführung oftmals durch eine Verwaltungsgesellschaft agiert und die Manager dadurch von der persönlichen Haftung grundsätzlich befreit sind, würde die unbeschränkte persönliche Haftung die passiven Anleger unbillig hart treffen. Das Verhältnis zwischen den Zertifikatsinhabern und den Prüfern in der DAO ist mit diesem Verhältnis zwischen passiven Anlegern und aktiven Geschäftsführern jedoch nicht uneingeschränkt vergleichbar. Die Prüfer nehmen intern zwar eine nicht unbedeutende Vorauswahl der eingehenden Angebote vor, in der Endabstimmung hat ihre Stimme aber nur ein dem Verhältnis ihrer Anteile entsprechendes Gewicht. Tatsächlich sind alle Zertifikatsinhaber an der Geschäftsführung beteiligt und mithin aktive Anleger.[889]

Wird der Proposer-Status durch den Erwerb einer festgelegten Mindestzahl von Governance-Certificates erworben,[890] so wirkt die unterschiedliche Behandlung der einzelnen Zertifikatsinhaber im Grenzbereich willkürlich. Das Stimmgewicht eines Zertifikatsinhabers, der die notwendige Anzahl an Governance-Certificates zum Erwerb des Proposer-Status knapp nicht erreicht hat und einem Zertifikatsinhaber, der sie knapp erreicht hat, ist in der Endabstimmung nahezu gleich.

Auch wenn ein Mehr an Mitbestimmung durch die Rolle des Prüfers nicht zu verkennen ist, genügt dies nicht, um allein den Prüfern die persönliche Haftung für die Verbindlichkeiten der Gesellschaft aufzubürden. Sie profitieren in gleichem Maße von den erwirtschafteten Gewinnen wie die übrigen Zertifikatsinhaber. Ihre Vorauswahl der Angebote ist eine interne Dienstleistung an die Gruppe.[891] Bei der Entscheidung über die Verwendung der Mittel sind sie

888 BeckOK BGB/*Schöne*, § 714, Rn. 45; *Jacobs*, S. 199; *Schäfer*, in: Joeres/Krämer/Habersack, S. 909 (922).

889 Siehe hierzu bereits oben unter C.I.2.a)bb)(2)(b).

890 So beispielsweise im Projekt der DigixDAO, *DigixGlobal*, DigixDAO (DGD) Information.

891 Siehe hierzu bereits unter C.I.2.a)bb)(2)(a)(aa).

gegenüber den übrigen Zertifikatsinhabern nicht bevorzugt. Es erscheint daher nicht gerechtfertigt, sie alleine mit der persönlichen Haftung für die Verbindlichkeiten des Verbandes zu belasten. Sie kommen daher nicht als allein persönlich haftende Gesellschafter in Betracht. Diese Rolle könnte indes den Initiatoren zufallen.

cc) Die Initiatoren als persönlich haftende Gesellschafter

Schließlich kommen die Initiatoren der DAO-Projekte als persönlich haftende Gesellschafter in Betracht. Regelmäßig sind es auch in der herkömmlichen Publikumsgesellschaft die Initiatoren, welche von den Anlegern Kapital einsammeln und die Verwaltung der Gesellschaft übernehmen.[892]

Auch bei den DAO-Projekten ist regelmäßig zu beobachten, dass das Projekt von den Initiatoren beworben wird. Die Zertifikatsinhaber werden durch die Initiatoren zum Erwerb des Governance-Certificates angehalten. Die Initiatoren verantworten zudem die Erstellung der steuernden Software und bestimmen dadurch bereits vor Beginn des Projekts deren Funktion und die grundsätzliche Organisation.[893]

Für die Beurteilung, ob eine Sonderstellung der Initiatoren hinsichtlich der Haftung gerechtfertigt erscheint, kann einerseits nach den Einflussmöglichkeiten der Initiatoren auf das Projekt ((2)), andererseits danach differenziert werden, auf welche Weise das Governance-Certificate durch die Initiatoren erworben wird ((1)). Im Folgenden werden diese Kriterien näher untersucht.

(1) Sonderstellung durch kostenfreien Erwerb des Governance-Certificates

Die steuernde Software kann zunächst vorsehen, dass die Initiatoren das Governance-Certicate, genauso wie die übrigen Zertifikatsinhaber, durch Einzahlung von Kryptocoins im Rahmen der Initial Creation Phase oder Hinterlegung einer Kaution erwerben.[894] Ist dies der Fall, so sind sie in ihrer Position den übrigen Zertifikatsinhabern gleichgestellt. Hieraus alleine rechtfertigt sich daher noch keine Sonderbehandlung.

---

892 BeckOK BGB/*Schöne*, § 714, Rn. 45; *Jacobs*, S. 190; *Raab*, S. 24 ff.

893 Siehe zur Aufgabe der Initiatoren bereits oben unter B.IV.3.a).

894 So beispielsweise im Projekt "TheDAO", *Jentzsch*, Decentralized Autonomous Organization to automate governance; oder im DASH Governance and Budget System, *Duffield/Diaz*, Dash.

Sieht die Software hingegen vor, dass die Initiatoren für den Erwerb des Governance-Certificates keine Mittel aufwenden müssen, sondern ein gewisser Betrag an Governance-Certificates in der Initial Creation Phase für die Initiatoren vorbehalten bleibt,[895] so ist ihre Situation nicht ohne weiteres mit der der übrigen Zertifikatsinhaber vergleichbar. Die Initiatoren erhalten dann ihre Mitgliedschaftsrechte ohne Gegenleistung. Während die übrigen Gesellschafter für ihre Gewinnchancen zumindest das Risiko eingehen müssen, ihre Einlage zu verlieren, entfällt dieses Risiko für die Initiatoren. Dennoch sind für die Initiatoren, aufgrund der oft vergleichsweise großen Anzahl einbehaltender Governance-Certificates,[896] hohe Gewinnchancen zu erwarten sind. Um auch die Initiatoren am Risiko des Projekts zu beteiligen, ließe sich daher eine persönliche Haftung rechtfertigen. Die Tatsache, dass die Initiatoren für den Erwerb des Governance-Certificates keine Mittel aufwenden müssen, spricht daher für eine Behandlung analog zum Komplementär.

Werden die Initiatoren aus diesem Grund hinsichtlich der Haftung wie ein Komplementär behandelt, kann sich in der Folge ein Problem daraus ergeben, dass diese ihre Governance-Certificates veräußern.[897] Die Übernahme der Stellung des Komplementärs durch den Erwerber erscheint dann zunächst nicht interessensgerecht, da dieser regelmäßig Mittel für den Erwerb aufbringen muss und eine Sonderstellung gegenüber den übrigen Zertifikatsinhabern nicht mehr ersichtlich ist. Dieses Problem stellt sich jedoch gleichermaßen bei anderen Kommanditgesellschaften. Der Erwerb des Anteils eines Komplementärs bleibt mit der persönlichen Haftung belastet.[898] Dieses Prinzip müsste folglich auch für den Erwerb der Anteile der Initiatoren gelten. Im Ergebnis lässt sich festhalten, dass Initiatoren, die für den Erwerb des Governance-Certificates keine Mittel aufwenden müssen, gegenüber den übrigen Zertifikatsinhabern eine Sonderstellung einnehmen, die eine verschärfte Haftung rechtfertigen könnte.

Erwerben die Initiatoren das Governance-Certificate so wie alle anderen Zertifikatsinhaber, kommt eine Sonderstellung zunächst nicht in Betracht. Möglich bleibt aber eine persönliche Haftung aufgrund weitreichender

---

895 Ein Beispiel war die DigixDAO, *DigixGlobal*, DigixDAO (DGD) Information.

896 So wurden im Developers Release 15 % der DGD-Token einbehalten, *DigixGlobal*, DigixDAO (DGD) Information.

897 Für die Übertragung von Komplementäranteilen gilt insofern nichts anderes als für die Übertragung von Anteilen an einer BGB-Gesellschaft. Diese kann auch ohne Zustimmung der übrigen Gesellschafter erfolgen, soweit dies im Gesellschaftsvertrag festgelegt ist, MüKoHGB/*Schmidt*, § 105, Rn. 213.

898 BeckOK HGB/*Häublein*, § 161, Rn. 41.

Einflussmöglichkeiten auf die Geschäftsführung. Dies wird in der Folge untersucht.

(2) Sonderstellung durch Einflussmöglichkeiten auf die Projektführung

Auch wenn die Initiatoren die Governance-Certificates in der Initial Creation Phase selbst erwerben müssen, können ihre Einflussmöglichkeiten auf das Projekt so weitreichend sein, dass eine persönliche Haftung gerechtfertigt erscheint.

Die Initiatoren erstellen eine Dokumentation des Projekts und betreuen meist auch eine Plattform, die den Austausch zwischen den Zertifikatsinhabern außerhalb der dezentralen Datenbank ermöglicht.[899] Die ursprünglichen Mittel zum Start des Projekts werden von den Initiatoren aufgewandt. Zudem werden sie meist selbst eine bedeutende Anzahl von Governance-Certificates erwerben.[900]

Die bisherige Prüfung hat deutlich gemacht, dass dies alleine nicht genügen kann, um eine Sonderstellung zu begründen. Zwischen den Governance-Certificates der Initiatoren und der der übrigen Zertifikatsinhaber gibt es grundsätzlich keine Unterschiede. Ähnlich wie bei den Prüfern, kann daher zunächst festgestellt werden, dass diese in Bezug auf die Geschäftsführung gleichrangig mit den übrigen Zertifikatsinhabern behandelt werden.[901] Ihr Stimmgewicht ist nicht höher als das der übrigen Anteilseigner. Es ist sogar denkbar das einzelne Zertifikatsinhaber Anteile erwerben, die weit größer sind als diejenigen der Initiatoren. Das Projekt könnte dann in Richtungen gesteuert werden, die den Interessen der Initiatoren zuwiderlaufen.

Anders als die Prüfer, haben die Initiatoren aber fundamentaleren Einfluss auf die Funktion des Projekts. Die DAO-Projekte lassen sich einzig durch die zugrundeliegende Software steuern. Es sind keine Aktionen denkbar, die den Regeln der Software zuwiderlaufen und diese wird initial alleine durch die Initiatoren erstellt. Auch wenn sie in der Folge in ihrem Stimmgewicht den anderen Zertifikatsinhabern gleichgestellt sind, haben sie durch die Erstellung der Software die Möglichkeit, die Organisation des Verbandes nachhaltig zu prägen. Insbesondere in der Pionierphase der DLT-Plattformen ist die rein dezentrale Verwaltung eines Projekts nur in der Theorie möglich. Der Hack des Projekts „TheDAO" hat gezeigt, dass eine Interventionsmöglichkeit durch die Initiatoren des Projekts, gerade in kritischen Situationen, nötig bleibt.[902]

899 Siehe hierzu bereits unter B.IV.3.a)bb).
900 Siehe dazu bereits soeben unter Fn. 711.
901 Siehe dazu bereits oben unter C.III.1.c)bb).
902 Siehe zum DAO-Hack bereits oben unter A. und B.III.1.a)bb)(1)(b), sowie *Heckmann*, CR 2016, R99–R100.

Zumindest in der Theorie sehen die DAO-Projekte jedoch auch eine Fortführung des Projekts ohne die Initiatoren vor. Grundgedanke der DAO ist ein verselbstständigtes Projekt auf Basis des Softwarecodes, das von den Zertifikatsinhabern geformt und durch Mehrheitsentscheidungen stetig angepasst werden kann.[903] Den Initiatoren ist es dann auch möglich, sich aus dem Projekt teilweise oder vollständig zurückzuziehen.[904] Es verwirklicht sich dann die Vision einer DAO als eine selbstständige Software, die losgelöst von ihren Entwicklern und ohne zentrale Stelle die Zusammenarbeit der Mitglieder steuert.[905] Entwickelt sich ein DAO-Projekt tatsächlich soweit, dass der Einfluss der ursprünglichen Initiatoren auf das Projekt verblasst und die Software durch Entscheidungen der Gruppe laufend erweitert und angepasst wird, so kann von einer Sonderstellung der Initiatoren nicht mehr ausgegangen werden. Es ist dann die Gruppe aller Zertifikatsinhaber, die allein die Verantwortung für das Projekt übernehmen. Eine verschärfte Haftung der Initiatoren scheidet dann aus.

Soweit die Software der DAO-Projekte jedoch noch nicht auf diese Weise verselbstständigt ist, kann von einer Sonderstellung der Initiatoren ausgegangen werden. Durch die Erstellung der Software und ihrem Mitwirken bei der anfänglichen Organisation des Projekts, nehmen sie entscheidenden Einfluss auf die Führung der Geschäfte. Dies könnte eine verschärfte Haftung rechtfertigen.

(3) Zwischenergebnis

Die Untersuchung zeigt, dass es in den Projekten der Finanzierungs-DAO zu einer Sonderstellung der Initiatoren gegenüber den übrigen Zertifikatsinhabern kommen und diese eine verschärfte Haftung rechtfertigen kann. Zwar sieht die steuernde Software grundsätzlich eine Gleichbehandlung der Initiatoren vor, es zeigt sich jedoch, dass diese faktisch oftmals über besondere Privilegien oder einen größeren Einfluss auf die Führung des Projekts verfügen.

Eine solche Sonderstellung kann sich zum einen durch die Möglichkeit des kostenfreien Erwerbs des Governance-Certificates, andererseits durch fortlaufende Einflussmöglichkeiten auf das Projekt, insbesondere in der Anfangsphase, ergeben. Es erscheint dann interessensgerecht, die Initiatoren als Ausgleich für diese Privilegien auch mit einer verschärften Haftung zu belasten. Sind die

---

903 *Jentzsch*, Decentralized Autonomous Organization to automate governance, S. 2.

904 *Diedrich*, S. 181.

905 Siehe zu dieser Vision *Buterin*, DAOs, DACs, DAs and More; *Verhoelen*, Decentralized Autonomous Organization – Organisationen auf der Blockchain.

Voraussetzungen gegeben, so kommt eine Behandlung der Initiatoren analog zu denen eines Komplementärs in der KG in Betracht.

d) Zwischenfazit

Die Frage, ob eine institutionelle Haftungsbeschränkung auf das Vermögen des Verbandes für die Zertifikatsinhaber in der Finanzierungs-DAO in Betracht kommt, kann nicht einheitlich beantwortet werden. Zumindest mit sozialpolitischen Erwägungen ist die Haftungsbeschränkung nicht zu rechtfertigen.

Auch ökonomische Erwägungen verfangen im Ergebnis nicht. Zwar wird die Notwendigkeit einer Haftungsbeschränkung aus ökonomischen Gesichtspunkten für den Erfolg der Projekte deutlich, da der Erwerb des Governance-Certificates andernfalls mit finanziellen Risiken verbunden wäre, die nicht im Verhältnis zu den Gewinnerwartungen stehen. Die DAO-Projekte lassen jedoch einen Kapitalschutz vermissen, der eine Haftungsbeschränkung rechtfertigen könnte. Die ökonomischen Potenziale derzeitiger DAO-Projekte sind zudem so gering, dass diese ebenfalls nicht über den mangelnden Gläubigerschutz hinweghelfen können.

In Betracht kommt schließlich eine Beschränkung der Haftung für die Gruppe der Zertifikatsinhaber durch analoge Anwendung der Haftungsregelung für Kommanditisten nach §§ 171 ff. HGB. Dies erfordert, dass eine Untergruppe der Zertifikatsinhaber, analog den Komplementären, als persönlich haftende Gesellschafter verbleiben. Hierfür kommen weder die jeweils Abstimmenden noch die Prüfer infrage. Unter der Voraussetzung einer bestehenden Sonderrolle kommen aber die Initiatoren in Betracht. Diese Sonderrolle kann sich entweder dadurch ergeben, dass die Initiatoren das Governance-Certificate ohne Gegenleistung erhalten und die persönliche Haftung somit ein angemessener Ausgleich für das mangelnde finanzielle Risiko darstellt. Sie kann daneben dann gerechtfertigt sein, wenn die Initiatoren laufend Einfluss auf die Führung der Projekte nehmen. Dieser Einfluss müsste über die initiale Erstellung der Software hinaus während der Laufzeit des Projekts fortwirken. Ziehen sich die Initiatoren hingegen aus dem Projekt zurück, so spricht dies gegen eine Vergleichbarkeit mit der Stellung eines Komplementärs. In diesem Fall ist die Analogie zur Haftung der Kommanditisten auch für die übrigen Zertifikatsinhaber zum Schutz der Gläubiger abzulehnen. Eine institutionelle Haftungsbeschränkung kommt dann nicht in Betracht. Es verbleibt aber die Möglichkeit einer vertraglichen Haftungsbeschränkung. Diese wird in der Folge näher untersucht.

2. Vertragliche Haftungsbeschränkung

Soweit eine institutionelle Beschränkung der Haftung der Zertifikatsinhaber für die hier untersuchten Projekte der Finanzierungs-DAO nicht in Betracht kommt, könnte stattdessen vertraglich eine Haftungsbeschränkung zwischen dem Verband und seinen Gläubigern vereinbart werden. Im Rahmen der Vertragsfreiheit steht es den Parteien nämlich stets frei, Haftungsbeschränkungen zu vereinbaren. Auch § 128 HGB und § 54 S. 2 BGB stehen der Vereinbarung einer Haftungsbeschränkung mit den Gläubigern des Verbandes nicht entgegen.[906] Anders als eine institutionelle Haftungsbeschränkung, kann eine vertragliche Haftungsbeschränkung allerdings nur die rechtsgeschäftlich begründeten Verbindlichkeiten, nicht etwaige gesetzliche Verbindlichkeiten erfassen.[907] Die Ansprüche gegen die Zertifikatsinhaber in der Spenden-DAO können damit vollständig abbedungen werden,[908] in der Investment- und Management-DAO bleiben gesetzliche Ansprüche aber möglich.

Zunächst ist denkbar, dass sich die Gläubiger beim Abschluss des Vertrages mit dem Verband der Finanzierungs-DAO ausdrücklich auf eine Beschränkung der Haftung auf das Vermögen des Verbandes einigen. Eine solche Beschränkung kann zunächst durch ausdrückliche Individualvereinbarung erfolgen. Auch wenn Einigkeit darüber besteht, dass durch eine ausdrückliche Individualvereinbarung die Haftung auf das Gesellschaftsvermögen beschränkt werden kann,[909] lässt sich feststellen, dass eine solche Vereinbarung zwischen den Gläubigern und dem Verband der Finanzierungs-DAO in den hier untersuchten Projekten nicht getroffen wird. Denkbar erscheint hingegen, dass sich eine Haftungsbeschränkung durch ergänzende Vertragsauslegung ermitteln (a)) oder durch AGB vereinbaren (b)) lässt. Diese Möglichkeiten werden im Folgenden näher untersucht.

---

906 Für die Haftung nach § 128 HGB: *BGHZ* 142, 315–323 = NJW 1999, 3483–3485; Baumbach/Hopt/*Roth*, § 128 HGB, Rn. 38; MüKoHGB/*Schmidt*, § 128, Rn. 14; für die Haftung nach § 54 S. 2 BGB: *BGH*, NJW 1957, 1186–1187 = WM 1957, 880–883; BeckOK BGB/*Schöpflin*, § 54, Rn. 46; *Schmidt*, S. 749.

907 Ulmer/Schäfer/*Schäfer*, § 714, Rn. 66.

908 Hier betrifft die Handelndenhaftung nur rechtsgeschäftliche Ansprüche, siehe bereits unter C.II.1.

909 Siehe bereits unter Fn. 720.

a) *Haftungsbeschränkung aufgrund ergänzender Vertragsauslegung*

Auch wenn zwischen dem Verband der Zertifikatsinhaber und seinen Gläubigern keine ausdrückliche Individualvereinbarung zur Beschränkung der Haftung auf das Vermögen des Verbandes getroffen worden ist, kann eine Haftungsbeschränkung sich dennoch aus einer ergänzenden Vertragsauslegung gem. § 157 BGB ergeben. Die Norm schreibt vor, dass Verträge so auszulegen sind, wie Treu und Glauben es mit Rücksicht auf die Verkehrssitte erfordern. Im Folgenden werden die Voraussetzungen für die Anwendung des § 157 BGB auf die hier zu beurteilenden Verträge zwischen dem Verband und seinen Gläubigern (aa)) sowie das Ergebnis einer Anwendung der ergänzenden Vertragsauslegung (bb)) erörtert.

aa) *Voraussetzungen für eine Anwendung der ergänzenden Vertragsauslegung*

Voraussetzung für die Anwendung der ergänzenden Vertragsauslegung ist ein gültiges Rechtsgeschäft sowie das Vorhandensein einer Regelungslücke.[910] Von der Gültigkeit des Rechtsgeschäfts zwischen dem Verband der Zertifikatsinhaber in der Finanzierungs-DAO und seinen Gläubigern soll an dieser Stelle ausgegangen werden. Es müsste weiter eine Regelungslücke vorhanden sein. Die Parteien müssten über bestimmte Punkte des Vertrages keine Vereinbarung getroffen haben, wobei diese Regelungslücke planwidrig gewesen sein müsste. Bewusst offengelassene Punkte fallen mithin nicht darunter.[911]

Wie bereits gezeigt, wird eine Vereinbarung zur Regelung der Außenhaftung der Gesellschafter zwischen dem Verband der Zertifikatsinhaber in der Finanzierungs-DAO und seinen Gläubigern nicht getroffen.[912] Dies ist dem Umstand geschuldet, dass sich die Beteiligten hierüber regelmäßig keine Gedanken machen.[913] Das Vorhandensein einer Gesellschaft und der damit verbundenen Haftungsregelungen wird ihnen nicht bewusst sein. Man wird also davon ausgehen können, dass es sich beim Mangel an einer Vereinbarung zur Außenhaftung der Gesellschafter um eine planwidrige Regelungslücke im Vertrag zwischen dem Verband der Zertifikatsinhaber in der Finanzierungs-DAO und

910 BeckOK BGB/*Wendtland*, § 157, Rn. 33f.; Jauernig/*Mansel*, § 157, Rn. 2; MüKo-BGB/*Busche*, § 157, Rn. 26.
911 Jauernig/*Mansel*, § 157, Rn. 2.
912 Siehe bereits unter C.III.2.
913 Deutlich wird dies auch bei der Äußerung von *Jentzsch* im Whitepaper zum Projekt „TheDAO“: „This paper does not speculate about the legal status of DAOs worldwide.“, *Jentzsch*, Decentralized Autonomous Organization to automate governance, S. 1.

seinen Gläubigern handelt. Die Voraussetzungen für eine Anwendung der ergänzenden Vertragsauslegung sind somit erfüllt. In der Folge wird untersucht, welchen Inhalt der Vertrag bei Anwendung der ergänzenden Vertragsauslegung hat.

bb) Inhalt des Vertrages bei ergänzender Vertragsauslegung

§ 157 BGB fordert eine Auslegung des Vertrages nach Treu und Glauben mit Rücksicht auf die Verkehrssitte. Die Regelungslücke dürfte jedoch nicht bereits durch dispositives Recht geschlossen sein. Im Folgenden wird daher zunächst auf eine mögliche Anwendung des dispositiven Rechts eingegangen ((1)). Weiter wird der Inhalt des Vertrages zwischen den Parteien bezüglich einer Vereinbarung zur Außenhaftung der Gesellschafter nach Treu und Glauben ermittelt ((2)) und schließlich auf die zwischen den beteiligten Vertragsparteien übliche Verkehrssitte Rücksicht genommen ((3)).

(1) Kein Lückenschluss durch dispositives Recht

Die Anwendung der Grundsätze der ergänzenden Vertragsauslegung kommt dann nicht in Betracht, wenn die entstehende Regelungslücke bereits durch dispositives Recht geschlossen werden kann.[914] Hier muss zunächst angemerkt werden, dass mit den Normen des § 128 HGB und des § 54 S. 2 BGB bereits gesetzliche Regelung zum Umfang der Haftung der Gesellschafter getroffen wurden. Demzufolge wäre die Lücke bereits durch das dispositive Recht geschlossen.

Der *BGH* geht jedoch davon aus, dass im Gesellschaftsrecht eine ergänzende Vertragsauslegung dem dispositiven Recht ausnahmsweise vorgeht[915] und eine ergänzende Vertragsauslegung zudem immer dann in Betracht kommt, wenn das dispositive Recht der Interessenslage der Parteien nicht entspricht[916]. Es muss also auch in diesem Fall hinterfragt werden, ob die Anwendung des § 128 HGB oder des § 54 S. 2 BGB dem Interesse der Parteien nach Treu und Glauben entspricht. Ein Lückenschluss durch dispositives Recht ist daher nicht ohne Weiteres anzunehmen. In der Folge muss daher untersucht werden, welcher Wille den Parteien, unter Berücksichtigung der Grundsätze von Treu und Glauben, zu entnehmen ist.

914 *BGHZ* 90, 69 (75) = NJW 1984, 1177–1180; BeckOK BGB/*Wendtland*, § 157, Rn. 38; Jauernig/*Mansel*, § 157, Rn. 2.
915 *BGHZ* 107, 351 (355) = NJW 1989, 2681–2683.
916 *BGHZ* 90, 69 (75) = NJW 1984, 1177–1180.

(2) *Auslegung des Parteiwillens nach Treu und Glauben*

Im Rahmen der Auslegung des Parteiwillens nach Treu und Glauben ist der „hypothetische Parteiwille" zu ermitteln, also das, was die Parteien bezüglich des offenen Punktes im Zeitpunkt des Vertragsschlusses vereinbart hätten, wenn ihnen der offene Punkt bewusst gewesen wäre.[917] Hierbei sind die Interessen der Parteien in einen angemessenen Ausgleich zu bringen. Diese Interessenslage der Parteien wird dabei nicht individuell subjektiv, sondern objektiv unter der Bewertung der jeweiligen Umstände des Vertragsschlusses ermittelt.[918]

Zugunsten der Gläubiger des Verbandes der Zertifikatsinhaber muss zunächst die Bedeutung des Schutzzwecks des § 128 HGB und des § 54 S. 2 BGB hervorgehoben werden. Dem einzelnen Gläubiger muss die Beschränkung der Haftung im Zeitpunkt des Vertragsschlusses nicht nur bewusst, sondern auch Bestandteil seiner abgegebenen Erklärung sein. Daher wird man, bei Fehlen einer ausdrücklichen Vereinbarung, grundsätzlich von einer Geltung der Haftung ausgehen müssen.[919] An eine Haftungsbeschränkung durch ergänzende Vertragsauslegung sind daher erhöhte Anforderungen zu stellen.[920]

Zu den Umständen des Vertragsschlusses gehört in erster Linie die das DAO-Projekt steuernde Software. Über diese wird der Vertrag zwischen den Gläubigern und dem Verband eingeleitet und abgewickelt. Für die Vereinbarung einer begrenzten Haftung zwischen den Gläubigern und dem Verband könnte zunächst sprechen, dass die Software lediglich eine vorher definierte Auswahl von Leistungen vorsieht. Regelmäßig werden aus der Budget-Wallet Zahlungen an Wallet-Adressen Dritter, je nach Gestaltung auch der Gläubiger, ausgeführt. Neben diesen Zahlungen sieht die Software keine weiteren Zahlungen – insbesondere keine der Zertifikatsinhaber – vor. Auch ein Zugriff auf die privaten Wallet-Adressen der Zertifikatsinhaber ist nicht vorgesehen. Eine Zahlung von Kryptocoins durch die Zertifikatsinhaber, die über den Inhalt des Vermögens in der Budget-Wallet hinausgeht, ist zumindest softwareseitig nicht angelegt. Geht man davon aus, dass diese Funktion der Software den Gläubigern des Verbandes im Zeitpunkt des Vertragsschlusses bewusst ist, so ließe sich daraus schließen, dass sich die Gläubiger mit dem alleinigen Zugriff auf die Budget-Wallet des

917 BeckOK BGB/*Wendtland*, § 157, Rn. 41; Jauernig/*Mansel*, § 157, Rn. 4; MüKo-BGB/*Busche*, § 157, Rn. 48.

918 BeckOK BGB/*Wendtland*, § 157, Rn. 41.

919 Baumbach/Hopt/*Roth*, § 128 HGB, Rn. 38.

920 Henssler/Strohn/*Steitz*, § 128 HGB, Rn. 13.

Verbandes einverstanden erklären und auf einen Rückgriff auf das private Vermögen der Zertifikatsinhaber verzichten.

Der Inhalt des zwischen den Parteien geschlossenen Vertrages ist allerdings nicht alleine durch den Softwarecode zu bestimmen.[921] Alleine die Tatsache, dass weitere Zahlungen von den privaten Adressen der Zertifikatsinhaber an die Gläubiger von der Software nicht vorgesehen sind, bedeutet nicht zwingend, dass die Vertragsparteien solche Zahlungen ausschließen wollen. Die Zahlungen, die eine mögliche Außenhaftung der Zertifikatsinhaber erforderlich machen könnten, könnten von den Zertifikatsinhabern auch auf andere Weise erbracht werden. Die Erfüllung einer Leistungspflicht aus einer Außenhaftung wäre regelmäßig entweder auf der DLT-Plattform, außerhalb des Systems der DAO, oder außerhalb der DLT-Plattform als solche möglich.

Gegen eine unbeschränkte Haftung der Zertifikatsinhaber sprechen indes weitere Gründe. Es ist davon auszugehen, dass die Zertifikatsinhaber bei Erwerb des Governance-Certificates keine Zahlungen leisten wollen, die über den notwendigen Betrag zum Erwerb hinausgehen.[922] Regelmäßig dient das Governance-Certificate den Zertifikatsinhabern in erster Linie als Kapitalanlage. Insofern ist ihre Situation ähnlich wie die der Anleger in einem Investmentfonds.[923] Zwar gehen mit dem Erwerb des Governance-Certificates auch Mitbestimmungsrechte einher, was eine direkte Vergleichbarkeit mit Immobilienfonds ausschließt, das Interesse der Zertifikatsinhaber an einer Anlage ohne das Risiko einer unbeschränkten Haftung ist jedoch dennoch erkennbar. Leistungen an Dritte sollen alleine aus der Budget-Wallet bedient werden. Der finanzielle Beitrag der Zertifikatsinhaber erschöpft sich darin, die Budget-Wallet zu füllen. Dabei treten sie oftmals nicht mit ihrem Klarnamen, sondern lediglich mit ihrem öffentlichen Schlüssel auf. Für die Gläubiger des Verbandes sind die Zertifikatsinhaber folglich oftmals nicht identifizierbar.[924]

Sind die Gläubiger des Verbandes mit der Funktionsweise des DAO-Projekts vertraut, so sind ihnen diese Umstände bekannt. Im Zeitpunkt des Vertragsschlusses mit der DAO wissen diese, dass die Zertifikatsinhaber mit ihren Einlagen nur die Füllung der Budget-Wallet beabsichtigten. Ihnen muss weiter bewusst sein, dass ein Zugriff auf die Privatpersonen hinter den öffentlichen

921 Siehe hierzu bereits unter B.II.2.
922 Siehe bereits oben zur Vereinbarung einer Haftungsbeschränkung unter C.I.2.a)dd)(1).
923 Siehe zum Vergleich mit dem Investmentfonds bereits oben unter C.I.1.c).
924 Siehe zur Pseudonymität der DLT bereits unter B.II.2.

Schlüsseln mit großen Umständen verbunden sein kann. Die Gläubiger interagieren beim Abschluss des Vertrages nicht mit einzelnen Zertifikatsinhabern, sondern direkt mit der steuernden Software. Sie werden daher auch im Bewusstsein handeln, dass Leistungen, die ihnen aufgrund dieses Vertrages versprochen werden, nur aus der Budget-Wallet ausgezahlt werden können. Der Softwarecode stellt insofern auch sicher, dass die Zahlung nur dann ausgeführt wird, wenn die hierfür vereinbarten Voraussetzungen vorliegen. Über das Vorhandensein einer ausreichenden Deckung können sich die Gläubiger durch Einsicht in den transparenten Kontostand der Budget-Wallet versichern.[925] Auszahlungen aus der Budget-Wallet und weitere Angebote sind offen einsehbar und können von den Gläubigern überwacht werden. Ihnen verbleibt somit die Gewissheit, dass die vereinbarten Auszahlungen nach den Regeln der Software durchgeführt werden.

Die Interessenslage der Zertifikatsinhaber spricht für eine Beschränkung der Haftung auf das Vermögen in der Budget-Wallet und mithin für einen Ausschluss der unbeschränkten persönlichen Haftung. Geht man davon aus, dass die Funktionsweise des DAO-Projekts und der steuernden Software den Gläubigern des Verbandes bekannt ist, lässt sich daraus schließen, dass ihnen diese Interessenslage der Zertifikatsinhaber bewusst ist und sie sich mit einer Beschränkung der Haftung auf das von ihnen vor Vertragsschluss einsehbare Vermögen in der Budget-Wallet beschränken lassen. Die Frage, inwieweit den Gläubigern diese Tatsachen tatsächlich bewusst sind, hängt jedoch weiter von der zwischen den Vertragsparteien etablierten Verkehrssitte ab. Diese wird daher in der Folge näher untersucht.

(3) Berücksichtigung der Verkehrssitte

Unter dem Begriff der Verkehrssitte versteht die Rechtsprechung „die den Verkehr tatsächlich beherrschende Übung“[926]. Diese Übung muss über einen gewissen Zeitraum tatsächlich ausgeführt werden und von einer Gruppe von Personen getragen werden.[927] Diese Personengruppe kann auf bestimmte Branchen oder Fachkreise begrenzt sein, soweit die Vertragsparteien dieser Gruppe angehören.[928]

925 Siehe zur Transparenz der DLT bereits oben unter B.I.1.b).

926 *BGHZ* 111, 110 (112) = NJW 1990, 1723–1725; *RGZ* 55, 375 (377); *RGZ* 49, 157 (162).

927 *BGHZ* 111, 110 (112) = NJW 1990, 1723–1725; BeckOK BGB/*Wendtland*, § 157, Rn. 16; MüKo-BGB/*Busche*, § 157, Rn. 22.

928 BeckOK BGB/*Wendtland*, § 157, Rn. 17; MüKo-BGB/*Busche*, § 157, Rn. 24.

Im Hinblick auf die zwischen den Verbänden der Zertifikatsinhaber in der Finanzierungs-DAO und seinen Gläubigern geschlossenen Verträge muss daher unterschieden werden, an welche Zielgruppe sich die Angebote des DAO-Projekts richten. Sind als Vertragspartner nur Fachkreise angesprochen, so kann zwischen den Parteien eine andere Verkehrssitte gelten als bei einem Angebot an den Massenmarkt. Die Frage nach der Größe des angesprochenen Personenkreises hängt auch von der Akzeptanz und Durchsetzung der DLT in der Gesellschaft ab. Diese kann sich im Laufe der Zeit wandeln. Im Folgenden wird daher die Verkehrssitte zunächst unter Berücksichtigung des Status Quo ((a)) und anschließend unter Berücksichtigung einer möglichen zukünftigen Entwicklung ((b)) untersucht. Dabei wird festgestellt, ob der soeben nach Treu und Glauben ermittelte Parteiwille auch unter Berücksichtigung der jeweils geltenden Verkehrssitte angenommen werden kann.

(a) Auslegung bei Status Quo

Legt man den derzeitigen Stand der Entwicklung der DLT zugrunde, so lässt sich zunächst feststellen, dass eine Durchdringung des Massenmarkts durch DAO-Projekte bislang nicht stattgefunden hat.[929] Zwar konnten vergangene Projekte bereits beachtliche Summen an Kryptocoins generieren,[930] bei den Beteiligten und insbesondere bei denen, die mit den DAO-Projekten interagieren, handelte es sich aber fast ausschließlich um Personen, die mit der Technologie näher vertraut waren.[931]

Auch für diese ist der Einsatz der Technologie aber neu. Es ist daher zweifelhaft, inwiefern sich durch die Betätigung der an den Projekten Beteiligten bereits eine tatsächliche Übung einspielen konnte. Die Beteiligten vertrauen weniger auf eine eingespielte Übung, sondern mehr auf die Funktionsfähigkeit der steuernden Software. Dabei ist es ihnen möglich, den steuernden Softwarecode oder zumindest seine Dokumentation zu lesen und diesen zu verstehen. Aufgrund dessen ist ihnen die Interessenslage der Parteien, wie oben beschrieben, bewusst.

---

929 So wird die DLT auch von der Bundesregierung bislang als „Baustein für das Internet der Zukunft" bezeichnet, dessen Potenziale noch erforscht werden müssen, *BMWi und BMF*, Blockchain-Strategie der Bundesregierung, S. 3.

930 Siehe dazu bereits das bekannte Beispiel „TheDAO", oben unter B.III.1.a)bb)(1)(b).

931 Dies wird auch deutlich, wenn man sich Konversationen zwischen den Zertifikatsinhabern in den einschlägigen Foren ansieht, wie beispielsweise das DASH Central, https://www.dashcentral.org/ (zuletzt abgerufen am 02.05.2020) oder das Voting Dashboard der MakerDAO, https://vote.makerdao.com/ (zuletzt abgerufen am 02.05.2020).

Als tatsächliche Übung wird man daher das Vertrauen auf die Funktionsfähigkeit des Softwarecodes sehen können. Es kann folglich angenommen werden, dass die vorgenommene Auslegung des Parteiwillens derzeit, auch unter Berücksichtigung der geltenden Verkehrssitte, standhält. Anders kann dies jedoch aussehen, wenn man eine mögliche künftige Entwicklung betrachtet.

(b) Auslegung bei zukünftiger Entwicklung

Sollte der Einsatz von DLT am Markt populärer werden, so ist anzunehmen, dass DAO-Projekte nicht nur mit Fachkreisen interagieren, sondern es sich bei Anteilseignern und Gläubigern zunehmend auch um Laien handelt. Bei diesen wird man nicht ohne Weiteres annehmen können, dass sie den zugrundeliegenden Softwarecode eines DAO-Projekts lesen und interpretieren können. Zumindest für die Gläubiger ist nicht immer anzunehmen, dass diese das Whitepaper eines Projekts lesen werden. Vielmehr ist zu erwarten, dass die Beteiligten über vereinfachte Nutzeroberflächen interagieren und keine Kenntnis von den technischen Vorgängen im Hintergrund haben. Zumindest die Gläubiger der DAO werden die Produkte oder Dienstleistungen des DAO-Projekts auf möglichst unkomplizierte Weise nutzen wollen und von der Existenz der Zertifikatsinhaber entweder keine Kenntnis haben oder sich zumindest um deren Interessen keine Gedanken machen.

Legt man eine solche Entwicklung zugrunde, so muss man annehmen, dass mit dem Eintritt von DAO-Projekten in den Massenmarkt sich bei der Gruppe der beteiligten Akteure eine veränderte Verkehrssitte herausbilden wird. Da die Gläubiger des Verbandes der DAO-Projekte die Interessen der Zertifikatsinhaber regelmäßig nicht kennen werden, kann auch die Auslegung des Parteiwillens nicht zu dem oben gefundenen Ergebnis führen. Die Gläubiger am Massenmarkt sind insofern schutzwürdiger als die Gläubiger aus Fachkreisen. Man wird daher annehmen müssen, dass der Lückenschluss durch dispositives Recht vorgenommen wird. Die Auslegung des hypothetischen Parteiwillens führt dann zu keinem anderen Ergebnis. Auch bei ergänzender Vertragsauslegung bleibt es dann bei der Anwendung des § 128 HGB (analog) und des § 54 S. 2 BGB.

cc) Ergebnis der ergänzenden Vertragsauslegung

Die Frage, ob durch ergänzende Auslegung des zwischen dem Verband der Zertifikatsinhaber in der Finanzierungs-DAO und seinen Gläubigern üblicherweise geschlossenen Vertrages von einer Vereinbarung der Beschränkung der Haftung des Verbandes auf das Vermögen in der Budget-Wallet ausgegangen werden kann, kann nicht einheitlich beantwortet werden. Zunächst ist festzustellen, dass die vorhandene Regelungslücke im Vertrag bezüglich einer Vereinbarung der Haftung durch die dispositive Norm des § 128 HGB geschlossen werden kann. Eine andere Vereinbarung bedarf deshalb eines erkennbar entgegenstehenden Parteiwillens unter Berücksichtigung der Interessenslage von Zertifikatsinhabern und Gläubigern des Verbandes. Diese ist je nach Zeitpunkt der Beurteilung unterschiedlich zu bewerten.

Stammen die Zertifikatsinhaber und Gläubiger, wie derzeit noch der Fall, überwiegend aus mit der Technologie vertrauten Fachkreisen, so wird man davon ausgehen können, dass die Funktionsweise der DAO beiden Parteien geläufig ist. Man kann dann annehmen, dass den Parteien zum Zeitpunkt des Vertragsschlusses aufgrund der Umstände bewusst ist, dass die Haftung der Zertifikatsinhaber nicht über ihre Einlage in der Budget-Wallet hinausgehen soll. Die ergänzende Vertragsauslegung kommt in diesem Fall zum Ergebnis, dass die Haftung für rechtsgeschäftlich begründete Verbindlichkeiten auf das Vermögen in der Budget-Wallet beschränkt bleibt.

Wird die Interessenslage dagegen zu einem Zeitpunkt beurteilt, in dem sich die Technologie am Massenmarkt durchgesetzt hat, ist zumindest für die Gläubiger des Verbandes der Zertifikatsinhaber nicht mehr davon auszugehen, dass sie die Funktionsweise des Projekts und damit die Interessenslage der Zertifikatsinhaber kennen. Sie sind folglich schutzwürdiger. Nach Treu und Glauben ist daher nicht anzunehmen, dass die beiderseitige Interessenslage für eine Beschränkung der Haftung spricht. Vielmehr gilt hier das dispositive Recht des § 128 HGB bzw. des § 54 S. 2 BGB. Für diese Fälle bliebe als letzte Möglichkeit die Beschränkung einer Haftung durch Vereinbarung in den AGB. Diese Möglichkeit soll in der Folge erörtert werden.

b) *Möglichkeit der Vereinbarung einer Haftungsbeschränkung durch AGB*

Neben einer Individualvereinbarung ist grundsätzlich auch der Ausschluss der Haftung durch AGB denkbar. Hierbei ist zunächst festzustellen, dass sich in den bislang untersuchten DAO-Projekten keine AGB mit einer entsprechenden Vereinbarung zur Haftungsbeschränkung finden lassen. Realisierbar erscheint lediglich, dass in den Softwarecode oder den Dokumentationen, der den Gläubigern des Verbandes vorgelegt wird, eine entsprechende Vereinbarung aufgenommen wird. Ist dies der Fall, so ist fraglich, ob allein auf diese Weise die Haftung der Zertifikatsinhaber beschränkt werden kann.

Ein Ausschluss der Haftung durch AGB muss einer Inhaltskontrolle nach § 307 BGB standhalten. Der Vertragspartner darf durch die Regelung nicht entgegen des Gebots von Treu und Glauben unangemessen benachteiligt werden. Bei der Untersuchung der ergänzenden Vertragsauslegung wurde bereits festgestellt, dass die Interessenslage der Parteien dann für einen Haftungsausschluss spricht, wenn sich die Technologie am Massenmarkt noch nicht durchgesetzt hat.[932] Kommt bereits die ergänzende Vertragsauslegung zu einem Haftungsausschluss, so muss dieser auch durch AGB vereinbart werden können.

Anders sieht es hingegen dann aus, wenn sich die Technologie am Massenmarkt durchgesetzt hat. Hier kommt die ergänzende Vertragsauslegung nicht zum Ergebnis einer Haftungsbeschränkung.[933] Da die unbeschränkte persönliche Haftung für diese Fälle die Regel ist, kann eine Beschränkung der Haftung durch AGB nicht ohne Weiteres gerechtfertigt sein. Der BGH nimmt diese Möglichkeit aber ausnahmsweise für den Fall geschlossener Immobilienfonds an.[934] Diese Rechtsprechung wird im Folgenden dargestellt (aa)) und untersucht, inwieweit die Grundsätze auf die hier betrachteten DAO-Projekte übertragbar sind (bb)).

aa) Rechtsprechung des BGH zu geschlossenen Immobilienfonds

Bei einem geschlossenen Immobilienfonds handelt es sich um eine Kapitalanlagegesellschaft, „dessen Geschäftszweck auf die Errichtung, den Erwerb und die Verwaltung einer oder mehrerer Immobilienobjekte mit einem im Voraus feststehenden Investitionsvolumen ausgerichtet ist, und die, sobald das Eigenkapital platziert ist, mit einem festen Kreis von Anlegern geschlossen"[935] wird. Werden diese in der Rechtsform der Gesellschaft bürgerlichen Rechts gegründet, so soll, nach Ansicht des BGH, ausnahmsweise eine Haftungsbegrenzung der Gesellschafter auch ohne eine ausdrückliche Individualvereinbarung mit dem Gläubiger möglich sein. Der Erwerb eines Anteils an der Gesellschaft stelle nämlich eine reine Kapitalanlage dar. Eine Übernahme der unbeschränkten persönlichen Haftung sei dem einzelnen Anleger dann nicht zumutbar und könne vom Rechtsverkehr auch nicht erwartet werden. Soweit der Gesellschaftsvertrag des Fonds eine Haftungsbeschränkung auf das Gesellschaftsvermögen vorsieht, bedürfe es hier keiner weiteren Individualvereinbarung mit dem Gläubiger. Stattdessen reiche eine formularvertragliche Vereinbarung der Haftungsbeschränkung. Diese könne trotz § 307 BGB wirksam in den Vertrag einbezogen werden, denn der

932 Siehe dazu die soeben gefundenen Ergebnisse unter C.III.2.a)bb)(3)(a).

933 Siehe hierzu die soeben gefundenen Ergebnisse unter C.III.2.a)bb)(3)(b).

934 *BGHZ* 150, 1–6 = NJW 2002, 1642–1643.

935 *King*, S. 144. Siehe zum geschlossenen Fonds allgemein bereits oben unter C.I.1.c).

geschlossene Immobilienfonds sei eine reine Kapitalanlagegesellschaft und eine unbeschränkte persönliche Haftung der Gesellschafter sei dann keine gegen Treu und Glauben verstoßende Benachteiligung des Vertragspartners.[936]

Nach der Rechtsprechung des BGH ist demnach eine Beschränkung der Haftung der Anteilseigner eines Immobilienfonds in der Form der BGB-Gesellschaft auf das Gesellschaftsvermögen möglich, soweit diese Beschränkung im Gesellschaftsvertrag vereinbart und in die AGB mit den Gläubigern der Gesellschaft aufgenommen wurde.

bb) Übertragbarkeit auf die DAO-Projekte

Für eine Übertragbarkeit der Grundsätze der Rechtsprechung müsste die Interessenslage der Parteien beim geschlossenen Immobilienfonds und dem Verband der Finanzierungs-DAO vergleichbar sein. Hier fällt bereits auf, dass es sich beim geschlossenen Immobilienfonds um eine Unterform des geschlossenen Investmentfonds handelt. Wie oben bereits festgestellt, weist dieser entscheidende Unterschiede zum Verband der Finanzierungs-DAO hinsichtlich der Organisation der Geschäftsführung auf.[937] Auch wenn die Zertifikatsinhaber das Governance-Certificate oftmals als Kapitalanlage erwerben und ein Haftungsausschluss im Gesellschaftsvertrag vereinbart ist,[938] fehlt es bereits an der Vergleichbarkeit der Interessenslage zwischen dem geschlossenen Immobilienfonds und dem Verband der Zertifikatsinhaber in der Finanzierungs-DAO. Die geschäftsführenden Gesellschafter im geschlossenen Immobilienfonds gründen oftmals eine Verwaltungsgesellschaft.[939] Für diese ist die Investition keine reine Kapitalanlage und die Ausnahme von der unbeschränkten persönlichen Haftung kann für diese nicht gelten. Den Gläubigern steht mit den Geschäftsführern dann doch ein persönlich haftender Gesellschafter zu Verfügung.

Würde man im Verband der Finanzierungs-DAO alle Zertifikatsinhaber privilegieren, so fehlt es an diesem persönlich haftenden Gesellschafter. Der Erwerber eines Governance-Certificates verfügt immer über ein Mitbestimmungsrecht. Auf dieses kann er auch nicht verzichten.[940] Der Erwerb eines Governance-Certificates als reine Kapitalanlage ist daher, selbst wenn er beabsichtigt ist, nicht

936 *BGHZ* 150, 1 (5 f.) = NJW 2002, 1642–1643.

937 Siehe hierzu bereits unter C.I.1.c).

938 Siehe hierzu bereits unter C.I.2.a)dd)(1).

939 *Kindler*, S. 67.

940 Siehe zur Förderung durch Abstimmungen auch bei Enthaltung bereits oben unter B.III.1.a)cc)(2)(a).

möglich. Folglich sind die Grundsätze der Rechtsprechung zum geschlossenen Immobilienfonds auf den Verband der Finanzierungs-DAO nicht übertragbar.

Im Ergebnis lässt sich daher festhalten, dass eine Beschränkung der Haftung durch AGB nur dann in Betracht kommt, wenn sich diese Haftungsbeschränkung auch durch ergänzende Vertragsauslegung ergeben würde. In den sonstigen Fällen kann die Haftung auch nicht durch eine entsprechende Vereinbarung in den AGB beschränkt werden.

c) Zwischenfazit

Eine vertragliche Haftungsbeschränkung für die rechtsgeschäftlich begründeten Verbindlichkeiten des Verbandes auf das Vermögen in der Budget-Wallet ist grundsätzlich möglich. Eine diesbezügliche ausdrückliche Individualvereinbarung zwischen dem Verband und seinen Gläubigern wird es hierbei jedoch nicht geben.

Soweit sich die Technologie am Massenmarkt noch nicht durchgesetzt hat, wird man davon ausgehen können, dass überwiegend mit der Technologie vertraute Fachkreise die Rolle der Zertifikatsinhaber und Gläubiger des Verbandes einnehmen. Zu diesem Zeitpunkt kann dann bei ergänzender Vertragsauslegung davon ausgegangen werden, dass den Parteien die beiderseitige Interessenslage bekannt ist und folglich auf eine Beschränkung der Haftung für rechtsgeschäftlich begründete Verbindlichkeiten auf das Vermögen in der Budget-Wallet geschlossen werden kann. Eine solche Vereinbarung könnte dann auch durch AGB erfolgen. Zwar finden sich bislang derlei Vereinbarungen weder im Softwarecode noch in den zugehörigen Dokumentationen, für künftige Gestaltungen wären sie aber realisierbar.

Da eine solche Vereinbarung nur rechtsgeschäftlich begründete Verbindlichkeiten betrifft, kann damit in der Spenden-DAO die Haftung nach § 54 S. 2 BGB ausgeschlossen werden. Für die Investment- und Management-DAO verbleibt aber die unbeschränkte Haftung der Zertifikatsinhaber für gesetzliche Verbindlichkeiten des Verbandes, soweit nicht eine institutionelle Haftungsbeschränkung angenommen werden kann.[941]

Soweit sich die Technologie im weiteren Verlauf auch auf dem Massemarkt durchsetzt, ist nicht mehr davon auszugehen, dass Zertifikatsinhaber und Gläubiger überwiegend aus Fachkreisen stammen. Folglich wird die gegenseitige Interessenslage zumindest den Gläubigern oftmals nicht bekannt sein. Auch bei

941 Siehe dazu bereits unter C.III.1.

ergänzender Vertragsauslegung kann dann nicht mehr von einer Beschränkung der Haftung ausgegangen werden. Stattdessen gilt das dispositive Recht. Für die Spenden-DAO bedeutet dies die oben beschriebene Handelndenhaftung nach § 54 S. 2 BGB,[942] für die Investment- und Management-DAO die unbeschränkte akzessorische persönliche Haftung der Zertifikatsinhaber für alle Verbindlichkeiten des Verbandes nach § 128 HGB (analog). Auch hier gilt eine Ausnahme nur, wenn eine institutionelle Haftungsbeschränkung angenommen werden kann.[943] Eine weitere Beschränkung der Haftung ist hier auch nicht durch AGB möglich, da dies gegen das Gebot von Treu und Glauben verstoßen würde. Die Rechtsprechung des BGH zu geschlossenen Immobilienfonds ist auf die hier untersuchten Projekte nicht übertragbar.

IV. Ergebnis

Die Frage, inwieweit eine Außenhaftung der Zertifikatsinhaber für die Verbindlichkeiten des Verbandes der Finanzierungs-DAO besteht, lässt sich nicht einheitlich beantworten. Die Haftung wäre zunächst auf das Gesellschaftsvermögen begrenzt, soweit es sich bei dem gegründeten Verband um eine Körperschaft handeln würde.

Obwohl die Verbandsstruktur der Gruppe der Zertifikatsinhaber in der Finanzierungs-DAO körperschaftliche Züge aufweist, kommt als mögliche Körperschaft nur ein nicht rechtsfähiger Idealverein in Betracht. Dieser bedarf einer nicht wirtschaftlichen Zwecksetzung. Eine solche ist lediglich in den Projekten der Spenden-DAO erkennbar. Folglich können diese Verbände als nicht rechtsfähige Idealvereine eingeordnet werden. Die Mitglieder sind dann grundsätzlich von einer persönlichen Haftung befreit. Es verbleibt jedoch eine Haftung der Handelnden nach § 54 S. 2 BGB, welche grundsätzlich Erfüllungsansprüche, Sekundäransprüche und Ansprüche aus culpa in contrahendo nach § 311 Abs. 2 BGB erfasst. Als „Handelnde" wird man im Verband der Spenden-DAO die Prüfer ansehen können, soweit diese ihrer Tätigkeit nicht durch Teilnahme in einem Prognosemarkt nachgehen. Ist Letzteres der Fall oder sieht das Projekt keine Prüfer vor, so würde der Verzicht auf einen Haftenden den Interessen der Gläubiger nicht gerecht. Da sich die Gruppe der Zertifikatsinhaber die steuernde Software als Werkzeug des Vertragsschlusses zu eigen macht und grundsätzlich alle zur Abstimmung über die eingehenden Angebote berufen

942 Siehe dazu bereits unter C.II.1.

943 Siehe hierzu bereits unter C.III.1.

sind, erscheint es interessensgerecht, in diesem Fall alle Zertifikatsinhaber als Handelnde einzuordnen, unabhängig davon, ob diese an der konkreten Abstimmung teilnehmen.

Beim Verband der Management-DAO und der Investment-DAO handelt es sich um körperschaftlich strukturierte Personengesellschaften. Der Verband der Management-DAO erfüllt die Voraussetzungen der oHG. Der Verband der Investment-DAO ist dagegen BGB-Gesellschaft. Nach § 139 KAGB müsste er sich zwar als Kommanditgesellschaft gründen, bis zur Umwandlung oder Auflösung besteht er aber als BGB-Gesellschaft fort. Für die Zertifikatsinhaber in der Management- und Investment-DAO gilt daher die unbeschränkte persönliche Haftung nach § 128 HGB (analog).

In allen DAO-Projekten besteht die Möglichkeit, die Haftung der Zertifikatsinhaber zu begrenzen. Dabei kommen eine institutionelle und eine vertragliche Haftungsbeschränkung in Betracht.

Eine institutionelle Haftungsbeschränkung, die alle Ansprüche der Gläubiger gegen den Verband erfassen würde, kann zumindest nicht aus sozialpolitischen und ökonomischen Erwägungen begründet werden. Möglich ist nur eine Beschränkung der Haftung durch analoge Anwendung der Haftungsregelung für Kommanditisten nach §§ 171 ff. HGB. Dies erfordert, dass eine Untergruppe der Zertifikatsinhaber – analog den Komplementären – als persönlich haftende Gesellschafter verbleiben. Hierfür kommen aber weder die jeweils Abstimmenden noch die Prüfer infrage. Stattdessen könnten die Initiatoren diese Rolle übernehmen, soweit eine gewisse Sonderstellung anzunehmen ist. Diese Stellung kann sich entweder daraus ergeben, dass sie das Governance-Certificate ohne Gegenleistung erhalten oder dass sie laufend Einfluss auf die Führung der Projekte nehmen können. Dieser Einfluss müsste, über die initiale Erstellung der Software hinaus, während der Laufzeit des Projekts fortwirken.

Ist eine solche Sonderstellung der Initiatoren nicht gegeben, kommt eine institutionelle Haftungsbeschränkung nicht in Betracht. Es verbleibt dann die Möglichkeit einer vertraglichen Haftungsbeschränkung durch Vereinbarung mit den Gläubigern des Verbandes. Eine diesbezügliche ausdrückliche Individualvereinbarung zwischen dem Verband und seinen Gläubigern wird es hierbei jedoch nicht geben. Möglich ist aber die Haftungsbeschränkung durch ergänzende Vertragsauslegung.

Soweit sich die DLT am Massenmarkt noch nicht durchgesetzt hat und überwiegend mit der Technologie vertraute Fachkreise die Rolle der Zertifikatsinhaber und Gläubiger des Verbandes einnehmen, kann davon ausgegangen werden, dass den Parteien die beiderseitige Interessenslage bekannt ist und eine

Beschränkung der Haftung für rechtsgeschäftlich begründete Verbindlichkeiten auf das Vermögen in der Budget-Wallet vereinbart wurde.

Da eine solche Vereinbarung alle rechtsgeschäftlich begründeten Verbindlichkeiten betrifft, kann damit in der Spenden-DAO die Haftung nach § 54 S. 2 BGB ausgeschlossen werden. Für die Investment- und Management-DAO verbleibt aber die unbeschränkte Haftung der Zertifikatsinhaber für gesetzliche Verbindlichkeiten des Verbandes, soweit nicht ausnahmsweise – unter den oben genannten Voraussetzungen – eine institutionelle Haftungsbeschränkung angenommen werden kann.

Sollte sich die DLT im weiteren Zeitverlauf auch auf dem Massemarkt durchsetzen, so ist nicht mehr davon auszugehen, dass Zertifikatsinhaber und Gläubiger überwiegend aus Fachkreisen stammen. Auch bei ergänzender Vertragsauslegung kann dann nicht mehr von einer Beschränkung der Haftung ausgegangen werden. Stattdessen gilt das dispositive Recht, für die Spenden-DAO also § 54 S. 2 BGB, für die Management- und Investment-DAO § 128 HGB (analog).

D. Schlussbetrachtung

Nach erfolgter Prüfung können im Folgenden die Ergebnisse der Untersuchung zusammengefasst (I) und im Anschluss ein kurzer Ausblick auf mögliche zukünftige Entwicklungen gegeben werden (II).

I. Zusammenfassung der Ergebnisse

Die vorliegende Arbeit ging der Frage nach, inwieweit durch die Teilnahme an einem DAO-Projekt das Risiko einer Haftung für die Verbindlichkeiten eines etwaig gegründeten rechtlichen Verbandes besteht. Um diese Frage zu beantworten musste zunächst untersucht werden, unter welchen Bedingungen bei der Gründung eines DAO-Projekts überhaupt ein rechtlicher Verband entsteht (1). Konnte die Gründung eines solchen Verbandes bejaht werden, so war weiter klärungsbedürftig, in welcher Rechtsform dieser betrieben wird (2). Schließlich konnte festgestellt werden, welche Haftungsfolgen sich daraus konkret ergeben (3).

1. Voraussetzung für die Gründung eines rechtlichen Verbandes

Die Untersuchung hat gezeigt, dass die Voraussetzungen für die Gründung eines rechtlichen Verbandes in den DAO-Projekten in der überwiegenden Zahl der Fälle gegeben sind. Wer ein Governance-Certificate zur Teilnahme an den Abstimmungen des DAO-Projekts erwirbt, handelt dabei regelmäßig im Bewusstsein etwas rechtlich Erhebliches zu erklären. Der dabei geäußerte Geschäftswille zur Gründung eines rechtlichen Verbandes ist nur dann zu verneinen, wenn das DAO-Projekt nicht über eine Budget-Wallet verfügt und die Zertifikatsinhaber durch Abstimmungen stattdessen Parameter eines mit der DAO verbundenen Gesamtprojekts verandern. Diese Projekte wurden in dieser Arbeit als Steuerungs-DAO-Projekte bezeichnet. Die Zertifikatsinhaber in der Steuerungs-DAO bilden keinen rechtlichen Verband, sondern stehen einzeln mit den Initiatoren des Gesamtprojekts in einem Austauschverhältnis. Da kein Verband gegründet wird, besteht für die Zertifikatsinhaber hier auch kein Risiko einer Außenhaftung.

Der Geschäftswille zur Gründung eines rechtlichen Verbandes ist hingegen zu bejahen, wenn das DAO-Projekt über eine Budget-Wallet verfügt und die Zertifikatsinhaber über die Verwendung der Mittel in der Budget-Wallet abstimmen. Solche DAO-Projekte wurden in dieser Arbeit als Finanzierungs-DAO-Projekte bezeichnet. In der Finanzierungs-DAO äußern die Zertifikatsinhaber den Willen zur Förderung eines gemeinsamen Zwecks, wobei alternative Austauschverträge mit den Initiatoren nicht ersichtlich sind. Mithin wird ein rechtlicher Verband zwischen den Zertifikatsinhabern gegründet. Der Erwerb des Governance-Certificates ist dabei für die Mitgliedschaft im Verband Voraussetzung. Die Initiatoren der Projekte, sowie diejenigen die eine Vorprüfung der eingehenden Angebote vornehmen (Prüfer) oder Angebote an die Gruppe der Zertifikatsinhaber senden (Proposer) werden nicht ohne Weiteres Mitglieder, sondern müssen hierfür ebenfalls ein Governance-Certificate erwerben. Tun sie das nicht, so stehen sie mit der Gruppe der Zertifikatsinhaber entweder in einem Austauschverhältnis oder in einem Verhältnis ohne rechtliche Bindungen.

Es lässt sich mithin festhalten, dass die Zertifikatsinhaber in der Steuerungs-DAO keinen Willen zur Gründung eines rechtlichen Verbandes äußern, die Zertifikatsinhaber in der Finanzierungs-DAO hingegen schon. Für die Frage nach der Außenhaftung der Zertifikatsinhaber für die Verbindlichkeiten des Verbandes der Finanzierungs-DAO war weiter zu entscheiden, in welcher Rechtsform der gegründete Verband betrieben wird.

2. Die Rechtsform des Verbandes der Finanzierungs-DAO

Als Rechtsform für den Verband der Zertifikatsinhaber kommen grundsätzlich Körperschaften und Personengesellschaften in Betracht. Eine Besonderheit ergibt sich allerdings für die DAO-Projekte, in denen die DAO mit einem Gesamtprojekt verbunden ist, die Budget-Wallet aus den Transaktionsgebühren dieses Gesamtprojekts gespeist wird und keine Auszahlungsmöglichkeit für die Zertifikatsinhaber aus der Budget-Wallet besteht. In diesen Fällen ist nicht von der Bildung eines Gesellschaftsvermögens durch den Verband der Zertifikatsinhaber auszugehen. Dies hat zur Folge, dass der von den Zertifikatsinhabern gegründete Verband keine Rechtsfähigkeit besitzt, dennoch aber Außen-Personengesellschaft in Form der BGB-Gesellschaft ist. Die Gründung einer Körperschaft kommt für diese nicht in Betracht.

Für alle anderen Finanzierungs-DAO-Projekte war die Möglichkeit zur Gründung einer Körperschaft nicht von Vornherein ausgeschlossen. Die Untersuchung hat indes ergeben, dass trotz einer erkennbar körperschaftlichen Struktur der DAO-Projekte die Gründung einer Körperschaft nur bei nicht-wirtschaftlicher Zwecksetzung des Verbandes angenommen werden kann. Nur in diesem Fall ist nämlich die Gründung eines nicht rechtsfähigen Idealvereins, auch ohne staatlich kontrollierte Eintragung, möglich. Diese Voraussetzung ist bei denjenigen Projekten der Finanzierungs-DAO gegeben, bei welchen der gemeinsame Zweck in der unentgeltlichen Spende der Mittel in der Budget-Wallet an Dritte liegt. Diese Projekte wurden in dieser Arbeit als Spenden-DAO-Projekte bezeichnet.

Die anderen Finanzierungs-DAO-Projekte sind wirtschaftlich ausgerichtet. Für diese besteht de lege lata kein Anlass zur Annahme der Gründung einer Körperschaft. Zwar weisen die Projekte, bei denen das Governance-Certificate in Form eines übertragbaren Tokens vorliegt, Parallelen zur AG auf, für deren Gründung fehlt es jedoch an einer staatlichen Kontrolle und den notwendigen Mechanismen zum Kapitalschutz. Zudem sind vereinzelt Probleme mit dem aktienrechtlichen Gleichbehandlungsgrundsatz erkennbar, wenn die Initiatoren Governance-Certificates ohne Gegenleistung einbehalten. Diese Probleme können auch nicht alleine durch die derzeit diskutierte Ermöglichung digitaler Wertpapiere gelöst werden, da hiervon alleine die Ausgabe der Aktien betroffen ist. DAO-Projekte müssten nichtsdestotrotz ein staatlich kontrolliertes Gründungsverfahren durchlaufen und die strengen Vorgaben des AktG einhalten. Es ist derzeit aber nicht ersichtlich, dass dies von den Gründern und Teilnehmern der DAO-Projekte gewünscht ist. Der DAO liegt vielmehr der Gedanke einer „führungslosen Unternehmung" zugrunde, die sich mit den staatlichen Vorgaben zur Gründung von Kapitalgesellschaften nicht verträgt.

Für die wirtschaftlich orientierten Verbände der Finanzierungs-DAO kommen als Rechtsform de lege lata nur Personengesellschaften infrage. Bei den DAO-Projekten nimmt eine Vielzahl von Zertifikatsinhabern teil, womit von Publikumspersonengesellschaften auszugehen ist. Für diese ist in der derzeitigen Praxis zwar die Wahl der Rechtsform einer KG üblich. Für die hier untersuchten Projekte wurde aber gezeigt, dass die hierfür erforderliche Vereinbarung einer abgestuften Haftung nicht erkennbar ist. Folglich wäre grundsätzlich von der Gründung einer BGB-Gesellschaft auszugehen.

Eine Ausnahme besteht dann, wenn durch den Verband ein Handelsgewerbe betrieben wird. Die Untersuchung hat gezeigt, dass dies in denjenigen Finanzierungs-DAO-Projekten der Fall ist, in welchen die DAO mit einem Gesamtprojekt verbunden ist und die Mittel in der Budget-Wallet zur Weiterentwicklung dieses Gesamtprojekts eingesetzt werden sollen. Diese Projekte wurden in dieser Arbeit als Management-DAO-Projekte bezeichnet.

Als letzte Untergruppe der Finanzierungs-DAO verbleiben die Projekte, in denen die Mittel in der Budget-Wallet gewinnbringend in Drittprojekte investiert werden sollen. Diese wurden in dieser Arbeit als Investment-DAO-Projekte bezeichnet. Für den Verband der Zertifikatsinhaber in der Investment-DAO muss auf den Willen zur Gründung einer BGB-Gesellschaft geschlossen werden. Dies steht jedoch in Konflikt mit dem Rechtsformzwang des § 139 KAGB, welcher für geschlossene Investmentvermögen in Form einer Personengesellschaft die Rechtsform der KG vorschreibt. Der Zweck des Anlegerschutzes wird auch in den Projekten der Investment-DAO relevant. Auch hier haben Minderheitenanleger wenig Mitspracherecht über die Verwendung ihrer Mittel. Soweit deutsches Recht auf den Verband der Investment-DAO anzuwenden ist, ist dieser folglich de lege lata nach § 726 BGB aufzulösen. Solange dies noch nicht geschehen ist, besteht der Verband aber als BGB-Gesellschaft fort.

Zusammenfassend lässt sich festhalten, dass der Verband der Zertifikatsinhaber in der Spenden-DAO in der Rechtsform des nicht rechtsfähigen Idealvereins betrieben werden kann, der Verband der Management-DAO dagegen als oHG, der der Investment-DAO als (aufzulösende) BGB-Gesellschaft. Hieraus ergeben sich unterschiedliche Haftungsfolgen für die beteiligten Zertifikatsinhaber.

3. Haftungsfolgen für die Zertifikatsinhaber

Für den Verband der Spenden-DAO, als nicht rechtsfähigen Idealverein, sieht das Gesetz eine Handelndenhaftung nach § 54 S. 2 BGB vor, welche grundsätzlich Erfüllungsansprüche, Sekundäransprüche und Ansprüche aus culpa in contrahendo nach § 311 Abs. 2 BGB erfasst. Als „Handelnde" wird man im Verband der Spenden-DAO die Prüfer ansehen können, soweit diese ihrer Tätigkeit nicht im Rahmen eines Prognosemarktes nachgehen. Die übrigen Zertifikatsinhaber sind dann von einer Haftung für die Verbindlichkeiten des Verbandes befreit.

Sieht das Projekt keine Prüfer der oben genannten Art vor, so würde der Verzicht auf einen Haftenden den Interessen der Gläubiger nicht gerecht. Da sich die Gruppe der Zertifikatsinhaber die steuernde Software als Werkzeug des Vertragsschlusses zu eigen macht und grundsätzlich alle zur Abstimmung über die eingehenden Angebote berufen sind, erscheint es interessensgerecht alle Zertifikatsinhaber als Handelnde einzuordnen, unabhängig davon, ob diese an der konkreten Abstimmung teilnehmen.

Für die Zertifikatsinhaber in der Management- und Investment-DAO gilt die unbeschränkte persönliche Haftung nach § 128 HGB (analog). Zwar ist grundsätzlich eine institutionelle Haftungsbeschränkung denkbar. Die Möglichkeiten hierzu sind jedoch sehr begrenzt. Aus sozialpolitischen oder ökonomischen Erwägungen ist eine solche Haftungsbeschränkung abzulehnen. Gangbar erscheint lediglich eine analoge Anwendung der Vorschriften für die Haftung von Kommanditisten nach §§ 171 ff. HGB. Voraussetzung hierfür ist aber, dass eine Personengruppe unter den Zertifikatsinhabern eine Sonderrolle einnimmt, welche eine verschärfte Haftung gegenüber den übrigen Zertifikatsinhabern rechtfertigen würde. Eine solche ließe sich nur in den Initiatoren finden und setzt voraus, dass diese das Governance-Certificate ohne Gegenleistung erhalten oder laufend Einfluss auf die Führung der Projekte nehmen können. Dieser Einfluss müsste, über die initiale Erstellung der Software hinaus, während der Laufzeit des Projekts fortwirken.

Oftmals wird eine solche Sonderstellung der Initiatoren nicht gegeben sein. Sie widerspricht auch dem Grundkonzept der dezentralen Organisation, die nicht von zentraler Stelle koordiniert werden soll. Haben sich die Initiatoren aus dem Projekt zurückgezogen, so bleibt nur noch die Möglichkeit einer vertraglichen Haftungsbeschränkung durch Vereinbarung mit den Gläubigern des Verbandes. Ausdrücklich wird eine solche indes nicht getroffen werden, womit nur die Option einer Haftungsbeschränkung durch ergänzende Vertragsauslegung bleibt.

Derzeit sind mit den DAO-Projekten überwiegend Teilnehmer aus Fachkreisen beschäftigt, welche die zugrundeliegende Technologie kennen und über die Rollen und Interessen der anderen Parteien Bescheid wissen. Solange dies der Fall ist, kann davon ausgegangen werden, dass eine Beschränkung der Haftung für rechtgeschäftlich begründete Verbindlichkeiten auf das Vermögen in der Budget-Wallet zwischen dem Verband der Zertifikatsinhaber und den Gläubigern vereinbart wurde.

Sollte sich die Technologie in Zukunft soweit am Markt durchsetzen, dass auch zunehmend Laien mit DAO-Projekten in Berührung kommen, ändert sich die Interessenslage. Die Teilnehmer werden oftmals weder den Softwarecode noch die Dokumentation der steuernden Software lesen und verstehen. Stattdessen agieren sie über Benutzeroberflächen und sind über die beteiligten Parteien und deren Interessen nicht zwingend im Bilde. Gläubiger des Verbandes der DAO, welche diese Hintergründe nicht kennen, sind schutzwürdiger. Auch bei ergänzender Vertragsauslegung kann dann nicht mehr von der Vereinbarung einer Haftungsbeschränkung ausgegangen werden. Stattdessen gilt das dispositive Recht. Für die Zertifikatsinhaber im Verband der Spenden-DAO gilt dann die Handelndenhaftung des § 54 S. 2 BGB, soweit keine Prüfer der oben genannten Art vorhanden sind. In der Management- und Investment-DAO haften die Zertifikatsinhaber nach § 128 HGB (analog).

Im Ergebnis lässt sich mithin festhalten, dass für die Zertifikatsinhaber in der Spenden-DAO eine Beschränkung der Haftung auf das Gesellschaftsvermögen dann gegeben ist, wenn Prüfer vorhanden sind, die als Handelnde die Haftung nach § 54 S. 2 BGB trifft. Für die Zertifikatsinhaber in der Investment-DAO ist eine institutionelle Haftungsbeschränkung analog zur Haftung der Kommanditisten dann möglich, wenn die Initiatoren eine Sonderrolle einnehmen.

In allen anderen Fällen trifft die Zertifikatsinhaber in der Spenden-DAO selbst die Haftung nach § 54 S. 2 BGB, in der Investment- und Management-DAO die

Haftung nach § 128 HGB (analog). Diese Haftung lässt sich nur durch vertragliche Vereinbarung mit den Gläubigern beschränken. Da keine Individualvereinbarung getroffen wurde, ist dies nur durch ergänzende Vertragsauslegung möglich, welche indes nur dann zum Ergebnis einer Beschränkung der Haftung auf das Vermögen in der Budget-Wallet kommt, solange die beteiligten Personen noch aus mit der Technologie vertrauten Fachkreisen stammen.

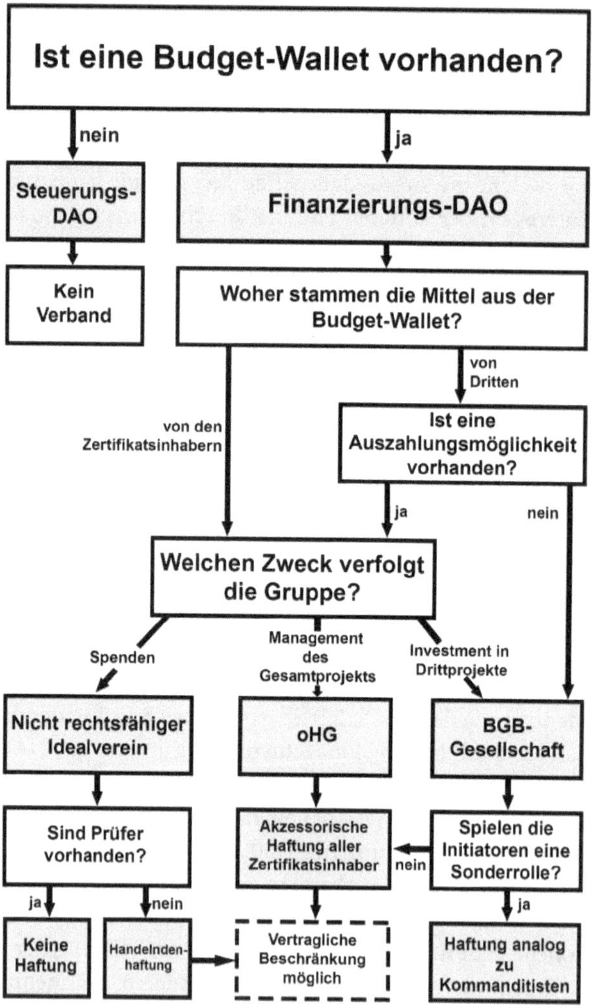

Abbildung 6: Ergebnisübersicht

II. Ausblick

Das gefundene Ergebnis kann als deutliche Warnung vor der Teilnahme an derzeit bestehenden DAO-Projekten verstanden werden. Lediglich für Steuerungs-DAO-Projekte ist eine gesellschaftsrechtliche Außenhaftung nicht ersichtlich. Für allen anderen DAO-Projekte geht, soweit deutsches Recht auf die Projekte anwendbar ist, mit dem Erwerb des Governance-Certificates ein erhebliches Haftungsrisiko einher. Nur die Teilnahme an der nicht wirtschaftlichen Spenden-DAO kommt ohne eine persönliche Haftung der Zertifikatsinhaber aus, wenn handelnde Prüfer vorhanden sind. Fehlen diese, so trifft die Zertifikatsinhaber hier durch die Teilnahme die Handelndenhaftung. Noch empfindlicher trifft es Zertifikatsinhaber in der Management- und Investment-DAO, für die grundsätzlich eine unbeschränkte persönliche Haftung für die Verbindlichkeiten des Verbandes anzunehmen ist. In Einzelfällen mag diese in der Investment-DAO auf die Einlage reduziert sein. Bereits hier kann jedoch die Feststellung der notwendigen Sonderrolle der Initiatoren in der Praxis Schwierigkeiten bereiten. Zudem zeigt die Untersuchung für die Investment-DAO, dass diese de lege lata ohnehin nicht in der derzeitigen Form betrieben werden darf, sondern aufgelöst oder in eine KG umgewandelt werden muss.

Die Möglichkeit einer vertraglichen Haftungsbeschränkung bleibt zwar derzeit bestehen. Mit Blick auf die Zukunft kann man an dieser jedoch zweifeln. Sollten sich DAOs, entsprechend der Vision ihrer Entwickler, tatsächlich als Alternative zur klassischen Unternehmensführung etablieren, kann eine Beschränkung der Haftung auf das Gesellschaftsvermögen durch ergänzende Vertragsauslegung nicht mehr gelingen.[944]

Die Untersuchung zeigt daher, dass für künftige DAO-Projekte Anpassungsbedarf besteht. Eine weitere Verbreitung von DAOs in ihrer derzeitigen Form führt zu Haftungsfolgen, die eine Teilnahme am Projekt wirtschaftlich unattraktiv machen.[945] Als zentrales Problem derzeitiger Projekte kann dabei der Governance-Mechanismus identifiziert werden. Die notwendige Beteiligung aller (oder einer Vielzahl) der Zertifikatsinhaber an jeder Abstimmung führt nicht nur zu wirtschaftlicher Ineffizienz,[946] sondern auch zur unerwünschten Haftung aller Mitglieder. Sollen DAOs in Zukunft erfolgreich werden, muss ein wirtschaftlich sinnvolles Management etabliert sowie die Beschränkung der

944 Siehe hierzu die Ergebnisse unter C.III.2.a)cc).

945 Siehe zu den wirtschaftlichen Folgen bereits unter C.III.1.b).

946 Siehe hierzu bereits unter C.III.1.b)bb)(2)(c).

Haftung reiner oder überwiegender Kapitalgeber ermöglicht werden. Als mögliche Lösungen werden im Folgenden eine Unternehmensführung durch Software (1) und eine Konzentration der Entscheidungsgewalt (2) vorgestellt.

1. Governance durch Software

Eine Lösung, welche die ständige Beschäftigung einer Vielzahl von Menschen mit den Entscheidungsvorgängen des Unternehmens überflüssig machen würde, könnte die Führung der Geschäfte durch eine autonom agierende Software sein.[947] Wie im Rahmen dieser Arbeit bereits festgestellt, handelt es sich trotz des Titels „DAO" bei derzeitigen Projekten nicht um „autonome" Organisationen.[948] Für die Zukunft kann jedoch nicht ausgeschlossen werden, dass die Führung eines Unternehmens tatsächlich alleine durch Software gesteuert wird, welche die notwendigen Entscheidungen ohne menschliche Mitwirkung trifft und die Ergebnisse automatisiert ausführt. Gelingt eine solche Umsetzung, könnten die wirtschaftlichen Vorteile beachtlich sein. Nicht nur könnte hierin ein Lösungsansatz für das Prinzipal-Agent-Problem liegen,[949] sondern die Entscheidungsfindung auch kostengünstiger und schneller erfolgen als jede menschliche Abstimmung.

Einer solchen Umsetzung wäre das derzeit geltende Gesellschaftsrecht nicht gewachsen. Sowohl das Personengesellschaftsrecht als auch das Recht der Körperschaften geht von menschlichen Geschäftsführern aus. Der Einsatz von Maschinen als Entscheidungswerkzeuge ist zwar möglich, die Entscheidung müsste jedoch einem menschlichen Geschäftsführer zugerechnet bzw. von diesem bestätigt werden können. Agiert die Software aber wirklich autonom, gelingt dies nicht ohne Weiteres. Sollte eine solche Umsetzung tatsächlich möglich sein, wäre es nicht gänzlich ausgeschlossen, das Kapitalgesellschaftsrecht um eine Rechtsform für autonome Organisationen zu erweitern. Eine solche „eAG" oder „eGmbH" wäre dann eigenständiger Rechtsträger.[950] Die Zertifikatsinhaber wären Anteilseigner, jedoch nicht Geschäftsführer. Von einer Haftung wären sie grundsätzlich befreit. Die Gründung einer solchen Körperschaft müsste indes

947 Siehe hierzu bereits näher unter C.III.1.b)bb)(1)(b)(aa).

948 Siehe hierzu bereits unter B.I.2.a)cc).

949 Siehe hierzu bereits unter C.III.1.b)bb)(1)(b)(aa).

950 Auf die Diskussion um die Einführung einer „ePerson" für autonome Systeme soll an dieser Stelle nicht näher eingegangen werden. Näher hierzu *Gless*, GS 2017, 324–329; *Kluge/Müller*, DSRI Tagungsband Herbstakademie 2016, 989–1006.

staatlich kontrolliert werden, sodass auch ohne menschliche Führung der Kapitalschutz gesichert werden kann.

Das Konzept eines allein durch autonome Software geführten Verbandes wird sich jedoch in naher Zukunft wohl nicht realisieren lassen. Auch wenn durch aktuelle Forschung im Bereich der künstlichen Intelligenz selbstlernende Software auf dem Vormarsch ist,[951] handelt es sich bei den für die Führung eines Unternehmens notwendigen Entscheidungen um äußerst komplexe Vorgänge. Entscheidungen müssen spontan und flexibel, auch in unvorhersehbaren Situationen, getroffen werden können. Software ist jedoch von Natur aus deterministisch. So kann auch intelligente Software derzeit nur schwer Probleme lösen, deren Bearbeitung nicht vom Entwickler angelegt wurde. Es ist folglich für die nahe Zukunft nicht zu erwarten, dass das Governance-Problem derzeitiger DAO-Projekte alleine durch autonome Software gelöst werden kann. Kurz- und mittelfristig wird man daher wohl von diesem Lösungsansatz zunächst Abstand nehmen müssen. Als weitere Lösungsmöglichkeit besteht aber die Konzentration von Entscheidungsgewalt.

2. Konzentration von Entscheidungsgewalt

Soweit autonome Software die Führung eines Unternehmens noch nicht alleine bewerkstelligen kann, kommt eine Unternehmensführung nicht ohne menschliche Mitwirkung aus. Dies bestätigt auch der der Befund derzeit existenter DAO-Projekte, deren Führung zwar durch Software mediatisiert, jedoch allein in den Händen menschlicher Entscheidungsträger liegt. Die Entscheidung dabei stets von allen Zertifikatsinhabern treffen zu lassen ist aus den oben genannten Gründen hingegen wenig sinnvoll. Eine Lösung für das Governance-Problem könnte daher in der Übertragung der Entscheidungsgewalt auf kleinere Personengruppen liegen. Dies bedeutet einen Kompromiss vom Ursprungsgedanken einer DAO, als vollständig dezentrale Organisation. Die Ergebnisse dieser Arbeit deuten aber daraufhin, dass ein solcher Kompromiss für ein funktionierendes DAO-Projekt derzeit notwendig ist. Es ist nicht zu erwarten, dass sich alle Anteilseigner einer DAO mit allen Entscheidungen der Unternehmensführung auseinandersetzen wollen und können. Nur durch eine klare Zuweisung von Verantwortlichkeit kann das Projekt sinnvoll geführt und eine unbeschränkte persönliche Haftung aller Zertifikatsinhaber vermieden werden.

951 Siehe hierzu bereits die Übersicht unter Fn. 634.

Dieses Ergebnis könnte dadurch erreicht werden, dass neben einem Governance-Certificate, welches zur Geschäftsführung ermächtigt, ein reines Beteiligungs-Zertifikat ausgegeben wird, welches ohne Stimmrechte daherkommt.[952] Als Personengesellschaft könnte die DAO dann in der Form einer KG betrieben werden. Komplementäre halten das Governance-Certificate, während die Kommanditisten ein bloßes Beteiligungs-Zertifikat erhalten. In der Investment-DAO muss mangels Betriebs eines Handelsgewerbes für die Gründung der KG nach §§ 161 Abs. 2, 105 Abs. 2 HGB eine Eintragung ins Handelsregister erfolgen. Für die Management-DAO als oHG ist die Eintragung nach § 162 HGB ebenfalls vorgesehen, wirkt jedoch nur deklaratorisch.[953] Ein verbleibendes praktisches Problem bereitet das Erfordernis der Eintragung des Eintritts und Ausscheidens von Kommanditisten nach § 162 Abs. 3 HGB. Für den Beitritt des Erwerbers eines Beteiligungs-Zertifikats genügt dann nicht der alleinige Erwerb des Zertifikats. Es muss auch eine Eintragung ins Handelsregister erfolgen.[954]

Solche Eintragungen werden von den Entwicklern derzeit betriebenen DAO-Projekten wohl kaum in Erwägung gezogen. Soweit deutsches Recht auf das DAO-Projekt Anwendung findet, ist jedoch de lege lata zu einer solchen Gestaltung des Projekts und zur Eintragung zu raten.

---

952 Siehe zu diesem Vorschlag auch *Reyes*, George Washington Law Review 2019, 373 (416).

953 BeckOK HGB/*Häublein*, § 161, Rn. 14.

954 Siehe hierzu zur Investmentkommanditgesellschaft auch § 152 Abs. 4 KAGB, allgemein zum Eintragungserfordernis, MüKoHGB/*Grunewald*, § 162, Rn. 16.

Literaturverzeichnis

Adhami, Saman / Giudici, Giancarlo / Martinazzi, Stefano, Why Do Businesses Go Crypto? An Empirical Analysis of Initial Coin Offerings, Journal of Economics and Business 2018, 64–75.

Aitken, Roger, Digital Gold 'Done Right' With DigixDAO Crypto-Trading On OpenLedger, Forbes 2016, abrufbar unter: http://www.forbes.com/sites/rogeraitken/2016/04/23/digital-gold-done-right-with-digixdao-crypto-trading-on-openledger/#19b55ea84cf6 (zuletzt abgerufen am 02.05.2020).

Alchian, Armen / Demsetz, Harold, Production, Information Costs, and Economic Organization, The American Economic Review 1972, 777–795.

Alparslan, Adem, Strukturalistische Prinzipal-Agent-Theorie – Eine Reformierung der Hidden-Action-Modelle aus der Perspektive des Strukturalismus, Wiesbaden 2006 (zit. als: *Alparslan*).

Ang, James / Cole, Rebela / Lin, James, Agency Costs and Ownership Structure, Journal of Finance 2000, 81–106.

Asharaf, S. / Adarsh, S, Decentralized Computing using blockchain technologies and smart contracts – emerging research and opportunities, Hershey (Pennsylvania) 2017 (zit. als: *Asharaf/Adarsh*).

Ballerstedt, Kurt, Der gemeinsame Zweck als Grundbegriff des Rechts der Personengesellschaften, JuS 1963, 253–263.

Bamberger, Heinz / Roth, Herbert / Hau, Wolfgang et al. (Hrsg.), Beck'scher Onlinekommentar – BGB, 50. Aufl. 2019 (zit. als: BeckOK BGB/*Bearbeiter*).

Bannon, Seth, The Tao of "The DAO" or How the autonomous corporation is already here, Tech Crunch 2016, abrufbar unter: https://techcrunch.com/2016/05/16/the-tao-of-the-dao-or-how-the-autonomous-corporation-is-already-here/ (zuletzt abgerufen am 02.05.2020).

Bárcena-Ruiz, Juan Carlos / Campo, Maria Luz, Short-term or long-term labor contracts, Labour Economics 2000, 249–260.

Bareiß, Andreas, Filmfinanzierung 2.0 – Funktionsweise und Rechtsfragen des Crowdfunding, ZUM 2012, 456–465.

Baumann, Simone, Crowdinvesting im Finanzmarktrecht, Zürich 2014 (zit. als: *Baumann*).

Baumbach, Adolf, Handelsgesetzbuch – Mit GmbH & Co, Handelsklauseln, Bank und Börsenrecht, Transportrecht (ohne Seerecht), 39. Aufl., bearb. von Klaus Hopt, Christoph Kumpan, Hanno Merkt et al, München 2020 (zit. als: Baumbach/Hopt/*Bearbeiter*).

Bauwens, Michel / Kostakis, Vasilis / Pazaitis, Alex, Peer to peer – The commons manifesto, London 2019 (zit. als: *Bauwens/Kostakis/Pazaitis*).

Bayern, Shawn, Are Autonomous Entities Possible?, Northwestern University Law Review 2019, 23–47.

Bayern, Shawn / Burri, Thomas / Grant, Thomas et al, Company Law and Autonomous Systems – A Blueprint for Lawyers, Entrepreneurs, and Regulators, Hastings Science and Technology Law Journal 2017, 135–162.

Beck, Roman / Müller-Bloch, Christoph / King, John Leslie, Governance in the Blockchain Economy: A Framework and Research Agenda, JAIS 2018, 1020–1034.

Belleflamme, Paul / Lambert, Thomas / Schwienbacher, Armin, Crowdfunding – Tapping the right crowd, Journal of Business Venturing 2014, 585–609.

Benkler, Yochai, Coase's Penguin, or, Linux and The Nature of the Firm, The Yale Law Journal 2002, 369–446.

Benkler, Yochai, The Wealth of Networks – How Social Production Transforms Markets and Freedom, New Haven (US) 2006 (zit. als: *Benkler*, Networks).

Benoliel, Micha, Understanding the difference between coins, utility tokens and tokenized securities, Medium 2017, abrufbar unter: https://medium.com/startup-grind/understanding-the-difference-between-coins-utility-tokens-and-tokenized-securities-a6522655fb91 (zuletzt abgerufen am 02.05.2020).

Berliner Initiativkreis GCCG, German Code of Corporate Governance (GCCG), Der Betrieb 2000, 1573–1581.

Beutelspacher, Albrecht / Schwenk, Jörg / Wolfenstetter, Klaus-Dieter, Moderne Verfahren der Kryptographie, Wiesbaden 2015 (zit. als: *Beutelspacher/Schwenk/Wolfenstetter*).

Beuthien, Volker, Die Vorgesellschaft im Privatrechtssystem (Teil II), ZIP 1996, 360–369.

Beuthien, Volker, Warum eigentlich keine GbR mbH?, WM 2012, 1–10.

Blenske, Holger, Die Haftung der Gesellschafter einer GbR mbH, NJW 2000, 3170–3174.

Blocher, Walter, The next big thing – Blockchain – Bitcoin – Smart Contracts, AnwBl 2016, 612–618.

Blockchain Bundesverband, Regulierung von Token, Bundesblock 2018, abrufbar unter: https://bundesblock.de/de/regulierung-von-token/ (zuletzt abgerufen am 02.05.2020).

BMF und BMJV, Eckpunkte für die regulatorische Behandlung von elektronischen Wertpapieren und Krypto-Token – Digitale Innovationen ermöglichen – Anlegerschutz gewährleisten, BMF 2019, abrufbar unter: https://www.

bundesfinanzministerium.de/Content/DE/Standardartikel/Themen/Internationales_Finanzmarkt/2019-03-08-eckpunkte-elektronische-wertpapiere.html (zuletzt abgerufen am 02.05.2020).

BMWi und BMF, Blockchain-Strategie der Bundesregierung – Wir stellen die Weichen für die Token-Ökonomie, BMWi 2019, abrufbar unter: https://www.bmwi.de/Redaktion/DE/Publikationen/Digitale-Welt/blockchain-strategie.html (zuletzt abgerufen am 02.05.2020).

Böhm, Franz, Die Ordnung der Wirtschaft als geschichtliche Aufgabe und rechtsschöpferische Leistung, Stuttgart 1937 (zit. als: *Böhm*).

Böhmer, Martin, Die Vereinbarung eines gemeinsamen Zwecks bei der Gesellschaft bürgerlichen Rechts, JZ 1994, 982–990.

Bourque, Samuel / Fung Ling Tsui, Sara, A Lawyer's Introduction to Smart Contracts, Scientia Nobilitat 2014, 4–23.

Brabham, Daren, Crowdsourcing as a Model for Problem Solving, Convergence 2008, 75–90.

Brandani, Andrea, Keine Beschränkung der Gesellschafterhaftung auf das Vermögen einer GbR durch einseitige Erklärung – Anmerkung zum BGH Urt. vom 27. 9. 1999 – II ZR 371/98, DNotZ 2000, 140–145.

Brodersen, Ole Björn, Eignung schwarmintelligenter Verfahren für die betriebliche Entscheidungsunterstützung, Göttingen 2008 (zit. als: *Brodersen*).

Brox, Hans / Walker, Wolf-Dietrich, Allgemeiner Teil des BGB, 43. Aufl., München 2019 (zit. als: *Brox/Walker*).

Bughin, Jacques / Hazan, Eric / Ramaswamy, Sree et al, Artificial Intelligence – The Next Digital Frontier?, McKinsey Global Institute 2017, abrufbar unter: https://www.mckinsey.com/business-functions/mckinsey-analytics/our-insights/how-artificial-intelligence-can-deliver-real-value-to-companies (zuletzt abgerufen am 02.05.2020).

Bulkin, Aleksandr, The agency problem and economic efficiency of blockchain systems, Medium 2016, abrufbar unter: https://blog.coinfund.io/the-agency-problem-and-economic-efficiency-of-blockchain-systems-e4a8ae4ba0fc#.2iwr9txmm (zuletzt abgerufen am 02.05.2020).

Bültel, Stephan, Effektivität von Top Management Teams – Die Förderung offener Diskussionen im Vorstand deutscher Aktiengesellschaften, Wiesbaden 2009 (zit. als: *Bültel*).

Burgwinkel, Daniel, Blockchaintechnologie und deren Funktionsweise verstehen, in: Burgwinkel, Daniel (Hrsg.), Blockchain Technology, Berlin 2016, S. 3–50 (zit. als: *Burgwinkel*).

Buterin, Vitalik, A Next-Generation Smart Contract and Decentralized Application Platform, Ethereum Whitepaper 2016, abrufbar unter: https://github.com/ethereum/wiki/wiki/White-Paper (zuletzt abgerufen am 02.05.2020).

Buterin, Vitalik, An Introduction to Futarchy, Ethereum Blog 2014, abrufbar unter: https://blog.ethereum.org/2014/08/21/introduction-futarchy/ (zuletzt abgerufen am 02.05.2020).

Buterin, Vitalik, DAOs, DACs, DAs and More – An Incomplete Terminology Guide, Ethereum Blog 2014, abrufbar unter: https://blog.ethereum.org/2014/05/06/daos-dacs-das-and-more-an-incomplete-terminology-guide/ (zuletzt abgerufen am 02.05.2020).

Buterin, Vitalik, The Subjectivity / Exploitability Tradeoff, Ethereum Blog 2015, abrufbar unter: https://blog.ethereum.org/2015/02/14/subjectivity-exploitability-tradeoff/ (zuletzt abgerufen am 02.05.2020).

Caisley, Lawson / Lucking, David / Zdrowski, Michael et al, Decentralized Autonomous Organization, Allen & Overy 2016, abrufbar unter: https://www.allenovery.com/en-gb/global/news-and-insights/publications/decentralized-autonomous-organizations (zuletzt abgerufen am 02.05.2020).

Canaris, Claus-Wilhelm, Die Übertragung des Regelungsmodells der §§ 125–130 HGB auf die Gesellschaft bürgerlichen Rechts als unzulässige Rechtsfortbildung contra legem, ZGB 2004, 69–125.

Castillo, Michael del, The DAO – Or How A Leaderless Ethereum Project Raised $50 Million, CoinDesk 2016, abrufbar unter: http://www.coindesk.com/the-dao-just-raised-50-million-but-what-is-it/ (zuletzt abgerufen am 02.05.2020).

Catalini, Christian / Gans, Joshua, Some Simple Economics of the Blockchain, MIT Sloan Research Paper No. 5191-16 2016, abrufbar unter: https://ssrn.com/abstract=2874598 (zuletzt abgerufen am 02.05.20).

Chohan, Usman, The Decentralized Autonomous Organization and Governance Issues – Discussion Paper, University of New South Wales 2017, abrufbar unter: https://ssrn.com/abstract=3082055 (zuletzt abgerufen am 02.05.2020).

Clauß, Ulrich, Roboter: Investment-Firma wählt Computer in den Vorstand, Welt 2014, abrufbar unter: https://www.welt.de/politik/ausland/article128184225/Investment-Firma-waehlt-Computer-in-den-Vorstand.html (zuletzt abgerufen am 02.05.2020).

Clemens, Rudolf, Die elektronische Willenserklärung – Chancen und Gefahren, NJW 1985, 1998–2005.

Coase, Ronald, The Nature of the Firm, Economia 1937, 386–405.

Coles, Christina, Folgenorientierung im richterlichen Entscheidungsprozeß – Ein interdisziplinärer Ansatz, Frankfurt am Main 1991 (zit. als: *Coles*).

Commons, John, Institutional Economics – Its Place in Political Economy, Madison 1959 (zit. als: *Commons*).

Dan-Cohen, Meir, Rights, Persons, and Organizations – A Legal Theory for Bureaucratic Society, Berkeley 1986 (zit. als: *Dan-Cohen*).

DAOstack, DAOstack: An Operating System for Collective Intelligence – Whitepaper V 1.1 2018, abrufbar unter: https://daostack.io/wp/DAOstack-White-Paper-en.pdf (zuletzt abgerufen am 02.05.2020).

Dauner-Lieb, Barbara / Langen, Werner (Hrsg.), Nomos Kommentar BGB Schuldrecht – Band 2/2: §§ 611–853, 3. Aufl., Baden-Baden 2016 (zit. als: NK-BGB/*Bearbeiter*).

Davidson, Sinclair / Filippi, Primavera de / Potts, Jason, Disrupting Governance: The New Institutional Economics of Distributed Ledger Technology, SSRN 2016, abrufbar unter: https://ssrn.com/abstract=2811995 (zuletzt abgerufen am 02.05.2020).

Davidson, Sinclair / Filippi, Primavera de / Potts, Jason, Economics of Blockchain, SSRN 2016, abrufbar unter: https://ssrn.com/abstract=2744751 (zuletzt abgerufen am 02.05.2020).

Devenow, Andrea / Welch, Ivo, Rational herding in financial economics, European Economic Review 1996, 603–615.

Dewan, Palak / Dharni, Khushdeep, Herding Behaviour in Investment Decision Making – A Review, JEMT 2019, 1–12.

Diedrich, Henning, Ethereum – Blockchains, Digital Assets, Smart Contracts, Decentralized Autonomous Organizations, Erscheinungsort nicht ermittelbar 2016 (zit. als: *Diedrich*).

DigixGlobal, DigixDAO (DGD) Information – Whitepaper 2016, abrufbar unter: http://bravenewcoin.com/assets/Whitepapers/digixdao-info.pdf (zuletzt abgerufen am 02.05.2020).

Dingle, Simon, The company of the future – A beginner's guide to the DAO, Medium 2016, abrufbar unter: https://medium.com/@simondingle/the-company-of-the-future-a-beginners-guide-to-the-dao-112b8855d9ca (zuletzt abgerufen am 02.05.2020).

DiPrisco, Gregory, Maker for Dummies – A Plain English Explanation of the Dai Stablecoin, Medium 2017, abrufbar unter: https://medium.com/cryptolinks/maker-for-dummies-a-plain-english-explanation-of-the-dai-stablecoin-e4481d79b90 (zuletzt abgerufen am 02.05.2020).

Dreier, Thomas / Schulze, Gernot, Urheberrechtsgesetz – Verwertungsgesellschaftenrecht, Kunsturhebergesetz: Kommentar, 6. Aufl., München 2018 (zit. als: Dreier/Schulze/*Bearbeiter*).

Duffield, Evan / Diaz, Daniel, Dash – A Privacy-Centric Crypto-Currency, GitHub 2017, abrufbar unter: https://github.com/dashpay/dash/wiki/Whitepaper (zuletzt abgerufen am 02.05.2020).

DuPont, Quinn, Experiments in algorithmic governance – A history and ethnography of "The DAO," a failed decentralized autonomous organization, in: Campbell-Verduyn, Malcolm (Hrsg.), Bitcoin and Beyond, Cryptocurrencies, Blockchains, and Global Governance, London 2017, S. 157–177 (zit. als: *DuPont*).

Easterbrook, Frank / Fischel, Daniel, The Economic Structure of Corporate Law, Cambridge (Massachusetts) 1991 (zit. als: *Easterbrook/Fischel*).

Eidenmüller, Horst, Effizienz als Rechtsprinzip – Möglichkeiten und Grenzen der ökonomischen Analyse des Rechts, 4. Aufl., Tübingen 2015 (zit. als: *Eidenmüller*).

Eisenhardt, Kathleen M, Agency Theory – An Assessment and Review, Academy of Management Review 1989, 57–74.

Ertel, Wolfgang, Angewandte Kryptographie, München 2012 (zit. als: *Ertel*).

Eucken, Walter, Grundsätze der Wirtschaftspolitik, 7. Aufl., Tübingen 2004 (zit. als: *Eucken*).

Eufemio, Anthony / Chng, Kai / Djie, Shaun, Digix's Whitepaper – The Gold Standard in CryptoAssets, DigixGlobal 2016, abrufbar unter: https://github.com/DigixGlobal/digix-press-kit/blob/master/digix-whitepaper.pdf (zuletzt abgerufen am 02.05.2020).

Euler, Thomas, The Token Classification Framework – A multi-dimensional tool for understanding and classifying crypto tokens, Untitled Inc 2018, abrufbar unter: http://www.untitled-inc.com/the-token-classification-framework-a-multi-dimensional-tool-for-understanding-and-classifying-crypto-tokens/ (zuletzt abgerufen am 02.05.2020).

Farrington, Allen, On Prediction Markets and Blockchains, Medium 2019, abrufbar unter: https://medium.com/swlh/on-prediction-markets-and-blockchain-48037d12039d (zuletzt abgerufen am 02.05.2020).

Filippi, Primavera de / Wright, Aaron, Blockchain and the Law – The Rule of Code, Cambridge (Massachusetts) 2018 (zit. als: *Filippi/Wright*).

Fleischer, Holger / Goette, Wulf (Hrsg.), Münchener Kommentar zum Gesetz betreffend die Gesellschaften mit beschränkter Haftung – Band 1 – §§ 1–32, 3. Aufl., München 2018 (zit. als: MüKoGmbHG/*Bearbeiter*).

Fleischer, Holger / Goette, Wulf (Hrsg.), Münchener Kommentar zum Gesetz betreffend die Gesellschaften mit beschränkter Haftung – Band 2 – §§ 35–52, 3. Aufl., München 2019 (zit. als: MüKoGmbHG/*Bearbeiter*).

Flume, Werner, Allgemeiner Teil des Bürgerlichen Rechts – Erster Band: Die Personengesellschaft, Berlin 1977 (zit. als: *Flume*).

Franco, Pedro, Understanding Bitcoin, Chichester (UK) 2015 (zit. als: *Franco*).

Frankel, Tamar, Fiduciary Law, Oxford 2011 (zit. als: *Frankel*).

Freitag, Robert, Die „Investmentkommanditgesellschaft" nach dem Regierungsentwurf für ein Kapitalanlagegesetzbuch, NZG 2013, 329–335.

Fridgen, Gilbert / Guggenberger, Nikolas / Hoeren, Thomas et al, Chancen und Herausforderungen von DLT (Blockchain) in Mobilität und Logistik – Grundgutachten im Auftrag des Bundesministeriums für Verkehr und digitale Infrastruktur, BMVI und Fraunhofer FIT 2019, abrufbar unter: https://www.bmvi.de/SharedDocs/DE/Artikel/DG/blockchain-grundgutachten.html (zuletzt abgerufen am 02.05.2020).

Galt, Juan, DASH – The First Decentralized Autonomous Organization?, The Cointelegraph 2015, abrufbar unter: https://cointelegraph.com/news/dash-the-first-decentralized-autonomous-organization (zuletzt abgerufen am 02.05.2020).

Gerum, Elmar, Das deutsche Corporate Governance-System – Eine empirische Untersuchung, Stuttgart 2007 (zit. als: *Gerum*).

Gless, Sabine, Von der Verantwortung einer E-Person – Würdigung eines unveröffentlichten Regelungsentwurfs von Professor Dr. Dr. h.c. Kurt Seelmann anlässlich seines 70. Geburtstags, GS 2017, 324–329.

Gnosis Ltd, dxDAO: Toward super-scalable organizations – Whitepaper, GitHub 2019, abrufbar unter: https://github.com/gnosis/dx-daostack/blob/master/dxdao_whitepaper_v1.pdf (zuletzt abgerufen am 02.05.2020).

Göbel, Elisabeth, Neue Institutionenökonomik – Konzeption und betriebswirtschaftliche Anwendungen, Stuttgart 2002 (zit. als: *Göbel*).

Goette, Wulf / Habersack, Mathias (Hrsg.), Münchener Kommentar zum Aktiengesetz – Band 4 – §§ 179–277, 4. Aufl., München 2016 (zit. als: MüKoAktG/*Bearbeiter*).

Goette, Wulf / Habersack, Mathias (Hrsg.), Münchener Kommentar zum Aktiengesetz – Band 1 – §§ 1–75, 5. Aufl., München 2019 (zit. als: MüKoAktG/*Bearbeiter*).

Grassegger, Hannes, Die erste Firma ohne Menschen, Zeit Online 2016, abrufbar unter: http://www.zeit.de/digital/internet/2016-05/blockchain-dao-crowdfunding-rekord-ethereum (zuletzt abgerufen am 02.05.2020).

Grossman, Sanford / Hart, Oliver, The Costs and Benefits of Ownership – A Theory of Vertical and Lateral Integration, Journal of Political Economy 1986, 691–719.

Gsell, Beate / Krüger, Wolfgang / Lorenz, Stephan et al. (Hrsg.), beck-online Großkommentar, München 2019 (zit. als: BeckOGK/*Bearbeiter*).

Gummert, Hans / Weipert, Lutz (Hrsg.), Münchener Handbuch des Gesellschaftsrechts – Bd. 1: BGB-Gesellschaft, Offene Handelsgesellschaft, Partnerschaftsgesellschaft, Partenreederei, EWIV, 5. Aufl., München 2019 (zit. als: MHdB GesR I/*Bearbeiter*).

Hacker, Philipp / Thomale, Chris, Crypto-Securities Regulation: ICOs, Token Sales and Cryptocurrencies under EU Financial Law, SSRN 2017, abrufbar unter: https://papers.ssrn.com/sol3/papers.cfm?abstract_id=3075820 (zuletzt abgerufen am 02.05.2020).

Hardin, Garrett, The tragedy of the commons, Science 1968, 1243–1248.

Hasenkamp, Annabel, Die Haftungsbeschränkungen bei der Gesellschaft bürgerlichen Rechts – Eine Untersuchung unter Einbeziehung der Rechtslage beim nichtrechtsfähigen Verein und bei der werdenden GmbH, Baden-Baden 2003 (zit. als: *Hasenkamp*).

Häublein, Martin / Hoffmann-Theinert, Roland (Hrsg.), Beck'scher Online-Kommentar HGB, 27. Aufl., München 2020 (zit. als: BeckOK HGB/*Bearbeiter*).

Hayes, Adam, Decentralized Autonomous Organizations – IoT Today, Investopedia 2016, abrufbar unter: http://www.investopedia.com/articles/investing/022916/decentralized-autonomous-organizations-iot-today.asp (zuletzt abgerufen am 02.05.2020).

Heckelmann, Martin, Zulässigkeit und Handhabung von Smart Contracts, NJW 2018, 504–510.

Heckmann, Dirk/ Schmid, Alexander, Blockchain und Smart Contracts – Recht und Technik im Überblick, Vereinigung der Bayerischen Wirtschaft e.V. 2017, abrufbar unter: https://www.vbw-bayern.de/vbw/Aktionsfelder/Standort/Wertsch%C3%B6pfung/Blockchain-und-Smart-Contracts-Recht-und-Technik-im-%C3%9Cberblick.jsp (zuletzt abgerufen am 02.05.2020).

Heckmann, Jörn, DAO-Hack – smart contracts auf dem rechtlichen Prüfstand, CR 2016, R99–R100.

Heidel, Thomas (Hrsg.), Aktienrecht und Kapitalmarktrecht, 5. Aufl., Baden-Baden 2020 (zit. als: Heidel/*Bearbeiter*).

Henssler, Martin / Strohn, Lutz (Hrsg.), Gesellschaftsrecht – BGB, HGB, PartGG, GmbHG, AktG, GenG, UmwG, InsO, AnfG, IntGesR, 4. Aufl., München 2019 (zit. als: Henssler/Strohn/*Bearbeiter*).

Heun, Sven-Erik, Die elektronische Willenserklärung – Rechtliche Einordnung, Anfechtung und Zugang, CR 1994, 595–600.

Hinkes, Andrew, The Law of The DAO, CoinDesk 2016, abrufbar unter: http://www.coindesk.com/the-law-of-the-dao/ (zuletzt abgerufen am 02.05.2020).

Howe, Jeff, Crowdsourcing – Why the Power of the Crowd is driving the Future of Business, New York 2008 (zit. als: *Howe*).

Hüffer, Uwe / Koch, Jens, Aktiengesetz, 14. Aufl., München 2020 (zit. als: Hüffer/Koch/*Bearbeiter*).

Jacobs, Jörn, Die institutionelle Haftungsbeschränkung bei atypischen Erscheinungsformen der Außen-GbR, Köln 2007 (zit. als: *Jacobs*).

Jaeger, Till / Metzger, Axel, Open Source Software – Rechtliche Rahmenbedingungen der Freien Software, 5. Aufl., München 2020 (zit. als: *Jaeger/Metzger*).

Jauernig, Othmar, Bürgerliches Gesetzbuch Kommentar, 17. Aufl., hrsg. von Rolf Stürner, München 2018 (zit. als: Jauernig/*Bearbeiter*).

Jensen, Michael / Meckling, William, Theory of the firm – Managerial behavior, agency costs and ownership structure, Journal of Financial Economics 1976, 305–360.

Jentzsch, Christoph, Decentralized Autonomous Organization to automate governance, DAO Whitepaper 2016, abrufbar unter: https://lawofthelevel.lexblogplatformthree.com/wp-content/uploads/sites/187/2017/07/WhitePaper-1.pdf (zuletzt abgerufen am 02.05.2020).

Jentzsch, Christoph, The History of the DAO and Lessons Learned, Slock.it Blog 2016, abrufbar unter: https://blog.slock.it/the-history-of-the-dao-and-lessons-learned-d06740f8cfa5 (zuletzt abgerufen am 02.05.2020).

Jones, Sheldon / Moret, Laura / Sorey, James, The Massachusetts Business Trust and Registred Investment Companies, Delaware Journal of Corporate Law 1988, 421–458.

Jünemann, Michael / Kast, Angela, Rechtsfragen beim Einsatz der Blockchain, ZfgK 2017, 531–536.

Jünemann, Michael / Wirtz, Johannes, ICO: Rechtliche Einordnung von Token, ZfgK – Digitaler Sonderdruck 2018, abrufbar unter: https://www.kreditwesen.de/sites/default/files/content/inserts/2019/zfgk_2018-21-23_juenemann_wirtz_dsd.pdf (zuletzt abgerufen am 02.05.2020).

Kaal, Wulf, Blockchain Solutions for Agency Problems in Corporate Governance, U of St. Thomas (Minnesota) Legal Studies Research Paper No. 19-05 2019, abrufbar unter: https://ssrn.com/abstract=3373393 (zuletzt abgerufen am 02.05.2020).

Kakavand, Hossein / Kost De Sevres, Nicolette / Chilton, Bart, The Blockchain Revolution: An Analysis of Regulation and Technology Related to Distributed Ledger Technologies, SSRN 2017, abrufbar unter: https://ssrn.com/abstract=2849251 (zuletzt abgerufen am 02.05.2020).

Kaulartz, Markus, Herausforderungen bei der Gestaltung von Smart Contracts, InTeR 2016, 201–206.

Kaulartz, Markus / Heckmann, Jörn, Smart Contracts – Anwendungen der Blockchain-Technologie, CR 2016, 618–624.

Kindl, Johann, Abschied von der Doppelverpflichtungstheorie bei der BGB-Gesellschaft – Zugleich eine Besprechung von BGH WM 1999, 2071 ff., WM 2000, 697–704.

Kindler, Albrecht, Der offene und geschlossene Immobilienfonds im Vergleich zum German Real Estate Investment Trust (G-Reit), Göttingen 2009 (zit. als: *Kindler*).

King, Rudolf, Real estate investment trusts, offene und geschlossene deutsche Immobilienfonds – Eine rechtsvergleichende Untersuchung zur Zukunft der Immobilienfonds, München 1999 (zit. als: *King*).

Klaiber, Gundula, Die pro-rata-Haftung der GbR-Gesellschafter, Baden-Baden 2014 (zit. als: *Klaiber*).

Klöhn, Lars / Hornuf, Lars, Crowdinvesting in Deutschland, ZBB 2012, 237–266.

Klöhn, Lars / Parhofer, Nicolas / Resas, Daniel, Initial Coin Offerings (ICOs) – Markt, Ökonomik, Regulierung, ZBB 2018, 89–106.

Kluge, Vanessa / Müller, Anne-Kathrin, Autonome Systeme – Überlegungen zur Forderung nach einer „Roboterhaftung", DSRI Tagungsband Herbstakademie 2016, 989–1006.

Koch, Philipp, Die „Tokenisierung" von Rechtspositionen als digitale Verbriefung, ZBB 2018, 359–368.

Kolber, Adam, Not-So-Smart Blockchain Contracts and Artificial Responsibility, Stanford Technology Law Review 2018, 198–234.

Koller, Arnold, Grundfragen einer Typuslehre im Gesellschaftsrecht, Freiburg (CH) 1967 (zit. als: *Koller*).

Kõlvart, Merit / Poola, Margus / Rull, Addi, Smart Contracts, in: Kerikmäe, Tanel / Rull, Addi (Hrsg.), The Future of Law and eTechnologies, Cham 2016, S. 133–147 (zit. als: *Kõlvart/Poola/Rull*).

Kortleben, Hanno, Crowdinvesting und Qualitätssignale, Marburg 2016 (zit. als: *Kortleben*).

Kremer, Ilan / Mansour, Yishay / Perry, Motty, Implementing the "Wisdom of the Crowd", Journal of Political Economy 2014, 988–1012.

Krüger, Fabian / Lampert, Michael, Augen auf bei der Token-Wahl – privatrechtliche und steuerliche Herausforderungen im Rahmen eines Initial Coin Offering, BB 2018, 1154–1160.

Kühl, Eike, Und plötzlich fehlen 50 Millionen Dollar, Zeit Online 2016, abrufbar unter: https://www.zeit.de/digital/internet/2016-06/the-dao-blockchain-ether-hack (zuletzt abgerufen am 02.05.2020).

Küsters, Ralf / Wilke, Thomas, Moderne Kryptographie, Wiesbaden 2011 (zit. als: *Küsters/Wilke*).

Kux, Steffen / Burkhardt, Heiko / Tual, Stephan, Siemens AG Hutten-DDO: The first Fortune 500 company using the DAO Framework, Slock.it Blog 2017, abrufbar unter: https://blog.slock.it/siemens-ddo-the-first-fortune-500-company-using-the-dao-framework-2fd970b0b138 (zuletzt abgerufen am 02.05.2020).

Laffont, Jean-Jacques / Martimort, David, The Theory of Incentives – The Principal-Agent Model, Princeton 2002 (zit. als: *Laffont/Martimort*).

Lehmann, Michael, Das Privileg der beschränkten Haftung und der Durchgriff im Gesellschafts- und Konzernrecht, ZGR 1986, 345–370.

Leible, Stefan / Reichert, Jochem (Hrsg.), Münchener Handbuch des Gesellschaftsrechts – Bd. 6: Internationales Gesellschaftsrecht – Grenzüberschreitende Umwandlungen, 4. Aufl., München 2013 (zit. als: MHdB GesR VI/*Bearbeiter*).

Leonhard, Robert, Corporate Governance on Ethereum's Blockchain, SSRN 2017, abrufbar unter: https://ssrn.com/abstract=2977522 (zuletzt abgerufen am 02.05.2020).

Leupold, Andreas / Glossner, Silke (Hrsg.), Münchener Anwalts-Handbuch IT-Recht, 3. Aufl., München 2013 (zit. als: Leupold/Glossner/*Bearbeiter*).

LoPucki, Lynn, Algorithmic Entities, UCLA School of Law, Law-Econ Research Paper No. 17-09 2017, abrufbar unter: https://ssrn.com/abstract=2954173 (zuletzt abgerufen am 02.05.2020).

Macheel, Tanaya, The DAO Might Be Groundbreaking, But Is It Legal?, American Banker 2016, abrufbar unter: https://www.americanbanker.com/news/the-dao-might-be-groundbreaking-but-is-it-legal (zuletzt abgerufen am 02.05.2020).

Maker Team, The Dai Stablecoin System – Whitepaper, Dai Foundation 2017, abrufbar unter: https://makerdao.com/whitepaper/DaiDec17WP.pdf (zuletzt abgerufen am 02.05.2020).

Mann, Maximilian, Die Decentralized Autonomous Organization – ein neuer Gesellschaftstyp? – Gesellschaftsrechtliche und kollisionsrechtliche Implikationen, NZG 2017, 1014–1020.

Mazet, Raphaël / Wojciechowski, Jakub, Alice Whitepaper, ALICE SI Ltd 2017, abrufbar unter: https://github.com/alice-si/whitepaper (zuletzt abgerufen am 02.05.2020).

Merkle, Ralph, DAOs, Democracy and Governance, Cryonics Magazine 07 (2016), 28–40.

Metjahic, Laila, Deconstructing the DAO – The Need for Legal Recognition and the Application of Securities Laws to Decentralized Organizations, Cardozo Law Review 2018, 1533–1568.

Metz, Cade, The Biggest Crowdfunding Project Ever—the DAO—Is Kind of a Mess, Wired 2016, abrufbar unter: https://www.wired.com/2016/06/biggest-crowdfunding-project-ever-dao-mess/ (zuletzt abgerufen am 02.05.2020).

Meyer, Justus, Haftungsbeschränkung im Recht der Handelsgesellschaften, Berlin 2000 (zit. als: *Meyer*).

Morley, John, The Common Law Corporation – The Power of the Trust in Anglo-American Business History, Columbia Law Review 2016, 2145–2197.

Morrison, Alan, Blockchain and smart contract automation – How smart contracts automate digital business, PWC 2016, abrufbar unter: https://www.pwc.com/us/en/technology-forecast/2016/blockchain/pwc-smart-contract-automation-digital-business.pdf (zuletzt abgerufen am 02.05.2020).

Mugdan, Bernd, Die gesammelten Materialien zum Bürgerlichen Gesetzbuch für das deutsche Reich – Band II – Recht der Schuldverhältnisse, Berlin 1899 (zit. als: *Mugdan*).

Nagel, Riever, Die sog. „GbR mbH" – Beschränkungen der Vertretungsmacht zur Sicherstellung einer Haftungsbeschränkung auf das Gesellschaftsvermögen bei der Gesellschaft bürgerlichen Rechts, Kiel 2007 (zit. als: *Nagel*).

Nakamoto, Satoshi, Bitcoin – A Peer-to-Peer Electronic Cash System, Bitcoin Project 2008, abrufbar unter: https://bitcoin.org/bitcoin.pdf (zuletzt abgerufen am 02.05.2020).

Nitschke, Manfred, Die körperschaftlich strukturierte Personengesellschaft, Bielefeld 1970 (zit. als: *Nitschke*).

Nofsinger, John / Sias, Richard, Herding and Feedback Trading by Institutional and Individual Investors, The Journal of Finance 1999, 2263–2295.

Oehlrich, Marcus, Organisation – Organisationsgestaltung, Principal-Agent-Theorie und Wandel von Organisationen, München 2016 (zit. als: *Oehlrich*).

Oetker, Hartmut (Hrsg.), Handelsgesetzbuch – Kommentar, 6. Aufl., München 2019 (zit. als: Oetker/*Bearbeiter*).

Omlor, Sebastian, Blockchain-basierte Zahlungsmittel – Ein Arbeitsprogramm für Gesetzgeber und Rechtswissenschaft, ZRP 2018, 85–89.

Oren, Ori, ICO's, DAO'S, and the SEC – A Partnership Solution, Columbia Business Law Review 2018, 617–658.

Palandt, Otto, Kommentar zum Bürgerlichen Gesetzbuch, 79. Aufl., München 2020 (zit. als: Palandt/*Bearbeiter*).

Patzner, Andreas / Döser, Achim / Kempf, Ludger (Hrsg.), Investmentrecht – Kapitalanlagegesetzbuch, Investmentsteuergesetz: Handkommentar, 3. Aufl., Baden-Baden 2017 (zit. als: HK-InvestmentR/*Bearbeiter*).

Pesch, Paulina, Cryptocoin-Schulden – Haftung und Risikoverteilung bei der Verschaffung von Bitcoins und Alt-Coins, München 2017 (zit. als: *Pesch*).

Pfaffinger, Lisa, Unbeschränkte Gesellschafterhaftung und Gläubigerschutz – Eine ökonomische Betrachtung des Haftungssystems der Personengesellschaften, Frankfurt am Main 2016 (zit. als: *Pfaffinger*).

Ploom, Tarmo, Blockchains – wichtige Fragen aus IT-Sicht, in: Burgwinkel, Daniel (Hrsg.), Blockchain Technology, Berlin 2016, S. 123–147 (zit. als: *Ploom*).

Popov, Serguei, The Tangle, Coincompare 2015, abrufbar unter: https://coincompare.cc/wp-content/uploads/2018/10/IOTA-Tangle-whitepaper-at-CoinCompare.pdf (zuletzt abgerufen am 02.05.2020).

Quentson, Andrew, Are The DAO Curators Masters or Janitors?, Cointelegraph 2016, abrufbar unter: https://cointelegraph.com/news/are-the-dao-curators-masters-or-janitors (zuletzt abgerufen am 02.05.2020).

Quentson, Andrew, Gold Backed Digix Raises Millions in Hours on Ethereum Blockchain Crowdsale, Cryptocoins News 2016, abrufbar unter: https://www.cryptocoinsnews.com/digix-millions-ethereum-blockchain-crowdsale/ (zuletzt abgerufen am 02.05.2020).

Raab, Wolfgang, Grundlagen des Investmentfondsgeschäftes, 7. Aufl., Wiesbaden 2019 (zit. als: *Raab*).

Raiser, Thomas, Gesamthand und juristische Person im Licht des neuen Umwandlungsrechts, AcP 1994, 495–512.

Redman, Jamie, Charity DAO Gives the Original DAO a Second Chance, bitcoin.com 2016, abrufbar unter: https://news.bitcoin.com/charity-dao-second-chance/ (zuletzt abgerufen am 02.05.2020).

Rees, Ray, The Theory of Principal and Agent – Part 1, Bulletin of Economic Research 1985, 3–26.

Reid, Fergal / Harrigan, Martin, An Analysis of Anonymity in the Bitcoin System, Arxiv 2011, abrufbar unter: http://arxiv.org/pdf/1107.4524v2 (zuletzt abgerufen am 02.05.2020).

Reiff, Peter, Die unbeschränkte Gesellschafterhaftung in der (Außen-)Gesellschaft bürgerlichen Rechts und ihre Ausnahmen, ZGR 2003, 550–576.

Reuter, Dieter, Privatrechtliche Schranken der Perpetuierung von Unternehmen – Ein Beitrag zum Problem der Gestaltungsfreiheit im Recht der Unternehmensformen, Frankfurt am Main 1973 (zit. als: *Reuter*).

Reyes, Carla, Autonomous Corporate Personhood – (unveröffentlicht; zitiert mit Zustimmung der Autorin), Im Erscheinen 2020 (zit. als: *Reyes*, Autonomous Corporate Personhood).

Reyes, Carla, If Rockefeller Were a Coder, George Washington Law Review 2019, 373–429.

Reyes, Carla, (Un)Corporate Crypto-Governance, Fordham Law Review, Forthcoming 2020, abrufbar unter: https://ssrn.com/abstract=3355026 (zuletzt abgerufen am 02.05.2020).

Reyes, Carla / Packin, Nizan Geslevich / Edwards, Benjamin, Distributed Governance, William & Mary Law Review Online 2017, abrufbar unter: https://ssrn.com/abstract=2884978 (zuletzt abgerufen am 02.05.2020).

Richter, Rudolf / Furubotn, Eirik, Neue Institutionenökonomik – Eine Einführung und kritische Würdigung, Tübingen 2003 (zit. als: *Richter/Furubotn*).

Richterich, Jens, Theorie und Emperie unvollständiger Arbeitsverträge, München 2004 (zit. als: *Richterich*).

Rodrigues, Usha, Law and the Blockchain, Iowa Law Review 2019, 679–729.

Roussel, Alexis, The DAO, the Curators: Evaluating and mitigating the legal risks, Bity Blog 2016, abrufbar unter: https://blog.bity.com/2016/05/14/the-dao-the-curators-evaluating-and-mitigating-the-legal-risks/ (zuletzt abgerufen am 02.05.2020).

Rutledge, Thomas / Schaefer, Christopher, The Trust as an Entity and Diversity Jurisdiction – Is Navarro Applicable to the Modern Business Trust?, Real Property, Trust and Estate Law Journal 2013, 83–109.

Säcker, Franz Jürgen / Rixecker, Roland / Oetker, Hartmut et al. (Hrsg.), Münchener Kommentar zum Bürgerlichen Gesetzbuch – Band 6 – Schuldrecht – Besonderer Teil IV, 7. Aufl., München 2017 (zit. als: MüKoBGB/*Bearbeiter*).

Säcker, Franz Jürgen / Rixecker, Roland / Oetker, Hartmut et al. (Hrsg.), Münchener Kommentar zum Bürgerlichen Gesetzbuch – Band 1, Allgemeiner Teil, §§ 1–240 – ProstG – AGG, 8. Aufl., München 2018 (zit. als: MüKo-BGB/*Bearbeiter*).

Säcker, Franz Jürgen / Rixecker, Roland / Oetker, Hartmut et al. (Hrsg.), Münchener Kommentar zum Bürgerlichen Gesetzbuch – Band 8 – Sachenrecht – §§ 854–1296, WEG, ErbbauRG, 8. Aufl., München 2020 (zit. als: MüKoBGB/*Bearbeiter*).

Schäfer, Carsten, Zur beschränkten Gesellschafterhaftung in der Publikums-GbR, in: Joeres, Hans-Ulrich / Krämer, Achim / Habersack, Mathias (Hrsg.), Entwicklungslinien im Bank-und Kapitalmarktsrecht, Festschrift für Gerd Nobbe, München 2009, S. 909–926 (zit. als: *Schäfer*).

Schäfer, Hans-Bernd / Ott, Claus, Lehrbuch der ökonomischen Analyse des Zivilrechts, 5. Aufl., Berlin 2012 (zit. als: *Schäfer/Ott*).

Scharfstein, David / Stein, Jeremy, Herd Behavior and Investment, The American Economic Review 1990, 465–479.

Schmidt, Karsten, Der bürgerlich-rechtliche Verein mit wirtschaftlicher Tätigkeit, AcP 1982, 1–59.

Schmidt, Karsten, Die Abgrenzung der beiden Vereinsklassen – Bestandsaufnahme, Kritik und Neuorientierung (Fortsetzung), RPfleger 1972, 343–353.

Schmidt, Karsten, Die Abgrenzung der beiden Vereinsklassen – Bestandsaufnahme, Kritik und Neuorientierung, RPfleger 1972, 286–294.

Schmidt, Karsten, Gesellschaftsrecht, 4. Aufl., Köln 2002 (zit. als: *Schmidt*).

Schmidt, Karsten (Hrsg.), Münchener Kommentar zum Handelsgesetzbuch – Band 1 – Erstes Buch – Handelsstand – §§ 1–104a, 4. Aufl., München 2016 (zit. als: MüKoHGB/*Bearbeiter*).

Schmidt, Karsten (Hrsg.), Münchener Kommentar zum Handelsgesetzbuch – Band 2 – Zweites Buch – Handelsgesellschaften und stille Gesellschaft – Erster Abschnitt – §§ 105–160, 4. Aufl., München 2016 (zit. als: MüKoHGB/*Bearbeiter*).

Schmidt, Karsten (Hrsg.), Münchener Kommentar zum Handelsgesetzbuch – Band 3 – Zweites Buch – Handelsgesellschaften und stille Gesellschaft – Zweiter und Dritter Abschnitt – §§ 161–237, 4. Aufl., München 2019 (zit. als: MüKoHGB/*Bearbeiter*).

Schneider, Frank, Die Gesellschaft bürgerlichen Rechts mit beschränkter Haftung, Bayreuth 1994 (zit. als: *Schneider*).

Scholl, Wolfgang, Effective Teamwork – a Theoretical Model and a Test in the Field, in: Witte, Erich / Davis, James (Hrsg.), Understanding Group Behavior, Small Group Processes and Interpersonal Relations – Volume 2, Mahwah, NJ 1996, S. 127–146 (zit. als: *Scholl*).

Schöpflin, Martin, Der nichtrechtsfähige Verein, Köln 2003 (zit. als: *Schöpflin*).

Schulze, Jan-Hendrik, Die akzessorische Haftungsverfassung der Außengesellschaft bürgerlichen Rechts, Berlin 2006 (zit. als: *Schulze*).

Schulze, Reiner / Dörner, Heinrich / Ebert, Ina et al. (Hrsg.), Bürgerliches Gesetzbuch – Handkommentar, 10. Aufl., Baden-Baden 2019 (zit. als: Schulze/*Bearbeiter*).

Schulze-Osterloh, Joachim, Das Prinzip der gesamthänderischen Bindung, München 1972 (zit. als: *Schulze-Osterloh*).

Schwenk, Jörg, Sicherheit und Kryptographie im Internet, Wiesbaden 2014 (zit. als: *Schwenk*).

Schwintowski, Hans-Peter / Klausmann, Nikolas / Kadgien, Michael, Das Verhältnis von Blockchain-Governance und Gesellschaftsrecht, NJOZ 2018, 1401–1406.

Securities and Exchange Commission, Report of Investigation Pursuant to Section 21(a) of the Securities Exchange Act of 1934: The DAO – Release No. 81207 25.07.2017, abrufbar unter: https://www.sec.gov/litigation/investreport/34-81207.pdf (zuletzt abgerufen am 02.05.2020).

Seip, Stefan, Der Nutzen von Investmentfonds für Anleger, Wirtschaft und Gesellschaft, in: Gehwald, Markus / Naumann, Stefan (Hrsg.), Investmentfonds, Eine Branche positioniert sicht, Wiesbaden 2011, S. 13–37 (zit. als: *Seip*).

Simmchen, Christoph, Blockchain (R)Evolution, MMR 2017, 162–165.

Simonite, Tom, The "Autonomous Corporation" Called the DAO Is Not a Good Way to Spend $130 Million, MIT Technology Review 2016, abrufbar unter: https://www.technologyreview.com/s/601480/the-autonomous-corporation-called-the-dao-is-not-a-good-way-to-spend-130-million/ (zuletzt abgerufen am 02.05.2020).

Sklaroff, Jeremy, Smart Contracts and the Cost of Inflexibility, University of Pennsylvania Law Review 2017, 263–303.

slock.it, How to create a proposal, GitHub 2016, abrufbar unter: https://github.com/slockit/DAO/wiki/How-to-create-a-proposal (zuletzt abgerufen am 02.05.2020).

Smith, Adam, An Inquiry into the Nature and Causes of the Wealth of Nations, Indianapolis 1976 (zit. als: *Smith*).

Sokolin, Lex, #Token Mania – The new funding mechanism using distributed ledger technology that displaces both public markets (IPOs) and private investment (Venture Capital) with a billion of USD equivalent cryptocurrency, Autonomous Research 2017, abrufbar unter: https://block.academy/researches/TokenMania.pdf (zuletzt abgerufen am 02.05.2020).

Soppa, Markus, Distributed-Ledger-Technologie – Der digitale Patient muss nicht gläsern sein, Medizin und Elektronik 2019, abrufbar unter: https://www.medizin-und-elektronik.de/medizin-40-iot/artikel/165077/ (zuletzt abgerufen am 02.05.2020).

Söpper, Pascal, Crowdfunding – Reward-Crowdfunding, Crowdlending und Crowdinvesting – eine Analyse aus schuld-, gesellschafts- sowie kapitalmarktrechtlicher Sicht, Münster 2016 (zit. als: *Söpper*).

Spindler, Gerald / Bille, Martin, Rechtsprobleme von Bitcoins als virtuelle Währung, WM 2014, 1357–1369.

Spindler, Gerald / Schuster, Fabian (Hrsg.), Recht der elektronischen Medien, 4. Aufl., München 2019 (zit. als: Spindler/Schuster/*Bearbeiter*).

Spindler, Gerald / Stilz, Eberhard (Hrsg.), Kommentar zum Aktiengesetz – Band 2 – §§ 150–410 – SpruchG – SE-VO, 4. Aufl., München 2019 (zit. als: Spindler/Stilz/*Bearbeiter*).

Spindler, Gerald / Stilz, Eberhard (Hrsg.), Kommentar zum Aktiengesetz – Band 1 – §§ 1–149, 4. Aufl., München 2019 (zit. als: Spindler/Stilz/*Bearbeiter*).

Srinivasan, Balaji, Thoughts on Tokens – Tokens are early today, but will transform technology tomorrow, Earn.com 2017, abrufbar unter: https://news.earn.com/thoughts-on-tokens-436109aabcbe (zuletzt abgerufen am 02.05.2020).

Steiner, Ivan, Group process and productivity, New York 1972 (zit. als: *Steiner*).

Steinmetz, Ralf / Wehrle, Klaus, Peer-to-Peer Systems and Applications, Berlin / Heidelberg 2005 (zit. als: *Steinmetz/Wehrle*).

Surowiecki, James, The wisdom of crowds, New York 2005 (zit. als: *Surowiecki*).

Swan, Melanie, Blockchain – Blueprint for a New Economy, Sebastopol (US) 2015 (zit. als: *Swan*).

Swoboda, Joachim/ Spitz, Stephan / Pramateftakis, Michael, Kryptographie und IT-Sicherheit, Wiesbaden 2008 (zit. als: *Swoboda/Spitz/Pramateftakis*).

Szabo, Nick, The God Protocols, Nakamoto Institute 1997, abrufbar unter: http://nakamotoinstitute.org/the-god-protocols/ (zuletzt abgerufen am 02.05.2020).

Tapscott, Don / Tapscott, Alex, Blockchain Revolution, New York 2016 (zit. als: *Tapscott/Tapscott*).

Tillmann, Janna, DAO: Wie Unternehmen dank Blockchain ohne CEO auskommen, t3n 2017, abrufbar unter: https://t3n.de/news/dao-unternehmen-dank-blockchain-887680/ (zuletzt abgerufen am 02.05.2020).

Timm, Wolfram, Die Rechtsfähigkeit der Gesellschaft bürgerlichen Rechts und ihre Haftungsverfassung, NJW 1995, 3209–3218.

Tual, Stephan, On DAO Contractors and Curators, Slock.it Blog 2016, abrufbar unter: https://blog.slock.it/on-contractors-and-curators-2fb9238b2553 (zuletzt abgerufen am 02.05.2020).

Ulmer, Peter, Gesellschafterhaftung in der Gesellschaft bürgerlichen Rechts: Durchbruch der Akzessorietätstheorie?, ZIP 1999, 554–565.

Ulmer, Peter / Schäfer, Carsten (Hrsg.), Gesellschaft bürgerlichen Rechts und Partnerschaftsgesellschaft – Systematischer Kommentar, 7. Aufl., München 2017 (zit. als: Ulmer/Schäfer/*Bearbeiter*).

Verhoelen, Jonas, Decentralized Autonomous Organization – Organisationen auf der Blockchain, codecentric Blog 2017, abrufbar unter: https://blog.codecentric.de/2017/08/decentralized-autonomous-organization-blockchain/ (zuletzt abgerufen am 02.05.2020).

Voß, Thorsten, Geschlossene Fonds unter dem Rechtsregime der Finanzmarkt-Richtlinie (MiFID)?, BKR 2007, 45–54.

Waelde, Thomas, Juristische Folgenorientierung – "Policy analysis" und Sozialkybernetik, Bodenheim 1979 (zit. als: *Waelde*).

Wagner, Klaus, Geschlossene Fonds gemäß dem KAGB, ZfBR 2015, 113–118.

Walch, Angela, Call Blockchain Developers What They Are: Fiduciaries, American Banker 2016, abrufbar unter: https://www.americanbanker.com/opinion/call-blockchain-developers-what-they-are-fiduciaries (zuletzt abgerufen am 02.05.2020).

Walch, Angela, In Code(rs) We Trust – Software Developers as Fiduciaries in Public Blockchains, in: Hacker, Philipp / Lianos, Ioannis / Dimitropoulos, Georgios / Eich, Stefan (Hrsg.), Regulating Blockchain, Techno-Social and Legal Challenges 2019 (zit. als: *Walch*).

Weishaupt, Julius, Die Decentralized Autonomous Organization (DAO) – Grundlagen und gesellschaftsrechtliche Beurteilung, München 2018 (zit. als: *Weishaupt*).

Weiß, Hagen, Tokenisierung, BaFin Journal 04/2019, 8–10.

Weitnauer, Wolfgang, Handbuch Venture Capital – Von der Innovation zum Börsengang, 6. Aufl., München 2019 (zit. als: Weitnauer/*Bearbeiter*).

Weitnauer, Wolfgang, Pools und Investment-Clubs: Strukturen und Erlaubnispflichten nach KAGB und KWG, GWR 2014, 1–6.

Weitnauer, Wolfgang / Boxberger, Lutz / Anders, Dietmar (Hrsg.), KAGB – Kapitalanlagegesetzbuch – Investmentsteuergesetz – EuVECA-VO, EuSEF-VO und ELTIF-VO, 2. Aufl., München 2017 (zit. als: WBA/*Bearbeiter*).

Wenz, Daniel, Satoshi Nakamoto – auf der Jagd nach dem Bitcoin Erfinder, Crypto Monday 2019, abrufbar unter: https://cryptomonday.de/satoshi-nakamoto-auf-der-jagd-nach-dem-bitcoin-erfinder/ (zuletzt abgerufen am 02.05.2020).

Westermann, Harm Peter, Vertragsfreiheit und Typengesetzlichkeit im Recht der Personengesellschaften, Berlin / Heidelberg 1970 (zit. als: *Westermann*).

Wiecko, Robert, Understanding the Governance and Budget System, Dash Wiki 2017, abrufbar unter: https://dashpay.atlassian.net/wiki/spaces/DOC/pages/8585240/Understanding+the+Governance+and+Budget+System (zuletzt abgerufen am 02.05.2020).

Wilhelm, Jan, Kapitalgesellschaftsrecht – Mit Grundzügen des Kapitalmarktrechts, 4. Aufl., Berlin 2018 (zit. als: *Wilhelm*).

Williamson, Oliver, The Economic Institutions of Capitalism, New York 1985 (zit. als: *Williamson*).

Williamson, Oliver, Transaction-Cost Economics – The Governance of Contractual Relations, The Journal of Law & Economics 1979, 233–261.

Witt, Peter, Vorstand / Board – Aufgaben, Organisation, Entscheidungsfindung und Willensbildung – Betriebswirtschaftliche Ausfüllung, in: Hommelhoff, Peter / Hopt, Klaus / Werder, Axel von (Hrsg.), Handbuch Corporate Governance, Leitung und Überwachung börsennotierter Unternehmen in der Rechts- und Wirtschaftspraxis, Köln / Stuttgart 2003, S. 245–260 (zit. als: *Witt*).

Wolf, Martin, Ausbau des Gläubigerschutzes statt Totalverbots der „GbR mit beschränkter Haftung" – Eine kritische Nachlese zum Urt. des BGH vom 27. 9. 1999, WM 2000, 704–712.

Wood, Gavin, Why I've Resigned as a Curator of the DAO, Medium 2016, abrufbar unter: https://medium.com/@gavofyork/why-ive-resigned-as-a-curator-of-the-dao-238528fbd447 (zuletzt abgerufen am 02.05.2020).

Wright, Aaron / Filippi, Primavera de, Decentralized Blockchain Technology and the Rise of Lex Cryptographia, SSRN 2015, abrufbar unter: https://papers.ssrn.com/sol3/papers2.cfm?abstract_id=2580664 (zuletzt abgerufen am 02.05.2020).

Yermack, David, Corporate Governance and Blockchains, Review of Finance 2017, 7–31.

Zahn, Johannes, Aktienanleger und Börse, ZGR 1981, 101–125.

Zepf, Tobias, Blockchain. Technologien, Innovationen und Anwendungen, München 2016 (zit. als: *Zepf*).

Kolibri 360 GmbH
Ferdinand-Jühlke-Straße 7
99095 Erfurt, Deutschland
produktsicherheit@kolibri360.de